U0505955

"登峰战略"系列研究成果

A SOCIETY WITH LOW BIRTHRATES AND AN AGING POPULATION

A Comparison of Policies and Practices in China and Japan

# 少子老龄化社会与家庭

## 中日政策与实践比较

张季风　主编

胡澎　吴小英　副主编

# 前 言

日本是世界老龄化程度最严重的国家，但也是世界人口最长寿的国家。日本在应对老龄社会方面积累了很多经验，也有过很深刻的教训。中国人口的老龄化问题也日趋严峻，日本为我们提供了很好的借鉴。世界卫生组织（WHO）发布的《世界卫生统计》显示，2018 年日本 65 岁及以上的老龄人口为 3558 万人，占总人口的比例高达 28.3%，已进入深度老龄社会。人口老龄化虽然算不上 20 世纪 90 年代初以来日本经济陷入长期低迷的主因，但人口老龄化的快速进展确实成为阻碍日本经济复苏的制约因素。从日本财政结构的变化中可以找到证明，例如，1990 年日本用于社会保障方面的财政支出占财政预算的比例约为 20%，但 2019 年这一数字已高达 38%，增加了近一倍，人口老龄化成为导致日本财政状况恶化的重要因素，成为拖累日本经济发展的“重石”。而且，随着少子老龄社会的深化，日本的社会保障缺口越来越大，特别是劳动力短缺问题日趋严峻，也已成为不争的事实。但是，我们还应当看到，日本也是当今世界上人均预期寿命最高的国家，居民平均预期寿命为 84.2 岁[①]，远高于世界人口平均寿命 72 岁的水平。如此高的预期寿命是日本社会经济发展、医疗卫生水平提高和养老护理系统高度发展的成果。

与此相对，2019 年，中国 65 岁及以上人口约为 1.76 亿人，占总人口比例为 12.5%，平均预期寿命为 77.3 岁。尽管中国老龄化程度低于日本，但 65 岁及以上老龄人口的数量已远远超过日本总人口的数量。据预测，到 2022 年中国 65 岁及以上人口将占总人口的 14%，由老龄化社会进入老龄社

① *World Health Statistics 2018: Monitoring Health for the SDGs, Sustainable Development Goal*, World Health Organization, 2018, https://apps.who.int/iris/bitstream/handle/10665/272596/9789241565585-eng.pdf?ua=1.

会，到2030年，中国65岁及以上老年人数量将达到2.4亿人，占总人口的16.20%。也就是说，中国仅用20多年时间就将走完发达国家半个世纪以上的老龄化进程。还有一点需要注意，中国是典型的“未富先老”的国家。发达国家进入老龄化社会时，人均GDP为5000~10000美元，而中国大体在2000年进入老龄化社会，当时人均GDP还不到1000美元，即使是现在，人均GDP虽然超过10000美元，但仍有6亿人口月收入不足1000元人民币，换算为年收入则不足2000美元。快速的老龄化以及“未富先老”或“且富且老”的现实，再加上巨大的城乡二元差异，意味着我们面临的困难会更多。但是无论我们是否已经做好准备，人口老龄化与老龄人口高龄化也已成为21世纪的必然趋势，养老与老人护理问题将会日益凸显。

养老作为社会福利事业，本质上是具有准公共产品性质的私人产品，世界各国均有独特的运营模式。根据政府参与方式和参与程度的不同来划分，大致分为以下三种，即居家养老、机构养老及社区养老。居家养老指以家庭为核心、以社区为依托、以专业化服务为依靠，为居住在家的老年人提供以解决日常生活困难为主要内容的社会化服务。机构养老指为老年人提供饮食起居、清洁卫生、生活护理、健康管理和文体娱乐活动等综合性服务的机构，它可以是独立的法人机构，也可以是附属于医疗机构、企事业单位、社会团体或组织、综合性社会福利机构的一个部门或者分支机构。社区养老指老人晚上住在家庭里继续得到家人照顾，白天享受社区养老机构提供的日托、家政、送餐等服务。从中国的情况看，居家养老、社区养老和机构养老的比例分别为90%、7%和3%；在日本，社区养老和机构养老的比重比中国高一些，但居家养老仍占压倒性比例。因此，重视家庭功能、共建多元的老年护理体系就成为摆在中日两国面前的共同课题。

鉴于此，2019年9月21日，中国社会科学院日本研究所在北京主办了“老龄化背景下的中日家庭变迁与社会支持”国际学术研讨会。来自京都大学、东京大学、中央大学、关西大学、九州大学等日本多所大学，以及民政部、北京协力人口与社会发展研究所、中国人民大学、中央财经大学、北京外国语大学、上海社会科学院、华中科技大学、南开大学、南京大学、中山大学、哈尔滨师范大学、中国社会科学院人口与劳动经济研究所、中国社会科学院社会学研究所等研究机构、大学的专家学者、媒体代表共80余人出席了本次国际研讨会。与会学者各抒己见，就“老龄化社会和家庭面临的新课题”“照料与性别”“代际关系及其变迁”“养老、福利与家庭政策”四个主题展开了热烈的讨论，收到了很好的效果。本次国际研讨会共收到50多篇论文和案例分析报告，我们选取了其中的12篇论文和8篇案例报告，分为“理论篇”和“实践篇”编辑成书，奉献给读者。

本书的“理论篇”从老龄化社会与家庭的相关理论分析入手，对中国的家庭、老年人家庭储蓄、代际关系、高龄老人家庭支持与社会服务以及中国的智慧康养问题进行讨论；在对日本社会出现的中年“单身寄生族”现象、独居老人问题进行剖析的基础上，对中日两国生育率下降问题、东亚地区老龄人口就业问题进行比较分析。第一章由京都大学落合惠美子教授撰写，作者一改过去人们对老龄化的单一的消极认识，提出了“长寿革命”这一明快的理念，并就“长寿革命”所需的社会变革和解决劳动力减少问题进行了深入探讨。第二章由中国社会科学院社会学研究所吴小英研究员撰写，本章梳理了中西方家庭理念的变迁轨迹，并且对中西方关于“去家庭化”到“家庭化”的争论以及重返家庭的“家庭化”趋势进行理论辨析。第三章由中山大学政治与公共事务管理学院钟晓慧副研究员撰写，本章将政策分析引入家庭研究之中，提出以“积极家庭”为核心概念的家庭政策分析框架，特别强调改革开放对家庭能动性的促进作用。第四章由中国社会科学院日本研究所张季风研究员和日本东北大学经济学研究科博士研究生蔡桂全撰写，本章基于生命周期假说的分析框架，构建了遗产动机对储蓄行为影响的理论模型，对中国老年人家庭储蓄行为进行量化分析，并且根据实证结果提出相应的政策建议。第五章由华中科技大学社会学院郑丹丹教授撰写，本章以1949年中华人民共和国成立、1978年改革开放及1980年计划生育政策实施这几件重大历史事件为节点，将中国人划分为三代，利用新的分析框架对中国家庭代际关系进行了理论分析，全面刻画中国家庭代际关系的状况与变迁趋势，探讨中国式个体化的真正含义及具体生产机制。第六章由中国社会科学院人口与劳动经济研究所郑真真研究员撰写，本章在分析人口老龄化背景下的家庭变化的基础上，从老年人的居住安排、家人照料和社区服务提供与老人的需求等方面，阐述了中国高龄老人的家庭支持和社会服务问题。第七章由中央民族大学杨菊华教授撰写，本章利用翔实的资料对中国智慧康养领域存在的难题与挑战进行梳理分析，而且提出了切实可行的应对与解决之策。第八章由日本中央大学山田昌弘教授撰写，本章以日本出现的中年“单身寄生族”现象及其未来为分析视角，透视了日本人口结构和社会结构发生的深刻变化。第九章由中国社会科学院日本研究所丁英顺研究员撰写，本章分析了日本独居老人的现状、面临的问题及原因，介绍了日本政府与日本社会应对独居老人问题的相关政策。第十章由中国社会科学院日本研究所王伟研究员撰写，本章从政策应对层面对中日两国少子化的根源——出生率下降这一残酷的现实问题进行了比较分析，并且提出了提高中国出生率的政策建议。第十一章由日本东京大学濑地山角教授撰写，本章通过翔实的数据资料，从社会固有的文化规范对东亚地区少子老龄化状况和老年人就业状况进行了比较分析。第十二章由北京外国语大学北京日本学研究中心周维宏教授撰写，本章结合国内外学术界最新动态，就“看护四边形”理论的形成和研究课题现状进行了梳理与分析，阐述了该理论对学术研究以及制定与实施福利政策的重大意义。

“实践篇”由 8 篇案例研究报告构成，中日学者通过实地调研和国际比较等方式，对育儿问题、老人护理问题、区域社会福利等问题进行了“接地气”的个案研究。第一个案例研究报告“育儿期家庭代际关系的日韩比较分析”由爱知教育大学山根真理教授、冈山大学李璟媛教授、神户大学平井晶子教授和昌原文星大学吴贞玉教授共同完成。第二个案例报告“中日育儿家庭的生活方式选择——从角色调整时资源利用角度的考察”由御茶水女子大学全球领导力研究所田嫄特别研究员、冈村利惠特任讲师、佐野润子特任讲师共同完成。第三个案例研究报告：“育儿模式的变化与‘母职’的重构——对微信妈妈群育儿生活的观察”由哈尔滨师范大学郑杨副教授撰写。第四个案例研究报告“从老年人护理规范和情感规范看家庭意识的变迁——以对中日大学生的问卷调查为依据”由金城学院大学宫坂靖子教授、大连外国语大学李东辉教授、京都巴黎圣母院女子大学青木加奈子专任讲师、高知大学矶部香专任讲师、哈尔滨师范大学郑杨副教授、爱知教育大学山根真理教授共同完成。第五个案例研究报告“中国城市护理文化的转变——以月嫂和医疗养老护理员为中心”由九州大学翁文静助教撰写。第六个案例研究报告“男性的照料角色履行与男性气质的变化——基于东亚五大城市的调查结果”由关西大学多贺太教授、立教大学石井 Kuntz 昌子特任教授、京都产业大学伊藤公雄客座教授、公益财团法人笹川和平财团植田晃博研究员共同完成。第七个案例报告“成年人监护制度和家庭内部再分配研究——从中日比较的视角”由东京大学税所真也特任助教（华东师范大学访问学者）撰写。第八个案例研究报告“地域福祉改变的‘死亡’——以冲绳波照间岛的实践为例”由新潟大学加贺谷真梨副教授撰写。

少子老龄化社会问题十分复杂，育儿、养老、老人看护等离不开家庭与社会的支持，更离不开顶层制度设计和相关政策的指导，这一领域尚有诸多问题有待于研究和探讨，本书仅仅是关于少子老龄化背景下的中日家庭、社会支持方面的基本分析和初步探讨。诸位读者在阅读本书的同时，若能再翻阅一下本人主编的《少子老龄化社会：中国日本共同应对的路径与未来》（社会科学文献出版社，2019），定会进一步加深对中日两国少子老龄化社会相关问题的理解。

日本人口老龄化比中国来得早，但中国的老龄化速度也不慢，可以说中日两国共同面临人口老龄化和劳动力短缺的挑战。日本在应对少子老龄社会方面积累了丰富的经验，特别是在老年护理领域，有很多值得中国借鉴和学习的地方，中日合作的空间也很广阔。本书若能为读者了解和分析纷繁复杂的中日两国的少子老龄化问题有所启迪，对中日在共同应对少子老龄社会方面的合作发挥些许积极作用，将不胜荣幸之至。

本书在编辑出版过程中，得到中日作者的积极配合，特别是社会科学文出版社责任编辑郭红婷女士为此付出了辛勤的汗水，在此一并表示衷心的感谢。

张季风

2020 年端午于密云水墨斋

# 目　录

## 理论篇

## 实践篇

# 理 论 篇

# 第一章 老龄化社会与“长寿革命”

想必很多人对“老龄化”抱有消极的印象。“老龄化”在英文中不仅可译为“ageing”，还可以译为“graying”。“gray”一词有阴暗的、阴郁的等含义。老龄化社会也就是“graying society”，容易使人联想到昏暗浑浊、缺乏活力的社会。为了避免社会陷入如此境地，有人提出必须提高出生率并视低生育率为问题的元凶。老龄化社会中经常采用解决少子化问题的相关对策。还有人指责现在的女性不愿生育。但这样的应对方式并不恰当，并且误解了“老龄化”的根本原因，那什么是“老龄化”的根本原因呢？其实，“老龄化”还应有更新的含义，本章拟对“老龄化”的内涵做出新的诠释。

## 第一节 老龄化社会新解

### 一 老龄化社会与长寿社会

“老龄化”的根本原因在于人口转变（demographic transition）。人口转变是指从“多生多死”的社会转变为“少生少死”的社会，也就是从高出生率、高死亡率的社会转变为低出生率、低死亡率的社会。在过去的社会中，虽然有大量婴儿出生，但很多孩子在婴幼儿阶段就死亡了，无法进入成年期；而在人口转变发生后，出生的婴儿几乎都可以活到成年，并度过接下来几十年的人生。纵观近100年来生存曲线图的变化，可以看到生存曲线逐渐呈现出在壮年期几乎为直线形态，在老龄期急速降低的形状（见图1-1），这也被称为生存曲线的“长方形化”。该变化与现代化过程相件，如果说产业革命开启了物品生产的现代化，那么人口转变则开启了人口生产的现代化。

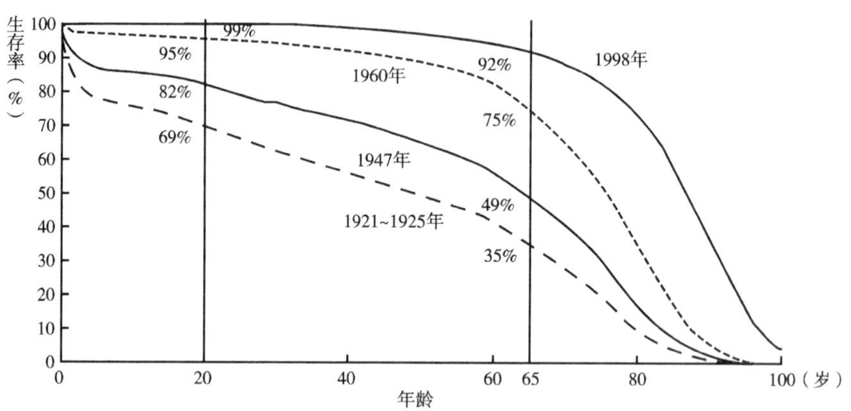


**图 1－1　日本的人口生存率变化（1921～1989 年）**

资料来源：转引自阿藤誠『現代人口学　少子高齢社会基礎知識』、日本評論社、2000 年。

人口转变带来了人口年龄结构的变化。如图 1－2 所示，人口金字塔的底部逐渐收窄，从金字塔形变成吊钟形。如果儿童的死亡率继续降低，那么金字塔的底部将进一步变窄。如果成年期死亡率降低，死亡发生在老年期，那么人口年龄结构将变成吊钟形。观察金字塔形和吊钟形顶端的老龄期人口与其他年龄段人口的比例，可以发现吊钟形的人口年龄结构图中老龄人口比例更大。也就是说，在社会的现代化过程中，卫生与营养状况的改善降低了婴幼儿的死亡率，传染病被扑灭使中年人的死亡率降低，人口就会发生老龄化。这应该理解为一件不幸的事情吗？

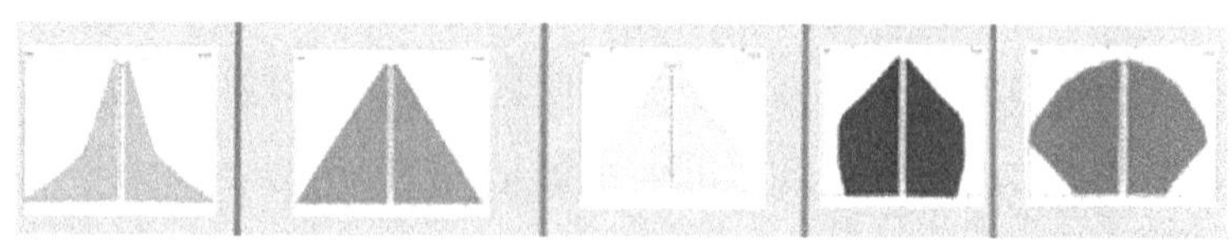

**图 1－2　人口年龄结构的变化**

人类一直梦想长寿，而老龄化正是梦想成真的结果。老龄社会是人类的应许之地。首先，笔者提议不要用阴郁的意象来形容老龄社会，而是将老龄社会作为人类最终到达的社会。为转变认知，在本章，笔者将尽量避免使用“老龄社会”这一人口学概念，而使用“长寿社会”概念作为替代。虽然日本和中国社会都能理解“长寿社会”，但这一概念很难译成英文。如果译作“long-life society”或“longevity society”，虽然从字面上可以理解，但是略显不自然。在东亚社会中，“长寿”一词代表用积极的眼光看待年龄的增长，因此笔者将立足于东亚社会，提议使用积极的“长寿社会”概念，将通往“长寿社会”的社会变化称为“长寿革命”。

## 二　人口学观点下的国际比较

“老龄化”在世界各地经历了怎样的发展过程呢？“老龄化”的根本原因在于死亡率和出生率的降低所引起的人口转变。在人口转变过程中，首先出现死亡率的降低，随后出生率也开始下降，所以出生率的降低意味着人口转变的完成。

比较一些国家出生率的长期变化趋势，欧洲与北美较早经历人口转变，日本和其他亚洲国家紧随其后。在大部分的欧美国家中，出生率从19世纪末期开始下降，在20世纪30年代暂时停止。日本在20世纪50年代经历了出生率的降低，比欧美国家推迟了20～30年。日本以外的其他亚洲国家则更晚，20世纪70～80年代出生率才开始下降。

欧洲和日本的出生率下降曾经历过暂停阶段，自20世纪60年代后半期又开始新一轮的下降过程。这被认为是“第二次人口转变”的一部分。“第二次人口转变”由罗恩·列思泰赫（Ron Lesthaeghe，布鲁塞尔自由大学社会科学与人口学教授，比利时人口学家）与冯德卡（Van de Kaa，荷兰人口学家）命名，其重要性不逊于先前的“人口转变”，也是具有决定性意义的人口学变化。[①]

① 关于“第二次人口转变”，参见落合惠美子《家族主义的悖论——东亚社会为何不能持续》，载金一虹、史丽娜主编《中国家庭变迁和国际视野下的家庭公共政策研究》，南京师范大学出版社，2014。

笔者之所以认为现在的低出生率是问题的元凶并不准确就与此相关。现在的欧洲与日本的低出生率是先前的人口转变（也称“第一次人口转变”）完成后，过了一段时期又开始的“第二次人口转变”的一部分。虽然现在的低出生率加速了老龄化进程，但是老龄人口比例的上升从人口转变开始时便已经注定。虽然现在也应该实施相应的少子化对策，但人口的老龄化可以说是现代化过程中的必然阶段。

值得注意的是，出生率的下降过程在欧洲与日本是分两次发生的，而在其他亚洲国家中这一过程保持连续没有中断。因此这些国家相应地没有在认识上区分“第一次人口转变”与“第二次人口转变”、出生率的第一次下降与第二次下降。中国出生率的下降也没有中断。但从理论上讲，应区分变化过程的两个阶段（出生率下降至人口更替水平，出生率下降至低于人口更替水平）。这是因为维持人口规模的生育率水平和引发人口规模缩小的生育率水平给社会带来的影响显然不同。出生率在日本以及其他亚洲国家中降至人口更替水平多由降低生育率的相关政策造成。二战后，日本制定了《优生保护法》，堕胎合法化与节育实现普及。中国则实施了独生子女政策。但是，当出生率开始低于人口更替水平时，就会有很多国家转变方向实施鼓励生育的政策。应对少子化是摆在韩国和日本面前的重大政策课题。

图 1－3 比较了世界主要国家和地区人口老龄化的变化趋势。欧洲很多国家在 20 世纪 70 年代到达了老龄社会阶段，而日本的人口转变发生较晚，当时才刚刚进入老龄化社会。但是，与欧洲各国老龄化进程较为缓慢形成对比，日本的老龄化发展迅速，20 世纪 90 年代就迈入了“老龄社会”，进入 21 世纪后便成为世界上老龄化程度最高的国家。在人口老龄化进程方面，日本的 90 年代相当于欧洲的 70 年代。除日本外，其他亚洲国家和地区虽然已经将“老龄化”视为社会问题，但是其发展阶段要晚于欧洲和日本。中国香港较早地在 20 世纪 80 年代迈入老龄化社会，而韩国、新加坡、中国内地、泰国则大约在 21 世纪头十年才进入老龄化社会。到 21 世纪 10 年代，中国香港、韩国已经成为老龄社会，新加坡也紧随其后，而中国内地和泰国可能还需要 10 年时间才会进入老龄社会。

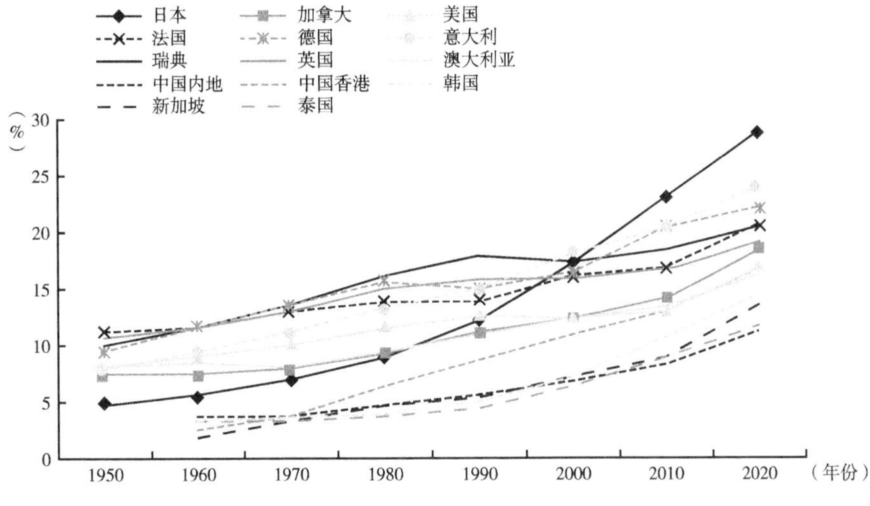


**图 1-3　老龄人口比例的长期变化趋势**

注：中国内地、中国香港特别行政区、韩国、新加坡、泰国 2020 年刻度处为 2018 年数据。

资料来源：World Bank Open Data。

## 第二节　“长寿革命”所需的社会变革

我们已经了解了“长寿社会”这一积极概念，但为迎接“长寿社会”的到来，事实上我们还面临着诸多课题。迈入前人不曾到达的“长寿社会”，需要面对新的条件、建立新的社会结构。人类历史上经历过“农业革命”“产业革命”“信息革命”等若干次革命并取得进步，这些革命主要以物品的生产与流通为中心，而我们现在正在经历的是与上述革命同等重要、关乎自身命运的革命。

“长寿革命”究竟需要社会进行怎样的变革呢？老年人照护自然是十分重要的问题。

### 一　有照护需求的老年人不断增加

首先，大多数人会想到老年人的增加意味着需要照护的人数大幅增加。

图 1 -4 展示了在日本的护理保险制度下被认定为需要支援与需要照护的人数。日本的老年人数从 2003 年的 2431. 1 万人增加至 2009 年的 2900. 5 万人、2015 年的 3346. 5 万人①，被认定为需要支援与需要照护的老年人数量从 2003 年的 370. 4 万人增加至 2009 年的 469. 6 万人、2015 年的 606. 8 万人，2015 年的人数增加至 2003 年的 1. 6 倍。需要支援、需要照护的老年人口比例从 15% 逐步上升至 16% 甚至是 18%。需要照护的老年人比例因年龄而异，75 岁及以上的老年人（需要支援 9%、需要照护 24%）的增加拉升了需要照护人数的比例。日本作为世界上老龄化比例最高的社会，其经验将给其他社会预测今后的发展提供参考。但是，这个统计中所使用的“需要支援”“需要照护”的认定人数是指被认定为政策对象的人数，这个数字受到认定方、老年人和老年人家属的共同影响。另外，即便是同一年龄层，需要照护的比例也会因其所在的社会而异。比如，泰国的老年人与相同年龄段的日本老年人相比，健康状态更差，相应的需要照护的人口比例也更高。重要的是探究什么因素可以放缓由年龄带来的照护需求增长。

## 二 照护的社会化

需要照护的老年人逐年增加，日本采取了怎样的措施来解决该问题呢？1972 年，也就是日本刚步入老龄化社会的时候，有吉佐和子出版了小说《恍惚的人》，从此对老年人的照护开始受到社会的广泛关注。20 世纪 90 年代的大众媒体大量报道“照护过劳死”事件。设想以家庭照护为主的社会如果发生老龄化，那么肯定会有很多人因照护他人而体力耗尽，先于被照护者不幸去世。虽然难以获得统计数据，笔者的朋友中就有两人遇到过这样的不幸。随着社会危机感不断加深，在 1983 年设立的“让老龄社会更美好妇女会”等市民运动的努力下，老龄化对策在 20 世纪 90 年代开始成为政策的焦点。

① 数据分别来自国立社会保障人口问题研究所 2005 年、2011 年、2017 年的《人口统计资料集》，参见『人口統計資料集』、国立社会保障・人口問題研究所ホームページ、http://www.ipss.go.jp/syoushika/tohkei/Popular/Popular2012.asp?chap=0。

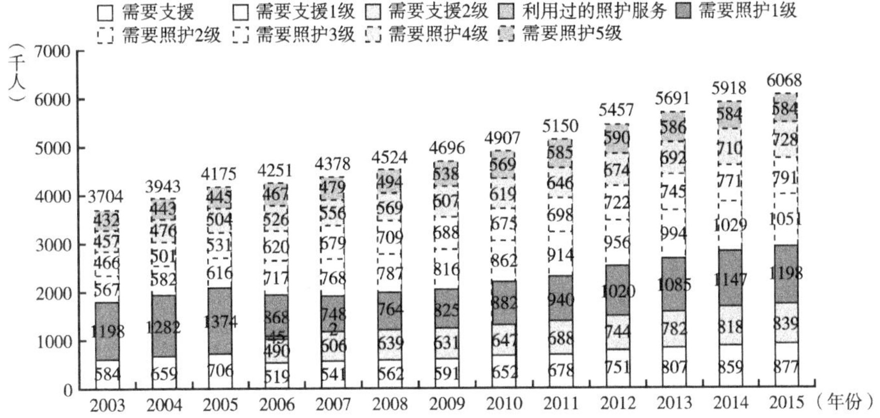


**图 1-4　被认定为有护理需求的老年人数变化**

注：护理保险第 1 号保险人数统计。

资料来源：『平成 30 年版高齢社会白書（全体版）』、内閣府ホームページ、https://www8. cao. go. jp/kourei/whitepaper/w-2018/zenbun/30pdf_ index. html。

2000 年导入的护理保险制度是一个重要的转折点。在以往的制度环境中，只有照护需求高、收入低且没有家人共同生活的老年人才能进入公共机构接受免费或低价的护理服务。其他不满足条件的中产阶级只能继续冒着“照护过劳死”的风险在家庭中照护老人，或者让本无医疗需要的老年人长期住院（也称为“社会性住院”）。“社会性住院”增加了不必要的医疗开支，加重了财政负担，成为社会问题。护理保险使照护服务不再依赖公共财源，而是转变为靠社会保险运行。这样做不仅可以减少公共支出，还可以使包括中产阶级在内的更广泛的社会群体都能享受照护服务。“照护的社会化”很快被国民接受，曾经将父母委托给他人被看作家庭的“羞耻”的观念逐渐淡化。39.5% 的老年女性和 22.2% 的老年男性愿意将照护工作委托给照护助手等照料服务提供者（见图 1-5）。当家中有老年人需要照护时，向当地的照护经纪人咨询，对老年人进行照护需求评价，根据可以使用的金额购入适当的照护服务已经成为理所当然。如果缺少该项制度的支撑，日本的家庭恐怕要面临毁灭的危险。田宫游子与四方理人的研究发现，使用护理保险可以有效地减少女性对家人的照护时间。

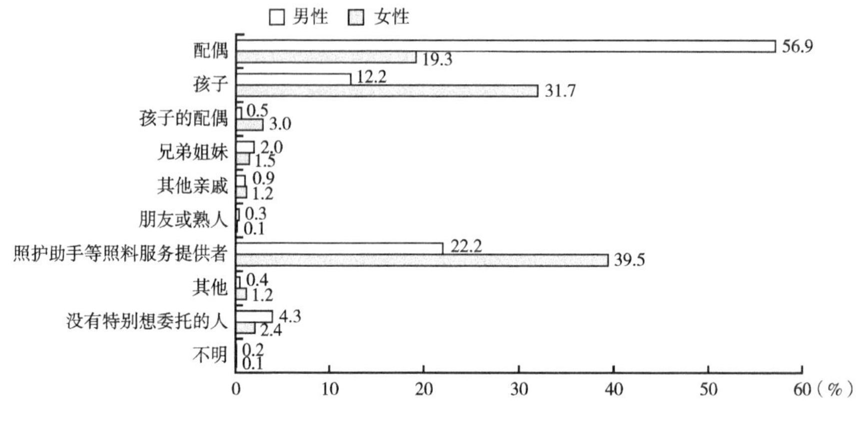


**图 1-5 有照护需要时希望委托护理的人**

资料来源：『平成 30 年版高齢社会白書（全体版）』、内閣府ホームページ、https://www8.cao.go.jp/kourei/whitepaper/w-2018/zenbun/30pdf_index.html。

## 三 照护社会化的社会经济效果

在亚洲其他国家中，有很多人认为日本的护理保险“在财政上不可持续”，“不可以学习”。在日本也有研究者强调财政方面的不稳定性。但笔者想强调的是在老龄社会中，倘若没有护理保险或其他社会化照护的方法，家庭将无法维持。前面笔者已经提到，在 20 世纪 90 年代护理保险制度实施之前，日本经常发生“照护过劳死”的事情。很多离婚与家庭不和都是照护负担过重引起的。正如艾斯平-安德森曾经说过的，“家庭主义破坏家庭”，过度依赖家庭的福利功能反而会导致家庭的解体。

另外，不能忽视护理保险潜在的财政贡献。2013 年以后，每年约有 9 万人因照护而选择离职。2010 年大部分因照护而离职的是女性，而 2010 年后男性的离职人数开始上升，2016 年的离职总人数中女性占 73%，男性占 27.0%（见图 1-6）。2016 年，承担家庭照护工作的人中女性占 66%，男性占 34%。现在照护并不仅仅是女性的问题。照护离职成为威胁工作责任较重的中老年劳动者（包括企业管理人员和主管人员）的隐患，无论性别，他们离开岗位将对企业造成巨大的损失。正因为有护理保险与护理休业制度的支撑，很多人才能勉强维持工作。老龄社会将面临劳动力不足的问题，能让有照护压力的劳动力持续就业对支撑经济、维持税收都十分重要。照护离职将导致企业损失管理者与熟练劳动力，国家将会损失税收。照护离职者失去收入将无法积攒年老后的生活所需而陷入贫困状况，社会也无法维持稳定。所以护理保险有巨大的潜在经济效果。

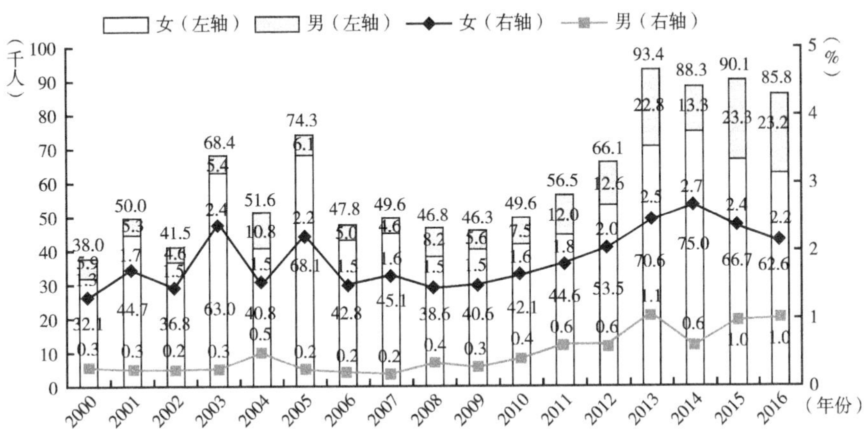


**图 1－6　因照护离职的人数与在因个人理由离职的人数中照护理由的占比**

资料来源：『平成 30 年版高齢社会白書（全体版）』、内閣府ホームページ、https：//www8．cao. go. jp/kourei/whitepaper/w－2018/zenbun/30pdf_ index. html。

## 第三节　劳动力减少问题再探讨

劳动力减少给经济带来的影响非常大。如前所述，人口老龄化不仅代表老年人口比例的上升，也关系到人口年龄结构的整体变化。劳动年龄人口的减少意味着劳动力人口减少，这将对经济造成负面影响。“长寿革命”需要诸多社会变革来解决此类问题。

日本的经济高度成长期①、其他亚洲国家于 20 世纪 80 年代开始的经济增长期都得益于劳动年龄人口的大量供给。而人口老龄化给经济造成的影响

① 经济高度成长期指 1955～1973 年日本的经济快速发展时期，其间日本实际经济增长率维持在 9% 以上。

与此截然相反。经济增长可以分解为劳动的增加、资本的增加、技术进步等无法用劳动与资本解释的全要素生产力水平的提高三方面要素。图 1－7 显示了 20 世纪 70 年代以来日本实际经济增长中各要素的贡献量。劳动的贡献在 20 世纪七八十年代曾保持在 1% 左右，在 90 年代日本快速进入老龄社会后转为负值。随着年龄构造的变化，人口对日本经济的效果从“人口红利”（股息）转变成“人口负债”（负担）。

人口老龄化虽然是发达国家的发展成果，但劳动年龄人口减少会导致经济发展速度放慢，人力成本上升将削弱国际竞争力。20 世纪 70 年代世界经济受到石油危机和尼克松冲击的双重打击，欧美发达国家正处于人口老龄化这一社会构造变动期，因此经济难以重回增长轨道。而 20 世纪 70 年代的日本社会较为年轻，经济保持平稳增长。不过 20 年后，当时席卷欧美国家的问题日本同样未能躲过。

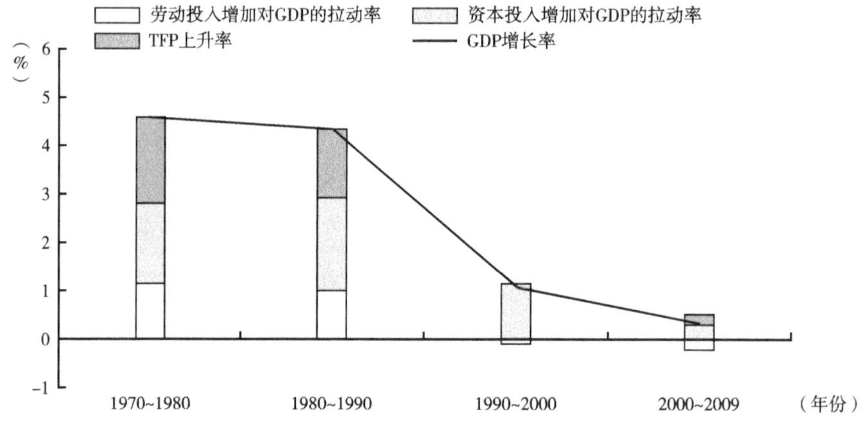


**图 1－7　实际经济增长率的要因分解（增长核算）**

资料来源：「JIP database 2012」、独立行政法人经济产业研究所ホームページ、https：//www. rieti. go. jp/cn/database/JIP2012/index. html。

## 一　人口的自然增长与移民的接纳

下文将分析日本从战后到近年来发生的人口学变化与该变化对劳动力产生的影响，也将欧洲的法国与德国纳入比较对象。

图 1-8 显示了日本的粗生育率（crude fertility rate）、粗死亡率（crude mortality rate）、表示二者差值的自然增长率（natural increase rate）、净迁移率（net migration rate）。日本的自然增长率于 2006 年后变为负值。法国的出生率很高，自然增长率也保持正值。法国儿童照护领域的“去家庭化”政策可以与北欧媲美。此外，德国在 20 世纪 70 年代经历了低出生率，人口的自然增长率转为负值。值得注意的是，在这一时期德国的净迁移率曾大幅上升。本国出生的人口难以维持人口规模时，吸纳

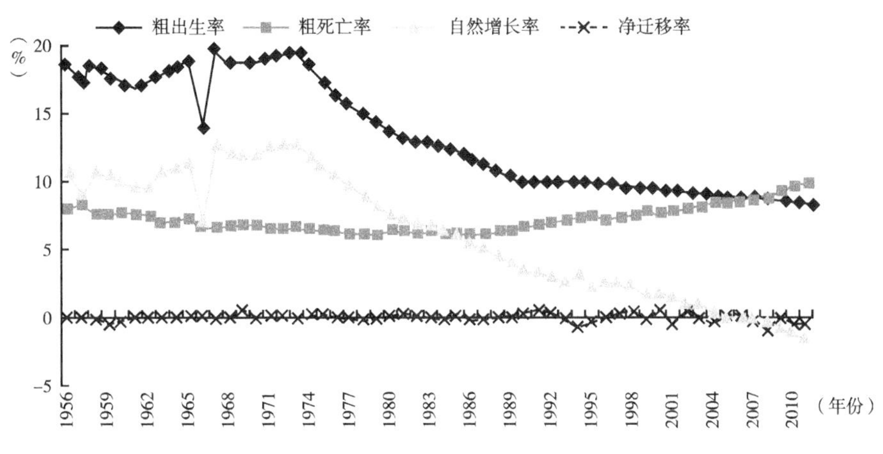


（1）日本的人口动态

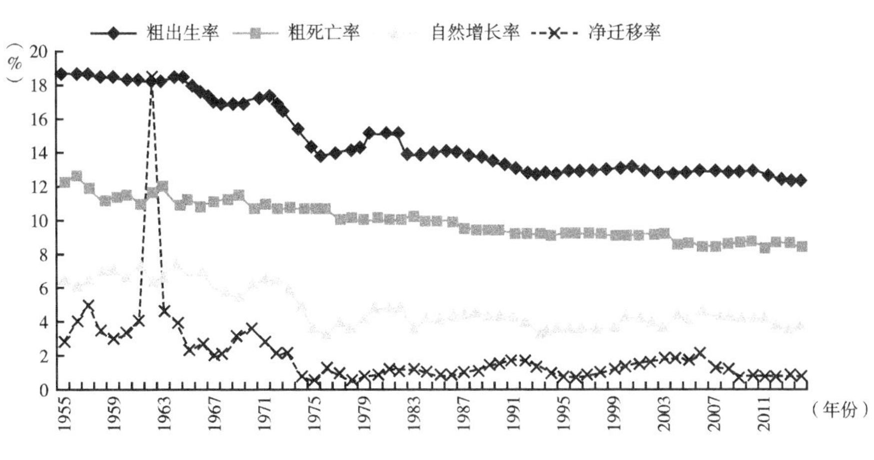


（2）法国的人口动态

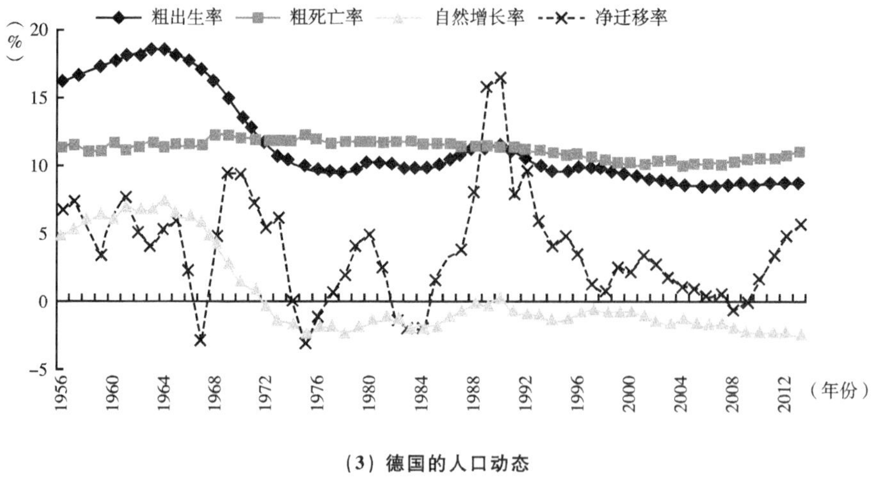


(3) 德国的人口动态

**图 1-8　日、法、德人口动态**

资料来源：OECD Statistics。

移民就成为必要措施。反观日本，人口自然增长率虽然已经持续 10 年为负，但净迁移率仍然在 0 上下浮动。虽然本文没有涉及移民（人的国际移动）这个话题，但是考察社会的人口问题时，人的移动也是不可忽视的重要议题。

## 二　劳动年龄人口的减少

人口增长的变动改变了社会的人口年龄结构。值得关注的是，日本的劳动年龄人口（15~64 岁）在 1995~2013 年减少了 7.5%（见图 1-9）。德国与日本形成鲜明对比，德国通过接收移民来避免生产年龄人口的迅速减少，而日本几乎从未接收过移民，所以两国人口年龄结构所呈现的结果也有所不同。也可以说，日本人口的快速老龄化是移民政策过于严格造成的。虽然日本与德国同为低生育率国家，但与日本 2015 年 26.6% 的 65 岁及以上人口比例相比，德国的 65 岁及以上人口比例仅为 21.0%。

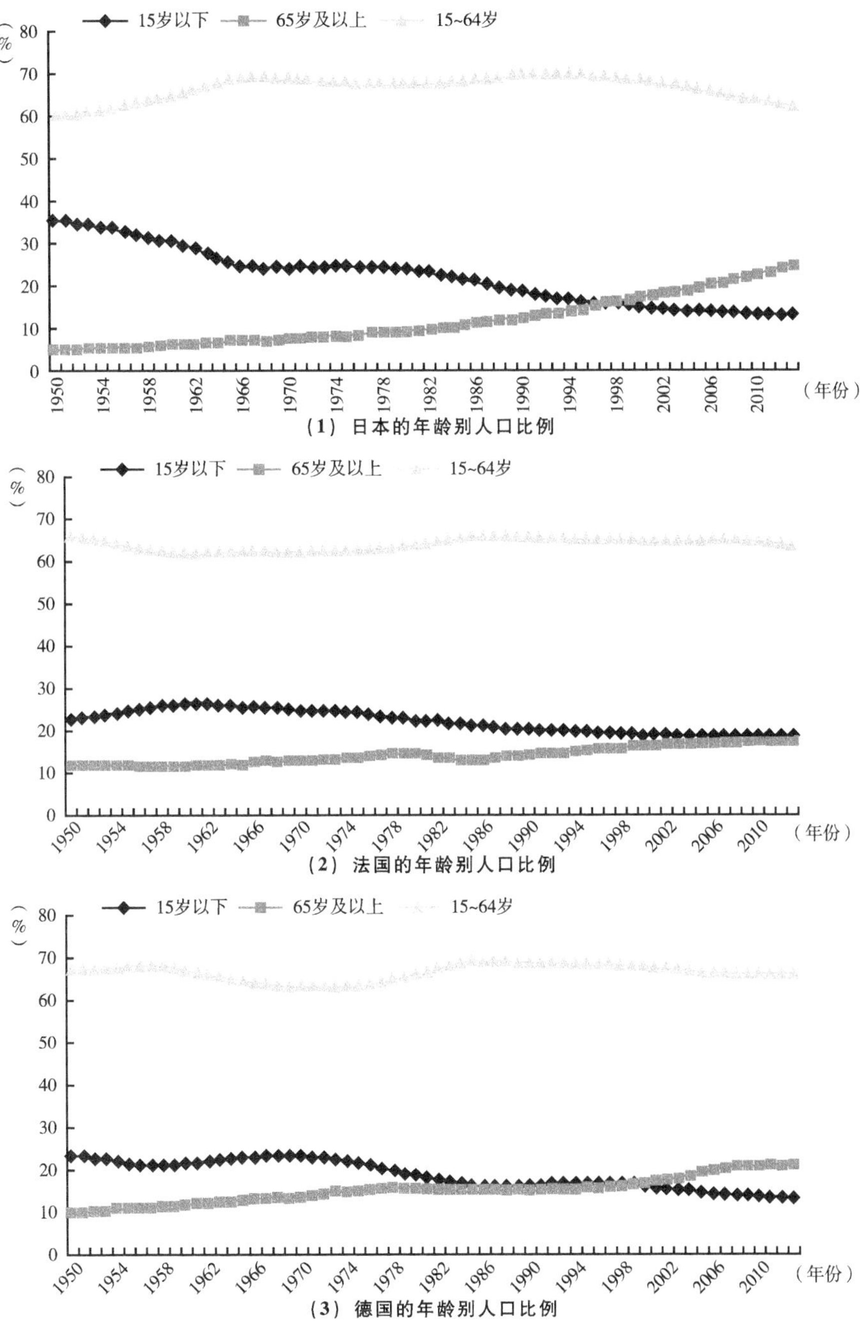


(1) 日本的年龄别人口比例

(2) 法国的年龄别人口比例

(3) 德国的年龄别人口比例

**图 1-9　日、法、德的年龄别人口比例**

资料来源：OECD Statistics。

## 三　女性与男性的劳动参与率

劳动年龄人口比例的降低与劳动人口的减少紧密相关，劳动力的减少将会降低经济增长率。日本已经连续20年劳动年龄人口比例大规模降低，日本经济又是如何应对该问题的？

根据图1－10，可以发现法国与德国的男性和女性的劳动参与率并没有明显区别，但是日本男性和女性劳动参与率仍然相差20个百分点以上。3个国家的女性劳动参与率都呈现上升趋势，但是男性劳动参与率的变化趋势则并不相同。由于劳动力人口中包括失业者，所以失业率并不是产生劳动参与率差距的直接原因。但是失业导致的退休提前、因求职困难而较晚步入劳动力市场等现象还是拉低了20世纪70年代以来欧洲的男性劳动参与率。为弥补家庭收入，欧洲的女性也走入劳动力市场。通常认为，产业结构从制造业转向服务业将会使劳动力需求由男性转向女性。但是制造业在日本尚有一定规模，并且缺乏制度保障使劳动者可以选择延后进入劳动力市场、提前退休，所以即使工作条件不尽如人意，日本的劳动者也不得不选择就业，可以说劳动年龄人口比例的降低推高了男性的劳动参与率。

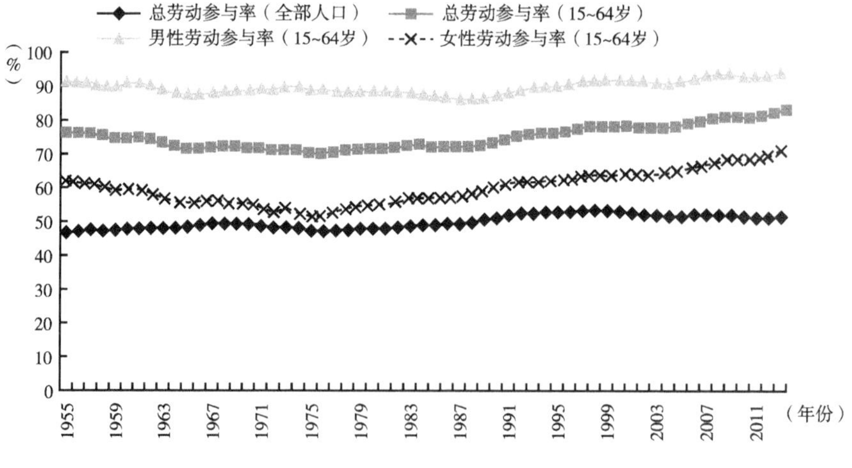


（1）日本的劳动参与率

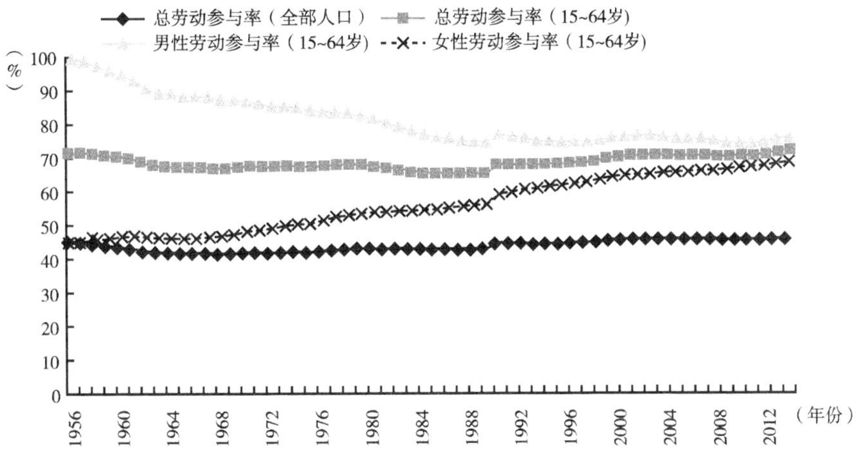


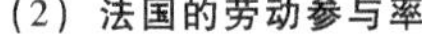
（2）法国的劳动参与率

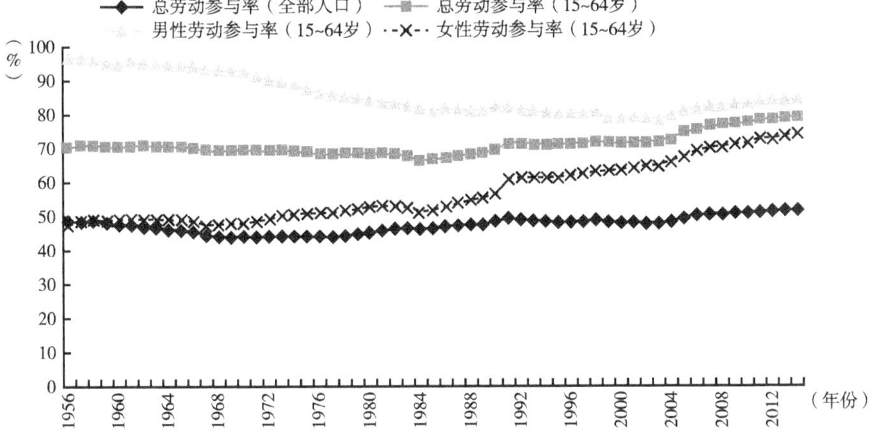


（3）德国的劳动参与率

**图 1－10　日、法、德的劳动参与率**

资料来源：OECD Statistics。

较低的劳动年龄人口水平虽然在“失去的 20 年”的经济不景气时期对失业率起到了抑制作用，却又在经济状况恢复后造成人手不足、劳动负担过重等问题。21 世纪 10 年代，日本男性的劳动参与率接近战后初期的法国与德国，而女性劳动参与率已与现在的法国与德国相当。目前日本男性与女性最大限度地参与劳动，在总人口中约有 1/4 是老年人的情况下，仍然保持总人口中有超过半数人参与劳动。如果以劳动时间计算，则日本与其他欧洲国家差距更大。最大限度地让男性与女性都参与就业虽然保障了日本当前的经济发展，却是以牺牲再生产能力为代价。这将导致人口自然增长率低下，劳动年龄人口在人口结构中所占比例越来越低的恶性循环。

## 四　包括人的再生产①的社会再生产

“长寿革命”的课题不仅在于从事生产的劳动力，而且需要关注人的再生产。“人口红利”与“人口负债”也影响投入再生产的劳动力规模。再生产劳动主要以儿童、老年人和其他成年人的日常照料为中心，受代际人口比的影响。如果将劳动年龄人口想定为照料活动的承担者，那么劳动年龄人口比例越大则照料负担越轻，劳动年龄人口比例越低则照料负担越重，将导致再生产潜力降低。对各个家庭来说，拥有多个成年兄弟姐妹意味着可以共同分担照料年迈父母的责任，也可以在育儿方面互相帮助，如果没有兄弟姐妹则无法做到这些。

随着人口老龄化程度不断加深，照顾年迈父母的责任落到少数子女身上，也没有兄弟姐妹在育儿阶段互相帮助。对于家庭而言，照顾负担将会加重。为弥补劳动年龄人口缩减而产生的劳动力不足，女性被推入家庭之外的劳动领域，加速了家庭再生产能力的下降。另外，老龄化社会中经济水平的下降也使更多的年轻人陷入失业、不稳定就业状态，越来越多的人难以组建家庭，出现晚婚化、终生未婚率上升、超低出生率等再生产危机。社会整体人口减少，每个人将面对生活崩坏的苦楚。有必要将生产劳动与再生产劳动都纳入劳动范围，并在经济、国家、家庭三个领域内合理分配再生产的成本，对社会系统结构进行慎重调整。否则，社会将难以维系。

---

① 日文原文为“人間再生産”，该词不仅表示人口学中的“人口再生产”，即生育子女的含义，而且包括在作为亲密领域的家庭中养育子女、照料老年人和其他成年人，从而为公共领域提供劳动力的含义，因此，此处译做“人的再生产”。——译者注

女性主义经济学主张扩展“经济”概念，将再生产也纳入经济范畴。西尔维娅·沃尔比（Sylvia Walby）将经济定义为：“物品与服务的生产、消费、分配、流通的关系、制度与过程体系，这些物品和服务支撑着人们的生活。”[①] 沃尔比的观点回归初期马克思主义视角，将“人的创造”视为经济的终极目标。与典型的近代社会不同，沃尔比没有将再生产同经济彻底切割并全部抛给家庭，而是必须将广义的“经济”作为一个系统进行可视化运行。

从20世纪70年代开始，在老龄化程度不断加深的背景下，欧洲各国陆续实施了家庭政策与性别平等政策，不仅促进了女性就业，也将再生产成本可视化，在一定程度上完成了生产与再生产劳动的妥善配置。这一时期涌现了大量关于欧美国家家庭政策多样性的研究。[②] 这些研究中引用率较高的包括莱特的研究。莱特将育儿休假等保障公民的时间权利（time rights）、为家中承担照料劳动的成员提供现金给付等政策称为“家庭化政策”，将提供公共照料服务以及向照料市场提供公共补助金等政策称为“去家庭化政策”。[③]

但是，笔者对莱特的概念区分并不满意。莱特的所谓“家庭化政策”是通过国家向承担照料劳动的家庭支付费用、通过制度保障照料时间等方式实现的，从这个意义上可以说是再生产成本的“去家庭化政策”。笔者提议以“照料费用的（去）家庭化”为横轴，以“照料服务的（去）家庭化”为纵轴建立一个坐标系，将“家庭主义”与“去家庭主义”、二者混合状态下的“自由主义型家庭主义”与“受援助型家庭主义”（莱特称之为“积极家庭主义”）四种类型放在同一坐标系中（见图1-11）。保育所等公共照料服务的经费来源中政府财政补贴占很大的比例，其在服务与费用方面都具有“去家庭化”的特征，因此可以归类为“去家庭主义”，北欧是“去家

① Sylvia Walby, *Globalization and Inequalities: Complexity and Contested Modernities*, Sage, 2009.

② Mary Daly, ed., *Care Work: The Quest for Security*, International Labour Office, 2001.

③ Sigrid Leitner, "Varieties of Familialism: The Caring Function of the Family in Comparative Perspective," *European Societies*, Vol. 5, No. 4, 2003, pp. 353-375.

庭主义”类型的典型案例。“自由主义型家庭主义”也就是“照料的市场化”，指家庭可以从市场上购买照料服务，但是其费用需要由家庭自己承担，美国是该类型的典型国家。“受援助型家庭主义”是指虽然由家庭提供照料，但是家庭成员的照料劳动可以从国家那里得到相应的补贴。芬兰、英国、法国、德国等国家结合使用“去家庭主义”与“受援助型家庭主义”。第三象限的“家庭主义”在定义上与莱特的“家庭主义”不同，指主要由家庭提供照料服务但家庭不能获得相关照料补贴。在西欧、北欧与北美等地，由国家或经济部门按照“家庭主义”模式以外的方式共同分担再生产劳动。在南欧、东欧与包括日本在内的东亚国家，“家庭主义”的政策模式特征依然较为明显。日本、中国台湾出台护理保险制度，韩国实施了婴幼儿保育无偿化等政策，可见家庭主义开始转变方向。

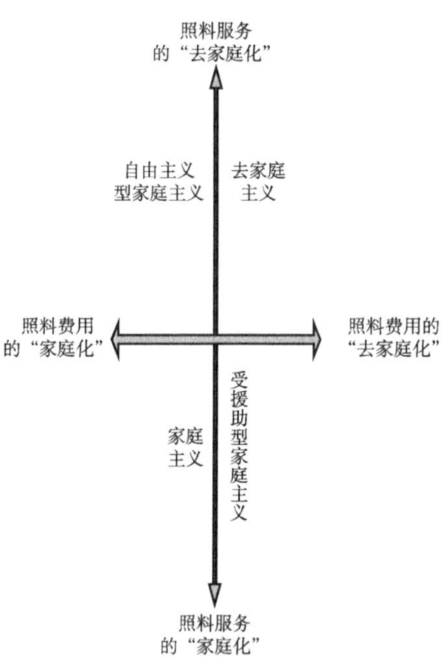


**图 1-11　照料的“去家庭化”与“家庭化”**

资料来源：落合恵美子「つまずきの石としての1980 年代——『縮んだ戦後体制』の人間再生産」、アンドルー・ゴードン、瀧井一博編『創発する日本へ——ポスト「失われた20 年」のデッサン』、弘文堂、2018、95-135 頁。

综上，本章将人口老龄化视为人类到达“长寿社会”这一应许之地，为应对“长寿社会”产生的社会条件变动，需要对社会进行诸多变革，笔者将该变革命名为“长寿革命”，提倡营造幸福的长寿社会，并在文中列举了相关课题。

“长寿革命”面临的课题不仅有满足老年人照护需求，而且包括解决劳动力减少问题。至少从欧美社会的经验看，如果不能实现对性别角色的有效重构、促进女性就业、接纳移民，就无法抑制劳动年龄人口的减少。与欧洲各国相比，日本消极的移民政策加速了人口的老龄化。但是，中国人口规模庞大且国内多样性丰富，是否存在其他解决方案有待今后进一步探讨。重构性别角色不仅对解决劳动力减少问题至关重要，而且有助于实现覆盖人的再生产的社会可持续再生产。必须重构社会体系，使经济、国家、家庭三个领域共同分担再生产成本，妥善分配生产与再生产劳动。

再生产劳动也就是对人的抚育与照料，不仅要付出金钱，还需要花费精力与时间。虽然本章未能充分讨论“时间政策”的相关议题，在东亚社会也有必要实施该政策以实现工作与生活的平衡。此外，导入社会投资（social investment）视角也十分重要，这一视角将对育儿与性别平等、老年人照料等领域的社会资源投入视作“投资”。[①] 为实现幸福的长寿社会，笔者希望学习有着丰富的应对老龄化经验的欧美国家的社会变革。同时，在东亚地区保持对话与交流。

作者　落合惠美子，京都大学文学研究科教授

译者　郭云蔚

① Nathalie Morel, Bruno Palier and Joakim Palme, eds., *Towards a Social Investment Welfare State?: Ideas, Policies and Challenges*, Policy Press, 2012.

# 第二章
# 中西方家庭理念的变迁轨迹及其争论*

2015 年，在中国一个著名的电视脱口秀节目中，一位女大学生的演讲视频在网络上迅速传播，获得了很多人称赞，也感动了很多人。视频的主题是父母的衰老引发的年轻人的思考和感想，被简洁地概括为一句话："你养我长大，我陪你到老。"这一反映中国孝道传统和家庭代际关系"反馈模式"的普通话语为何会引起许多人的共鸣或感伤？这一现象提示我们，中国的家庭状况及观念已随现代化进程发生了巨大变化。与此同时，在家庭的传统功能日益衰退、家庭本身变得越来越脆弱的今天，有关家庭的理念中却依然保留着某种不变的东西，笔者姑且称之为家庭的"道德正确"。本章拟从家庭与现代化的关系视角考察中西方家庭理念的变迁及其争论的不同轨迹，寻找其背后不变的核心，并探讨现代性视野中国家与个人如何界定家庭的概念、如何影响家庭"道德正确"的含义以及由此带来的后果。

## 第一节　西方现代家庭理念的变革：从"家庭化"到"去家庭化"

西方现代意义上的家庭概念以公与私的分界以及核心家庭理念的形成为标志。这个过程始于 19 世纪以来西方社会的工业化与城市化带来的社会变

* 本文曾以《"去家庭化"还是"家庭化"?》为题发表于《河北学刊》2016 年第 5 期。

迁，它“摧毁了旧的社会秩序和传统的家庭制度”①，致使家庭在结构、功能、关系等方面都发生了深刻的变化。

## 一　公私分野与核心家庭理念的形成

与一般的家庭历史学者不同，美国社会学家赫特尔将考察现代家庭变迁的重点放在家庭与社会之间关系的演变上。他在对 19 世纪西方工业化之前和之后的家庭生活进行比较分析后指出，正是家庭与工作、社会的关系的变化以及核心家庭价值观念和取向的变化，构成了现代家庭的最显著特征。因为在前现代社会，家庭被视为社会生活的基础，是社会制度的核心组成部分，二者之间是不脱离的；而现代化之后则相反，作为社会公共制度的工作和社区与被视为私人生活领域中最重要的家庭制度之间是相脱离的。② 工业化带来的新的经济制度改变了以家庭为中心的传统经济模式，将工作场所、职业与家庭、家务分割为两个世界，导致公共领域与私人领域、丈夫与妻子角色的划分。与此同时，家庭与社区、亲属网络之间的疏离以及家庭传统功能的削弱和外移，又使现代人的生活方式发生了根本性的改变。家庭不再是传统意义上的生产和生育单位，而是更倾向于作为一种情感单位，家庭成员内部具有排外性和亲密性。③ 芝加哥学派的学者将这种家庭关系模式的变化归纳为从“体制型家庭”（institutional family）向“伴侣型家庭”（companionate family）的转变，前者指依靠传统规则维系的以权威性、专制性为特征的扩大家庭，后者指依靠情感维系的以平等为特征的核心家庭。④

也就是说，西方工业化以来，公共活动与私人活动领域的分离也给婚姻

① 〔美〕马克·赫特尔：《变动中的家庭——跨文化的透视》，宋践、李茹译，浙江人民出版社，1988，第 4 页。

② 〔美〕马克·赫特尔：《变动中的家庭——跨文化的透视》，宋践、李茹译，浙江人民出版社，1988，第 56～60 页。

③ 〔美〕马克·赫特尔：《变动中的家庭——跨文化的透视》，宋践、李茹译，浙江人民出版社，1988，第 201～209 页。

④ 〔美〕马克·赫特尔：《变动中的家庭——跨文化的透视》，宋践、李茹译，浙江人民出版社，1988，第 32～33 页。

关系和家庭制度本身带来了影响。以往那种具有高度社区参与的公共家庭制度（public family system）逐渐让位于一种比较封闭的私有家庭制度（private family system），并形成了一整套与工业化相适应的新的家庭价值观，即强调现代核心家庭的排外性和家庭成员之间感情融洽的重要性。[①] 帕森斯将其称为“孤立的核心家庭”，即家庭从传统的扩大亲属关系中孤立出来，成为更加专业化的团体，以儿童的社会化和为家庭成员提供情感依托为主要功能，可以更好地满足工业化城市生活的需要。[②] 而美国社会学家古德认为，这种所谓“夫妇式家庭”模式并非工业化后才出现，只是这种从扩大的亲属纽带中独立出来的新家庭制度看起来与现代工业制度更加适应，因为它们同时受到现代化带来的价值观念的独立影响，包括个人价值和幸福高于世系和家庭的延续，家庭内部两性之间、长幼之间的平等，等等。古德认为，这种夫妇式家庭制度的观念能够最大限度地满足个人主义和平等主义的价值观，并且能够恰到好处地与工业和技术社会秩序相耦合，内在观念和价值的一致性使其可以相互适应、互为依存。[③]

古德关于现代化与家庭变迁的论述，在西方学界产生了深远的影响。尽管这种经典的家庭现代化理论后来也遭遇了种种争议和质疑[④]，包括古德本人在《家庭》一书的再版序言中也强调并不存在所谓“核心家庭制度”，现代社会的复杂性表明家庭也不单纯是工业化和现代化变迁的因变量，等等。然而正如古德所言，我们不能只看实际存在的家庭模式和社会，还要探讨“一些乌托邦思想对整个社会和家庭制度的意义”。[⑤] 现代化的社会变迁中形成的以情感和亲密关系为核心的家庭理念，尽管不能等同于实践中的核心家

① 〔美〕马克·赫特尔：《变动中的家庭——跨文化的透视》，宋践、李茹译，浙江人民出版社，1988，第218页。

② 〔美〕马克·赫特尔：《变动中的家庭——跨文化的透视》，宋践、李茹译，浙江人民出版社，1988，第75~76页。

③ 〔美〕马克·赫特尔：《变动中的家庭——跨文化的透视》，宋践、李茹译，浙江人民出版社，1988，第38~43页。

④ 唐灿：《家庭现代化理论及其发展的回顾与评述》，《社会学研究》2010年第3期。

⑤ 〔美〕威廉·古德：《家庭》，魏章玲译，社会科学文献出版社，1986，再版序言。

庭模式，但构成了西方现代家庭理念中的“道德正确”。这种家庭被视为“由密切的情感纽带维系起来的群体，享有高度的家内私密性，对子女的抚养非常重视”，其典型标志就是“情感性和个体主义的兴起”，是“在性的吸引力或浪漫之爱的引导下，基于个人选择而结成婚姻纽带”。① 随着20世纪以来中产阶级文化的崛起，强调浪漫的爱情基础以及儿童教育的重要性，让家庭成为抵御外在世界的一个隐私、休闲的庇护场所，这成为在中产阶级中流行的一种家庭意识形态②，并日益向全球渗透和蔓延。

## 二　从“家庭化”到“去家庭化”

到了20世纪中叶，这种家庭理念受到来自福利国家和女性主义思潮的有力冲击。首先，从国家与家庭的关系角度看，公与私的界限受到了挑战。以公民权理论为基础的福利国家思想主张以普遍主义的福利体制消除传统阶级、家庭等所带来的地位差异，保证所有公民平等享受社会福利与服务。③这样等于重新界定了政府与家庭之间的责任边界，扩大了政府对家庭和个体的权力与责任，由此国家冲破公私界限越来越多地介入家庭事务成为一种趋势，世界各国在这方面只存在程度上的差异。尤其是以北欧为代表的普惠制的社会民主主义福利体系和家庭政策模式，被认为是国家支持水平最高的，让个体得以摆脱对市场和家庭的无限依赖，因而具有明显的“去家庭化”（de-familization）特征。④

这种国家干预下的“去家庭化”的家庭支持政策，有效减轻了家庭的福利供给负担，同时赋予家庭中的照料者（往往是女性）更多元的选择

---

① 〔英〕吉登斯：《社会学》（第五版），李康译，北京大学出版社，2009，第172~173页。

② 〔法〕安德烈·比尔基埃等主编《家庭史（第三卷）：现代化的冲击》，袁树仁等译，生活·读书·新知三联书店，2003，第564~566页。

③ 〔英〕罗伯特·平克：《“公民权”与“福利国家”的理论基础：T. H. 马歇尔福利思想综述》，刘继同译，《社会福利》（理论版）2013年第1期。

④ 参见潘屹《社会福利思想和福利制度辨析》，《社会福利》（理论版）2014年第7期；马春华《欧美和东亚家庭政策：回顾与评述》，载唐灿、张建主编《家庭问题与政府责任：促进家庭发展的国内外比较研究》，社会科学文献出版社，2013。

权，以获得个体的独立。随着生育率的下降和女性劳动力市场参与度的提高，工作与家庭的矛盾日益突出，这也直接推动了一系列旨在促进工作与家庭平衡、刺激女性生育和就业、减轻儿童照料负担的社会政策的出台，以协调带薪工作与家庭内部照顾责任之间的关系。欧洲福利国家引进了“工作－家庭平衡”的概念，欧盟甚至把工作与家庭之间的平衡作为一种基本权利写进了条约，因此国家对家庭私人生活领域的干预成为一种普遍现象。①

其次，从家庭与个人的关系角度看，公私领域的划分也遭到女性主义的强烈批判。一些人认为，关于公共世界与私人世界、工作与家庭、男性与女性之间的对立和两分，为现有的性别分工模式提供了合法性，造成了女性的贬值和在家庭与社会中的附属地位，维系了两性之间的等级秩序和不平等关系。女性主义将有关家庭的研究和讨论引向家庭内部的分工以及不平等的权力关系，指出家庭是父权制压迫的首要场所，是一种产生和复制压迫性的性别认同的制度。在这个主流的制度模式中，通过男性挣钱养家、女性照料家庭的分工模式，男性不仅从家庭内女性的无偿家务劳动中获利，而且从妨碍女性进入公共领域参与公平竞争中获利。而公私两分的意识形态恰恰维护了男性在家庭和社会中的权力，因此打破这一统治逻辑的链条，就要从打破公私分野开始。②

与此同时，“去家庭化”也体现在西方家庭理念以及亲密关系的晚近变革上。在过去的半个多世纪中，欧美国家的婚姻体制方面发生了巨大变化，结婚率降低，非婚同居或者同性伴侣的比例上升，未婚或者没有合法婚姻关系的女性生育者增加，等等。这些现象被美国社会学家安德鲁·切林（Andrew J. Cherlin）称为“婚姻的去体制化”（deinstitutionalization of

① 参见韩央迪《家庭主义、去家庭化和再家庭化：福利国家家庭政策的发展脉络与政策意涵》，《南京师大学报》（社会科学版）2014 年第 6 期；熊跃根《女性主义论述与转变中的欧洲家庭政策》，《学海》2013 年第 2 期。

② Michelle Budig, “Feminism and the Family,” in J. Scott, Judith Treas, Martin Rechards, eds., *The Blackwell Companion to the Sociology of Families*, Wiley-Blackwell, 2004, pp. 423－424.

marriage)，即界定伴侣行为的社会规范日益衰减。切林认为，婚姻在含义上的两种变化导致了它的“去体制化”：一是从体制型婚姻向伴侣型婚姻转变，二是向强调个人选择和自我发展的个体化婚姻（individualized marriage）转变。尽管婚姻的实践重要性已经减弱，但其符号重要性依然很高甚至在不断增强，婚姻成为个人声望和成就的标志，作为一种有声望的符号资本形式起作用。[①] 德国社会学家贝克夫妇认为，现代社会已经进入“个体化”时代，婚姻和家庭生活变得前所未有的脆弱，男女之间的对抗日益升温，家庭自身开始走出理想中的意识形态构想，呈现出以个体选择和协商为特征的多样化形式，也就是所谓“后家庭时代的家庭”，其中“为自己而活”和“个人设计生活”的逻辑变得极为重要，家庭和亲属关系也由一种“需要的共同体”变成一种“选择性关系”。[②]

吉登斯则将现代社会亲密关系的转型归为“可塑的性”的兴起使原先天长地久的“浪漫之爱”的理念正在破碎，被一种积极主动、偶遇而生的“浪子之爱”所取代，人们越来越追求一种纯粹的关系，其基础就在于“情感的亲密性”，形式上则多种多样，亲密关系“越来越是一种对于已经存在的此类关系的表达，而不是一种实现此类关系的途径”。[③] 德国社会学家鲍曼也用“流动”这个比喻来表述现代社会中亲密关系的变动不居和人类纽带的脆弱性，指出在“个体化”的世界里，“我们在安全与自由这两极之间歧路彷徨”，整个社会中充满“若即若离的配偶”，处于“即用即取的关系”。[④] 这些论述表明，从西方现代化的整个历程来看，尽管呈现出从“家庭化”转向“去家庭化”的趋势，但对情感与亲密关系的强调是其不变的核心。

---

① Andrew J. Cherlin, “The Deinstitutionalization of American Marriage,” *Journal of Marriage and Family*, Vol. 66, No. 11, 2004, pp. 848 - 861.

② 〔德〕乌尔里希·贝克、伊丽莎白·贝克 - 格恩斯海姆：《个体化》，李荣山等译，北京大学出版社，2011，第 111 ~ 113 页。

③ 〔英〕吉登斯：《社会学》（第五版），李康译，北京大学出版社，2009，第 198 ~ 199 页。

④ 转引自〔英〕吉登斯《社会学》（第五版），李康译，北京大学出版社，2009，第 200 ~ 201 页。

## 第二节　中国现代化进程中的家庭变革：从“去家庭化”到“家庭化”

与西方现代化和家庭变迁的路径不同，中国的现代化始于对传统家庭的批判。在20世纪初的新文化运动中，走出家庭成为反抗封建礼教、摆脱宗法制度、迈向个人独立的第一步。也就是说，在“家国同构”的传统下，中国的家庭与现代化之间的关系从一开始就打上了政治烙印。

### 一　现代化与家庭的“原罪”

在新文化运动的先驱者中，家庭被视为是有原罪的、丑陋的所在，是扼杀个性的地方。陈独秀、胡适、吴虞、傅斯年等都曾对中国传统的家族制度、家本位以及家庭本身有过激烈的批判。例如，陈独秀总结了“家族本位”的四大弊端：一是破坏个体的独立人格，二是窒息个体的意志自由，三是剥夺个体的平等权利，四是戕害个体的创造力。家庭在这种意义上俨然成了阻碍中国社会进入“近世文明”（也就是现代化）的最大障碍。胡适在倡导独立自由之个体的同时，也列数了家庭的四大恶德：自私自利、依赖性、假道德和怯懦。吴虞将家族制度特别是其中的“孝”与专制主义联系起来进行批判。傅斯年以“万恶之源”来论中国传统家庭，认为它是破坏个性的最大势力，指出“修身”与“齐家”两者根本不能相共容。①

可以看出，新文化运动中对家族制度的批判，是为了冲破以家庭为核心的宗法体制的束缚，走向独立自主的个体。《新青年》杂志最早开展了有关“个体”与“家庭”的争论，从一开始就牢牢抓住了现代性的要害，触及中国传统文化的核心问题，从而形成“个体主义”和“家庭主义”两个正反

① 参见孙向晨《个体主义与家庭主义：新文化运动百年再反思》，《复旦学报》（社会科学版）2015年第4期。

命题，即倡导独立自由之个体，批判桎梏依附之家庭。[①] 同时，这次针对家庭制度的冲击，客观上“使得传统中国家庭制度的神圣性、合理性被解构，数千年来从不存在疑问的家庭组织，其功能、意义、规范，在理论上首次成了一个有待回答的问题”[②]。

然而，有学者指出，这种批判的缺点在于只看到了家族制度及宗法社会带来的人性压抑及社会影响，没有看到这种制度何以在传统文化中生生不息延续的价值所在，而这种价值是有其生存论基础的。[③] 这种生存论基础被许多汉学家概括为中国传统家庭的“合作社”模式（the corporate model），即将家庭视为一种经济合作组织，由理性算计、充分了解自己利益的成员所构成，他们共同收支、共享财产，家庭结构的不同形式以及变化弹性都由这种以经济利益为导向的家庭合作社决定。其最大的特征就在于家庭在应对社会变迁时所显现出来的“集体行动方式”，以及在上下有序的不平等结构中个人的缺席。[④] 费孝通将中国传统家庭的这种生存论基础概括为由父母和子女构成的“香火绵续的单位”，遵循着长幼有序、男女有别的人伦规范，家庭成员之间相互依存，构成一个具有伸缩性的“事业社群”，保证了家庭的稳定与社会的延续。[⑤] 因此中国现代化启蒙运动中的“去家庭化”倾向，意味着“去等级化”和“去家长制”，意味着对独立人格的向往，但并未对家庭本身所具有的“合作社”机制、均衡互惠模式以及内含的“以和为贵”“家和万事兴”的传统理念造成冲击，而后者恰恰构成了中国家庭理念中的“道德正确”。

1949 年之后，社会主义改造后的家庭不是作为“小我”的私人空

① 孙向晨：《个体主义与家庭主义：新文化运动百年再反思》，《复旦学报》（社会科学版）2015 年第 4 期。

② 孟宪范：《家庭：百年来的三次冲击及我们的选择》，《清华大学学报》（哲学社会科学版）2008 年第 3 期。

③ 孙向晨：《个体主义与家庭主义：新文化运动百年再反思》，《复旦学报》（社会科学版）2015 年第 4 期。

④ 阎云翔：《私人生活的变革——一个中国村庄里的爱情、家庭与亲密关系：1949 ~ 1999》，龚小夏译，上海书店出版社，2009，第 5 ~ 10 页。

⑤ 费孝通：《乡土中国·生育制度》，北京大学出版社，1998。

间，而是伴随“大公无私”的集体主义兴起，成为服从国家和集体需要的一个基层单位；家庭中的个人也从家族的保护和桎梏中解放出来，投入集体组织的怀抱。这不仅改变了国家与个人的关系模式，也改变了家庭内部成员之间的权力关系。有研究者指出，从家庭的视角看，20世纪50年代的土改和集体化运动，改变了中国农村原有的家庭财富积累方式，导致代际权力关系模式的变革。在传统的家庭模式中，土地私有制使家户主掌握着家庭财务的支配权，而农业集体化运动以及工分制使父代与子代间支配与被支配、领导与从属的关系失去了维系的基础。也就是说，农业集体化彻底改变了农村家庭的生产与生活组织形式以及家庭财富的积累和继承模式，消解了家庭的生产组织角色，削弱了家长制的权威，使家庭代际关系发生了转型，传统的反馈型养老模式也开始走向衰落。[①]

同样，城市里的单位制与农村的工分制一道，开启了国家与个体之间一种崭新的分配与服从、控制与依附的渠道，使个体得以部分摆脱家庭和家长的束缚。因此过去半个多世纪以来，中国家庭变迁的主要机制被认为是国家力量的干预起了最为关键的作用，包括国家通过制定和实施新婚姻法等涉及家庭的政策法规直接推动家庭变革，以及社会主义改造运动中其他制度变化给家庭带来的间接影响。[②] 阎云翔认为，在这个过程中，“国家采取两个步骤推动了家庭的私人化：首先是将家庭从亲属关系的结构中分离，之后再将家庭直接带入现代社会体制”，也就是“国家通过摧毁传统地方权力的方式使家庭私人化得以实现，同时也通过将家庭卷入国家政治的方式为其个人的发展创造了新的社会空间”，这种“家庭的私人化与政治化的双重经历使家庭中过去受压迫的成员，主要是年轻人与女性，从父

---

① 参见王飞、王天夫《家庭财富累积、代际关系与传统养老模式的变化》，《老龄科学研究》2014年第1期；王天夫、王飞、唐有财等《土地集体化与农村传统大家庭的结构转型》，《中国社会科学》2015年第2期。

② 〔美〕马丁·怀特：《中国城市家庭生活的变迁与连续性》，伊洪译，《开放时代》2005年第3期。

权制中夺取了更多的权力”。[①] 然而这种秦晖所言的“个人独立于小共同体，而依附于大共同体”的模式，实际上并未使个体真正摆脱桎梏、获得自由。[②] 因而与其称之为“个体化”，不如称之为“去家庭化”更加贴切。总体来说，集体化时代在家庭与社会的关系问题上倡导的是“舍小家、为大家”的逻辑，家庭作为一种私人领域的存在并不具有正当性。即便如此，所谓“传统家庭美德”（如孝敬父母、尊老爱幼、夫妻和睦、勤俭持家等）始终是政府大力提倡的。也就是说，国家对传统家庭制度的态度并非彻底否定或瓦解，而是有条件地改造和保留。以和谐稳定、互助合作为基础的家庭理念从未受到冲击和挑战，而是常常被利用成为国家治理的一个重要元素。

## 二 重返家庭的考量及“家庭化”趋势

由于国家对家庭的暧昧态度，“去家庭化”的理念并不彻底，也非一成不变。有学者对改革开放前 30 年中国城市家庭的研究发现，“国家对家庭生活的干预，不仅有削弱家庭纽带的一面，也有强化家庭关系的另一面”，尤其在城市生活中，家庭和单位成为国家与个人发生关系的重要的制度依托，突出表现在“家庭捆绑式的福利政策”以及与单位制配套的“单位人”和“家属人”身份等，即国家经由单位和家庭对个人实施资源配置和生活支配。[③] 还有家庭出身、家庭成分、户口身份制度等都成为国家以家庭为中介控制个人的重要治理工具和手段，对个人的命运产生了难以逃避的制约和影响。

然而，自 20 世纪 70 年代末以来，“去家庭化”的趋向逐渐发生了微妙的变化，从国家发布的一系列相关政策来看，出现了明显的“家庭化”转

① 阎云翔：《私人生活的变革——一个中国村庄里的爱情、家庭与亲密关系：1949～1999》，龚小夏译，上海书店出版社，2009，第 256～257 页。

② 秦晖：《新文化运动的主调及所谓被“压倒”问题——新文化运动百年反思（上）》，《探索与争鸣》2015 年第 9 期。

③ 陈映芳：《国家与家庭、个人——城市中国的家庭制度（1940～1979）》，载季卫东主编《交大法学》（第一卷），上海交通大学出版社，2010。

向，知青返城、平反摘帽、家庭联产承包责任制等一系列政策的出台都打着家庭团圆以及增进家庭福祉的旗号。[①] 陈映芳以知青返城运动为例，详细分析了知青的“回家”叙事以及家的道德资源的动员过程，发现正是人们“重拾家庭价值、期盼回归家庭”这样一种“社会生活正常化”的愿望，助推了20世纪70年代末80年代初的社会转折。当时政府先后出台了一系列以家庭为主题的政策群，使这一阶段在上下互动中形成了一种“家庭化运动”，成为实现社会转折的重要机制。家庭主义超越个人主义与国家主义，成为“成功地统合社会的价值规范力量”。[②] 这种“家庭化”趋势表明了人们对“日常生活政治化”的厌倦，因而对当时的中国人来说意味着“去政治化”或者“去意识形态化”，意味着在经历了漫长的煎熬之后，可以回归普通人的正常生活和天伦之乐，家庭团聚与亲情和谐于是成为最大的“道德正确”。

作为一个非意识形态化的符号，中国家庭在完成了社会过渡和转折期赋予的任务之后，却在20世纪90年代遇到了来自市场化和全球化的冲击。与西方家庭变迁的轨迹不同，中国社会转型期所发生的“私人生活的转型”，即阎云翔所说的“家庭的私人化和家庭中个体成员重要性的增长”[③]，虽然在某种程度上促进了现代核心家庭理念的生成与传播，但在实践中缺乏使之真正实现的土壤。许多研究表明，中国家庭至今还保留着大量所谓“前现代的残余”。例如，家庭重心并没有从亲子轴完全转向夫妻轴，而是呈现二者并重的格局，家庭内双系双轴并存，浪漫爱情并未替代孩子成为家庭核心；尽管家庭规模和结构也出现了小型化的趋势，但并未导致核心化，即小家庭与亲属网络之间依然保持着密切的交往；家庭变迁呈现出传统与现代多元并存的趋势，父辈权威下降的同时，代际互惠与互助合作依然普遍存在；

---

① 陈映芳：《社会生活正常化：历史转折中的“家庭化”》，《社会学研究》2015年第5期。

② 陈映芳：《社会生活正常化：历史转折中的“家庭化”》，《社会学研究》2015年第5期。

③ 阎云翔：《私人生活的变革——一个中国村庄里的爱情、家庭与亲密关系：1949～1999》，龚小夏译，上海书店出版社，2009，第241页。

等等。[①] 因此市场化时代中国的“家庭化”趋势不但没有消失，反而有增无减。

黄宗智在分析全球化背景下中国的发展模式时指出，以家庭为单位的非正规经济依然在中国经济中占据着重要位置，同时三代家庭的组织模式仍然强韧地持续着，并没有像西方社会那样被核心家庭所取代。从“离土不离乡”“半工半耕”的本地打工者，到城镇服务业中的家庭“个体户”和“夫妻老婆店”，再到城市里规模日渐扩大的流动家庭，都体现了以家庭为单位的经济和生活逻辑。在这个不同于“经济人”逻辑的家庭经济单位逻辑中，它的特殊劳动力组合以及对待劳动、投资、房子、老人赡养、婚姻和孩子教育的不同态度，都展示了一个不同于西方的社会生活图景。在这里，家庭才是理性选择、风险共担的单位，所以无论是农民工的投资、盖房还是城里人的买房，抑或结婚、离婚、生育、照料等，都不单单是个人或者小家庭可以决定的，而往往是双方父母甚至三代直系家庭户共同选择的过程。[②] 有学者分析了 21 世纪以来住房商品化以后城市家庭普遍存在的家庭成员集体协商、决策并共同出资购房的行为，指出这是一个“再家庭化”的过程，包括两层含义。第一层含义是在社会政策层面上，即家庭重新成为国家对个人实施控制并分配福利的中介，是个人获得住房的重要影响因素，这体现为“父母提供多种形式的支持、深入介入并运用策略，极大影响住房决策、获得和安排”；第二层含义是在社会理论层面上，即购房不仅是一种经济行为，而且是一种社会行为，即家庭成员之间的关系通过购房事件相互调适、重新理解、谋求合作的过程。这一过程“充满张力且不确定，家庭成员在此过程中重新构建内部关系，既有合作，也有妥协与冲突”。总体来说，中国城镇家庭中两代人合力购房，体现了明显的“再家庭化”趋势，也是两

---

① 参见唐灿、陈午晴《中国城市家庭的亲属关系——基于五城市家庭结构与家庭关系调查》，《江苏社会科学》2012 年第 2 期；马春华等《中国城市家庭变迁的趋势和最新发现》，《社会学研究》2011 年第 2 期。

② 黄宗智：《中国的现代家庭：来自经济史和法律史的视角》，《开放时代》2011 年第 5 期。

代人应对风险的一种方式。①

这种市场化以来日渐显著的“家庭化”趋势，一方面可视为国家对于过去失衡的个人－家庭－国家之间关系的调整，即让人们从由国家支配的政治生活中逐步回到由个人支配的家庭生活中。但国家在交回一些家庭权的同时，也要求家庭承担更多的责任，因此家庭的功能、责任被进一步强化，政府甚至通过“将社会福利负担打包给家庭”，试图将国家与个人关系之间的种种压力和矛盾转移给家庭。② 另一方面，随着旧有的单位福利体制日渐衰落，国家针对个人的社会保障体系尚未健全，而独生子女政策带来的后遗症、人口老龄化以及人口流动常态化导致的家庭功能的进一步弱化，又使家庭问题成为日益突出的社会问题。正是在这样的背景下，近年来社会上越来越强调重拾传统家庭价值观，例如“家风”“家教”“家训”的建设，倡导传统家庭美德、“新二十四孝”等“家本位”观念。然而，这些由现代化进程中的社会转型所带来的现实困境，是否仰赖传统价值观的复兴就可以找到解决问题的出路？这就有必要考察一下这种“家庭化”趋势背后的家庭理念中“道德正确”的核心所在。

## 第三节　家庭论争背后的“道德正确”

从家庭与现代化的关系视角看，中西方在家庭理念的变革以及争论方面经历了不同的轨迹。西方现代家庭理念呈现出从“家庭化”到“去家庭化”的转向趋势，中国现代化进程中的家庭变革则呈现出从“去家庭化”到“家庭化”的转向趋势。这反映了二者之间家庭论争背后以情感与亲密关系为核心的家庭理念以及以和谐稳定、互助合作为核心的家庭理念。前者以强

① 钟晓慧：《“再家庭化”：中国城市家庭购房中的代际合作与冲突》，《公共行政评论》2015年第1期。

② 参见陈映芳《国家与家庭、个人——城市中国的家庭制度（1940～1979）》，载季卫东主编《交大法学》（第一卷），上海交通大学出版社，2010；陈映芳《社会生活正常化：历史转折中的“家庭化”》，《社会学研究》2015年第5期。

调个体的自主性和浪漫之爱为前提，后者则以家庭集体的延续和责任为宗旨。这种路径差异将我们带到一个基本的设问和讨论：家庭对现代人来说究竟意味着什么？

## 一　走出“道德正确”的传统家庭价值观

本文无意回到关于家庭功能和概念的讨论，但有一点不可否认，即这一古老的话题在世纪之交又重新变得喧嚣起来，原先以传统与现代的二元分立为框架的概念和理论体系，似乎并不足以解释日益复杂化、多样化的婚姻家庭和亲密关系形态。面对稳定、有序的传统家庭形式及其家庭关系的衰落，有关家庭究竟正在走向瓦解或者危机，还是家庭并未趋于解体，只是变得更加多元化的争论还在继续。保守者希望通过恢复家庭生活的责任感、道德感来预防家庭作为社会的一种基本制度和形态的解体；而变革者强调回归传统已经不可能，因为所谓传统家庭本身或许从未存在过，或者“那些促使婚姻与家庭的早期形式发生转型的社会变迁基本上不可逆转”，而“那些影响着性、婚姻与家庭的发展趋势，一方面为有些人带来获得满足与自我实现的新的可能性，同时也使其他人产生了深深的焦虑”。①

就中国来说，这种焦虑源于深埋在家庭价值观背后的“道德正确”。有学者对一个世纪以来中国家庭变迁的历程进行分析后指出，中国家庭经历了制度上、情感上和价值上的三次巨大冲击，即20世纪初新文化运动指向家庭制度的批判，1949～1976年指向家庭情感的政治运动，以及近30年来指向家庭核心价值的经济理性的入侵。② 这三次冲击一次比一次巨大，破坏性一次比一次严重，其中前两次冲击只是“使家庭制度、家庭亲情在一部分人群中经历了去神圣性的过程”。比如，第一次冲击开启了家庭制度世俗化、边缘化的历程，第二次冲击导致家庭价值的退让和亲情在政治高压下的解构，但都不及第三次冲击之大，其范围遍及城乡，让人无招架之力。因为

① 〔英〕吉登斯：《社会学》（第五版），李康译，北京大学出版社，2009，第201～202页。

② 孟宪范：《家庭：百年来的三次冲击及我们的选择》，《清华大学学报》（哲学社会科学版）2008年第3期。

“其矛头直捣家庭价值的核心区”，“其威力足以使家庭的价值大厦坍塌”，它让经济理性越界进入家庭，损害了作为家庭根本价值的道德和责任，最终使家庭的神圣性彻底丧失。作者强调这种“家庭的核心价值就在于关爱、互惠乃至利他，直至一定程度的个人利益的牺牲”，其根本逻辑是“成员之间彼此的关爱和责任、义务”。[①] 这构成了中国“家本位”取向的家庭理念中的“道德正确”。

如前所述，这种家庭价值观的核心关注在于家庭整体的延续而非个人的主体性。然而，这种个体缺席的家庭理念与现实中的家庭实践及变迁已经相距甚远。比如，有学者在重新审视当前农村家庭养老的资源分配问题时指出，农村并未出现所谓的“伦理沦丧”，“父母优先型”的分配方式仍在家庭资源代际分配中占据重要位置。而造成农村家庭对亲代赡养资源供给不足的原因并非总是“伦理危机”，而是出现了“恩往下流”的“伦理转向”趋势，即个体优先将家庭资源供给自己的成年子女而不是父母，使家庭代际资源分配呈现“养老不足、爱小有余”的倾向，这也体现了在乡村社会竞争加剧的背景下老人自行降低福祉要求以及代际责任的“软约束”。[②] 还有学者对家庭内两代人同住安排的形成机制进行研究后发现，当代中国老年父母与其成年子女的居住安排主要受双方经济资源的影响，是否同住的决定主要取决于两代人的共同协商，父代与子代双方经济上的收益成为选择是否同住的重要因素。父代和子代的经济条件越好，同住的可能性越低；经济条件越差，则同住的可能性越高。也就是说，同住更多地体现出两代人之间的互助或出于责任感的家庭关系的维系，是家庭周期过程中应对各种经济难题、提高个人生活质量的一个无奈策略，而几代同堂的扩大家庭显然已不再是具有约束性的一种普遍的文化理想。[③]

---

① 孟宪范：《家庭：百年来的三次冲击及我们的选择》，《清华大学学报》（哲学社会科学版）2008 年第 3 期。

② 狄金华、郑丹丹：《伦理沦丧抑或是伦理转向——现代化视域下中国农村家庭资源的代际分配研究》，《社会》2016 年第 1 期。

③ 陈皆明、陈奇：《代际社会经济地位与同住安排——中国老年人居住方式分析》，《社会学研究》2016 年第 1 期。

上述关于代际资源分配的冲突或者互惠研究都涉及中国家庭的现代化变迁讨论中富于争议性的一个核心议题，即代际关系及“孝道”的价值观，但所体现的家庭理念显然已不同于传统价值观中那种个体被遮蔽的家庭至上或家长至上的理念。家庭本身在与个体的关系中正日益成为一种服务性工具或者“合作社”伙伴的角色，这种互惠互助成为全球化背景下的个体应对养老、育儿、生老病死等种种风险的最便捷的途径。因此越来越明显的“家庭化”趋势恰恰表明，中国语境下的家庭对于个人来说依然具有不可替代的工具性价值。唯独家庭作为成员之间共担风险的首要工具和共同体，才会依照个体的需要演绎出各种各样方便的家庭形式以及不同的支持方式，比如农民工的拆分式家庭、隔代家庭、留守家庭、临时家庭、同居伴侣等多种模式。同时家庭本身所具有的价值性的一面，也使其在一些中国人心目中获得了一种类宗教的特殊地位，为个体提供一种在这个尘世间奋斗的终极动力以及安身立命的归宿感。因此许多独生子女家庭有关婚后子女姓氏的约定或争斗才会成为婚姻冲突和协商的一大重点。正是在这种意义上，尽管现代性视野中的家庭及其观念已经发生了巨大变化，但是家庭和“家人”（即家庭关系）在中国社会依然作为大多数普通人的一种可得资源、保障方式以及安全感来源而发挥着独特的功用，并构成坚不可破的“道德正确”核心。

## 二　我的家庭我做主

中国的现代化进程伴随着家庭理念从“去家庭化”转向“家庭化”，但这一过程并不像表面看起来那么简单清晰。美国学者德博拉·戴维斯（Deborah S. Davis）将过去30年来中国婚姻制度相关的变化概括为“婚姻的私有化”（privatization of marriage），包括婚姻向自愿合约的转向、对性关系的紧密监督的解除以及对共有财产保护的放松等。[①] 她认为，进入21世纪以来，最高人民法院出台的关于新婚姻法中夫妻共有财产处置的三次司法

① Deborah S. Davis, “Privatization of Marriage in Post-Socialist China,” *Modern China*, Vol. 40, No. 6, 2014, pp. 551 - 577.

解释，通过将自愿合约逻辑扩展到亲密关系领域，进一步促进了后社会主义时期婚姻的私有化。离婚的障碍进一步减少，婚前财产协议获得了法律上的承认，夫妻共有财产的主张被弱化，婚前和婚外性关系很少受到惩罚，这些都表明了政府对于婚姻中不断扩大的个人自主性的支持，在很大程度上改变了普通人对婚姻和亲密关系的期待。然而，婚姻的脆弱性在中国并未导致西方社会的那种“婚姻的去体制化”现象，而是部分回到1949年之前更加传统的婚姻和家庭形式，戴维斯称之为一种与社会主义传统断裂的“重新体制化”（reinstitutionalization）的过程。[①]

然而，对于年青一代而言，现有的婚姻和家庭即使在体制形态上与过去相似，但在家庭关系和观念上也已经不同于传统。他们把家庭视为完全私密的、基于个体选择的一种生活方式，是为个人提供幸福的“私人生活港湾”，因而信奉“我的家庭我做主”的原则。这种个体化取向的家庭理念中，家庭不仅是一种服务于个体的工具，也是提供安全感的一种风险共同体。这种理解跳脱了家庭主义、个体主义的两极争端，吸取了二者共有的不变的核心内容，即家是情感与亲密关系的私人场所，也是“同甘共苦”“搭帮过日子”的“伴侣型”温情“合作社”。这就把中西双方家庭理念中的“政治正确”融合成一种新的意识形态，用一种流行的网络说法表述就是“陪伴是最长情的告白”。

回到文章开头提到的有关“孝道”的感伤，其实既反映了当下风险社会里代际关系面临的困境，也表明了和谐稳定、互助合作原则依然作为“道德正确”存在于人们的家庭理念中。事实上，在有关“孝道”及其反馈模式的讨论中，许多学者主张走出道德讨论的迷局，寻找代际关系失衡的社会结构性以及制度性因素，对所谓“孝道衰落”的说法提出了质疑，并对“啃老”等现象进行了重新诠释。例如，有研究者在对城市中为独生子女出资买房的家庭进行深度访谈后发现，父母并不认为自己是被“啃老”的受

① Deborah S. Davis, “Privatization of Marriage in Post-Socialist China,” *Modern China*, Vol. 40, No. 6, 2014, pp. 551 – 577.

害者，他们主动发起或积极参与子女的购房行为，其动机是通过这一过程拉近两代人之间的距离，与成年子女之间建立起一种“协商式的亲密关系”。因而，这种行为实际上是父母采取主动策略重建一种理想的家庭关系和“孝道”，可视为个体化进程中重新嵌入社会的一种努力。①

“我的家庭我做主”将个体带入家庭理念中，成为选择的主体。但实现这样的选择是有条件的，那就是国家福利体系的支持和个体主义的文化氛围。在当今中国出现了另一种现象，即家庭成为国家与个体争抢的一个“香饽饽”。对于国家来说，家庭是社会秩序的稳定剂和调和力量，也是个体保障责任的无限分担者；对个体来说，家庭是生活在不确定的风险社会中可以抓住的最后一根稻草，也是孤独而无常的生命的最后安慰剂。因而“家庭化”在国家和个体那里都意味着对家庭的依赖与索取，而相关支持制度的缺乏，可能进一步加重了家庭自身的脆弱性。

因此，问题的重点不在于“去家庭化”还是“家庭化”的选择或争论，而在于国家与个体急需营造这样的制度与文化环境，让家庭逐步回归到情感与亲密关系的私人场所，而渐渐淡化将家庭作为社会转型过程中风险兜底的工具化角色。为此，政府需要调整作为一种社会治理方式的家庭的角色定位，在公共政策中纳入家庭友好的视角。与此同时，个体也需要走出传统家庭价值观，因为“求助于过去不会解决我们的问题”，我们的目标只有通过协商“努力把我们大多数人在个人生活中愈益看中的个人自由，与同他人建立稳定而持久的关系的需要相协调”。②

作者　吴小英，中国社会科学院社会学研究所研究员

① 钟晓慧、何式凝：《协商式亲密关系：独生子女父母对家庭关系和孝道的期待》，《开放时代》2014 年第 1 期。

② 〔英〕吉登斯：《社会学》（第五版），李康译，北京大学出版社，2009，第 202 页。

# 第三章
# 改革开放以来的中国“积极家庭”*

在关于中国家庭变迁的研究领域中，一个重要的主题是改革开放如何影响中国的家庭。对这个问题存在两种理解。一种是现代化发展模式的视角。改革开放推动了市场经济的发展和社会生活的现代化，传统的家庭形态和家庭关系也随之发生变化。例如，主干家庭转变为核心家庭和小型化①，代际纵轴关系主导转变为夫妻横轴关系主导②。另一种理解引入国家与家庭关系的视角，强调中国的家庭变迁有特殊性，它来自国家对私人生活领域的“公器干预”作用③。最广为人知的例子就是生育政策与家庭的关系。在中国城镇家庭中，有数量庞大的独生子女家庭④。如此整齐划一的现象不能仅仅理解为现代化的自然结果，它是国家干预并强力塑造出来的。换言之，现代化是一个大背景和趋势，而国家起着中介变量的作用。⑤

家庭研究在上述两个方面都有丰富的研究成果。但是，现代化和国家这两个概念都太大，直接用于分析并不完全合适。以现代化发展程度为标尺，逻辑上有利于论证趋同性，却不容易解释特殊性。比如，在大

---

* 本文曾以《改革开放以来政策过程中的积极家庭》为题发表于《妇女研究论丛》2019年第3期。

① 彭希哲、胡湛：《当代中国家庭变迁与家庭政策重构》，《当代中国史研究》2016年第2期。

② 徐安琪：《家庭结构与代际关系研究——以上海为例的实证分析》，《江苏社会科学》2001年第2期。

③ 杨菊华：《生育政策与中国家庭的变迁》，《开放时代》2017年第3期。

④ 以广东省为例，第六次人口普查数据显示，2010年广东省约有3222万个家庭，计划生育家庭成为全省家庭主流类型，占比超过六成。其中，独生子女家庭占两成，约644万户。

⑤ 林晓珊：《改革开放四十年来的中国家庭变迁：轨迹、逻辑与趋势》，《妇女研究论丛》2018年第5期。

致相同的市场化或都市化条件下，有些国家的家庭住房自有率比较低，但中国家庭的住房自有率很高。显然，这不能仅仅用现代化来解释。相比之下，从国家视角出发的分析揭示了中国家庭变迁的某些特殊性。但是，改革开放前后，国家的根本制度没有改变，国家的干预力度也一直很强，为什么改革开放后家庭发生了巨大的变化？这仍然需要更深入、细致的解释。

## 第一节　从政策过程的视角看“积极家庭”

如果聚焦于与家庭相关的具体问题会发现，不论从哪个视角切入，对具体家庭现象的分析都会联系到具体的政策。无论是中国的现代化还是改革开放，总体上是一个由国家发动、规划和推动的过程[①]。在这个意义上，国家的作用一直十分强大。但是，这个作用是通过大量的政策法规表现出来的，而政策方案可以有不同的选择。比如，在育儿与养老问题上，可以有公共财政承担的方案，也可以有不承担或者较少承担的方案。在不同政策方案的形塑下，家庭变化会有不同的方向。

鉴于此，在现代化与家庭之间，在国家与家庭之间，本章引入政策过程的分析视角。政策过程，是指公共政策与环绕于它的多个行为者、事件、背景以及后果之间所发生的相互作用，它在时间进程中展开。[②] 政策过程的视角将家庭生活放置于国家的具体政策框架下，在一定的时间跨度中加以研究，仔细分析哪些特定的政策、以怎样的方式对家庭产生了影响，并把家庭

① 个体化作为现代化的内在组成部分，阎云翔认为，中国社会的个体化进程与西欧案例有显著差异。其中一个区别在于中国社会的个体化是在国家的管理下展开。国家的管理不仅指推动体制变迁，还运用软性管理的方式处理个人、市场、社群、制度和全球化等各方面的作用。参见阎云翔《中国社会的个体化》，陆洋等译，上海译文出版社，2012。

② Christopher M. Weible, Paul A. Sabatier, eds., *Theories of the Policy Process*, Fourth Edition, Routledge, 2017, p. 2.

发生的变化视为政策后果，分析这些后果是否反过来影响政策。[①] 因此，本章考察不同的政策领域、不同时段及背景、相关政策的重要变化，以及家庭的主要决策。

把家庭看作政策过程中的行为者，意味着充分承认家庭能动性的一面。能动性不是静态的，而是动态的。在不同时期，相对于不同的政策领域，家庭能动性的表现方式不一样。能动性还来源于家庭与个人之间的实际变化。在中国快速转型过程中，一方面，个人意识崛起，家庭对个人选择的强制力弱化；另一方面，面对制度约束和市场风险，个人又必须充分重视和调动家庭资源。家庭成员越来越有意识地根据具体情境，彼此协商如何最大化运用家庭资源。由此，家庭的居住安排、代际关系、角色分工以及内在的价值观念，不但反映了文化与制度的约束，也反映了家庭成员的集体选择和有意识的构造。在这种情况下，家庭具有自反性、伸缩性和流动性等特点[②]，以及传统因素与现代因素相互杂糅的“马赛克家庭主义”[③]。有学者将包括中国在内的东亚家庭的这种能动性称为“积极家庭”（active families）[④]，以此强调家庭在个人与国家、市场化、全球化等力量之间的中介作用。

沿着这样的研究路径，本文也将具有能动性的家庭称为“积极家庭”。

---

① 德国社会政策学者考夫曼认为，仅仅依赖“现代化”这种伞形概念（类似的还有工业化、世俗化等）不足以解释欧洲内部不同国家的家庭变迁呈现出的差异性，需要将微观层面的家庭生活放在国家具体政策框架下，分析政策与家庭的相互作用，并对不同国家进行比较。参见 F. - X. Kaufmann, “Politics and Policies towards the Family in Europe: A Framework and an Inquiry into Their Differences and Convergences,” in F. - X. Kaufmann, A. Kuijsten, H. - J. Schulze, K. P. Strohmeier , eds. , *Family Life and Family Policies in Europe* Vol. 2: *Problems and Issues in Comparative Perspective*, Clarendon Press, 2002, pp. 419 - 490。

② 刘汶蓉：《转型期的家庭代际情感与团结——基于上海两类“啃老”家庭的比较》，《社会学研究》2016 年第 4 期；吴小英《流动性：一个理解家庭的新框架》，《探索与争鸣》2017 年第 7 期；石金群《转型期家庭代际关系流变：机制、逻辑与张力》，《社会学研究》2016 年第 6 期；阎云翔《中国社会的个体化》，陆洋等译，上海译文出版社，2012。

③ Ji Yingchun, “A Mosaic Temporality: New Dynamics of the Gender and Marriage System in Contemporary Urban China,” *Temporalités. Revue de Sciences Sociales et Humaines*, Vol. 26, No. 26, 2007.

④ M. Izuhara, R. Forrest, “Active Families: Familization, Housing and Welfare across Generations in East Asia,” *Social Policy & Administration*, Vol. 47, No. 5, 2013, pp. 520 - 541.

它是指在特定的政策情境和制度约束下，家庭成员有意识地进行规划和开展行动，应对风险或争取机会，以实现个人及家庭的目标。“积极家庭”首先是一个分析性的概念，在政策分析中把家庭看作自变量，即重要而活跃的结构性因素。比如，西方福利国家社会政策的原初设计是以“男性养家”模式为前提的。当越来越多的家庭变成双薪模式时，原有的政策失效，必须做相应调整。又如，中国在小学推行减负政策，需要来自家庭的配合。但是，城镇家庭在规划孩子教育方面的高期待和竞争心态，以及夫妻共同就业带来的照顾时间分配上的压力，促使学校改变很多做法，也引来市场力量介入（如课外培训班的兴盛），后果往往是学生负担不减反增。

其次，“积极家庭”也是在经验层面上可以观察到的现象。人们常常觉得，社会的急剧变化使家庭变得更加脆弱，这方面确实有很多真实的案例，不能否认也必须重视。但是“积极家庭”这个概念更强调的是，随着家庭财富增加与教育水平提高，家庭在自身发展方面表现出很强的规划意识和竞争意识。本章将指出，这是改革开放的一项成果。同时，这也带来一种新的局面。过去，工厂工人的家庭状况大致相同，机关干部的家庭状况大致相同，这是职业决定家庭。今天，家庭状况相对较差的人才会考虑去当工人；住房获得在很大程度上取决于家庭支持。不平等现象穿越传统的城乡、职业、教育或阶层界限，更加分散地表现为家庭之间的不平等。“积极家庭”的概念把这种情况看作风险，并保持批判性的审视。从政策分析的角度来说，在激烈的竞争中，对自己家庭落后的焦虑一旦爆发汇合成社会情绪，就会对决策者构成巨大压力。

基于以上认识，本章将从政策过程的角度分析改革开放以来中国家庭所发生的变化。通过分析，本章回答三个问题。第一，改革开放以来，有哪些主要政策对家庭产生了重要影响？第二，这些政策如何使家庭成为能动的主体？第三，家庭以什么方式推动了相关的政策调整？

文章将分成四个部分。第一部分讨论与“积极家庭”相关的政策分析框架，并聚焦于两个问题。一是如何理解家庭的角色和作用；二是如何甄选需要分析的政策。本章从福利（照顾）和经济（生产）两个角度讨论中国家庭的作用，同时将相关政策区分为放开的政策、限制的政策及保障的政策三个类别。第二部分和第三部分则分别从政府和家庭两个角度，考察两者之间的互动关系。结论部分对在此框架下如何进一步推动中国家庭政策理论与实践研究提出初步的思考。

## 第二节　“积极家庭”：一个中国情境下的政策分析框架

中国关于家庭与政策的讨论，较多集中在家庭政策及社会政策领域①。一般而言，西方社会的家庭政策是指直接或间接地以家庭单位为目标，国家有意识地支持家庭、加强家庭关系的一系列法律法规、计划或活动②。换句话说，家庭政策是政府对家庭（或者作为家庭成员身份的个人）进行形塑的政策。主要有两种研究思路。第一种从政策实践角度，梳理中国和其他国家与家庭相关的政策实践。例如，总结欧美、东亚等地区的家庭政策历程与经验，挖掘其对中国政策的启示。③ 又如，回顾中国某个地区、某个阶段的

① 祝西冰和陈友华对 1980～2013 年中国家庭政策的研究做了较为详细的梳理和回顾。根据他们的分析，内容和类型分析的研究占主流，基本问题的研究次之，关于影响因素和理论视角的研究则明显不足甚至滞后。换句话，第一种研究占主体，第二种研究较少。参见祝西冰、陈友华《中国家庭政策研究：回顾与相关问题探讨》，《社会科学研究》2013 年第 4 期。

② K. Bogenschneider, T. J. Corbett, "Family Policy: Becoming a Field of Inquiry and Subfield of Social Policy," *Journal of Marriage and Family*, Vol. 72, No. 3, 2010, pp. 783－803; K. Bogenschneider, "Has Family Policy Come of Age? A Decade Review of the State of U. S. Family Policy in the 1990s," *Journal of Marriage and Family*, Vol. 62, No. 4, 2000, pp. 1136－1159. 另外，西方家庭政策还有一种较宽泛的定义，即“所有对家庭产生影响的政策都属于家庭政策”（everything does to and for the family）。参见 S. Kamerman, A. Kahn, *Family Policies: Government and Families in 14 Countries*, Columbia University Press, 1978, pp. 1－47。在此定义下，许多社会政策被囊括进来，无法区分家庭政策与其他社会政策的边界，因此受到质疑。本文赞成应当把“（间接或直接）以家庭为目的的政策”与笼统的“能够影响家庭的政策”相区别。

③ 马春华：《瑞典和法国家庭政策的启示》，《妇女研究论丛》2016 年第 2 期；赵芳、陈艳：《近二十年来的欧洲家庭政策：变化及其延续》，《华东理工大学学报》（社会科学版）2014 年第 1 期。

家庭政策演进历程，探讨中国政策发展的思路和方向。[①] 这些研究明确提出，在市场化和社会照顾体系缺位的情况下，家庭难以承担传统的照顾功能，国家应该投资家庭，发展“家庭政策”，增加对家庭的福利支持。[②] 第二种从政策理论角度，讨论中国家庭政策的根本性议题。例如，对家庭及家庭政策概念的辨析[③]；反思国家与个人、家庭的关系，尤其是政府的责任[④]。这些研究指出，国家在处理与家庭的关系问题上一直采取功利主义的立场，“依据国家治理的需要来界定家庭的公共性和私人性的边界，干预和操作家庭中的个体行为”[⑤]，却没有为家庭提供足够的福利支持。

这些家庭与政策的研究勾勒出中国家庭与政策关系的基本形貌，也为推进中国家庭政策的理论发展提供了扎实基础。其中，“（去）家庭化”[⑥] 与“社会照顾”[⑦] 两个概念的分析框架富有启发。根据家庭提供福利的程度，吴小英指出中国家庭政策从“去家庭化”到“家庭化”的转变过程，呈现出与西方社会家庭政策相反的发展轨迹。[⑧] 岳经纶和张孟见在社会政策的视野下讨论中华人民共和国成立后国家与家庭关系的阶段特征，同样展示了国家“福利—撤退—再临”以及家庭“隐匿—凸显—风险”的轨迹。[⑨] 韩央

① 韩央迪：《转型期中国的家庭变迁与家庭政策重构——基于上海的观察与反思》，《江淮论坛》2014 年第 6 期；李树茁、王欢：《家庭变迁、家庭政策演进与中国家庭政策构建》，《人口与经济》2016 年第 6 期。

② 张秀兰、徐月宾：《建构中国的发展型家庭政策》，《中国社会科学》2003 年第 6 期。

③ 胡湛、彭希哲、王雪辉：《当前我国家庭变迁与家庭政策领域的认知误区》，《学习与实践》2018 年第 11 期。

④ 唐灿、张健主编《家庭问题与政府责任：促进家庭发展的国内外比较研究》，社会科学文献出版社，2013。

⑤ 吴小英：《公共政策中的家庭定位》，《学术研究》2012 年第 9 期。

⑥ 一种福利制度的“去家庭化”程度越高，不仅表明个人借助国家提供的福利较少依赖家庭，女性也更有可能从无偿的家务劳动中解脱出来。相反，“家庭化”则强调家庭是主要的、不可或缺的福利提供者。

⑦ 岳经纶、范昕：《中国儿童照顾政策体系：回顾、反思与重构》，《中国社会科学》2018 年第 9 期。

⑧ 吴小英：《“去家庭化”还是“家庭化”：家庭论争背后的“政治正确”》，《河北学刊》2016 年第 5 期。

⑨ 岳经纶、张孟见：《社会政策视域下的国家与家庭关系：一项实证分析》，《重庆社会科学》2019 年第 3 期。

迪对目前国家“再临”后的“再家庭化”趋势保持高度谨慎。[①] “社会照顾”[②] 的分析框架将儿童、老年人及残疾人的照顾统筹起来设计照顾政策体系。它把宏观政策与微观家庭实践相互联结，将私人领域的照顾活动推进到公共领域做辩论。宏观上，围绕照顾劳动，国家构建了一系列文化观念、制度环境和政策手段。相应的，在微观层面，家庭开展照顾劳动，包括谁提供照顾、谁获得照顾津贴，以及权力关系等，以此应对宏观制度环境。

但是，这些框架将讨论局限在以“照顾”为核心的西方家庭政策框架[③]及相关的家庭实践，并较多地关注政策对中国家庭的损害。20 世纪 80 年代以来，在低生育、（儿童）贫困及平权运动等因素推动下，西方福利国家建立和发展家庭政策。跨国比较研究发现，为了应对人口老龄化，家庭政策主要内容是为家庭的儿童养育提供支持，包括家庭津贴、亲职假、儿童照顾服务、税收优惠等多种政策。一方面，这种分析框架有利于深入讨论社会转型期出现的家庭问题，包括婚姻不稳定、低生育、孝道文化、育儿与养老、女性工作与家庭平衡、性别平等等问题。对这些问题的讨论，将凝聚社会共识，推动政府关注并出台政策解决问题。另一方面，不利于完整地呈现中国家庭与政策的关系。如果认为改革开放、现代化、市场化、都市化的进程只是造成了一系列家庭问题和家庭危机，那是片面和偏颇的。实际上，改革开放也给个人及家庭带来机会与发展。因此，需要建立一个新的政策框架，突破现有西方家庭政策框架的局限。

---

① 韩央迪：《家庭主义、去家庭化和再家庭化：福利国家家庭政策的发展脉络与政策意涵》，《南京师大学报》（社会科学版）2014 年第 6 期。

② “社会照顾”的概念强调“照顾”所附属的社会和经济政治属性。第一，照顾是一项特定形式的劳动。这意味着要考虑劳动者（即照顾提供者）所处的环境。例如，有偿或无偿劳动、正式或者非正式关系、公共或者私人领域，以及国家对这些界限的调整。第二，照顾的提供依托于某种社会或家庭关系及责任，含有伦理规范的一面。第三，照顾劳动有成本，包括经济和情感两方面。因此，要考虑谁在承担成本，是个人、家庭，还是社会。参见 M. Daly, J. Lewis, “The Concept of Social Care and the Analysis of Contemporary Welfare States,” *The British Journal of Sociology*, Vol. 51, No. 2, 2000, pp. 281 – 298。

③ M. Daly, E. Ferragina, “Family Policy in High-income Countries: Five Decades of Development,” *Journal of European Social Policy*, Vol. 28, No. 3, 2018, pp. 255 – 270. 需要补充说明的是，西方家庭政策有时还包括家庭减贫计划以及关于照顾老年人和残疾人等政策。

这里需要指出，学术界关于“家庭政策”的概念和政府使用的词语在内涵上有较大差别。中国的政策体系里没有“家庭政策”这个类别[①]，也没有一个专门处理或统筹家庭事务的政府职能部门，家庭事务管理分散于国家卫健委、民政部、妇联等部门和组织。可是，大量政策或明或暗以调整家庭行为为目的，也有不少政策影响到作为家庭成员的个人。当使用“家庭政策”概念的时候，学者难以对中国家庭政策定义形成共识，经常参照西方福利国家的定义和范畴观照中国的政策内容，不仅不恰当，还可能会忽略一些重要的中国本土内容[②]。

为了克服这一点，本章尝试提出另一种分类方式作为分析工具。依据政策的意图以及家庭实际感受到的政策效果，将相关的政策分为三类，即放开的政策、限制的政策、保障的政策。放开的政策主要是指 20 世纪 80～90 年代一些大刀阔斧的改革措施。它们提供了新的空间，使家庭明显感受到政策放开所带来的红利或者说“松绑”[③]。重要的放开政策之一是家庭联产承包责任制。限制的政策将家庭行为纳入政策目标，并进行严格管理，甚至采取惩罚性措施。最典型的例子是计划生育政策。保障的政策就是支持家庭，为家庭提供福利的政策。例如，托幼、养老等方面的政策。这三种类别是普通家庭在社会公共领域中较为通行的表达。更重要的是，政府部门与社会公众对这样的分类不存在实质性的理解差异。哪些政策是放开的，哪些是限制的，哪些是提供支持的，容易形成共识。

此外，还需要讨论对家庭的角色和作用的理解。一般来说，家庭的功能可以从人口繁衍、提供照料、亲密情感、相互支持等方面来理解。但是，在

---

① 在中国正式的法律法规和政策文件中，一直没有“家庭政策”的表述及系统论述。直至 2016 年，《国家人口发展规划（2016～2030 年）》初步提出，“建立完善包括生育支持、幼儿养育、青少年发展、老人赡养、病残照料、善后服务等在内的家庭发展政策”。尽管如此，仍然没有对家庭（发展）政策做出明确的界定和边界划分。

② 中国主要为困境家庭提供兜底性救助，对一般家庭的儿童照顾和老人照料投入相对较少。详见岳经纶、张孟见《社会政策视域下的国家与家庭关系：一项实证分析》，《重庆社会科学》2019 年第 3 期，第 51～63 页。

③ 阎云翔在其著作《中国社会的个体化》一书中使用“松绑”一词，展示改革开放之后中国个体在一系列去集体化的体制改革中，与计划经济时期的社会结构和制度的脱嵌。

中国等东亚社会中，家庭还具有经济生产功能，在生产过程中承担重要的角色。[①] 有关当代中国家庭变迁的研究集中于家庭在生育、照顾、情感、互助等人口再生产过程中的作用，也担心福利压力、金钱交换扭曲情感关系，对经济和生产方面的功能论述相对较少。这与现代化视角有关，它将家庭的经济功能看作一种前现代的特征，而在现代化进程中家庭逐步脱离经济功能，趋向于作为纯粹的情感单位。[②]

但是，中国改革开放最具标志性的政策之一就是农村实行家庭联产承包责任制。它将土地的使用权重新分配给家庭，这种格局一直持续到今天。取消人民公社，意味着把家庭作为具有经济功能的生产单位甚至作为落实政策与管理的单位。在改革开放之前，家庭没有这样的功能。如果仅把家庭的功能理解为繁衍、照料和情感，由此反观政策，由于人民公社和单位制的解体，家庭获得的保障减少，受到的约束增加，会得到一幅家庭风险图景。但是扩大视野，把经济功能也纳入考虑，整体的图景会有所不同。我们将看到家庭的财富快速增长，家庭拥有了更强的行为能力和更多的自主选择。同时，出现家庭与家庭之间的两极分化，这种分化横穿了城乡、地域、教育与职业的界限。这些同样是中国家庭变迁图景中重要的组成部分。因此，本章将从福利和经济两个方面理解家庭的功能，梳理相应的政策和家庭实践。

最后，政策过程的分析框架把家庭变化看作“政策后果”。一种后果是决策者制定政策时的目标。最典型的例子就是计划生育政策产生的一对夫妇加一个孩子的家庭形态。[③] 另一种后果是“非意图后果”（unintended consequences）。[④] 这是指决策者在政策制定时难以评估的后果，超过了预

---

① T. Papadopoulos, A. Roumpakis, “Family as a Socio-economic Actor in the Political Economies of East and South East Asian Welfare Capitalisms,” *Social Policy & Administration*, Vol. 51, No. 6, 2017, pp. 857 – 875.

② A. Giddens, *The Transformation of Intimacy: Sexuality, Love and Eroticism in Modern Societies*, John Wiley & Sons, 2013.

③ 郭志刚：《中国的低生育水平及其影响因素》，《人口研究》2008 年第 4 期。

④ 〔英〕安东尼·吉登斯：《现代性的后果》，田禾译，译林出版社，2000。

期，或者在众多复杂要素聚合和相互作用下，偏离了最初的政策意图。仍以计划生育政策为例，决策者当年预想到将来会出现养老问题[①]，但是对后果的严重性估计不足。又如，国家大力发展房地产行业拉动经济，激发城镇家庭的购房积极性，产生代际及婚姻中的财产分配等新的问题，这些不是政策意图。“非意图后果”蕴含着风险。所谓风险，一方面，家庭变化超出预料；另一方面，家庭变化引发“问责”，导致新的政策出台和资源投入。总而言之，不论是家庭行动策略，还是家庭风险，都是在政策过程和历史进程中动态展开的。

## 第三节 政策的塑造作用：家庭复兴

### 一 放开的政策

在中国的体制条件下，推动国家与家庭之间的关系发生变化的因素，主要是一系列政策及其涉及的管理过程。改革开放带来了体制与管理的巨大变化，当时的干部群众将其理解为“政策放开了”。“放开了”意味出现新的空间、新的行为规则，这给家庭带来多重影响。一个典型事例是，由于政策放开，在家门口摆小摊从非法变为合法，温州的章华妹成为第一位取得营业执照的“个体工商户”，家庭生活迅速得到改善。[②] 这一类“放开的政策”

① “老化现象最快也得在四十年以后才会出现，我们完全可以提前采取措施，防止这种现象发生”，这句话引自1980年9月25日，《中共中央关于控制我国人口增长问题致全体共产党员、共青团员的公开信》。根据联合国发布的《中国儿童发展指标图集2018》数据，中国65岁及以上人口比重从1982年的4.9%上升至2017年的11.4%。按照国际对老龄化社会的定义，中国在2000年已经进入老龄化社会。换句话说，人口老龄化现象比想象中来得要早，情况也更严重。

② 章华妹的回忆，1978年开始，她在自家门口摆小摊谋生，但那时候是非法的。1979年底的一天，新成立的区工商所工作人员告诉她，现在国家政策放开了，你可以来领营业执照，大大方方经营。从那以后，章华妹的家庭迎来了巨大的改变。参见《改革开放后“中国第一位个体工商户”章华妹和她的“家庭大事”》，浙商网，2018年4月9日，http://biz.zjol.com.cn/txzs/zsxw/201804/t20180409_6981231.shtml。

主要包括个体工商户政策、家庭联产承包责任制、[①] 知青回城安置政策、高考取消家庭成分限制的政策、鼓励出国留学的政策，以及允许私人购房的政策。这些政策不仅放开了致富的机会，而且放开了教育的机会，还放开了家庭成员团聚的机会。

尽管这些政策未被称为“家庭政策”，但是对家庭产生了重要的影响。首先，家庭逐渐拥有某种“用益物权”，家庭得以积聚财富。相对于人民公社废除和单位制解体，家庭成为新的“经营单位”[②]，这在农村土地承包关系中尤为明显。类似的，城市住房政策也影响到家庭与财富。20 世纪 80 年代中后期，房地产市场开始发展，越来越多的城镇家庭在单位福利分房体制之外，从市场上获得住房。家庭学会了如何利用政策机会（例如银行贷款）和市场机会，在房地产领域中快速积累家庭财富。城市住房市场化的政策与农村的土地承包经营政策，奠定了中国家庭的财富格局和物质基础，并使家庭在政策过程中成为越来越活跃的行为主体。

其次，家庭的重要性获得了法律的合法性和观念的正当性。20 世纪 80 年代，在作为“经营单位”的家庭中产生了第一批“万元户”，不少地方政府将他们作为改革的样板来宣传。此前一直被批判的“发家致富”观念，以及“谁发家谁光荣，谁受穷谁狗熊”之类的口号重新出现。这对当时的社会观念冲击很大，引起了关于集体和家庭利益谁先谁后的许多讨论，也表达了社会对家庭富裕的渴望[③]。稍早的知青回城安置政策，虽然是特定时期的一项具体措施，但它肯定了家庭团聚的正当性。[④] 今天回头来看，重要的不是这些口号或者临时安置对不对，而是伴随改革开放，家庭观念在社会生

---

① 国务院于 2011 年制定了《个体工商户条例》，又于 2014 年、2016 年做了部分修改，一直实施至今。另外，党的十九大报告指出：“保持土地承包关系稳定并长久不变，第二轮土地承包到期后再延长三十年。”

② 《中共中央办公厅、国务院办公厅印发〈深化农村改革综合性实施方案〉》（2015 年 11 月 2 日）中指出：“家庭经营在相当时期内仍是农业生产的基本力量。”

③ 电影《金光大道》描述了 20 世纪 50 年代，农村土改后这两种观念的激烈斗争。20 世纪 80 年代，争论发生转向。

④ 陈映芳：《社会生活正常化：历史转折中的“家庭化”》，《社会学研究》2015 年第 5 期。

活中的复兴。这样的复兴显然是中国特有的现象，要结合中国的体制变革和历史发展来理解。

最后，追求家庭的美好生活成为新的奋斗目标，凝聚家庭力量，培养家庭的行动能力。以教育领域的政策为例，高考招生不再限制家庭成分，这带来了教育机会的平等；国家鼓励出国留学，这带来了教育机会的多元化。由此开始，通过教育改变命运，推动家庭投资为孩子争取更好的教育，实现家庭身份转换以及向上流动成了家庭生活的中心目标之一。

## 二　限制的政策

专门以家庭为对象施加限制的政策不算多，这里集中讨论最重要的一项，即从1980年开始实行的计划生育政策，约束家庭的繁衍功能。国家通过设立生育指标，生育行为从原来家庭的自然行为，变成了受到政策严厉限制的行为。如果按照严格的定义，计划生育政策无疑属于家庭政策。但是，在法律上计划生育被表述为“基本国策”①。由于政策目标是发展经济和控制人口，一直以来它被归入“人口政策”范畴，在政策制定时也没有考虑家庭的意愿。

从计划生育当初“人口控制”的政策目标来看，今天我们面对的许多家庭现象属于“非意图后果”，难以“一刀切”地说好还是不好。首先，最重要的后果之一是强化了“独生子女家庭”这个家庭范畴。长期实施计划生育政策，产生了大量的独生子女家庭。从政府层面来说，需要面对这个政策后果，把“独生子女家庭”单独列为一个政策目标群体进行管理，例如独生子女护理假政策。从家庭自身来说，被纳入管理的独生子女父母和独生子女需要在行政流程中不断地出示“计划生育证明”或“独生子女证明”等文件，形成自我身份的家庭认知。“独生子女家庭”成为

① 1978年，计划生育政策被写进宪法。同时，《中华人民共和国人口与计划生育法》第一章第二条规定：“实行计划生育是国家的基本国策”。

中国政策过程中特有的家庭范畴，同时具有社会生活和文化心理方面的复杂内涵。

其次，对家庭来说，计划生育政策衍生的“非意图后果”既有风险，也有机会。比如，只生一个的指标限制，刺激出性别选择行为，导致性别比例严重失衡[①]。又如，独生子女家庭的“4－2－1”倒金字塔式结构蕴含着养老困境。尽管决策者初期考虑过养老问题，但是今天问题的严重性和复杂性超出了当初预期。“失独家庭”的困难就是例子。“非意图后果”不完全等同于负面后果。独生子女政策在城镇家庭中迅速普及“生男生女都一样”的观念，客观上使女童接受教育的机会增加，减少了性别间的教育不平等[②]。女性在人生成长过程中尤其在教育方面表现优秀，这是一种积极后果。

此外，有一些“非意图后果”产生的社会影响需要从更长时段去观察。例如，“独生子女家庭”刺激了家庭之间在子女养育和教育方面的竞争，出现下行式家庭主义和孝道重塑。[③] 在家庭遗产继承成为普遍问题之前，许多独生子女父母已经向下一代转移财产和分配财富，这在多子女家庭中不容易做到。

限制的政策对家庭产生的复杂作用，无论是发展还是损害家庭，需要以相关的政策过程为背景才能更好地理解。在特定条件下，限制与放开也会相互转化。比如，为了应对老龄化社会，计划生育政策发生重大调整，“全面二孩”政策意味着政策从限制转向放开，政策目标从降低出生率转向提高出生率。又如，家庭竞争购房的策略性行动逐渐增加市场风险，最终使购房政策从“放开的政策”转变为“限制的政策”，即针对家庭实行住房限购政策，降低家庭参与经济的活跃度。

---

① 杨菊华：《“一孩半”生育政策的社会性别与社会政策视角分析》，《妇女研究论丛》2009年第3期。

② V. L. Fong, “China's One-child Policy and the Empowerment of Urban Daughters,” *American Anthropologist*, Vol. 104, No. 4, 2002, pp. 1098－1109.

③ 阎云翔、杨雯琦：《社会自我主义：中国式亲密关系——中国北方农村的代际亲密关系与下行式家庭主义》，《探索与争鸣》2017年第7期。

## 三 保障的政策

保障的政策主要涉及与家庭的福利（照顾）功能相关的政策，包括对女职工生育哺乳方面的支持、对儿童抚育的支持、对老年人及伤残者的照顾支持以及健康与医疗方面的支持等。在社会政策的分析中，一般用“家庭化”和“去家庭化”两个概念衡量家庭福利供给的程度。改革开放之前，计划经济体制下的机关和企事业单位实行“大锅饭式”的福利供给，家庭的福利功能在很大程度上被集体和单位所替代[①]。比如，城市单位设立托儿所和幼儿园，单位分配住房，提供免费的医疗服务等。这可以看作一个“去家庭化”的过程。不过，在农村，受经济条件的限制，主要还是家庭承担福利功能，社会福利供给的程度比较低。改革开放以后到 20 世纪 90 年代，重要变化之一是国家从福利领域撤退。随着单位的功能萎缩甚至解体，原来由单位财政提供的各项福利大幅度削减。农村的集体福利本来有限，人民公社解体后更加薄弱。从这个意义上说，改革开放后的一段时间出现完全“家庭化”的过程，家庭成为最重要的福利提供者[②]。

进入 21 世纪以来，包括中国在内的东亚社会出现了新的转向。一直以来，东亚国家被归为生产主义模式的福利体制，区别于分配主义模式的西方福利国家。[③] 生产主义模式的福利体制特征包括，社会政策服务于国家经济增长的目标；国家把财政资源集中于经济基础设施领域和提高人力资源的教育、健康需要，对老人、儿童和残疾人等非生产人员的福利支出较低，主要由家庭来承担等。[④] 但是，20 世纪 90 年代末以来，为了回应社会需求和保

① 孟宪范：《家庭：百年来的三次冲击及我们的选择》，《清华大学学报》（哲学社会科学版）2008 年第 3 期。

② 韩央迪：《转型期中国的家庭变迁与家庭政策重构——基于上海的观察与反思》，《江淮论坛》2014 年第 6 期。

③ I. Holliday, “Productivist Welfare Capitalism: Social Policy in East Asia,” *Political Studies*, Vol. 48, No. 4, pp. 706 – 723.

④ 学者林卡从比较社会政策的角度，对东亚福利模式的特点和转变进行了详细的梳理和归纳，具体内容参见林卡《东亚生产主义社会政策模式的产生和衰落》，《江苏社会科学》2008 年第 4 期。

持社会稳定，中国政府在社会保险尤其是养老保险方面持续加大投入力度，社会组织也承担了部分社会福利职能。[①] 尽管整体上社会福利支出仍然滞后，社会保险投入仍然偏低，但是生产主义模式出现自我调适。从家庭化的角度看，这是“再家庭化”趋势，即政府在强调家庭责任的同时，增加对家庭的支持，鼓励家庭、企业和社会力量共同提供资源以提高社会福利（照顾）的水平。

保障的政策在从“去家庭化”到“再家庭化”的发展过程中，有两点值得重视。第一，千万个普通家庭承担和消化了改革与制度转型过程中的社会代价。[②] 进一步说，家庭承担的福利功能对转型期的社会稳定有巨大贡献，起到缓冲社会压力的作用。这也是生产主义福利体制得以长期维持、国家经济能够快速发展的基础。因此，家庭是整个改革开放获得巨大成就不可或缺的基石。第二，家庭获得致富和经营空间的同时，也失去了福利支持，总体政策效果是激励家庭重视自我小家庭的规划意识和能力，防范风险、争取最大利益。一方面，这种意识和能力形成了新的社会压力，要求政府加大保障力度，推动“再家庭化”的发展；另一方面，在结构性因素的制约下，家庭之间的不平等逐渐拉大。这些对保障政策的发展提出更多挑战。

## 第四节　家庭影响政策：策略与风险

### 一　家庭与生育政策

为了促进人口长期均衡发展，实现社会经济可持续发展，国家在过去几年不断调整生育政策[③]。其中最受关注的问题是，“全面二孩”政策实施三

① 郑功成：《中国社会保障 40 年变迁（1978～2018）——制度转型、路径选择、中国经验》，《教学与研究》2018 年第 11 期。

② 周雪光：《从大历史角度看中国改革四十年》，《二十一世纪》2018 年第 12 期。

③ 在 2011 年启动“双独二孩”政策，2013 年实施“单独二孩”政策，2016 年 1 月 1 日启动“全面二孩”政策。

年来，能否提高生育率、增加出生人口。国家统计局数据显示[①]，2018 年人口出生规模与人口出生率双双下降；“全面二孩”的政策效果没有达到政策制定者的预期。越来越多的研究开始关注影响育龄夫妇生育意愿的因素。

这个现象反映出一种重要的转变，即家庭的偏好和决策在与生育相关的政策领域中开始占据重要的位置，必须予以重视。上文已经分析过，计划生育政策本来是一项国家政策，它自上而下地、压倒性地贯彻国家的人口控制目标，并不需要考虑家庭本身的意愿。但是从“全面二孩”政策开始，政策过程已经变成了政府与家庭之间相互作用的过程。过去控制生育可以通过强制手段，但是鼓励生育不能强制。过去可以把生育指标变成各个地区和单位的考核指标，但是鼓励生育的时候不能这么做。政府需要更多地考虑家庭的权利、意愿与条件，提供合适的激励和支持措施，从而鼓励生育行为。从政策过程的角度看，家庭变成越来越重要的行动者。

研究表明，一方面，中国的家庭特别是母亲和妻子在微观层面上发展出一系列策略，为生育、儿童照顾、养老以及病残照料等方面提供了大量福利和贡献。[②] 例如，协作式的扩展家庭网络、祖辈参与的隔代照料等，从而在中国儿童福利与养老福利水平较低的情况下，保证了女性仍然有较高的劳动参与率。[③] 另一方面，女性和家庭也反思福利付出对自身的影响，努力规避风险。从工作妈妈的角度来看，以“知识与情感密集”为特征的全方位的理想母职期待，对妈妈们的育儿责任产生巨大压力。[④] 与此同时，就业歧

---

① 根据国家统计局数据，2016 年出生人口达到 1786 万人，成为 2000 年以来出生人口数量最多的年份。但是，2017 年出生人口为 1723 万人，比 2016 年小幅度减少，2018 年更进一步降至 1523 万人。不仅降幅扩大，也低于 2011 ~ 2015 年“十二五”时期年均出生 1644 万人的水平。

② 岳经纶、范昕：《中国儿童照顾政策体系：回顾、反思与重构》，《中国社会科学》2018 年第 9 期。

③ 肖索未：《“严母慈祖”：儿童抚育中的代际合作与权力关系》，《社会学研究》2014 年第 6 期。

④ 陈蒙：《城市中产阶层女性的理想母职叙事——一项基于上海家庭的质性研究》，《妇女研究论丛》2018 第 2 期。

视、职业中断及收入减少等“母职惩罚性”经历形成另一种压力。[①] 两种压力共同作用，使相当一部分女性倾向于少生或者不生。[②] 从祖辈的角度看，一部分人不愿意为照料二孩继续提供支持[③]，也降低工作妈妈的生育意愿。因此，在家庭微观机制作用下，政策限制放开不意味着生育率就会提高，不生、生一个或两个都成为可能的选项。与 40 多年前相比，国家仍然高度关注人口与生育问题，但是不同在于家庭的生育决策成为影响生育率、调整生育政策的重要因素。

## 二　家庭与购房政策

20 世纪 90 年代末，中国全面取消了国家给城镇职工直接提供福利住房的单位分房制度，住房市场正式建立，改为主要以市场方式为个人提供商品住房。住房体制改革及一系列土地、金融等相关政策的制定是为了解决计划经济时期居住拥挤、房屋质量较差等住房问题，也希望发展房地产业拉动国家经济发展、增加地方财政收入。进入 21 世纪，中国经济发展迅速、住房价格不断上涨，住房成为家庭最重要的一项资产和财富，也成为衡量和划分个人社会阶层的重要标准。[④] 而且，住房与户籍管理制度相挂钩，拥有房产与个人的工作和婚姻机会、教育资源、医疗福利等密切相关。住房具有了经济社会的重要性。

随着住房价值快速上升，中国家庭在住房领域的角色和作用变得非常突出。家庭成员积极行动采用多种方式购房，为家庭改善居住条件，积累房产，实现城乡身份转换。其中，最主要的家庭策略表现为父母向成年子女提

① 马春华：《中国家庭儿童养育成本及其政策意涵》，《妇女研究论丛》2018 年第 5 期。

② 张樨樨、杜玉帆：《“全面二孩”政策背景下生育对城镇女性职业中断的影响研究》，《华东师范大学学报》（哲学社会科学版）2019 年第 1 期。

③ 翁堂梅：《转型期老年群体的双重挑战：隔代照料与夫妻分离》，《云南民族大学学报》（哲学社会科学版）2019 年第 2 期。

④ 刘精明、李路路：《阶层化：居住空间、生活方式、社会交往与阶层认同——我国城镇社会阶层化问题的实证研究》，《社会学研究》2005 年第 3 期。

供经济支持，两代人合资在城市购房。[①] 这种以家庭为单位的购房决策，极大地提高了中国年轻人的住房自有率，降低了首套房购买者年龄[②]。其他的家庭购房策略还包括家庭成员间相互拆借、借用贷款或购房资格等方式。研究表明，在住房市场化进程中，相较于市场因素（即自身社会经济地位、房地产价格及宏观经济环境等），家庭禀赋因素（即亲代的社会经济地位、计划经济积累的资本和房产）对年轻人住房获得的影响逐步增大；在本地户籍和独生子女群体中，家庭机制的作用更明显。[③] 换句话说，个人的住房状况在很大程度上取决于他们家庭对自身资源的规划及使用最大化的策略。此外，快速增长的财富对家庭关系产生影响，带来一系列新的问题，例如婚姻与房产、离婚与财产分割、遗产继承等，住房问题还与育儿、教育、养老问题相互联系、相互影响。这不仅增加了家庭的经济风险，也加深了不同社会群体间的住房和福利不平等。

为了抑制投机性质的购房行为、防范风险，2010 年国务院出台“住房限购政策”，要求地方政府根据实际情况，采取临时性措施，在一定时期内针对购房主体资格和购房数量制定限制性的政策。限购政策以核心家庭为管理单位，干预家庭的购房行为，减少过度投资和投机行为。这项政策损害了正常购房需求，也给出房价上涨的错误预期。部分家庭采取假离婚、假结婚、亲戚间借名买房等方式，突破购房限制。这些家庭行为不仅引发了大量家庭纠纷，也削弱了限购政策的效果。于是，部分地方政府出台补充细则，遏制规避行为，出现了“猫捉老鼠”的限购政策升级。

从上述两个政策领域可知，家庭与国家两个行动主体在政策过程中的力量有强弱之别。国家在价值立场、目标设定、手段选择等方面，一直占据主导地位。同时，家庭在不同政策领域的表现具有差异性。相较而言，家庭的

① 聂晨、方伟：《住房自有会撕裂青年群体吗——青年住房自有与阶层认同的研究》，《中国青年研究》2017 年第 8 期。

② 2017 年，汇丰银行一项针对 9 个国家约 9000 名受访者的调查发现，中国“千禧一代”（1981～1998 年出生）的住房自有率高达 70%，在 9 个国家当中排第 1 位。

③ 吴开泽、魏万青：《住房制度改革与中国城市青年住房获得——基于住房生涯视角和离散时间事件史模型的研究》，《公共行政评论》2018 年第 2 期。

能动性在购房政策领域较强，在生育政策领域受到的约束力更大。家庭在生育政策过程中，更多的是被动地应对政策调整，为自身和家庭减轻负担，防范风险。而在购房政策中，家庭更多地采取主动进取的策略，充分运用政策机会积累财富和资源，有些行动直接促成了政策调整。这种差异性表明，一方面在生育政策领域，传统文化对女性责任的约束力很大，具体承担生育和照料责任的女性群体社会地位仍然较低；另一方面，作为照顾者的女性群体缺乏强而有力的需求表达机制推动政策调整。近年来，在人口老龄化和增强社会稳定的大背景下，国家的社会政策思路从“高度生产主义”转向“生产—再生产”相结合。相应的，在与家庭相关的政策目标上，从过去完全功利主义的自我考量，开始将家庭需求和发展纳入考虑。这种情况下，女性和家庭的需求表达空间会逐步增加。

## 第五节 结论与讨论

家庭与政策的关系，在中国开始成为社会学和社会政策研究的一个前沿议题①。本章将政策分析引入家庭研究中，主要讨论了三个方面的问题。第一，本章提出以“积极家庭”为核心概念的家庭政策分析框架，在具体政策情境和特定历史阶段下分析家庭与国家的互动关系，特别强调改革开放对家庭能动性的促进作用。第二，与家庭相关的政策可以区分为放开的政策、限制的政策、保障的政策三大类。国家交替使用不同的政策类型以实现发展和管理目标。与此同时，这些政策也激活和形塑家庭，使家庭在社会生活中复兴。第三，家庭的行动分为反应式和进取式两类策略，以此抵御风险、争取机会；家庭策略是推动政策变化的重要因素。在土地、住房、生育、照料、教育等政策领域中，理解微观层面上家庭决策的行为与理由，为考察政策变化和社会不平等提供新的线索。

① 20世纪90年代以来，西方各国家庭政策相关研究发展迅速。家庭政策也成为OECD国家中在社会政策体系出现较晚，但是改革力度最大、政府支出最多的次级政策领域。中国关于家庭政策的研究虽然起步较晚，但是近年来发展很快。

整体而言，“积极家庭”的政策分析框架强调中国家庭具有福利与生产两项重要功能，突破了以照顾为主要内容的西方家庭政策框架局限，拓宽与家庭相关的政策内容光谱。它将有助于推进对中国家庭政策内涵和外延的讨论。同时，中国情境提供的东亚社会案例，有助于我们反思欧洲中心主义的家庭政策研究。

碍于作者视野和篇幅所限，本章没有讨论某些重要的家庭政策（如婚姻政策、儿童照顾政策），也没有对家庭和家庭政策做细致的界定，更加精确和深入的讨论留待进一步研究。同时，在政策过程分析与“积极家庭”的视角下，还有一些理论与实践上的重要问题有待进一步讨论。

首先，从更长的时段来看，国家与家庭之间的制度安排和相关政策经历了一些较大的变革，但总体上保持了共同发展的局面。其中可能存在一种类似“心理契约”的社会共识，使国家管理与家庭利益追求两者之间总体保持平衡，并有某种程度的交换。从中华人民共和国成立到改革开放前，相当于双方的“第一次契约”：国家限制家庭的经济生产活动，同时给家庭和个人提供福利。从改革开放到20世纪90年代末，可以理解为双方的“第二次契约”：国家通过放开的政策给予家庭积累财富和向上流动的空间；相应的，家庭承担福利的责任，并且接受生育的限制。进入21世纪以来，双方有了“第三次契约”：国家逐步收紧与家庭经济活动相关的政策，逐步放松对家庭生育的限制，也增加对家庭的福利保障，尤其是养老保险和养老服务，以及最近开始投入的托幼服务。整体而言，国家对家庭的塑造在不同侧面、不同历史阶段具有差异性。

其次，无论是政策过程分析还是“积极家庭”的概念，都应当与性别研究形成更好的跨学科对话和良性互动。如果说中国的家庭承担了改革与转型的巨大成本，这意味着首先是女性发挥了超常的积极能动性，在照顾和生育等方面付出了巨大的牺牲。从性别研究的角度来看，女性的机会平等与发展问题、工作与家庭平衡问题、消除对女性的社会歧视问题等，应该在政策议程中提到更加重要的地位。在未来完善家庭政策中，涉及生育、养育、教育、养老等问题时，应当更多地纳入性别视角，更好地保护女性权益，给予该群体更多的需求表达渠道，同时更好地激励女性的创造性。

最后，“积极家庭”的研究还应当结合中国发展的实际，从发展的角度深入研究中国的家庭政策应当如何支持家庭的发展。在比较政策的视野下，有一点值得关注。相较于西方福利国家的家庭，中国家庭兼具经济和福利双重特性，并且彼此相辅相成，这为国家处理与家庭的关系带来更多的复杂性。如果增加福利保障来减少家庭经济风险，政府可能面临公共财政的负担与可持续性问题；如果不对家庭的经济行为加以限制，政府会面对社会阶层分化、福利分配等不公平问题，影响社会稳定。政府需要在家庭自身福祉、国家经济可持续性和社会稳定三种目标之间进行权衡。目前可以看到，中国政府有意识地认真处理这个问题。2018 年，国家卫生健康委员会中原来与“计划生育”相关的内设机构撤销，新设“人口监测与家庭发展司”，地方政府的相应机构也做了相应调整。此外，《中华人民共和国国民经济和社会发展第十三个五年规划纲要》提出：“做好相关经济社会政策与全面两孩政策的有效衔接。完善农村计划生育家庭奖励扶助和特别扶助政策……注重家庭发展。”《国家人口发展规划（2016—2030 年）》也要求：“建立完善包括生育支持、幼儿养育、青少年发展、老人赡养、病残照料、善后服务等在内的家庭发展政策”。“家庭发展”和“家庭发展政策”这两个概念被纳入国家的规划文件，表明政府在其政策视野中，将家庭看作独立的行为主体。也可以说，处理好国家与家庭的关系成为一项基本议题，进入了国家长期的政策议程。

作者　钟晓慧，中山大学政治与公共事务管理学院副研究员

# 第四章 中国老年人家庭储蓄成因

人口老龄化已经是世界各国共同关心的课题。根据中国民政部 2018 年 8 月发布的数据，截至 2017 年底，中国 60 周岁及以上老年人口数量超过 2.4 亿人，占总人口的 17.3%。[①] 老年人口比重的进一步增长，必然令人口老龄化相关的金融问题进一步突出，引起广泛而深刻的社会影响。改革开放以来，中国居民储蓄率快速增长，即便在积极推动扩大内需、促进经济增长方式从投资向消费转型的背景下，家庭储蓄率也没有出现大幅度的下滑。根据 OECD 的统计，2016 年中国家庭储蓄率以 36.14% 居于首位，远高于世界平均水平。

长期以来，国内外学者对中国储蓄率进行了大量的研究。但就笔者所知，针对老年人口储蓄行为的研究仍旧十分有限，尤其是基于遗产动机视角对老年人储蓄行为的计量分析十分匮乏。为进一步丰富中国“财富积累之谜”领域的研究，本章将基于生命周期假说的分析框架，构建关于遗产动机对老年人家庭储蓄行为影响的理论模型，并利用日本大阪大学《关于生活偏好与满足度调查》数据，基于遗产动机视角对家庭储蓄率进行计量分析，最后基于实证结果对中国相关领域提出相应的政策建议。

## 第一节 老年人家庭储蓄的现实意义与先行研究

生命周期假说是家庭储蓄行为研究中被广泛使用的理论依据。根据

① 《2017 年社会服务发展统计公报》，中华人民共和国民政部网站，2018 年 8 月 2 日，http：//www.mca.gov.cn/article/sj/tjgb/2017/201708021607.pdf。

生命周期假说，理性人会根据自己的生涯所得来安排其一生的消费，使人生各个阶段消费能够平稳，最终实现人生各阶段的总支出等于生涯所得。换言之，生命周期假说下的理性人在工作阶段进行储蓄，在退休后则出现负储蓄。若该假说成立，那么家庭部门储蓄率会随着老年人口比重上升而出现下降。

然而，在经济学界利用生命周期假说对老年人口的经济行为进行深入研究的过程中却留下两个谜题。第一个谜题被称为“退休－消费谜题”，在经济人退休之际，其消费出现了断崖式下降，这与一生消费平滑的生命周期假说相悖。第二个谜题为“财富积累之谜”，即经济人进入老年阶段后，并没有出现生命周期假说预测的负储蓄现象。

关于第一个谜题，研究者利用微观数据进行检验，发现在退休之际，经济人在减少了工作相关支出的同时，拥有更多的余暇，其他生活支出（伙食费等）也降低了。因此，退休前后消费的断崖式下降现象与生命周期假说并不相悖。[①] 对于“财富积累之谜”，研究者发现，即便在公共社会保障制度相对完善的日本、意大利等发达国家，许多老年人依然因为寿命的不确定性而不得不积谷防饥，不仅如此，老年人为了泽被后世，还会抑制自身消费以尽可能为自己的子孙后代留下更多的遗产。换言之，由于遗产动机与预防动机，老年人家庭储蓄率下滑速度低于生命周期假说的预测。[②]

---

① J. Ameriks, J. Briggs, A. Caplin, M. D. Shapiro, and C. Tonetti, “Long-Term Care Utility and Late-in-Life Saving,” NBER Working Paper, NO. 20973, March 2019；暮石渉・殷婷「退職後の消費支出の低下についての一考察」、RIETI Discussion Paper Series, 15－J－001, January 2015；Li Hongbin, Shi Xingzheng, and Wu Binzhen, “The Retirement Consumption Puzzle in China,” *American Economic Review*, Vol. 105, No. 5, 2015, pp. 437－441。

② L. I. Dobrescu, “To Love or to Pay: Savings and Health Care in Older Age,” *Journal of Human Resourses*, Vol. 50, No, 1, 2015, pp. 254－299；M. De Nardi, E. French, J. B. Jones, “Savings after Retirement: A Survey,” *Annual Review of Econimics*, No. 8, August 2016, pp. 177－204；チャールズ・ユウジ・ホリオカ、新見陽子「日本の高齢者世帯の貯蓄行動に関する実証分析」、『経済分析』196 号、2017 年、29－47 頁；Charles Yuji Horioka and Luigi Ventura, “The Saving Behavior of the Retired Elderly in Italy,” 35th IARIW General Conference, August 2018；Keiko Murata, “Dissaving by the Elderly in Japan: Empirical Evidence from Survey Data,” ESRI Discussion Paper Series, March 2018, No. 346。

虽然目前的研究结果依然无法在遗产动机和预防动机对老年人家庭储蓄率的影响程度上达成统一的意见，但无须质疑的是，遗产动机与预防动机对解释老年人的储蓄行为具有重大现实意义。

关于遗产动机与预防动机对老年人储蓄行为影响的研究兴起于20世纪80年代。在以美国为研究对象的研究中，Kotlikoff and Summers 通过分析美国历史数据（Historical U. S. Data）指出，在美国家庭资产形成中，遗产继承或者家庭转移馈赠占据了高达80%的份额。[①] Hurd 试图从正面检验遗产动机对家庭资产的影响。他将子女的有无作为遗产动机有无的代理变量，对比有子女老年人家庭与无子女老年人家庭的储蓄变化。通过对比发现，有子女家庭的家庭储蓄并没有显著高于无子女家庭的家庭储蓄。因此他认为老年人家庭金融资产积累率变化并非源自遗产动机，大多数遗产是偶然的生命不确定性所产生。但他同时补充，不能排除拥有遗产动机的家庭对子女的生前馈赠替代了最终遗产的可能。[②] Dynan 等人通过分析1998年消费者金融调查（Survey of Consumer Finance）数据发现，即便美国老年人很少将遗产动机作为储蓄的理由，但30岁以下年轻人普遍表示自己将会继承遗产。因此，他认为无论遗产动机是否被老年人所提及，都不应该忽视遗产动机在家庭经济行为中的重要性。[③] De Nardi 等人则通过分析美国老年人资产和健康动态调查进一步发现，遗产动机或许主要集中于富裕家庭，对一般家庭的老年人而言，为应付未来不确定的医疗支出的预防动机对储蓄率的正向影响更为显著。[④]

① Laurence J. Kotlikoff, and Lawrence H. Summers, "The Role of Intergenerational Transfers in Aggregate Capital Accumulation," *Journal of Political Economy*, Vol. 89, No. 4, 1987, pp. 706－732.

② Michael D. Hurd, "Savings of the Elderly and Desired Bequests," *American Economic Review*, Vol. 77, No. 3, 1987, pp. 298－312.

③ Karen E. Dynan, Jonathan Skinner, and Stephen P. Zeldes, "The Important of Bequests and Life-Cycle Saving in Capital Accumulation: A New Answer," *American Economic Review*, Vol. 92, No. 2, 2002, pp. 274－278.

④ M. De Nardi, E. French, J. B. Jones, "Savings after Retirement: A Survey," *Annual Review of Econimics*, No. 8, 2016, pp. 177－204; M. De Nardi, E. French, and J. B. Jones, "Why Do the Elderly Save? The Role of Medical Expenses," *Journal of Political Economy*, Vol. 118, No. 1, 2010, pp. 39－75.

20 世纪80 年代已经步入老龄社会的日本对老年人群的储蓄行为进行了大量的研究。与美国相比，日本似乎具备更完善的公共医疗卫生制度。但即便如此，Hayashi 等人通过分析日本全国家庭收入与支出的截面数据发现，日本老年人家庭到 80 岁依旧保持正的储蓄率。[①] 对此，Dekle 根据东京大学社会学系关于老年人生活行为的调查数据进行分析，得出了类似的结果。[②] 为了进一步掌握日本老年人动态储蓄行为以及其决定因素，Horioka 和 Niimi 首先利用日本总务省统计局公布的 1970～2015 年《家庭调查》数据对日本各年龄段户主的家庭储蓄率变化进行更为细致的梳理，并确认了在 1970～2015 年虽然 60 岁及以上老年人家庭储蓄率依然为正数，但储蓄率从 17.8% 下降至 7.5%。此外，在完全退休的 60 岁及以上老年人家庭中则出现负储蓄率。为明确老年人储蓄行为的影响因素，他们利用原日本邮政省邮政研究所实施的 2013 年与 2015 年《关于家庭与储蓄的调查》的数据，对日本老年人家庭金融资产积累率进行了 Logistic 回归分析。回归结果显示，遗产动机与预防动机分别对家庭金融资产积累率产生 1.22% 和 0.19% 的正向影响。[③] 对比之下，Murata 则运用日本总务省经济研究所实施的《生活与健康调查》的面板数据，研究发现预防动机并没有对日本老年人家庭储蓄率产生显著的影响，而具有遗产动机的老年人家庭储蓄率比无遗产动机的老年人家庭储蓄率高出了约 6 个百分点。[④]

在中国，关于遗产动机与预防动机对老年人家庭的储蓄行为影响的研究十分匮乏。耿德伟利用中国老龄科学研究中心 2000 年、2006 年以及

---

① F. Hayashi, A. Ando, and R. Ferris, "Life Cycle and Bequest Savings: A Study of Japanese and US Households Based on Data from the 1984 NSFIE and the 1983 Survey of Consumer Finances," *Journal of the Japanese and International Economies*, Vol. 2, No. 4, 1988, pp. 450－491.

② R. Dekle, "Do the Japanese Elderly Reduce Their Total Wealth? A New Look with Different Data," *Journal of the Japanese and International Economies*, Vol. 4, No. 3, 1990, pp. 309－317.

③ チャールズ・ユウジ・ホリオカ、新見陽子「日本の高齢者世帯の貯蓄行動に関する実証分析」、『経済分析』196 号、2017 年、29－47 頁。

④ Keiko Murata, "Dissaving by the Elderly in Japan: Empirical Evidence from Survey Data," ESRI Discussion Paper Series, No. 346, March 2018.

2010年《中国城乡老年人口状况追踪调查》数据以及中国社会科学院经济研究所2002年《城镇居民生活调查报告》数据对中国老年人家庭储蓄率进行了考察。分析结果显示，对未来医疗支出担忧的预防动机以及子女数量都对老年人家庭储蓄率具有正向影响。他认为子女数量对储蓄率的正向影响或许恰好反映了老年人遗产动机的储蓄效果。[①] 但遗憾的是，由于数据限制，该分析并没有直接通过控制遗产动机的变量进行分析，所以依然无法明确遗产动机对储蓄率的影响。Ingvild、Eleonora 和 Øystein 在2012年携手上海昊鲲研究所，对上海市（城区与郊区）以及成都市（城区与郊区）随机抽选的50～80岁人群进行面对面的调查。[②] 通过对该样本的分析，他们发现，子女对父母提供照顾的行为数量能够显著地提高父母未来遗产的数额。[③]

上述研究显示了遗产动机与预防动机在解释老年人储蓄行为时的重要性。但多数的结论皆源自国外数据的分析。相比之下，在普遍认为家庭观念更传统的中国人家庭中，关于家庭成员结构老龄化会不会出现同样的家庭的经济行为特征却鲜有研究。基于此，进一步揭示老年人家庭经济行为路径的研究显得更加迫切与必要。

## 第二节　老年人家庭储蓄影响因素

### 一　理论模型

在这一节，我们根据生命周期假说，构建了一个三期模型来说明遗产动机将如何影响家庭储蓄行为。首先，本章主要着眼于遗产动机对退休老

---

① 耿德伟：《中国老龄人口的收入、消费及储蓄研究》，博士学位论文，中国社会科学院研究生院，2012。

② 剔除缺失值和样本选择后，最终满足研究需求的样本数量为600人。

③ Ingvild Almås, Eleonora Freddi, Øystein Thøgersen, "Saving and Bequest in China: An Analysis of Intergenerational Exchange," *Economica*, Vol. 87, No. 345, 2019.

年人群家庭储蓄行为的影响。其次，基于中国平均退休年龄不到 55 岁[①]，人均预期寿命为 76.7 岁[②]的现实背景，在模型中，设定 55 岁[③]、65 岁以及 75 岁 3 个年龄。在这 3 个年龄，（准）老年人会通过消费和留下遗产让其各期储蓄效用最大化。这时，经济人的生涯效用函数为：

$$u = (1-\alpha)(U(c_{55}, c_{65}, c_{75})) + \alpha U(b) \tag{1}$$

在该效用函数中，$c$ 为消费，$\alpha$ 代表遗产动机，各期消费的时间偏好率为 $\beta_1$、$\beta_2$，那么老年人生涯效用的函数可以变为：

$$u = (1-\alpha)\{\beta_1 \log(c_{55}) + \beta_2 \log(c_{65}) + (1-\beta_1-\beta_2)\log(c_{75})\} + \alpha \log(b) \tag{2}$$

此时，（准）老年人生涯预算制约式为

$$第一期：\quad y_{55} = c_{55} + s_{55} \tag{3}$$

$$第二期：\quad y_{65} + (1+r)s_{55} = c_{65} + s_{65} \tag{4}$$

$$第三期：\quad (1+r)s_{65} = c_{75} + b \tag{5}$$

其中 $y$ 为收入，$s$ 为储蓄，$r$ 为利率，根据式（3）与式（4），可将式（5）变形为：

$$y_{55} + \frac{y_{65}}{(1+r)} = c_{55} + \frac{c_{65}}{(1+r)} + \frac{c_{75}+b}{(1+r)^2} \tag{6}$$

构建拉格朗日极值函数：

$$L = u + \lambda(生涯所得 - 生涯支出) \tag{7}$$

对各期消费 $c_{55}$、$c_{65}$、$c_{75}$ 以及遗产 $b$ 进行微分，一阶求导得到各期的最优条件：

---

① 数据源自《人力资源社会保障部对十三届全国人大一次会议第 7680 号建议的答复》。

② 数据源自《2017 年我国卫生健康事业发展统计公报》。

③ 根据《中华人民共和国老年人权益保障法》，在中国，老年人指 60 周岁以上的公民。但基于中国平均退休年龄，本章把 55 ~ 60 岁的准老年人一并纳入分析对象，统称为（准）老年人。

$$c_{55}^{*} = \beta_1(1-\alpha)\left(y_{55}+\frac{y_{65}}{1+r}\right) \tag{8}$$

$$c_{65}^{*} = \beta_2(1-\alpha)[(1+r)y_{55}+y_{65}] \tag{9}$$

$$c_{75}^{*} = (1-\beta_1-\beta_2)(1-\alpha)[y_{55}(1+r)^2+y_{65}(1+r)] \tag{10}$$

$$b^{*} = \alpha[y_{55}(1+r)^2+y_{65}(1+r)] \tag{11}$$

用遗产动机 $\alpha$ 对遗产最佳条件进行微分求导可以得到：

$$\frac{\partial b^{*}}{\partial \alpha} = (1+r)y_{55}+y_{65} > 0 \tag{12}$$

根据式（12）为正，可以知道遗产动机与实际的遗产额度 $b$ 存在正向关系。各期储蓄的最优条件为；

$$s_{55}^{*} = y_{55}-\beta_1(1-\alpha)[(1+r)y_{55}+y_{65}]/(1+r) \tag{13}$$

$$s_{65}^{*} = (1-\beta_1-\beta_2)(1-\alpha)[(1+r)y_{55}+y_{65}] \tag{14}$$

基于以上结果可知，各期储蓄会随着消费的时间偏好率上升而降低，储蓄会随着遗产动机 $\alpha$ 增加而上升。接下来，通过具体的数据对该推论进行验证。

## 二　数据选择

在实证分析中，本章使用了日本大阪大学在 2003～2013 年实施的《关于生活偏好与满足度调查》中关于中国城市地区调查的数据。该调查项目属于日本 2003～2007 年的 21 世纪卓越中心计划与 2008 年全球卓越中心计划“人类行为和社会经济动态”的一部分内容。该调查对中国城市地区的调查采用了多阶段抽样方法，调查对象为居住在北京、上海、广州、成都、武汉和沈阳的 20～69 岁的男性与女性。

虽然原数据采用面板调查问卷的方法，但是各实施年份的问卷内容均有一些差异，基于本章的研究目的以及构建相关的变量的需要，本章使用 2009 年和 2010 年的调查数据进行合并分析。2009 年与 2010 年调查的受访人数分别为1380人和963人，最终配合完成调查的样本量分别为963人和652人，调查问卷回收率分别为69.8%和67.7%。调查内容不仅包括受访人个人信息、家庭成员构成、收入与支出、资产构成等客观现状，而且包括受访人的遗产动机、时间偏好率以及相对风险厌恶等主观态度。通过处理这些问题，利用调查数据可以量化分析遗产动机与预防动机对家庭储蓄率的影响。

在样本选择方面，根据对家庭资产变化情况的需求，最终选择以2009年的调查数据为基础，通过合并2010年关于资产情况的调查数据计算出2009~2010年家庭金融资产以及固定资产积累率。首先，剔除了原始数据中缺失关键变量信息的受访者；其次，由于本章关注55岁及以上（准）老年人口为子女留下财富的遗产动机对其储蓄行为的影响，所以本章剔除55岁以下以及无子女家庭样本。最终本章使用的样本数量为332人。

## 三　变量选择

本章将抽取问卷调查中关键变量进行介绍，并对记叙统计量进行综述。

区别于部分先行研究，本章不采用家庭储蓄率作为因变量，理由在于本次调查项目中的家庭支出虽然包括不动产等高额耐用品以及其他金融产品的支出，但没有标注商品的具体用途。在中国，此类商品有可能是遗产内容的一部分，因此单纯的储蓄率或许无法正确反映遗产动机对储蓄的真实影响。基于此，本章另外构建了4个关于家庭储蓄的因变量，包括金融资产积累率（2009~2010年）、固定资产积累率（2009~2010年）、金融资产存量（2009年）、固定资产存量（2009年）。

第一个因变量取2010年金融资产存量除以2009年金融资产存量的对数。用同方法计算固定资产积累率作为第二个因变量。第三个和第四个因变量分别取2009年金融资产和固定资产当年价值的对数。

在《关于生活偏好与满足度调查》中，关于遗产动机的问题如下：

**对于今后留给子女的遗产，请问您是怎样考虑的？请选择一个您认**

**为最合适的答案并在其编号上打圈。(单选)**

1. 无论什么情况都打算留遗产。

2. 只有在自己年老后，子女照顾自己的情况下才打算留遗产。

3. 只有在自己年老后，子女给予经济上援助的情况下才打算留遗产。

4. 只有子女继承家业的情况下才打算留遗产。

5. 不会积极地考虑留遗产，如果有剩余的话就留下来。

6. 遗产会使子女的工作热情减弱，所以无论什么情况都不打算留遗产。

7. 自己的财产想自己享用，所以无论什么情况都不打算留遗产。

8. 虽然想留遗产，但是经济不宽裕所以留不了。

根据以上问题构建遗产动机哑变量，把选择 1 ~ 5 选项中任意选项定义为有遗产动机，反之定义为无遗产动机。

关于时间偏好率的问题如下：

**您愿意把享受留到将来吗?**

1. 完全同意　2. 基本同意　3. 说不准　4. 基本不同意　5. 不同意

选项中数值越大代表时间偏好率越强，换言之，表示受访人更注重当前生活情况。我们把 3 ~ 5 选项定义为高时间偏好率，1 ~ 2 选项定义为低时间偏好率。

相对风险厌恶程度能够反映出家庭的预防动机情况，相对风险厌恶程度越大，代表预防动机越强。[①] 因此本章利用以下关于相对风险厌恶的问题构建关于家庭预防动机的自变量。

---

① Charles Yuji Horioka and Luigi Ventura, "The Saving Behavior of the Retired Elderly in Italy," 35th IARIW General Conference, August 2018.

**问题：有一句成语叫"不入虎穴，焉得虎子"，体现了如果想要获得大的收获就应该冒相应的风险这一想法。但是还有一句老话叫"君子不近险地"，体现了尽可能避开风险这种想法。您觉得自己的行动方式更加接近哪一种想法？10 分表示完全符合"不入虎穴，焉得虎子"的想法，0 分表示完全符合"君子不近险地"的想法。请为自己的行动方式选择一个最合适的数值，并打上圈。(单选)**

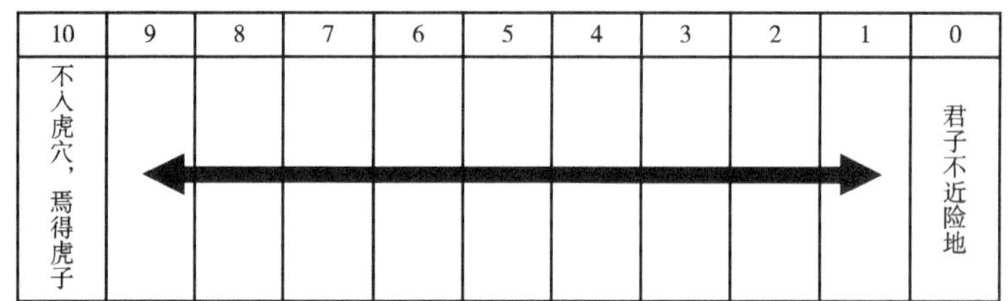


该问题答案设计为 0 ~ 10 个选项，数值越大，意味受访人相对风险厌恶程度越低，同时代表了受访人预防动机越小。值得注意的是，低风险厌恶可能驱使家庭购买更多风险较高的金融产品，这将改变他们的储蓄需求，因此需要额外控制家庭持有金融产品比重的变量，以剔除遗漏变量偏误。调查项目中询问了家庭持有金融产品比重，具体问题为：

**问题：现在把金融资产分为以下两类：**

A 类（银行存款，邮政储蓄，存放在家里的现金，国库券/国债）

B 类（投资信托，股票，期货/期权，债券，外币存款，国外债券）

您全家拥有的金融资产中，B 类资产金额的比重为多少？

%

本章主要利用以上问题构建遗产动机、时间偏好率以及预防动机的解释变量，通过回归方程来观察它们对家庭储蓄率的影响。

## 第三节　老年人家庭储蓄影响因素理论模型构建

由于中国基于遗产动机与预防动机视角对老年人家庭储蓄率的研究十分有限，本章将根据 Horioka、Ventura 与 Murata 的研究构建回归方程。[①]

$$储蓄 = \alpha_1(遗产动机哑变量) + \alpha_2(预防动机指数) + \alpha_3(金融产品比重) + \alpha_4(时间偏好率哑变量) + \beta X + \varepsilon \quad (15)$$

在上述回归方程中，因变量储蓄包括金融资产积累率、固定资产积累率、金融资产存量以及固定资产存量。

关于自变量，首先观察遗产动机哑变量。根据式（15），在其他条件一定的情况下，（准）老年人家庭有遗产动机会留下更多遗产，其储蓄高于无遗产动机家庭的储蓄，因此预测遗产动机哑变量系数为正数。其次，预防动机是一个有限的连续变量，数值越大，代表相对预防动机越小。由于回归方程中通过控制金融产品数量的变量剔除遗漏变量偏误，预防动机越小的家庭对储蓄的需求越低，所以预测预防动机指数自变量的系数为负。此外，持有更多的金融产品有可能降低储蓄需求，因此预测金融产品数量的系数为负。最后，在理论模型中，显示时间偏好率越高，当期消费增加，储蓄会减少，因此，预测时间偏好率自变量系数为负。$X$ 为其他可能影响家庭储蓄行为的因素，包括分析对象年龄、年龄 2 次方、性别、学历（高中）、婚姻状况、就业情况、子女数量、是否与子女同住、家庭成员数量、家庭年收入以及自购住房情况。

如表 4 - 1 所示，因变量金融资产积累率最小值为 -0.36%，最大值为 0.88%，平均值为 0.11%。固定资产积累率平均值为 0.22%，整体上呈现出上升趋势。此外，金融资产存量对数和固定资产存量对数的平均值分别为

① Charles Yuji Horioka and Luigi Ventura, "The Saving Behavior of the Retired Elderly in Italy," 35th IARIW General Conference, August 2018; Keiko Murata, "Dissaving by the Elderly in Japan: Empirical Evidence from Survey Data," ESRI Discussion Paper Series, No. 346, March 2018.

10.76%和12.83%，反映出中国家庭储蓄更多地集中于房地产等固定资产领域。

接下来介绍本章重点关注的几个解释变量。首先，关于遗产动机情况，通过遗产动机哑变量可以发现，在样本中有遗产动机家庭占比88%，与日本老年人家庭85%的遗产动机占比相近。[①] 预防动机指数的平均值为4.28，略低于中间值5，意味着该样本中平均预防动机偏高。金融产品比重的平均值仅为7.14%，反映出在相对缺乏金融知识的（准）老年人群体中，金融产品的平均持有量十分有限。

其次，时间偏好率的平均值为0.43%，意味着时间偏好率越低，越愿意把当下储蓄保留到将来。

最后，关于个人属性与家庭构成。样本的平均年龄为61岁，最小为55岁，最大为70岁。同时，样本中男女比例平均，男女数量约各占一半；约90%的受访者有配偶，约22%的受访者有高中以上学历，但就业率仅有13%，比较接近社保部门公布的平均退休年龄情况。子女的平均数量为1.66人，84%的受访者表示拥有自购住房，约有45%的受访者仍与子女同住。

**表4-1 描述性统计（2009年55岁及以上样本）**

| 变量 | 变量说明 | 样本量 | 平均值 | 标准误差 | 最小值 | 最大值 |
|---|---|---|---|---|---|---|
| 因变量 | | | | | | |
| 金融资产积累率 | 由log(2010年金融资产存量/2009年金融资产存量)算出 | 166 | 0.106 | 0.218 | -0.357 | 0.875 |
| 固定资产积累率 | 由log(2010年固定资产存量/2009年固定资产存量)算出 | 201 | 0.215 | 0.404 | 0 | 3.219 |
| 金融资产存量 | 取2009年金融资产价值对数 | 275 | 10.764 | 1.020 | 8.517 | 13.305 |
| 固定资产存量 | 取2009年固定资产价值对数 | 324 | 12.833 | 0.650 | 10.597 | 14.914 |

① Yoko Niimi and Charles Yuji Horioka, "The Wealth Decumulation Behavior of the Retired Elderly in Japan: The Relative Importance of Precautionary Saving and Bequest Motives," *Journal of the Japanese and International Economies*, March 2019, Vol. 51, pp. 52-63.

续表

| 变量 | 变量说明 | 样本量 | 平均值 | 标准误差 | 最小值 | 最大值 |
|---|---|---|---|---|---|---|
| 自变量 | | | | | | |
| 遗产动机哑变量 | 有遗产动机取值1,无遗产动机取值0 | 334 | 0.883 | 0.322 | 0 | 1 |
| 预防动机指数 | 1~10连续变量,数值越大,预防动机越小 | 334 | 4.275 | 2.274 | 0 | 10 |
| 金融产品比重 | 连续变量,单位为百分数 | 275 | 7.138 | 14.215 | 0 | 60 |
| 时间偏好率哑变量 | 高时间偏好率取值1,低时间偏好率取值0 | 334 | 0.434 | 0.496 | 0 | 1 |
| 年龄 | 连续变量 | 334 | 61.419 | 3.905 | 55 | 70 |
| 年龄2次方/100 | 连续变量 | 334 | 37.875 | 4.827 | 30.250 | 49 |
| 男性哑变量 | 男性取值1,女性取值0 | 334 | 0.512 | 0.501 | 0 | 1 |
| 配偶哑变量 | 有配偶取值1,无配偶取值0 | 334 | 0.904 | 0.295 | 0 | 1 |
| 高中学历哑变量 | 高中毕业取值1,非高中学历取值0 | 334 | 0.216 | 0.412 | 0 | 1 |
| 就业状况哑变量 | 就业取值1,未就业取值0 | 334 | 0.132 | 0.339 | 0 | 1 |
| 子女数量 | 连续变量 | 334 | 1.665 | 0.908 | 1 | 6 |
| 与子女同住哑变量 | 与子女同住取值1,未与子女同住取值0 | 334 | 0.452 | 0.498 | 0 | 1 |
| 家庭成员数量 | 连续变量 | 334 | 2.952 | 1.222 | 1 | 8 |
| 家庭年收入 | 由log(收入)算出 | 334 | 10.701 | 0.683 | 8.854 | 13.541 |
| 自购住房哑变量 | 有自购住房取值1,无自购住房取值0 | 334 | 0.838 | 0.369 | 0 | 1 |

表4-2显示了关于有无遗产动机家庭储蓄差异的t检验结果。根据检验结果可以发现，有遗产动机家庭的金融资产存量与固定资产存量显著高于无遗产动机家庭。但有无遗产动机并未显著影响金融资产积累率和固定资产积累率。

表 4－2　关于有无遗产动机家庭储蓄差异的 t 检验

| 变量 | 遗产动机 | | | |
|---|---|---|---|---|
| | 有 | 无 | 差异 | t 值 |
| 金融资产积累率 | 0.111 | 0.041 | -0.070 | -1.116 |
| 固定资产积累率 | 0.203 | 0.306 | 0.102 | 1.173 |
| 金融资产存量 | 10.835 | 10.014 | -0.821 | -3.863*** |
| 固定资产存量 | 12.863 | 12.850 | -0.279 | -2.419** |

注：*、**、*** 分别表示 10%、5%、1% 的显著水平。

## 第四节　回归结果与稳健性检验

### 一　回归结果

本章采用最小二乘法对中国 55 岁及以上（准）老年人家庭储蓄的影响因素进行回归分析。表 4－3 显示了因变量家庭金融资产积累率的回归结果。首先，关于遗产动机对金融资产积累率的影响。有遗产动机家庭的金融资产积累率比无遗产动机家庭的金融资产积累率在 95% 的置信区间内高出 7%。在加入所有个人属性以及家庭构成属性的解释变量后，在第（5）列回归结果中，遗产动机系数为 0.08，显著水平为 10%。遗产动机哑变量系数在不断加入其他自变量后没有发生很大的变化，反映出该回归结果具有一定的稳健性。正如前文预测一般，遗产动机对家庭储蓄具有正向影响，在其他条件一定的情况下，有遗产动机的（准）老年人家庭的金融资产积累率显著高于无遗产动机（准）老年人家庭的金融资产积累率。

表 4－3　（准）老年人家庭金融资产积累率的回归结果

| 变量 | (1) | (2) | (3) | (4) | (5) |
|---|---|---|---|---|---|
| 遗产动机哑变量 | 0.070**<br>(2.10) | 0.068**<br>(2.00) | 0.080**<br>(2.33) | 0.066*<br>(1.73) | 0.080*<br>(1.81) |
| 预防动机指数 | | -0.005<br>(-0.58) | -0.004<br>(-0.45) | -0.003<br>(-0.41) | -0.001<br>(-0.15) |

**续表**

| 变量 | (1) | (2) | (3) | (4) | (5) |
|---|---|---|---|---|---|
| 金融产品比重 | | 0.000<br>(0.18) | 0.000<br>(0.24) | 0.001<br>(0.74) | 0.001<br>(1.19) |
| 时间偏好率哑变量 | | | -0.072**<br>(-2.12) | -0.073**<br>(-2.09) | -0.068*<br>(-1.93) |
| 年龄 | | | | -0.035<br>(0.24) | -0.098<br>(-0.65) |
| 年龄2次方/100 | | | | 0.023<br>(0.20) | 0.075<br>(0.63) |
| 男性哑变量 | | | | -0.012<br>(-0.33) | -0.023<br>(-0.61) |
| 配偶哑变量 | | | | 0.024<br>(0.63) | 0.035<br>(0.64) |
| 高中学历哑变量 | | | | -0.039<br>(-1.06) | -0.027<br>(-0.69) |
| 就业状况哑变量 | | | | -0.086<br>(-1.52) | -0.083<br>(-1.35) |
| 子女数量 | | | | | -0.033*<br>(-1.66) |
| 与子女同住哑变量 | | | | | -0.033<br>(-0.70) |
| 家庭成员数量 | | | | | 0.011<br>(0.47) |
| 家庭年收入 | | | | | -0.019<br>(-0.71) |
| 自购住房哑变量 | | | | | 0.055<br>(0.89) |
| 固定资产积累率 | | | | | -0.001<br>(-0.04) |
| _cons | 0.41<br>(1.46) | 0.061<br>(1.25) | 0.072<br>(1.47) | 1.358<br>(0.30) | 3.424<br>(0.73) |
| R-squared | 0.008 | 0.010 | 0.035 | 0.060 | 0.077 |

注：*、**、***分别表示10%、5%、1%的显著水平。

其次，在对样本的分析中，没有发现预防动机对家庭金融资产积累率有显著的影响。但根据式（15）理论模型，时间偏好率越高，当下消费会增加，储蓄率会下降。表4-3第（1）列至第（5）列的回归结果都支持了理论模型的结论，即高时间偏好率家庭的金融资产积累率比低时间偏好率家庭金融资产积累率低6.81%，回归结果均在10%水平上显著。

除了2009年和2010年的金融资产积累率以外，本章还对2009年和2010年的固定资产积累率、2009年的固定资产存量以及金融资产存量进行了回归分析，回归结果如表4-4所示。首先观察遗产动机哑变量对各因变量的影响。一方面，根据第（1）列和第（2）列的回归结果可以发现，不管是否控制其他变量，遗产动机都没有对固定资产积累率形成显著影响。考虑到固定资产的价格普遍较高，在短短一年之内大幅度地增加或减少高额的固定资产存在难度，因此这个回归结果在预料之中。另一方面，遗产动机对固定资产存量有显著的正向影响，有遗产动机的老年人家庭比无遗产动机的老年人家庭在固定资产方面高出了29.1%。同时，遗产动机对金融资产存量的回归结果也反映出有遗产动机对金融资产存量同样有更为积极的倾向，虽然回归结果在统计上并不显著但已经接近10%显著水平。

**表4-4　家庭储蓄的影响因素回归结果**

| 因变量 | 固定资产积累率 | | log(固定资产存量) | | log(金融资产存量) | |
|---|---|---|---|---|---|---|
| | (1) | (2) | (3) | (4) | (5) | (6) |
| 遗产动机哑变量 | -0.246<br>(-1.15) | -0.171<br>(-1.05) | 0.427***<br>(2.70) | 0.291*<br>(1.92) | 0.752***<br>(3.87) | 0.300<br>(1.62) |
| 预防动机指数 | -0.023<br>(-1.62) | -0.033**<br>(-2.02) | 0.000<br>(0.01) | -0.035**<br>(-2.14) | 0.056**<br>(2.29) | 0.019<br>(0.82) |
| 金融产品比重 | 0.004<br>(1.10) | 0.005<br>(1.40) | 0.000<br>(0.04) | -0.003<br>(-0.90) | 0.017***<br>(5.16) | 0.014***<br>(4.42) |
| 时间偏好率哑变量 | 0.030<br>(0.50) | 0.074<br>(1.26) | 0.132<br>(1.65) | 0.123*<br>(1.70) | 0.075<br>(0.65) | 0.021<br>(0.19) |
| 其他变量控制 | | 是 | | 是 | | 是 |

续表

| 因变量 | 固定资产积累率 | | log(固定资产存量) | | log(金融资产存量) | |
|---|---|---|---|---|---|---|
| | (1) | (2) | (3) | (4) | (5) | (6) |
| _cons | 0.501** (2.13) | 3.737 (0.72) | 12.42*** (68.50) | 9.227 (1.03) | 9.681*** (45.19) | -5.622 (-0.45) |
| R-squared | 0.066 | 0.343 | 0.042 | 0.318 | 0.132 | 0.306 |
| 样本量 | 165 | 165 | 267 | 267 | 275 | 267 |

注：括号内为 t 值。*、**、*** 分别表示 10%、5%、1% 的显著水平。其他变量控制包括年龄、年龄 2 次方、性别、配偶状况、学历（高中）、就业情况、子女数量、与子女同住情况、收入对数、自购住房状况等。

其次，分析预防动机对因变量的影响。首先，在第（2）列的全变量回归结果中，预防动机指数对固定资产积累率的回归系数在 5% 的显著水平上存在负向影响，系数为 -0.033。此外，在第（4）列的回归结果中，预防动机指数对固定资产存量的回归系数在 5% 的显著水平上为 -0.035。本章的预防动机指数是基于相对风险厌恶程度构建的，相对风险厌恶程度的数值越大，预防动机指数越小，所以该回归结果显示了预防动机指数对固定资产积累率和固定资产存量的边际效果，即反映预防动机指数每减少 1 个单位，固定资产积累率和固定资产存量的变化情况。根据回归结果，可以得知，预防动机指数对固定资产积累率和固定资产存量的边际效果分别为 -3.3% 和 -3.5%。由于中国的社会保障制度以及金融市场仍处于发展阶段，中国（准）老年人普遍倾向增加房地产等固定资产以应对未来的不确定性，该回归结果也反映出中国人这些年以来“以房养老”的现实情况。

## 二　稳健性检验

由于因变量样本的限制，在 2009 年的数据中，难以使用 60 岁及以上老年人样本进行回归结果的稳定性检验，但本章结合 2009 年以及 2010 年的截面数据（以下称“合成数据”）对家庭的金融资产存量以及固定资产存量进行上述回归结果的确认。

在合成数据中，60 岁及以上样本数量为 399 人，剔除无子女家庭样本与缺失值，最终使用的合成数据样本量为394人。稳健性检验中变量的描述性统计情况如表4－5所示。

**表4－5 描述性统计（合成数据60岁及以上样本）**

| 变量 | 样本量 | 平均值 | 标准误差 | 最小值 | 最大值 |
|---|---|---|---|---|---|
| 因变量 | | | | | |
| log(金融资产存量) | 328 | 10.767 | 1.021 | 8.517 | 13.305 |
| log(固定资产存量) | 384 | 12.933 | 0.755 | 10.597 | 18.421 |
| 自变量 | | | | | |
| 遗产动机哑变量 | 394 | 0.878 | 0.328 | 0 | 1 |
| 预防动机指数 | 394 | 4.256 | 2.177 | 0 | 9 |
| 金融产品比重 | 329 | 6.669 | 13.451 | 0 | 60 |
| 时间偏好率哑变量 | 394 | 0.431 | 0.496 | 0 | 1 |
| 年龄 | 394 | 63.508 | 2.907 | 60 | 72 |
| 年龄2次方/100 | 394 | 40.416 | 3.758 | 36 | 50.41 |
| 男性哑变量 | 394 | 0.508 | 0.501 | 0 | 1 |
| 配偶哑变量 | 394 | 0.904 | 0.296 | 0 | 1 |
| 高中学历哑变量 | 394 | 0.180 | 0.385 | 0 | 1 |
| 就业状况哑变量 | 394 | 0.041 | 0.198 | 0 | 1 |
| 子女数量 | 394 | 1.832 | 0.937 | 1 | 6 |
| 与子女同住哑变量 | 394 | 0.381 | 0.486 | 0 | 1 |
| 家庭成员数量 | 394 | 3.003 | 1.392 | 1 | 8 |
| 家庭年收入 | 394 | 10.718 | 0.674 | 8.854 | 13.541 |
| 自购住房哑变量 | 394 | 0.886 | 0.318 | 0 | 1 |
| 时间(年份) | 394 | 2009.398 | 0.490 | 2009 | 2010 |

根据表4－5可以发现，合成数据与2009年55岁及以上样本的描述性统计仅有细微的差异，整体上十分接近。首先，在因变量中，金融资产存量几乎与2009年55岁及以上样本保持一致，但固定资产存量对数的平均值有所增加，从12.83增加到12.93。其次，在自变量中，遗产动机、预防动机指数和时间偏好率合成样本的平均值与2009年数据相比几乎没有发生任何变化，但金融产品比重和就业率皆有所下降。由于金融产品比重和就业率存在负向相关的可能性，这种变化或许是合成数据样本的平均年龄从61岁增长到63岁导致的。

表4-6利用合成数据检验遗产动机对老年人家庭固定资产存量以及金融资产存量的影响情况。在固定资产存量方面，遗产动机哑变量系数在各列的回归结果均为显著的正数，在控制住全变量的第（3）列回归结果中，遗产动机哑变量系数为0.27，略低于2009年的回归结果0.29，意味着有遗产动机家庭的固定资产存量比无遗产动机家庭的固定资产存量多约三成。在金融资产存量方面，遗产动机哑变量的系数同样均为正数，在加入全变量后的第（6）列回归结果依然显著，系数大小与2009年的回归结果十分接近。换言之，有遗产动机的老年人家庭比无遗产动机的老年人家庭在金融资产存量方面确实具有更为积极的倾向。根据第（3）列的回归结果，再次确认了当预防动机指数下降时，固定资产存量会随之下降。但同样没有发现预防动机对家庭金融资产积累率有显著的影响。

**表4-6 老年人家庭储蓄的影响因素**

| 因变量 | log(固定资产存量) | | | log(金融资产存量) | | |
|---|---|---|---|---|---|---|
| | (1) | (2) | (3) | (4) | (5) | (6) |
| 遗产动机哑变量 | 0.308***<br>(2.96) | 0.370***<br>(2.64) | 0.270*<br>(1.92) | 0.705***<br>(3.86) | 0.683***<br>(4.04) | 0.281*<br>(1.76) |
| 预防动机指数 | | -0.001<br>(-0.05) | -0.0359*<br>(-1.79) | | 0.067***<br>(2.79) | 0.0248<br>(0.97) |
| 金融产品比重 | | 0.002<br>(0.62) | -0.003<br>(-0.91) | | 0.020***<br>(6.25) | 0.015***<br>(4.43) |
| 时间偏好率哑变量 | | 0.115<br>(1.29) | 0.074<br>(1.11) | | 0.084<br>(0.79) | 0.056<br>(0.56) |
| 其他变量控制 | | | 是 | | | 是 |
| _cons | 12.66***<br>(132.99) | 12.59***<br>(73.07) | 24.80<br>(1.12) | 10.13***<br>(58.59) | 9.698***<br>(50.09) | -30.20<br>(-1.21) |
| R-squared | 0.020 | 0.030 | 0.293 | 0.042 | 0.140 | 0.305 |
| 样本量 | 384 | 319 | 318 | 328 | 328 | 318 |

注：括号内为t值。*、**、***分别表示10%、5%、1%的显著水平。其他变量控制包括年龄、年龄2次方、性别、配偶状况、学历（高中）、就业情况、子女数量、与子女同住情况、收入对数、资产对数、自购住房状况、时间。

## 第五节 结论与展望

本章利用日本大阪大学实施的《关于生活偏好与满足度调查》，对中国（准）老年人家庭储蓄的影响因素进行了计量分析。分析结果主要包括三点。其一，在中国的（准）老年人家庭中，有遗产动机家庭的金融资产积累率比无遗产动机家庭高约 8 个百分点，各模型的回归结果均在显著水平上显著。在固定资产存量方面，有遗产动机家庭的固定资产存量比无遗产动机家庭高约 29.1%。其二，预防动机越强，家庭固定资产积累率越高、固定资产存量越多。预防动机指数每增加 1 个单位，固定资产积累率和存量分别增加约 3.3% 和 3.5%，回归结果均在 5% 的水平上显著。其三，高时间偏好率对金融资产积累有负向影响，高时间偏好率家庭的金融资产积累率比低时间偏好率低 6.8 个百分点。

以上关于金融资产和固定资产存量的结果在稳健性检验中，几乎保持完全相同的结果。因此，我们认为，以上的回归结果具有一定的稳健性。

学术界对人口老龄化产生的影响进行了广泛而深刻的研究。但是对于生命周期假说的“财富积累之谜”，中国现有的研究还十分有限。本章主要基于国外的研究，特别是以 Horioka、Niimi 以及 Murata 的分析框架为基础，利用微观数据对中国是否存在同样的谜题进行了实证检验。总体上，本章的回归结果与以上先行研究的结果一致，即遗产动机与预防动机都是导致老年人保持高储蓄率的关键因素。

遗产动机对经济的影响是多方面。首先，遗产动机不利于经济增长方式转型。自改革开放以来，得益于大量的民间储蓄作为原始资本进行广泛的投资，中国在短时间内实现了经济腾飞。但近年来，国际通商环境恶化，国内投资收益率下降，经济增长速度有所减缓。因此，通过供给侧结构性改革，努力提高供给侧效率，扩大内需促进向消费型经济增长转型对中国下一阶段经济增长有重大意义。在婴儿潮以及独生子女政策的双重影响下，中国人口结构正在迅速发生改变，老年人口在总人口中的比重持续增加也意味着老年人的经济地位会进一步突出，其影响力也会进一步提高。基于以上事实，如果老年人因有遗产动机而抑制消费，将不利于中国经济增长方式转型。其次，遗产动机可能加剧贫富差距。党的十九大报告指出，中国社会主要矛盾已经发生了转移，当前中国的主要矛盾是人民日益增长的美好生活需要和不平衡不充分的发展之间的矛盾。同时，根据中国国家统计局公布的数据，2016 年中国的基尼系数为 0.465[①]，不仅超过了社会安定 0.4 的警戒线，而且还是 2008 年以来首次出现基尼系数上升。由于遗产会对家庭内代际交换产生深远的影响，假如有遗产动机的父母给子女留下巨额遗产，那么下一代人的财富差距将会进一步扩大，导致社会的贫富差距进一步拉大。最后，遗产动机导致部分商品出现泡沫。王湘君和葛玉好的研究指出，遗产动机会抬高房价，助长住房泡沫。[②] 本章的回归结果同样反映出有遗产动机的家庭会有更多的住房等固定资产存量。换言之，遗产动机会抬高作为遗产商品的价格，甚至出现价格泡沫。基于以上几点考虑，通过开征遗产税、优化遗产税等相关规定，或许是有效缓解遗产动机引起的负面效应的途径之一。

预防动机对老年人家庭储蓄行为的影响对中国的政策制定也具有一定的启示作用。近年以来，中国社会保障制度不断完善，无论是范围还是保障力度和深度都有了长足的进步，但医疗保障方面需要进一步加大力度。由此看来，中国居民的预防动机在今后一段时间内仍将是抑制消费的一个因素。对此，针对潜在疾病患病率相对高的老年人群进一步细化和完善医疗制度或许能促使老年人减少为应对医疗支出的储蓄，从而增加消费以促进经济景气。

作者　张季风，全国日本经济学会常务副会长，
中国社会科学院日本研究所研究员；
蔡桂全，日本东北大学经济学研究科博士研究生

① 《2003～2016 年全国居民人均可支配收入基尼系数》，中华人民共和国国家统计局网站，2017 年 1 月 10 日，http://www.stats.gov.cn/ztjc/zdtjgz/yblh/zysj/201710/t20171010_1540710.html。

② 况伟大、王湘君、葛玉好：《老龄化、遗产动机与房价》，《中国软科学》2018 年第 12 期。

# 第五章 个体化视角下的中国家庭代际关系*

关于中国现代化进程中的家庭代际关系变迁，学术界的认识存在较大差异。一些学者认为中国的家庭传统依然发挥重要作用，成年子女与父母关系密切①，以善待父母为核心的孝道观念在青年群体中依然得到高度肯定②。另一些学者则更多地强调家庭中的现代性要素及代际关系的个体化倾向，强调家庭成员之间的资源争夺和权力博弈③。

事实上，这两种认识都可以轻易找到大量经验证据。如何从理论上全面认识这种传统性与现代性并存的家庭现实？换言之，中国家庭是否出现了个体化的趋势？如果是，它不同于西方的特征是什么？这种特征是如何产生的？这是本章关注的主要问题。

## 第一节 个体化视角下的代际关系不平衡

### 一 个体化及其中国模式

个体性彰显以及与传统脱嵌是一个漫长的过程。查尔斯·泰勒

---

* 本文曾以《个体化与一体化：三代视域下的代际关系》为题发表于《青年研究》2018 年第 1 期。

① 杨菊华、李路路：《代际互动与家庭凝聚力——东亚国家和地区比较研究》，《社会学研究》2009 年第 3 期；徐勤：《农村老年人家庭代际交往调查》，《南京人口管理干部学院学报》2011 年第 1 期。

② 刘汶蓉：《孝道衰落？成年子女支持父母的观念、行为及其影响因素》，《青年研究》2012 年第 2 期。

③ 沈奕斐：《“后父权制时代”的中国——城市家庭内部权力关系变迁与社会》，《广西民族大学学报》（哲学社会科学版）2009 年第 6 期；张爱华：《农村中年女性的温情策略与家庭关系期待——对河北上村隔代照顾实践的研究》，《妇女研究论丛》2015 年第 5 期。

(Charles Taylor) 认为，在从传统社会到近代社会的历史转型过程中，发生过一场“大脱嵌”的轴心革命。[①] 传统社会的现实世界和意义世界是镶嵌在宇宙、自然、社会的系列框架之中的。在欧洲中世纪，这是一个由上帝主宰的神意世界；在古代中国，乃是一个家国天下连续体。个人的行动和生活的意义，只有置于这样的框架之中才能得到理解并获得价值的正当性。17 世纪欧洲科学革命和宗教改革之后，发生了马克斯·韦伯（Max Weber）所说的“除魅”，个人、法律和国家逐渐从神意的宇宙世界中游离出来，获得了独立的自主性，这就是“大脱嵌”。中国学者许纪霖认为中国的“大脱嵌”发生于清末民初，一系列反传统运动使自我摆脱了家国天下的共同体框架开始独立。[②]

德国社会学家乌尔里希·贝克将这一启蒙过程称为第一现代性[③]，他更关注第二现代性议题。[④] 第二现代性始于福利国家的逐渐发展，尤其是到了 20 世纪后半期，西欧社会出台了一系列社会保障政策（比如退休金、疾病和意外保险等）以应对市场的严峻形势，其结果之一是，个体对家庭的依赖性减弱，家庭的制约及团结力量遭到瓦解，个人选择以及设计生活的逻辑变得极为重要，甚至成为一种新的义务。贝克用“个体化”概念来描述第二现代性背景下个体和社会关系的结构性转变。

贝克否认西欧的个体化进程具有普遍价值，他从经济、政治和文化三个维度区分了欧洲、美国、中国和伊斯兰四种现代性理想类型，认为努力识别在这些现代性观念关照下的不同个体化进程具有重要的理论价值。阎云翔赞

① 〔加〕查尔斯·泰勒：《现代性中的社会想象》，李尚远译，商周出版公司，2008，第 87 ~ 112 页。

② 许纪霖：《现代中国的家国天下与自我认同》，《复旦大学学报》（社会科学版）2015 年第 5 期。

③ 〔德〕乌尔里希·贝克、伊丽莎白·贝克 - 恩格斯海姆：《个体化》，李荣山等译，北京大学出版社，2011，第 102 ~ 103 页。

④ 吉登斯（Anthony Giddens，晚期现代性）、鲍曼（Zygmunt Bauman，流动现代性）等学者也关注类似议题，他们的观点之间存在亲和性及细微差别。本章只是利用个体化理论框架分析家庭代际关系，因此只选择了贝克的相关理论进行简要介绍。

同这个观点，并提出了“个体化的中国模式”。[①]

阎云翔认为，虽然中国仍处于现代化进程中，甚至还存在一些应当属于西方前现代时期的特点，看似缺乏西欧个体化的一些文化和制度条件，比如强调独立自主的个体主义伦理以及更为全面的社会保障制度，但在社会主义建设以及市场经济改革过程中，个体在思想和行为方面快速变化。例如，他们越来越要求自我发展、个人幸福和安全感，反对由来已久的集体主义说教。当代家庭的现代性表现为个体欲望、情感和能动性在家庭生活中的重要性上升，以及家庭关系中个体成为中心的趋势。可以说中国社会确实展现出第二现代性的许多个体化特征，因此个体化成为分析中国社会转型尤其是家庭变迁的重要理论框架。

根据个体化理论，“现代”社会的社区、婚姻等在社会团结功能方面是失效的[②]，家庭不再是最主要的行动单位，个体利益是第一位的考量。然而，世界家庭变迁的实际情况并非如此简单划一。进入21世纪后，代际关系的重要性引起了学术界的广泛关注[③]，人们发现成年子女与父母之间联系密切且有很强的韧性[④]。有学者指出，近年来家庭社会学研究范式转向“私人生活”，过度强调自反性、去制度化和去传统化等特征，可能会妨碍人们对丰富的家庭现实进行具体的全面刻画与探讨。[⑤] 因此，检视代际关系研究，反思个体化理论，变得十分必要且有价值。

---

① 阎云翔：《中国社会的个体化》，陆洋等译，上海译文出版社，2016。

② A. E. Komter, W. A. M. Vollebergh, “Solidarity in Dutch Families: Family Ties Under Strain?” *Journal of Family Issues*, Vol. 23, No. 2, 2002.

③ V. L. Bengtson, “Beyond the Nuclear Family: The Increasing Importance of Multigenerational Bonds,” *Journal of Marriage and the Family*, Vol. 63, No. 1, 2001.

④ T. T. Swartz, “Intergenerational Family Relations in Adulthood: Patterns, Variations, and Implications in the Contemporary United States,” *Annual Review of Sociology*, Vol. 35, No. 1, 2009.

⑤ M. Gilding, “Reflexivity over and above Convention: The New Orthodoxy in the Sociology of Personal Life, Formerly Sociology of the Family,” *The British Journal of Sociology*, Vol. 61, No. 4, 2010.

## 二　当代中国的代际关系不平衡

虽然有部分研究认为，当前中国家庭的代际互助依然属于“互惠型”及“反哺型”，经济资助和日常照料大多从子女流向父母，[①] 但这种看法显然不是主流。诸多研究发现，当代中国出现了代际关系不平衡问题，即成年子女尤其是独生子女大量地接受父母在经济、照料方面的支持，但未能给予父母等量的反馈，[②] 并且家庭代际关系中权力重心下移、年青一代占据主导地位。[③]

关于这种代际倾斜的解读大体可以分为两类。郭于华[④]、阎云翔根据对农村的个案研究，揭示部分老年人因无法得到子女照料而处境悲惨，认为这些子女实际在用极端自我中心的所谓新“代际公平观”为自己的自私行为辩护。他们一方面要求父母无条件支持自己，另一方面又要求独立自主，理直气壮地抛开所有的社会责任。更多的研究反复论证，改革开放后，中国家庭代际关系日趋工具化，一些年轻人变得利己而忽视孝道，父母则是家庭关系转变中的受害者，被动承受个体化进程带来的后果，中国出现了孝道衰落和养老危机。[⑤] 对城市家庭的研究也揭示了类似的现象。学者发现，近年来

---

① 熊跃根：《中国城市家庭的代际关系与老人照顾》，《中国人口科学》1998 年第 6 期；徐勤：《农村老年人家庭代际交往调查》，《南京人口管理干部学院学报》2011 年第 1 期。

② 刘桂莉：《眼泪为什么往下流？转型期家庭代际关系倾斜问题探析》，《南昌大学学报》（人文社会科学版）2005 年第 6 期；贺雪峰：《农村代际关系论：兼论代际关系的价值基础》，《社会科学研究》2009 年第 5 期；马春华等：《中国城市家庭变迁的趋势和最新发现》，《社会学研究》2011 年第 2 期。

③ 沈奕斐：《“后父权制时代”的中国——城市家庭内部权力关系变迁与社会》，《广西民族大学学报》（哲学社会科学版）2009 年第 6 期；肖索未：《“严母慈祖”：儿童抚育中的代际合作与权力关系》，《社会学研究》2014 年第 6 期；刘汶蓉：《转型期的家庭代际情感与团结——基于上海两类“啃老”家庭的比较》，《社会学研究》2016 年第 4 期。

④ 郭于华：《代际关系中的公平逻辑及其变迁》，《中国学术》2001 年第 4 期。

⑤ 申端锋：《中国农村出现伦理性危机》，《中国评论》（香港）2007 年 3 月号；申端锋：《新农村建设的文化与伦理纬度》，《学习与实践》2007 年第 8 期；陈柏峰：《代际关系变动与老年人自杀——对湖北京山农村的实证研究》，《社会学研究》2009 年第 4 期。

家庭内部的资源逐渐变为向下流动[①]，越来越多的父母为他们的成年独生子女购买住房[②]，人们往往用“啃老”来描述这一现象，认为这是“逆反哺”[③]和“代际失衡”[④]，是年轻人无视亲代利益，向亲代无节制索取以满足自我需求的结果。这种现象反映出年轻人对自我利益的追求，被斥为“无公德的个人”所秉持的“自我中心式的个人主义”。在家庭个体化的视角下，学者认为亲代主动采取寻求代际和睦的个人策略，将使自身面临主体性消融、权力让渡和权力丧失的困境。[⑤]

但是，一些学者发现，在向子代倾斜的代际关系中，父母并不必然是所谓的“受害者”。将中国父母不分差别地理解为“弱势受害者”会导致相关研究集中关注农村的贫穷老人，忽略中老年父母的多样性形态。首先，追求独立自由并非子女的特权，经历改革开放的父母一代在年轻时积累了较多可以自由支配的财富，加上国家一些养老政策的出台，以及受亲密、自我表达和自我依赖文化的影响，也宁愿与子辈分开居住。[⑥]很多农村老年父母同样追求解放、自由和方便，他们既希望与子女保持紧密的情感联系，也希望有相对独立的个人生活，不受多代合住的约束。他们认为，子女不惹父母生气，尊重老年人的想法、兴趣和习惯，不干涉父母的生活同样是子女孝顺的表现，社会地位和经济条件较好的农村父母尤其如此。[⑦]其次，现实生活中，父母心甘情愿地“被啃老”甚至主动发起子女的“啃老”行动，并不

① 沈奕斐：《“后父权制时代”的中国——城市家庭内部权力关系变迁与社会》，《广西民族大学学报》（哲学社会科学版）2009年第6期；康岚：《反馈模式的变迁：转型期城市亲子关系研究》，上海社会科学院出版社，2012。

② 宋健、李静：《中国城市青年的住房来源及其影响因素——基于独生属性和流动特征的实证分析》，《人口学刊》2015年第6期。

③ 车茂娟：《中国家庭养育关系中的“逆反哺模式”》，《人口学刊》1990年第4期。

④ 贺雪峰：《农村代际关系论：兼论代际关系的价值基础》，《社会科学研究》2009年第5期。

⑤ 张爱华：《农村中年女性的温情策略与家庭关系期待——对河北上村隔代照顾实践的研究》，《妇女研究论丛》2015年第5期。

⑥ 石金群：《转型期家庭代际关系流变：机制、逻辑与张力》，《社会学研究》2016年第6期。

⑦ 曹诗弟、泥安儒：《“他是他，我是我”：中国农村养老中的个体和集体》，载〔挪〕贺美德、鲁纳编著《“自我”中国：现代中国社会中个体的崛起》，许烨芳等译，上海译文出版社，2011。

鲜见。比如，父母有可能主动发起或积极参与资助子女购房的行动，主动付出经济资源、劳务资源，甚至放弃权力争夺，以建构与子代的“协商式亲密关系”，因此亲代“被啃老”并非在与子代的权力博弈中失败，而是情感在成年子女与父母互助关系建构中的重要性上升[①]。实际上，子代也会为维持与亲代的互助和亲密关系而让渡自己的权力。

总体而言，基于代际关系中的诸种现象，一些学者认为中国家庭正走向“自我中心式家庭”的变迁之路，[②] 甚至提出“个体家庭”概念，用来描述个体以自我为中心，根据自己的需要建构家庭结构和家庭关系的做法，强调个体从家庭这一“传统”组织中“脱嵌”的事实。另一些学者则更强调家庭对个体整合或者代际团结的重要作用，比如同样在个体化理论框架中，钟晓慧、何式凝强调个体再嵌入社会的努力，他们认为父母一代既获得了自由，又感知到风险，通过积极构建新的家庭关系试图重新嵌入社会。刘汶蓉更是明确地提出，在中国当下的个体化进程中，家庭代际关系的自反性并未导致家庭个体化，相反，亲子一体和代际责任伦理在家庭成员的自反性生涯和协商过程中得以再造。综上所述，学者们主要用个体化理论对家庭代际关系失衡问题进行解读，得出的结论存在一定的差异。

## 第二节　代际关系的三代视角分析框架与研究方法

### 一　新的分析框架：三代视角的代际关系探讨

笔者认为，学术界对中国家庭代际关系变迁之所以存在不同的看法，其中很重要的一个原因是研究对象的年龄、区域、阶层特征等出现了混杂。比如，阎云翔等人描述的孝道衰落现象主要出现在比较贫困的农村家庭，老人

① 钟晓慧、何式凝：《协商式亲密关系：独生子女父母对家庭关系和孝道的期待》，《开放时代》2014 年第 1 期。

② 姚俊：《“临时主干家庭”：城市家庭结构的变动与策略化——基于 N 市个案资料的分析》，《青年研究》2012 年第 3 期。

大多出生于1949年之前，探讨的20世纪90年代初的青年人则出生于20世纪60年代末70年代初，这两代人之间的互动，与沈奕斐、钟晓慧等学者探讨的2010年前后上海、广州等大城市的中产阶级家庭中20世纪60年代前后出生的父母与20世纪80年代出生的子女之间的互动，显然是不同的。同时，指出中国家庭出现了个体化过程尤其是脱嵌状况的学者分析的大多是子代[①]，而关注代际关系再嵌入的学者，其分析对象却是亲代[②]。因此，看似纷繁复杂的家庭现象，至少部分原因在于研究者只节选了一个片段。调整研究视域，清晰地界定目前在家庭中存在的、在学术界探讨中出现的三代人，将一些零散分布于学术论文中的现象（比如养老与育儿）加以集中探讨，我们对中国家庭代际关系将产生新的、较为完整的认识。借此探讨中国式个体化的真正含义，揭示其特殊的生产机制，有助于加深对中国家庭变迁的认识，更好地理解中国社会的个体化问题。

需要说明的是，本章在两种含义上使用"代"这个概念。一是生物学意义上的"代"，指将祖辈、父辈、孙辈三代同时纳入分析框架的做法。二是卡尔·曼海姆（Karl Mannheim）提出的作为社会变迁推动力量的"代"。[③] 笔者认为，某一特定"代"的出现常常与人们的社会经历有关，一个重大的历史事件发生前后总会划分出两代人[④]。第二种含义的"代"并不特指具体家庭中的祖、父、孙三代，而是基于一些重要历史事件将社会中的个体大体划分为不同的代际，分析处于不同历史时段的群体之间的异同。

具体来说，本章以1949年中华人民共和国成立、1978年改革开放及1980年计划生育政策实施这几件重大历史事件为节点，大体以1950年前出生者为第一代（文中称"祖辈"），1950~1979年出生者为第二代（文中称"父辈"），1980年之后出生者为第三代（文中称"子辈"）。这样的划分仅

① 阎云翔：《私人生活的变革——一个中国村庄里的爱情、家庭与亲密关系：1949~1999》，龚小夏译，上海书店出版社，2009。

② 钟晓慧、何式凝：《协商式亲密关系：独生子女父母对家庭关系和孝道的期待》，《开放时代》2014年第1期。

③〔德〕卡尔·曼海姆：《卡尔·曼海姆精粹》，徐彬译，南京大学出版社，2002。

④ 周晓虹：《冲突与认同：全球化背景下的代际关系》，《社会》2008年第2期。

仅具有粗略的分析框架意义，在理解具体家庭时存在缺陷，即一代之中时间跨度过大，容易出现混淆。因此，在具体研究中以第三代为基点进行选择，1980 年之后出生且已成年者，他们的家庭（包括父母、祖父母）成为研究对象。明知存在缺陷且容易导致理解混乱却依然坚持这样划分代际的原因在于，虽然个人特质、家庭因素等千差万别，但是基于改革开放、人口政策等宏观社会制度因素划分的同一代人及其家庭会受到近似的同类型影响。个体和家庭特殊性因素与社会结构性因素共同作用，塑造出丰富多彩的现实生活样态，推动社会的变迁过程。①

本章中的祖辈，生于 1950 年以前，由于社会主义改造过程中的起点平等化以及 1978 年之前以国家的高积累为特点的社会经济政策，加之较高的生育率，他们大多生活比较困苦，没有太多累积性的家庭财产。因此，在本章所指的父辈结婚生子时，尽管祖辈大多希望自己能提供支持，但能做到的家庭不多，支持量大多也微乎其微。到了老年，要想生活得好，他们中的很多人需要子女的照料乃至经济支持，有些甚至完全要依靠子女赡养。

1949 年后，除了极为特殊的年份外，由于医疗卫生条件改善，人口出生率有较大提高，本章探讨的父辈大多出生于多子女家庭。这些人在 1978 年开始的改革开放时代成为劳动力市场的主力军。1980 年前后开始实施计划生育政策，他们养育的孩子数量较少（其中很多家庭只有一个孩子）。这一代人总体上比祖辈富裕，有了家庭财产积累，有些家庭甚至非常富有。

再看子辈，根据人口学的一般界定，1980 年之后出生者在 2005 年后陆续进入婚育期，在当前高房价、高生活成本的社会环境中，子辈很多时候还离不开父母的各种支持帮助。

具有上述特征的三代人是当前家庭代际关系分析的主体，只有对这三代人有了清晰的界定和认识，才可能更全面深入地把握家庭变迁及其本质。

---

① 阎云翔：《私人生活的变革——一个中国村庄里的爱情、家庭与亲密关系：1949～1999》，龚小夏译，上海书店出版社，2009。

## 二　研究策略与方法

个体化本质上是一个尚未完成、或许永远不会完成的过程。个体化理论只是认识事物的一个框架。个体化的理论断言并不意味着所谓的传统家庭（丈夫、妻子与子女之间持续地、紧密地绑在一起）在逐渐消失，它要表达的是，除了这种传统形式（它仍然持续存在），别的形式也在不断地发展和增长，特别是在特定的人群和环境中。[①] 可见，个体化本身就是与传统并存的过程，并不存在与传统彻底脱嵌、已经完成的个体化状态。如果用二元分类法，把传统与现代看作各自拥有一套完全不同的规范与文化意义系统、相互排斥的解释范畴，家庭变迁似乎应该是一种颠覆性的社会变迁。然而，人们发现，在转型的实际过程中，后续文化形态总会拥有之前文化形态的沉淀。传统与现代性之间如果能找到使过渡平缓发生的场所，那么巨大的差异与冲突就能够在逐渐的演变中消融[②]，我们探讨的家庭就是这样一个文化并存的场所。仍在发展的中国式个体化模式同时展现了前现代、现代与后现代的特征。因此，不用“是否个体化”，而用“个体化的程度以及哪些方面出现个体化、哪些方面更加一体化”的思路来分析当前中国的家庭代际关系，可能更加合适。

本章的研究发现来源于笔者长期断续开展的两个与代际关系有关的研究，包括 2014～2016 年进行的家庭养老问题研究以及 2005～2008 年进行的亲子关系研究。由于专业化发展，学术界对一些问题的研究日益细分，代际关系通常研究成年子代与老年父辈之间的关系，大多涉及养老和代际支持问题；而亲子关系则主要探讨年轻成年父母与其未成年子女之间的关系，包括育儿、教育等。这样的做法固然有利于学术积累，但人为的阶段割裂有时候会妨碍对社会现象进行整体的把握。本章试图将这两方面的研究融合进

---

① 〔德〕乌尔里希·贝克、伊丽莎白·贝克－恩格斯海姆：《个体化》，李荣山等译，北京大学出版社，2011，第 235 页。

② 蓝宇蕴：《都市村社共同体——有关农民城市化组织方式与生活方式的个案研究》，《中国社会科学》2005 年第 2 期。

“整体的代际关系”研究框架中，探讨三代（甚至四代）之间关系中呈现的整体趋势。[①]

## 第三节 代际关系中的个体化与一体化

### 一 养老中的“伦理转向”

在本章划分的三代人之中，真正涉及养老的是祖辈和父辈。1950 年之后出生的年轻父辈[②]和子辈之间只有对未来养老问题的预期和想象，以及提前做好的防备和筹划，此处不做讨论。如果不做清晰区分而笼统地谈养老，有可能把养老处境完全不同的两代人放在一起讨论，导致认识的混淆。

我们的研究发现，大多数家庭在尽力养老。以第二代为中心，考察三代家庭之间的资源分配，我们发现，即便是被认为出现了孝道衰落和养老危机的农村家庭，大多数人（第二代）仍然会为亲代（第一代）提供基本的经济支持。在满足亲代基本的养老需求后，个体将多余的钱投给成年的子女，帮助子女立业、发展、育儿等。可见，在家庭资源的代际分配中，对亲代赡养资源的供给具有刚性约束，虽然这一资源的供给水平可能并不高。对子代的帮扶资源供给则具有软性约束的特点，在家庭资源不足的情况下，对成年子女的帮扶不会太明显，只有条件允许，个体才会不断地增加对子女的帮扶，数量也才有可能高于对老人的投入。因此人们经常谈论的导致部分家庭赡养资源供给不足的原因并不总是“伦理沦丧”，“伦理转向”所导致的下位优先分配原则凸显也可能是造成亲代赡养资源供给不足

① 本章侧重在三代视域下对中国家庭代际关系不平衡议题进行全面检视，对中国式的个体化进行理论反思和建构，限于篇幅，文中没有过多引用具体的案例情况。

② 虽然 1950 年出生的人 2017 年已经 67 岁，被定义为“老年人”，但根据目前大多数人的健康状况，这样的低龄老年人基本上还不涉及真正意义上的被养老，很多老人仍可以为子女提供家务支持。

的重要原因。[①]

如前所述，总体而言，目前需要养老的祖辈的经济条件不是太好，但他们通常有较多的子女，这些子女获益于改革开放，经济条件比祖辈更好。子女各自的核心家庭能就祖辈的养老问题进行频繁互动，通过协商、博弈等过程实现合作式养老。因此，生于1950年之前的祖辈，尤其是那些已经高龄且（部分）失能的老人，他们面临的养老问题主要包括经济困难、子女推诿、生活无人照料、情感得不到慰藉等。父辈在承担养老任务过程中面临的主要问题则包括经济困难导致无力为父母提供足够的养老资金、人力不足不能很好地照料老人、兄弟姐妹之间因养老问题产生矛盾和冲突等。父辈对未来自己养老预期的困难主要是子女过少无人照料自己、情感得不到慰藉等。

祖辈的养老水准跟父辈的阶层、经济地位以及子女的数量等有一定的关系。养老的标准不再如传统社会那样稳定、统一和清晰，而是存在较大的差异和灵活性，其中往往有一个界定和协商的过程。总体来说，家庭中确实出现了代际关系的伦理转向，第二代安排家庭资源时通常以孩子（第三代）为中心，尤其是关注和情感的投入。对不是太需要经济支持的城市老人而言，他们最需要的是子女的关心与关注，而这通常很难真正得到满足，这是一些老人对养老状况不满的主要根源。

从养老问题的分析来看，目前家庭中的第一代最需要来自子女的各种支持，包括经济、劳务和情感，第二代在“上有老、下有小”的艰难处境中尽力完成自己的养老职责，这两代之间的互动依然是比较传统的，均未出现个体化过程。真正的家庭变迁很有可能发生在第二代与第三代的互动中，下面我们着重分析他们的代际关系。

## 二 “啃老”与家庭资产“代际并表”

关于“啃老”问题，学术界已有很多研究。总体而言，大家通常把

① 狄金华、郑丹丹：《伦理沦丧抑或是伦理转向——现代化视域下中国农村家庭资源的代际分配研究》，《社会》2016年第1期。

“啃老”看作一个越来越普遍的现象在加以讨论。对“啃老”者的称呼包括“啃老族”、“傍老族”及“新失业群体”等，现有研究对其界定尚不统一。从经济的维度来定义，“啃老”指拥有正常劳动能力但并非正式脱产在学的青年，无论其有没有收入，只要其与父代之间的代际交换关系呈现出不平衡的状态，即父代流向子代的经济资源（包括现金、实物、住房等）高于子代流向父代的经济资源，则认定其经济不能独立，为“啃老”者。[①] 如果按此定义，中国当前的“啃老”现象就更为普遍，甚至可以说是常态了。因为一直以来在中国家庭中，即便子辈结婚独居，在形式上构成了两个或多个核心家庭，这些核心家庭之间的经济联系依然十分紧密。将不同代际的独立家庭合并起来作为整体进行考察，能增加对家庭关系特别是代际关系的认识。[②]

笔者在研究代际关系的过程中也证实了这一点，尤其在独生子女家庭中，两代之间甚至会出现很大程度的经济混合，可以借用一个会计学概念——“合并资产负债表”来描述这种现象。“合并资产负债表”反映以母公司为核心的企业集团在某一特定日期财务状况的报表。父辈和子辈两个核心家庭在经济方面不做清晰的区分，这种父辈与成年子辈之间的财富流动情况可以简单地表述为家庭资产的“代际并表”。

我们研究的几乎所有家庭，父辈都会给予成年子辈各种形式的经济支持，如果是多子女家庭，由于要尽力表现出公平的姿态，父辈家庭通常会保持一定的经济独立性。独生子女家庭则经常在子辈家庭建立之初就呈现程度不一的资产“代际并表”状态。在这里，子辈相当于财务报表中的“母公司”。这与传统社会分家之前子辈经济依附于父辈不同，它是传统的家族主义文化经历现代化、个体化过程后与人口政策碰撞的产物。

关于家庭资产“代际并表”，举一例加以说明。笔者的访谈对象中有一

---

① 宋健、戚晶晶：《“啃老”：事实还是偏见——基于中国4城市青年调查数据的实证分析》，《人口与发展》2011年第5期。

② 王跃生：《中国当代家庭、家户和家的“分”与“合”》，《中国社会科学》2016年第4期。

位儿媳妇晓彤[①]。提及公公投资失误导致公公自己家财产损失近一半时，晓彤表现出极端的愤怒。在访谈晓彤的婆婆时，婆婆也提及儿媳妇在老公（晓彤的公公）亏钱后态度大变，伤害了婆媳关系。如果不从资产“代际并表”的角度来看，晓彤的行为有些难以理解。公公损失的是他自己的钱，即便是遗憾，还不至于怒不可遏。显然，晓彤将公公婆婆的钱划到了自己潜在的势力范围内，她在潜意识里认为，公公亏损的是他们大家的钱，甚至是她自己的钱！

可见，本章探讨的父辈，在很多情况下，不论是否主动与自愿，与子代有着非常紧密的联系，甚至是合为一体。这进一步证明了上一节所表达的观点：在父辈身上，个体化的需求和表现即便有，也不是主流，对比之下，他们身上的传统性表现得更为充分。而生于 1980 年之后的子辈，如晓彤理所当然地认为公公婆婆的就是自己的，他们的心态和行为方式似乎也更符合一体化的表现。那么，他们到底有没有个体化的特征呢？

## 三　“实践性”代际关系

生于 1980 年之后的第三代（包括不少第二代），他们的代际关系不再局限于男系，甚至在互动的密切程度上女系占了上风。随着女儿养老等情况普及，女系的力量日益重要。一个核心家庭可能同时与男系及女系的其他核心家庭组成家族，但哪一方投入更多，则并无定规。比如，前文所述晓彤觉得婆婆补贴自己很正常，自己补贴父母也很正常，农村的父亲买车时她资助过 4 万元钱，理由是公公婆婆家庭条件好，不需要她的钱，她多陪伴就行，而自己父母的家庭条件不好，需要她补贴。在晓彤描述的未来生活里，公公婆婆是和他们生活在一起的。其中潜含的意思是：公公婆婆如果对自己好，自己将来就会报答他们，否则，就可能只是走走形式，不会真正对公公婆婆好。在晓彤的案例中，晓彤会根据公公婆婆对她的好坏

---

① 晓彤访谈资料，武汉，2015 年 10 月 8 日。

来决定未来代际关系的内容，并将代际支持拓展到自己的父母。[①] 这些都说明了代际关系中存在选择性，可以看作个体化的表现。套用阎云翔的概念，可以说，家庭中出现了“实践性”代际关系，很多研究揭示了这一过程。[②] 或者说，虽然代际关系本身是非选择性的，但其具体内容已带有一定的选择性和建构性。从这个意义上看，中国家庭中的第三代（包括部分第二代）已体现出个体化的特征，他们与传统家庭的规则约束是脱嵌的。

同时，晓彤显然又认同了传统社会的男系规则，不由自主地认为公公婆婆而不是自己的父母对自己的小家庭有责任。公公婆婆家庭财产的“代际并表”做法更说明了其本质上是与父辈一体化的，并未实现真正的脱嵌。可见，当前中国家庭中的个体化过程是复杂的，像晓彤这样的第三代，他们处理代际关系时既有个体化的表现，也有一体化的内容。如果将视野再进一步扩展，考察晓彤这样的第三代作为父母的表现，具体又是怎样的情况？

## 四 “我的”血脉之心理整合：中国式再嵌入

心理学理论认为，青少年割裂与父母的情感联系，摆脱对内化的父母形象的依恋，才能完成第二次个体化过程[③]，促进个人健康成长。[④] 然而，不同于强调“断裂”的个体主义文化，中国的代际文化强调父母与子女的“和合”与“共生”，子女教养方式并不围绕培养“独立、完整的个人”而设。虽然中国自20世纪初开始经历了一系列反传统文化运动，但“独立自我”和“割裂式”代际关系在文化上并没有制度化[⑤]。在经济风险、婚姻风险增大的社会背景下，亲子关系成为个体寻求稳定感、安全感和自我认同的最重要资源。可以说，除去缺乏足够保障导致的现实压力之外，中国孩子对

① 郑丹丹、狄金华：《女性家庭权力、夫妻关系与家庭代际资源分配》，《社会学研究》2017年第1期。

② 石金群：《转型期家庭代际关系流变：机制、逻辑与张力》，《社会学研究》2016年第6期。

③ 心理学的个体化概念指个体人格发展的过程，与贝克所指的社会的个体化不同，特此说明。

④ 郑丹丹：《亲子冲突原因辨析——非性别与性别视角的解读》，《云南民族大学学报》2007年第2期；王国霞、盖笑松：《个体化概念辨析》，《心理学探新》2011年第2期。

⑤ 孙隆基：《中国文化的深层结构》，广西师范大学出版社，2004。

父母的依恋及顺理成章的依赖也可以看作一种尚未完成的个体化，而父母对孩子的极度投入则可以理解为一种中国式的再嵌入努力，即通过“我的”血脉之延续来实现心理整合。对于后者，即亲代对子代的心理依赖，或者说父母为子女奉献的心理意义，有关研究和关注相对不足。笔者认为，这是理解中国式个体化或中国家庭代际关系失衡的一个重要视角。

西方文化是宗教型文化，基督教文明通过应对神圣与世俗的界限和张力，使俗世的一切经由“超越”获得了意义，个人因此获得生活的动力。[①]中国文化属于伦理型文化，即便经历了程度很深的现代化过程也没有完全改变这一点。中国家庭作为伦理策源地，发挥了类似西方宗教组织的功能，家庭血缘关系为伦理型文化提供了伦理的终极性和神圣性根源。[②] 笔者认为，在很大程度上家庭对于个人和社会的特殊意义与作用是中国的一大特色。血脉延续所蕴含的未来维度对中国个体具有一定的“超越”意义，使个体生命完满、充实，是非常强有力的嵌入机制。因此，同样是血脉关系，孩子对个人的价值通常重于父母，因为对于已经与传统（过去）脱嵌的个体，孩子所代表的“未来”是个体存在的意义所在。

我们可以用反例来印证这一点。研究发现，很多失独父母很长时间都无法接受孩子离去的事实，他们会用独特的方式“留住”孩子，比如长期抱着孩子的骨灰盒睡觉。一位母亲在给死去儿子的信中写道：“我心爱的儿子，对整个世界而言，你只是一粒尘埃，但对于我而言，你却是我的整个世界”。研究还发现，彻底失独群体对那些留下的血脉（儿女去世但留下了孙辈）群体存在排斥。[③] 由此推论，后代所代表的血脉延续对个体具有重要意义甚至具有超越性的价值，这一观点应该是可以成立的。

如前所述，晓彤这样的第三代，建构代际关系时往往秉持自我中心主

---

① 潘知常：《否定之维：“灵魂转向的技巧”——基督教对于西方文化的一个贡献》，《江苏行政学院学报》2017 年第 2 期。

② 樊浩：《当今中国伦理道德发展的精神哲学规律》，《中国社会科学》2015 年第 12 期。

③ 《一名计生干部调查失独家庭 12 年　曾被骂猪狗不如》，财经网，2017 年 4 月 27 日，http：//politics. caijing. com. cn/20170426/4264599. shtml。

义原则，将代际关系和传统作为可资利用的资源为自己的生活服务，在对待父母尤其是男方父母时似乎有些冷漠，但在对待自己的孩子时（第四代）大多显现出与其父母一样的传统行为模式，几乎一切都以孩子为中心。[①] 由此，我们可以谨慎地推论，当代中国家庭代际关系的特征是“与过去脱嵌、和未来一体”，即对待父母已经发生了很多的变化，对待孩子则变化甚少。

## 第四节　中国式个体化的独特影响机制

贝克指出，导致个体化的复杂结构条件包括经济繁荣、福利国家建立、工会利益代表的制度化、劳动合同法律基础的稳固、教育的扩张、服务部门的成长、相关流动机会的增加及工作时间的减少等。阎云翔分析了社会主义建设和经济改革等制度要素对中国社会个体化的重要作用。除此之外，本章还要特别指出经济与人口制度的叠加作用对中国式个体化的独特影响。

### 一　国家主导：中国式个体化的推动力量

如前所述，个体化只是一个有效的分析工具，其本身就是一个传统与非传统并存的过程。[②] 有学者用“压缩的现代性”概念表达这一本质，认为这是当代社会的普遍特性，只是其具体呈现在不同社会有所不同而已。[③] 将“压缩的现代性”概念用于分析韩国女性，发现她们处于一种“无个体主义的个体化”悖论式状况。学者认为，这种悖论不只存在于韩国，也不仅仅

① 在最新的田野研究中，阎云翔发现农村家庭代际关系有所改善，甚至出现了代际亲密关系和（以子辈为中心的）“合二为一”的代际团结，他认为原因是父辈的退让，根源在于两代人都共同努力培养“完美”的第三代，他将此归纳为下行式家庭主义。

② 〔德〕乌尔里希·贝克、伊丽莎白·贝克－恩格斯斯海姆：《个体化》，李荣山等译，北京大学出版社，2011。

③ Chang Kyung-Sup, “The Second Modern Condition? Compressed Modernity as Internalized Reflexive Cosmopolitization,” *The British Journal of Sociology*, Vol. 61, No. 3, 2010.

限于女性，它是东亚社会的共同特征。[①]

中国比东亚其他国家和社会更为复杂，因为其“时空压缩”的程度远远高于其他国家。改革开放以来，中国经济转型、社会转型和文化转型加速进行，浓缩了发达国家近三百年时间所面临的问题和发展任务，[②]这几乎是绝无仅有的。中国之所以能在短短几十年间产生高强度的时空压缩，原因之一在于全能主义国家的推动和主导，这一特征是分析中国几乎所有问题时均不应忽视的。同样，正因为强有力的国家推动，中国才能在条件并不成熟时，尤其是在古典个人主义发育不充分的情况下展开较为独特的个体化过程。可以说这种国家主导的个体化是外生性的，而且其发展时间过短，因此中国的个体化不充分，个体化与一体化并存的情形更为突出。

由此，可以得出推论，如果国家制度或具体政策发生变化，将会影响个人及家庭处境，对中国家庭代际关系及个体化状况产生新的影响。因此，有必要厘清导致当代中国家庭代际关系不平衡的一些具体机制，尤其是与国家制度和政策相关的机制。

## 二　制度的叠加：改革开放与计划生育

对中国人而言，家庭不仅是经济和利益集团，而且是重要的精神支柱，具有特殊的意义和价值。中华人民共和国成立后，尤其是改革开放以来，政府通过一系列社会与人口政策直接介入家庭活动，计划生育政策、工业化和城市化进程、住房制度改革、大规模人口流动等共同影响并导致了人口和家庭的双重变迁，包括家庭规模小型化与结构简化、家庭人口老龄化及非传统

---

① 〔日〕落合惠美子：《亚洲现代性中的“亲密和公共领域重建”：家庭主义及其超越》，载上海社会科学院家庭研究中心编《中国家庭研究》（第七卷），上海社会科学院出版社，2012；〔韩〕张景燮：《无个体主义的个体化：东亚社会的压缩现代性和令人困惑的家庭危机》，载上海社会科学院家庭研究中心编《中国家庭研究》（第七卷），上海社会科学院出版社，2012。

② 张艳涛：《历史唯物主义视域下的“中国现代性”建构》，《哲学研究》2015年第6期。

类型家庭大量涌现等。[①]

笔者认为，在这一系列政策中，人口政策与社会经济变迁对个体与家庭的影响至关重要。因为社会经济变迁会影响家庭代际的经济实力对比，而人口政策则影响家庭规模与结构，这两个方面相互叠加，共同作用于家庭的代际关系，影响中国家庭个体化的具体表现。可以说，在某种意义上，改革开放以来的经济和人口政策形塑了当代中国家庭代际关系的不平衡状况和中国式的个体化过程。

本章所探讨的祖辈，他们年轻的时候大多不富裕，并且孩子多、特别忙，难以在孩子身上投注过多的精力。年老后需要家庭的支持时，这些祖辈往往有多个子女分担。整体而言，基本符合传统社会的代际反馈模式。代际关系变迁从父辈身上开始出现，他们比祖辈拥有更多的财富积累，其中部分人甚至很富裕，子女普遍偏少[②]。父辈大多已经实现了与过去的脱嵌，将资源全力投向代表未来的孩子。所以，他们会根据亲情和人伦原则尽力赡养自己的父母（但已经缺乏传统社会的唯上意识），但对自己的子女则是无限地投入。从另一个角度看，父辈经济和精力相对充裕，也成为他们在代际关系中的资本，成为其形塑代际关系的工具和手段，包括培养理想的、有出息的孩子，按自己的期待影响孩子的婚姻，以及帮助甚至代替孩子处理婚姻关系等。在这种环境中成长起来的子代，相当一部分人并未实现与父母的现实及心理割裂。他们在认同父母对自己的关爱和控制时，也认同了父母对自己的无限责任，这使他们毫无心理障碍地接受父母几乎无限度的帮助，出现本章所称的家庭资产“代际并表”甚至彻底的“啃老”现象。子代面对的就业压力与风险、高房价、高物价的现实困境也使他们在很多时候不得不依赖父母。

笔者在研究过程中发现，在多子女家庭中，父辈大多数会尽力保持经济

① 杨笛：《聚焦中国家庭变迁，探讨支持家庭的公共政策——“中国家庭变迁和公共政策国际研讨会”述评》，《妇女研究论丛》2011 年第 6 期；彭希哲、胡湛：《当代中国家庭变迁与家庭政策重构》，《中国社会科学》2015 年第 12 期。

② 就算是 1950 年出生的人，1980 年时 30 岁，一般也不可能生育特别多的孩子，所以这个判断总体上应该是没错的。

独立以免造成家庭矛盾，代际可能有紧密的互动，直接的资产“代际并表”现象并不多见。独生子女家庭具有不可选择性，更易出现代际一体化，两代彼此为高度依赖的利益共同体。很多父母和孩子表达了自己的无奈，“就一个孩子，不对他好对谁好”，“就我一个孩子，我不跟着我爸妈，怎么办”。显然，这种“以子辈为中心的生活单位合并”受到人口政策的影响。

可以说，由于与传统脱嵌，当代个体将人生意义凝聚于代表未来取向的子女而不是父母。改革开放后，经济迅速发展，父辈积累了财富，此时独生子女家庭家长对孩子无限投入甚至出现资产“代际并表”这样的一体化举动，既是顺理成章也是无可奈何的事。笔者认为，独生子女和非独生子女家庭的区别不仅是量的差异，心理机制也有着本质的不同。简单地理解，独生子女的父母因为没有选择而处于关系中的不利地位，而独生子女则因为双系亲属关系日渐成为主流，可以选择性地建构“实践性”代际关系，从而处于更有利的地位。

在揭示了转型期经济和人口政策对中国家庭代际关系不平衡产生影响的具体机制后，可以预期，在经济转型过程中，尤其是人口政策出现新变化的条件下，中国家庭代际关系也许会出现新的格局，一体化的程度可能会减弱。当然，这有待于后续研究来加以验证。

## 第五节　结论与讨论

### 一　制度叠加作用与中国式的个体化

对于中国当代家庭代际关系，学术界的认识存在较大差异。笔者认为，其中一个重要原因是研究对象的年龄、区域、阶层特征和代际等出现了混杂，并且研究者各自只节选了一个片段。本章界定了目前家庭中存在的、在学术探讨中经常出现的三代人，将一些零散分布于学术论文中的现象加以集中探讨，借此全面刻画中国家庭代际关系的状况与变迁趋势，探讨中国式个体化的真正含义及具体生产机制。

本章以1949年中华人民共和国成立、1978年改革开放及1980年计划生育政策实施这几件重大历史事件为节点，将中国人划分为三代。通过分析三代人代际关系的不同表现，笔者发现，目前家庭中的第一代基本没有出现个体化趋势，他们最需要来自子女的各种支持。第二代和第三代则既有个体化的表现，也有一体化的内容，尤其是独生子女家庭两代人在事实上往往合为一体。可以说，中国的个体已经部分地从家庭的约束中获得了更多的权利、选择和自由，其个体化或脱嵌主要表现为与传统文化规定的具有神圣性的部分脱离。而家庭作为日常生活的一部分，其情感乃至经济的一体化则并未受到大的冲击，在新的社会风险条件下，个体选择性地与家庭一体化以对抗不确定的命运。

笔者认为，在很大程度上，家庭对于个人与社会的特殊意义和作用是中国的一大特色，血脉延续所蕴含的未来维度对中国个体具有一定的“超越”意义，是强有力的嵌入机制。因此，同样是血脉关系，孩子对于个人的价值通常重于父母。笔者将这种状况称为“与过去脱嵌、和未来一体”，这是中国式个体化的重要特征。

改革开放以来，政府通过一系列社会与人口政策直接介入家庭活动，其中人口政策和社会经济变迁对个体与家庭产生的叠加效应形塑了当代中国家庭代际关系的不平衡状况和中国式的个体化过程。改革开放后经济迅速发展，父辈积累了财富，由于与传统脱嵌，他们将人生意义凝聚于代表未来取向的子女，独生子女家庭父母对孩子无限度投入，甚至出现资产“代际并表”的一体化举动，这既是顺理成章又无可奈何。鉴于此，可以谨慎预期，在经济转型过程中，尤其是人口政策出现新变化的条件下，中国家庭代际关系会出现新的格局。

## 二 家庭建设与社会政策

深究起来，当前不少学者在谈论中国问题时，实际上不加考证地以西方的、原子式的个人为前提进行各种推演。根据本章的结论，这样的“个人”即使存在，至少也是不充分的。根据本章对家庭代际关系的分析，中国社会个体化程度并不高，中国人一方面受社会变迁、国家政策的影响开始了个体化进程，另一方面与父母、孩子紧密地联系在一起。只有对这些特点有充分的认识，才能更好地理解中国的应行之路。

作为西方资本主义文明重要前提的“原子个人”，即具有独立人格的个人的历史性生成，是经过一千多年基督教教化而形成的，是西方独特历史的产物。从否定的一面而言，只有在血缘或半血缘、伦理或半伦理、宗法或半宗法的关系从整体上瓦解时，才能产生这样的“原子个人”。这个核心规定着西方资本主义文明各个方面的基本建制，并赋予其本质特征。[①] 需要强调的是，我们直到今天也没有产生如西方般的“原子个人”。正因为如此，中国的个体化是没有个体主义的，是被动且投身于家庭联系的。我们应充分认识到，家庭对中国人而言是一种“本体性”需求，本质上是一种心理满足。[②] 家庭在中国社会具有极强的韧性，是中国人最重要的整合机制，所谓的“后家庭时代的家庭”[③] 也许并不会很快出现。认识中国的代际关系、家庭，解决中国问题，都应该以充分认识中国人及中国家庭的特性为基础。

根据对社会基本单位的认知，社会政策可以简单划分为家庭主义政策和个体主义政策两大类。基于家庭对中国个体和社会的重要作用，我们的社会政策制定应该充分考量家庭因素甚至将家庭置于中心位置。然而，日韩学者通过对亚洲社会的分析指出，“亚洲家庭主义”实际上是社会和国家对家庭的支持缺位。这些国家利用儒家话语将国家缩减资源花费合法化。国家大力宣传家庭主义，在行为上却没有支持家庭，加剧了家庭所承受的心理和功能困境。这一点应该认真借鉴。中国的家庭主义社会政策建构应该以增强家庭功能和坚韧性为目标，立足于家庭建设，不仅走出中国式的个体化道路，也走出中国式的未来发展道路。

作者　郑丹丹，华中科技大学社会学院教授

① 吴晓明：《当代中国的精神建设及其思想资源》，《中国社会科学》2012 年第 5 期。

② 钱杭：《关于当代中国农村宗教研究的几个问题》，《学术月刊》1993 年第 4 期。

③ 〔德〕乌尔里希·贝克、伊丽莎白·贝克－恩格斯海姆：《个体化》，李荣山等译，北京大学出版社，2011。

# 第六章
# 中国高龄老人的家庭支持和社会服务

中国人口的老龄化进程自20世纪90年代起逐渐加速，65岁及以上的老年人口比重从1990年的5.6%上升至2010年的8.9%，2019年更是上升至12.6%。中国正在经历快速的人口老龄化进程，老年人口的数量和占总人口比重都在飙升，65岁及以上老年人口的数量将在21世纪中叶接近4亿人。中国的人口老龄化驱动因素主要是20世纪70年代以来的生育率下降、进入21世纪以来长期稳定的低生育水平和老年人口的寿命延长。在总人口年龄结构老化的同时，80岁及以上高龄老人的数量和占比也将持续上升，到21世纪中叶高龄老人规模将超过1亿人，并形成老年人口高龄化的趋势。图6－1显示了中国人口在一个半世纪里的老龄化发展进程。未来20年是中国老年人口数量增长的加速时期，65岁及以上老年人和80岁及以上高龄老人的数量将快速上升。① 由于生育率下降并长期保持在较低水平，中国出生人口自20世纪90年代至今一直呈下降趋势，老年人口在总人口中所占比重也将以极快的速度上升。这种上升势头至2060年前后有所放缓，进入较为稳定的阶段。中国这样一个人口大国在相对较短时期内的人口老龄化发展是前所未有的人口变化。而人口变化带来的影响将会涉及社会经济的多个方面。由于人口变化的影响往往具有滞后性，有些影响虽未在当前显现，但应对政策的完善和制度的安排需要时间，应针对人口变化可能产生的影响及早做准备、未雨绸缪。2019年11月中共中央、国务院印发了《国家积极应对

---

① 尹文耀、李芬、姚引妹、颜卉：《中国人口的广义高龄化——基于分省模拟的全国层面分析》，《中国社会科学》2017年第9期。

人口老龄化中长期规划》，指出中国人口老龄化对各方面具有深远影响，从5个方面部署了国家应对人口老龄化的具体工作任务，其中包括打造高质量的为老服务和产品供给体系以及构建养老、孝老、敬老的社会环境。中国的家庭一向是实践养老的主力，相关社会服务尚在起步时期，为此，有必要在人口老龄化和家庭变化背景下，分析家庭支持和社会服务在满足老年人尤其是高龄老人生活和照料需求中的作用。

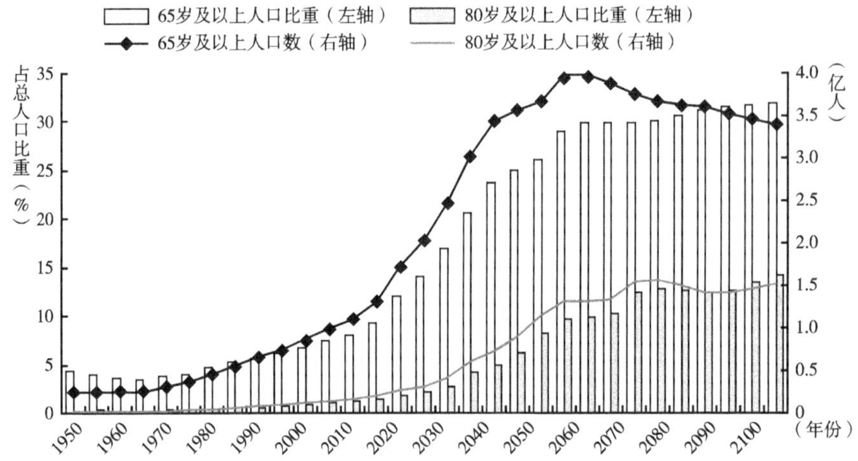


**图 6－1　中国 65 岁及以上和 80 岁及以上人口比重与人数的变化（1950～2100 年）**

资料来源：United Nations, Department of Economic and Social Affairs, Population Division (2019), *World Population Prospects 2019*, United Nations, 2019。

## 第一节　中国人口老龄化背景下的家庭变化

在中国人口老龄化和老年人口高龄化推进的同时，老年人口的健康状况在不断改善，老年人群的服务和照料需求主要集中在高龄阶段。进入高龄的老年人与年龄相对较轻的老年人相比，日常生活自理能力会日益受限，需要照料的比重快速升高，一些慢性疾病导致的失能更使高龄老人所需要照料的强度增加，总的来说照料需求将“与龄俱增”。[①] 曾毅等人的研究发现，与1998年相比，2008年高龄老人的死亡率明显下降，基本日常生活活动能力受限情况有所改善，但在实测身体功能指数和认知能力指数方面都有明显下降。[②] 这意味着由于居民生活水平提高、医疗进步和健康的生活方式，老年慢性病的死亡风险和致残率下降，从而健康状况较差的高龄老人存活率得以提高。当越来越多的老年人因生活水平提高和医疗条件改善而更为长寿，其病残比重也随之上升，从而导致高龄老人总体的健康状况变差，这种在发达国家老龄社会中被称为“成功的代价”（costs of success）的现象已经在中国城乡出现。因而，随着人口老龄化的推进和老年人寿命的延长，老年人带病生存和生活能力受限的时间也延长了，他们在日常生活中的照料需求也将随之增加。据估计，目前80岁以下各年龄组老年人口生活不能自理的比重为5%～6%，而80岁及以上生活不能自理的老年人比重为10.5%，90岁以后生活不能自理的老年人比重快速上升到15%以上[③]。因而，在老龄社会中，老年人的日常生活照料成为不可忽视的议题，尤其是高龄老人更值得关注。中国社会对老年人的照料和经济支持往往由家庭承担，与老年人同住的子女或孙辈是提供照料的主要家庭成员。值得注意的是，近年来由于人口变动和社会经济发展带来的家庭结构变化尤其是家庭中子女数量的减少，再加上日益成为常态的劳动年龄人口的迁移流动，老年人口家庭结构和居住安排也在发生变化，这些变化会直接影响老年人尤其是高龄老人的代际关系和照料。

20世纪80年代以来，中国家庭户的变化呈现出家庭规模小型化与结构简化、家庭老龄化与居住模式变化、非传统类型家庭大量涌现的特点。1990年以来1～3人户的比重快速上升，至2010年已达到65%，家庭户平均规模缩小到3.09人。有老年人的家庭比重和家庭中老年人口的比重均在上升，

① 周云、封婷：《老年人晚年照料需求强度的实证研究》，《人口与经济》2015年第1期。

② 曾毅、冯秋石、Therese Hesketh、Kaare Christensen、James W. Vaupel：《中国高龄老人健康状况和死亡率变动趋势》，《人口研究》2017年第4期。

③ 王广州：《中国生活不能自理老人总量与结构研究》，《当代中国研究》2019年第2期。

2010 年全部由老年人组成的家庭接近 3000 万户，包括低龄老人和高龄老人组成的两代纯老家庭户和老年人与兄弟姐妹同住的一代纯老家庭户。在居住安排方面，2010 年 80 岁及以上高龄老人与子女同住的比重为 63.8%，与 2000 年相比下滑了 12 个百分点。[①] 不过，当下的高龄老人大多会有 3 个或更多存活子女，即使未与子女居住在一起，一般也有子女居住在附近或同一个城市，当老年人有需求时子女仍可以提供帮助和照料，并以各种形式分担劳动，如一些农村地区的“轮养”就是子女分担养老的一种方式。但是，2015 年全国 1% 人口抽样调查结果显示，只有 1 个存活子女的妇女已经占相当大比重，在 45 岁及以上的妇女中超过了 40%（见图 6－2）。这意味着，未来更多老年人将只有一个孩子。由于子女数量减少，他们得到子女辈家庭成员支持的机会也会相对减少。有学者估计，2015 年中国 80 岁及以上只有 1 个存活子女且生活不能自理的老年人口超过 40 万人，预计到 2050 年这个群体的规模将超过 300 万人，是 2015 年的 7.35 倍。[②] 这一形势变化给家庭养老尤其是提供老年照料带来巨大挑战。

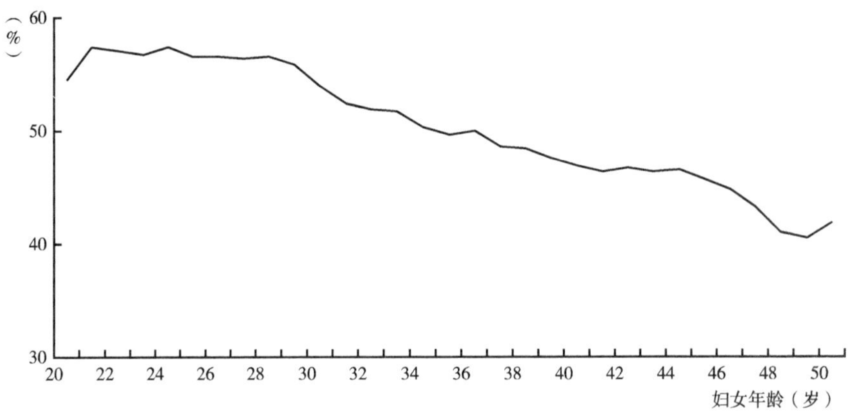


**图 6－2　分年龄存活孩子为 1 人的妇女比例（2015 年）**

资料来源：国家统计局：《2015 年全国 1% 人口抽样调查》，统计出版社，2016。

① 彭希哲、胡湛：《当代中国家庭变迁与家庭政策重构》，《中国社会科学》2015 年第 12 期。

② 王广州：《中国生活不能自理老人总量与结构研究》，《当代中国研究》2019 年第 2 期。

中国半个多世纪以来的人口与家庭变化是在人口转变、社会经济发展以及其他制度性变化共同推动下发生的，这些变化既与国际普遍规律具有共性，也有中国的特点，尤其是在历史演进中，在相对较短的时期内发生了重大变化，如人口年龄结构的变化，无疑会加剧变化所导致的影响，为中国应对这些变化带来了更大挑战。在中国人口老龄化、老龄人口高龄化以及家庭变化的背景下，老年人口数量增加和帮助与照料的需求增加，老年人的照料和家庭支持是未来中国社会必然要面临的挑战之一。以下将利用“中国老年健康影响因素跟踪调查”①（以下简称“中国老年健康调查”）结果，分析当前城乡社区的老年人尤其是高龄老人在居住安排、家人照料和以社区为基础的社会服务方面的情况，讨论家庭支持和社会服务在积极应对人口老龄化中的作用。

## 第二节　老年人的居住安排与家人照料

老年人在有需求时能否得到及时的帮助和照料，与他们的居住安排密切相关。与成年子女共同居住的老年人往往更容易得到来自后代的支持，他们在生病或日常活动能力受限时也往往能够得到更为及时的照料和帮助，从而有利于老年人的身心健康。有研究发现，老年人居住安排的变化与其死亡风险有关联，与子女同住对老年人尤其是高龄老人的健康长寿有保护作用，相对于一直与子女同住的老年人或从不同住变为同住的老年人相比，居住安排从与子女同住变为不同住的老年人死亡风险最高。②

① “中国老年健康影响因素跟踪调查”（CLHLS）是具有全国代表性的老年人调查。自1998年至2018年开展了8次跟踪调查，收集的信息包括存活老人生理心理健康、认知功能、社会参与、行为、饮食营养、生活习惯、社会经济状况、家庭结构、代际关系、老年家庭照料需求、照料提供和成本等内容。有关该调查详情可参见郑真真、施小明、曾毅、雷晓燕等《中国老年健康调查及数据库建设》，科学出版社，2020。

② 李春华、李建新：《居住安排变化对老年人死亡风险的影响》，《人口学刊》2015年第3期。

虽然在中国传统社会中，两代或三代人与老年人共同居住是较为普遍的现象，但这种居住安排正在发生变化。1998 年的中国老年健康调查结果显示，大多数高龄老人与后代同住，反映出高龄老人对家庭及子女的照料与支持十分依赖。不过，当时已经显现出在居住安排方面的城乡差距和代际差距，即城市中高龄老人与子女同住的比重低于农村、较年轻老人与子女同住的比重低于较年长老人。此外，有存活儿子的高龄老人更有可能与后代同住。[①] 20 年之后，这种情况发生了明显的变化。根据 2018 年中国老年健康调查结果，尽管大多数老年人与家庭成员同住，独居或仅与配偶居住的比重仍较低（见表 6 - 1），但高龄者独居或仅与配偶同住即“空巢”的比重有大幅度上升，该比重在 1998 年为 24.3%，2008 年为 31.0%，2014 年为 40.4%。不过在“空巢”比重上升的同时，农村中有存活子女且独自居住的老年人有子女住在同村的比重上升，从 1998 年的 51.8% 上升到 2014 年的 66.9%，表现出农村地区在居住安排上“分而不离”的特点，从而保证了子女对高龄老人的照料支持。而同一时期独居老人有子女住在同县/市的比重却从 1998 年的 21.7% 下降到 2014 年的 13.8%，显示了城镇化和人口流动的影响。[②] 2018 年的中国老年健康调查结果显示，80 ~ 89 岁老年人的“空巢”比例高达 48.3%，即使在 90 岁及以上老年人中，也有 28.2% 的老年人没有与子女共同居住。还值得注意的是，80 岁及以上老年人约二成独居。这种现状与 2010 年人口普查结果中纯老家庭户居住方式的增多相一致，显示出越来越多的老年人选择不与后代共同居住。与 10 年前和 20 年前相比，高龄老人居住在养老机构的比重没有明显变化，并且住养老机构者 70.2% 为丧偶或未婚，说明机构在养老中的作用仍极其有限。2018 年中国老年健康调查还询问了老年人的居住意愿，调查结果与老年人当前居住安排较为接近，除了极少数人回答“不知道”，大部分老年人选择与

① 郭志刚：《居住方式及其影响因素》，载曾毅等主编《健康长寿影响因素分析》，北京大学出版社，2004。

② 曾宪新：《我国高龄老人家庭照料支持变动趋势研究》，载曾毅等著《中国健康老龄发展趋势和影响因素研究》，科学出版社，2018。

配偶单独居住（总计59.4%，17.6%认为子女在不在附近无所谓，41.8%认为子女最好住在附近），或与子女一起居住（37.4%），选择愿意住养老机构的老人极少(1.6%)。

**表 6-1　分年龄组的老年人居住安排（2018 年）**

单位：%

| 年龄组 | 仅与配偶同住 | 独居 | 与家人同住 | 养老机构 | "空巢" |
|---|---|---|---|---|---|
| 65~69 岁 | 39.0 | 8.3 | 51.8 | 0.9 | 47.3 |
| 70~79 岁 | 38.2 | 14.3 | 45.5 | 2.0 | 52.5 |
| 80~89 岁 | 25.3 | 23.1 | 48.0 | 3.7 | 48.3 |
| 90~105 岁 | 9.6 | 18.6 | 66.0 | 5.9 | 28.2 |
| 合计 | 35.8 | 13.5 | 48.8 | 1.9 | 49.3 |

资料来源：2018 年"中国老年健康影响因素跟踪调查"分析结果。

尽管老年人的居住安排发生了变化，但中国老年照料的承担者仍主要是家庭成员，多年来这一主要事实没有发生根本性的变化。根据近年的调查结果，老年人照料的承担者是以子女和孙子女为主的家庭成员。与城市相比，在农村老年人照料以儿子家为主。尽管近年来由保姆照料老年人的比重有所升高，但总的来说占比很低，老年人患病时的主要照料者仍是子女、孙子女及配偶。根据我们对 2008~2014 年去世老年人临终状况的分析，超过八成老年人在临终前完全依赖他人照料，这段时期的主要照料者也是老年人的子女、孙子女及配偶。由于近九成老年人的去世地点在家中，老年人生命最后阶段的照料主要依赖家人，临终照料的社会服务基本缺失，医疗或服务机构的作用极其有限。[①] 2018 年中国老年健康调查显示了类似的结果，高龄老人生病时的主要照料者超过七成是子女辈。

图 6-3 以在日常生活中老年人自理能力受限为例，展示了日常帮助提供者的主要构成。日常活动包括洗澡、穿衣、上厕所、室内活动、控制大小

① 郑真真、周云：《中国老年人临终生活质量研究》，《人口与经济》2019 年第 2 期。

便、吃饭6项。从图6-3可看出，无论城乡，当老年人在日常活动方面需要他人帮助时，主要帮助者是老年人的家庭成员。不同年龄段老年人的帮助者构成有变化，与老年人婚姻状况、居住安排以及家庭成员的身体状况密切相关。高龄者以子女帮助为主，90岁以上的老年人中有七成是儿女及其配偶提供帮助，而70岁以下的老年人有65.0%是配偶提供帮助。提供帮助者的构成存在明显的城乡差距，与农村和镇相比，城市老年人的主要帮助者中女儿占比高，同时保姆为主要帮助者在城市中的比重最高，为24.8%，反映出在居住安排和家庭经济状况方面的城乡差距。社会服务的作用则相对微不足道，而且存在显著的城乡差距，城市中的老年人在日常生活中得到社会服务帮助的比重为6.0%，而农村仅为1.6%；城市高龄老人得到社会服务帮助的比重最高，分别为7.9%（80~89岁）和13.3%（90岁及以上）。总的来说，当老年人在日常生活中需要帮助的时候，来自家庭的帮助约占七成，农村最高，占77.3%，城市最低但也为56.7%。可以说，当老年人需要帮助时，来自家庭的支持不仅是首位，而且是其他支持来源尚不能替代的。

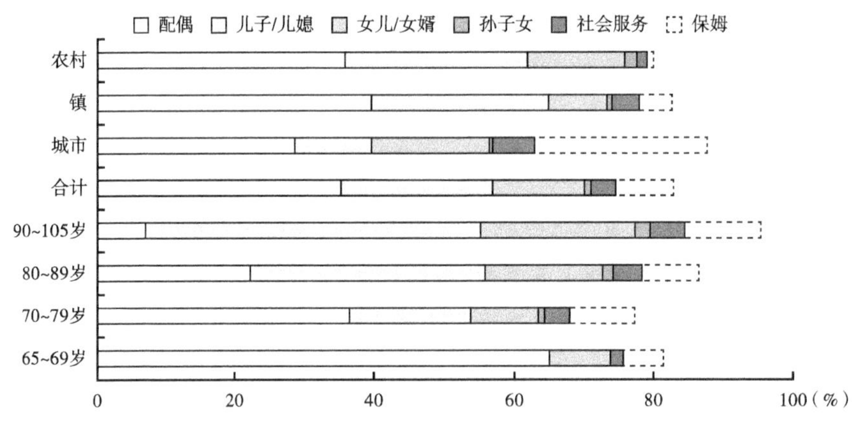


**图6-3　老年人在日常活动中需要他人帮助时的主要帮助者**

资料来源：2018年“中国老年健康影响因素跟踪调查”分析结果。

20年来老年人的居住安排在逐渐发生变化，但老年照料始终以家庭为主的状况并没有根本性的改变，这意味着潜在的矛盾或风险，即未来的家庭有可能无法满足老年人的照料需求，这无疑会降低老年人的生活质量、不利于老年人的身心健康。尽管有些子女能够在老人有需要时提供帮助，或者虽然没有共同居住但子女与老人居所之间的距离可能并不远，但考虑到城镇化的发展，老年人更多地选择不与子女共同居住的变化可能意味着子女在日常照料中的作用会有所削弱，需要外部援助来替代一部分以往主要由子女等家人负担的支持和照料。但外部援助是否存在、能否满足需求，则值得高度重视。由于机构养老并不是大多数老年人的选择，那么对于大部分居家养老的老年人来说，最为贴近的“外援”来自社区。

## 第三节　社区服务提供与老年人的需求

在中国人口老龄化、家庭规模缩小和“空巢”老年人逐渐增多的背景下，以社区为基础的助老社会服务正在城乡兴起。不过，一方面由于社区助老服务发展较晚、尚在起步阶段，另一方面家庭支持的习惯做法一直延续，不少老年人的购买服务能力也不高，对社区服务的实际使用并不普遍。中国老年健康调查从受访者的角度了解各项社区服务是否存在、老年人是否知晓，间接反映了社区服务的提供。表6－2显示了2018年中国老年健康调查受访者报告其所居住的社区提供的服务项目。在现有社区服务项目中，起居照料等日常服务的提供极为有限，比重最高的城市社区也只有16.2%能够提供这类服务。农村社区提供上门看病和送药的服务比重高于城市和镇的社区，这可能与现在基层卫生服务改善、加强了社区对老年人高血压和糖尿病控制以及村医服务覆盖了多数农村社区有关。社区提供社会服务项目比重最高的是介绍保健知识，而且提供这项服务的城乡差距相对较小，但在提供法律援助、处理家庭邻里纠纷以及组织社会和娱乐活动方面，城乡差距较大，显示了农村和镇的社区力量仍相对薄弱。农村和镇的社区除了在上门看病和送药的服务提供方面略好于城市，在其他助老服务提供方面均不如城市。如果按东部、中部、西部区域划分，则东部的各项社区助老服务提供都明显比中部和西部地区更为普及。

表6－2　老年人居住的社区提供的社会服务项目

单位：%

| 社区服务项目 | 2018年 | | | | 2008年 |
|---|---|---|---|---|---|
| | 市 | 镇 | 农村 | 合计 | 合计 |
| 起居照料 | 16.2 | 7.3 | 7.6 | 9.3 | 4.3 |
| 上门看病、送药 | 29.1 | 31.4 | 37.5 | 33.9 | 8.1 |
| 精神慰藉，聊天解闷 | 23.5 | 11.3 | 11.5 | 14.0 | 6.2 |
| 日常购物 | 15.8 | 9.9 | 11.1 | 11.8 | 4.6 |
| 组织社会和娱乐活动 | 44.6 | 18.3 | 18.2 | 23.8 | 8.9 |
| 提供法律援助 | 39.8 | 15.3 | 18.2 | 21.9 | 5.5 |
| 介绍保健知识 | 51.1 | 43.8 | 41.1 | 44.0 | 7.1 |
| 处理家庭邻里纠纷 | 47.0 | 30.9 | 28.6 | 33.2 | 15.1 |

资料来源：2018年"中国老年健康影响因素跟踪调查"初步分析结果，2008年全国老年人健康调查结果。

表6－2还列出了2008年的相应调查结果。与10年前相比，老年人所在社区提供服务的项目明显增加，但增加幅度并不一致，服务项目增加幅度最大的是介绍保健知识，其次是上门看病、送药和提供法律援助。而老年人最需要的日常生活帮助和照料服务，包括起居照料、精神慰藉、日常购物等服务，发展速度则相对缓慢，也意味着当老年人有需求时，仍主要依靠家人提供帮助与支持。

中国老年健康调查还询问了老年人对社区相关服务的需求。老年人对提供医疗护理服务的需求最高，82.2%提出需要社区提供上门看病和送药等服务，78.1%希望社区能提供保健知识，63.5%提出需要社区提供起居照料。而且无论是低龄老人还是高龄老人，对社区服务需求都相当高。结合老年人所居住社区的现有服务与老年人提出的需求来看，当前城乡社区的助老服务在满足老人需求方面还有相当大的缺口，缺口最大的是起居照料服务。日常生活自理能力受限的老年人需要起居照料的比重最高，如果说电商的发展能够在一定程度上满足老年人日常购物的需求，其他服务需求也有一定弹性，但穿衣、吃饭这些日常活动需要有人帮助，而且是每天都有的刚性需求，显然现有的社会服务很难满足这类需求。更进一步的分析发现，相对于城市和东部较发达地区而言，农村和镇的社区、西部地区的社区的助老服务缺口更大。[①] 可见，在应对人口老龄化挑战时，虽然普遍存在社区服务缺口，但城市和经济较发达地区在发展社区服务方面具有相对优势。

## 第四节　结论与讨论

人口老龄化和老龄人口高龄化是21世纪中国人口发展的必然趋势。与此同时，老年人的家庭规模和结构以及老年人的居住安排也都在发生变化，家庭规模日益缩小、独居和“空巢”老年人逐渐增加，也是进入21世纪以来的变化趋势。从最近的全国范围调查结果看，中国高龄老人的居住安排正在发生变化，越来越多的老年人既不与子女同住，也不选择机构养老，而是与配偶单独居住。但是，老年人在生病时或日常生活中需要照料的时候，主要提供照料的仍然是他们的家人，对于高龄老人来说主要是子女辈，而来自家庭外部的帮助如社会服务和保姆提供的服务仍只占很小比重。以社区为基础的社会服务在过去10多年间尽管有所发展，但仍未普及，与老年人的需求相比存在差距，尤其是对于日常生活中活动能力受限的高龄老人来说，社区能够提供的起居照料服务远远不能满足其需求。发展为老服务是国家应对人口老龄化的一个重要组成部分，在人口老龄化和家庭与居住安排变化的影响下，满足高龄老人的日常照料需求将是不可忽视的重要挑战。

尽管当前主要承担老年人生活照料的仍是家庭成员，尤其是老年人的子女，但是未来在以独生子女和两个子女为主的家庭中，子女照料能否满足需求将是个重要问题。近年来中央政府对老年议题日益重视，多次发布文件和政策，推动基于社区的助老服务和老年照料的社会支持[②]，例如成立专门的

① C. Xia, "Community-based Elderly Care Services in China: An Analysis Based on the 2018 Wave of the CLHLS Survey," *China Population and Development Studies*, Vol. 3, No. 4, 2020, pp. 352－367.

② 朱荟、陆杰华、张韵等：《新时代应对人口老龄化的国情报告》，载杜鹏、陆杰华、何文炯主编《新时代积极应对人口老龄化发展报告》，华龄出版社，2018。

政府部门负责老年健康及相应服务，社区助老服务也受到了社会各方面的重视。但即使在城镇地区，老年人居住社区的助老服务也仍不普遍，难以满足需求。尽管在中央政府的大力推动下，各地政府都高度重视社区养老服务，并在一些社区得到了较快的发展，但从中国老年健康调查所了解到的现状，离真正满足老年人需求还有相当长的路要走。在这个过渡阶段，家庭的支持仍不可缺少。

发展满足老年人需求的社会服务特别是基层社区的助老服务，在顶层推动与基层落实、缩小城乡差距和地区差距、建设服务设施与有效调动人力资源等多个方面都存在挑战。任何助老服务提供特别是社区居家养老的服务提供，最终需落实到人，在某种意义上可以说是“劳动密集型”的服务。2025 年后中国的老年照料劳动力需求将快速增长；即使考虑到中国家庭提供的非正规照料和老年人自理能力的改善，预计到 2030 年中国老年照料劳动力的需求也接近 700 万人；而随着老年人口规模的快速增长尤其是高龄老人规模的增长，至 2050 年老年照料劳动力需求将超过 3000 万人，占劳动年龄人口的 5% 左右，年平均增长率达 13.9%。[①] 如果不考虑家庭支持和老年人失能状况的改善，老年照料劳动力需求将超过 5000 万人。由于中国劳动年龄人口数量和比重未来将持续下降，同时考虑到中国仍是发展中国家和保持一定经济增长水平的必要性，很难满足如此庞大的老年照料劳动力需求，因而不大可能用机构照料替代家庭照料。因此，不可低估家庭和社会服务在老年人尤其是高龄老人照料中的重要性。

鉴于老年照料的巨大需求和中国家庭普遍提供老年照料的做法，家庭成员的照料在一定程度上是难以替代的，也往往是老年人的偏好和家庭的选择。因此在制定应对人口老龄化的政策和规划、大力发展社会服务的同时，也不可忽视家庭的作用，给予家庭照料同等关注。相关家庭政策的设计，若

---

① 封婷、肖东霞、郑真真：《中国老年照料劳动力需求的估计与预测——来自澳大利亚的经验》，《劳动经济研究》2016 年第 4 期。

能在家庭有能力负担老年人照料时，考虑到提高家庭照料效率，而在家庭难以满足照料需求时，有社会服务可供选择作为补充，减轻家庭成员照料负担，并不完全是替代家庭支持，可能会既充分发挥家庭支持的能力，也会在家庭难以承担所有劳动、需求外部支持时提供社会服务。

作者　郑真真，中国社会科学院人口与劳动经济研究所研究员

# 第七章 中国智慧康养面临的挑战*

人口老龄化与信息和通信技术（ICTs）的发展是20世纪90年代以来的两大社会发展主题。信息社会也是一个老龄化社会。当信息技术革命同老龄化进程、家庭变迁和家庭养老功能削弱相互碰撞与交织时，就为老龄化问题的应对与解决提供了新理念、新思路、新技术、新手段，可成为解决现今养老服务业供给不匹配及结构性制衡的可行举措。中国的智慧康养尚处于初始阶段，对微观基础缺乏关注和社区平台缺乏有效利用等，成为智慧康养事业发展的阻碍。破解这一困局需将眼光更多地转向微观基础建设，激发老年人对智能产品的需求并提高他们的使用能力，通过人性化产品设计，做好老年人特别是农村老年人和中年人智能化产品的能力培育，助力新形态下的“积极老龄化”“健康老龄化”。

## 第一节 信息技术与人口老龄化

人口老龄化是生育率降低和预期寿命延长相叠加的必然结果，也是经济社会发展进步相叠加的必然结果，是21世纪重要的人口发展特征。早在20世纪之前，法国就已开始进入老龄化社会；进入20世纪后，这种个别国家或地区的现象逐渐向全球扩散和蔓延，20世纪70年代后席卷多数发达国家或地区和部分发展中国家；进入21世纪以来，全球的人口老龄化进程进一步加快。21世纪是一个人口老龄化的世纪，老龄化进程将如影随形，成为

* 本文曾以《智慧康养：概念、挑战与对策》为题发表于《社会科学辑刊》2019年第5期。

人们日常生活的一部分。

作为世界上最大的发展中国家，中国不仅人口总量位居世界第一，而且也是目前世界上唯一一个60岁及以上人口超过两亿的国家。“截至2017年底，全国60周岁及以上老人人口达到24090万人，占总人口的17.3%，其中65周岁及以上人口15831万人，占总人口的11.4%。”① 中国自2000年进入老龄化社会以来，人口老龄化进程不断加快，至2017年，老年人净增1.1亿人；预计到2025年，60岁及以上人口将达到3亿人，占总人口的1/5；到2033年60岁及以上人口将突破4亿人，约占总人口的1/4；2050年前后，人口老龄化将迎来历史性高峰，老年人口将突破4.87亿人，约占总人口的1/3，老年人口总量和在总人口中的占比双双达到峰值。不仅如此，中国的老龄化态势兼具“高龄化”“慢病化”“失能化”“空巢化”等“多化并发”的特点。

在后人口转变时期，少子老龄化的迅速发展给家庭和社会都带来了严峻的挑战，应对人口老龄化的任务十分繁重和艰巨。一方面，家庭结构的变化（如规模小型化、居住模式“空巢化”和原子化）和家庭养老功能的削弱使传统的养老模式难以满足老年人的基本诉求；另一方面，中国的养老服务还面临照护模式不健全、医护体系不完善、保障系统不稳定等诸多问题，尚未对家庭养老功能的弱化形成有效且良好的替代。全国老龄工作委员会的预测结果显示，2015～2050年，中国用于老年人养老、医疗、照料等方面的费用，将从占GDP的7.33%上升至26.24%，② 而这也给中国的财政支持和养老服务体系等诸多方面带来巨大挑战。为了更好地应对挑战，养老理念必须与时俱进，养老模式和手段的创新迫在眉睫。

人口老龄化社会也是信息化的社会。21世纪将是信息技术不断进步的信息爆炸时代。作为人类历史上的第四次伟大革命，信息技术革命无疑会给

① 《2017年社会服务发展统计公报》，中华人民共和国民政部网站，2018年8月2日，http://www.mca.gov.cn/article/sj/tjgb/2017/201708021607.pdf。

② 《王建军：加快建立完善的现代养老服务体系》，经济参考网，2018年7月25日，http://jjckb.xinhuanet.com/2018-07/25/c_137346469.htm。

人类生产和生活的方方面面带来深刻、根本甚至是颠覆性的影响。在给人类提供新的生产方式和组织管理方式、引发产业结构和经济结构变化的同时，信息技术革命还将进一步触发社会意识形态和个体价值观念的变化，由此可能带来前所未有的社会结构变革，人类面临新的文明形态。在今天，技术的进步不再是以算数级数的形式增长，而是以几何级数的形态变化，信息化或其升级版已成为人们日常生活中必不可少的一部分，成为人脑和人体外在器官的有效延展、内在器官持续发挥作用和精神世界丰富完好的手段。

当互联网技术和物联网技术延伸到养老领域并与人口老龄化的快速进程这一现实情境相叠加时，科技与信息技术的发展因具有多种优长①，可为新时代养老服务理念、模式和手段的创新带来新的机遇、提供新的窗口，给养老服务业的发展提供新的思路，成为探索新型医疗模式和养老模式、化解养老领域供需失衡的结构性矛盾和制度化问题的一个突破口。西方的研究发现，老年人是互联网使用增长最快的一个群体②，但中国的老年网民增长很缓慢。尽管中国网民规模十分巨大，截至 2017 年 12 月，互联网用户数量达到 7.72 亿。③ 然而，在全部互联网人群中，老年用户仅占 5.2%，这既与庞大的老年人群极不相称，也与信息技术的几何式增长极不相称。

那么，在当下积极应对人口老龄化挑战的紧迫关口，当信息技术革命与人口老龄化这两个重要的社会现象发生接触、碰撞与交流时，将给老龄化议题的应对与解决带来怎样的机遇与挑战呢？早在 1982 年，面对快速的人口老龄化进程，联合国在维也纳召开了第一届老龄问题世界大会，会议通过了《老龄问题国际行动计划》，确定了采用多种方式应对人口老龄化，开启了应对人口老龄化议题的探索。2008 年 11 月，IBM 在纽约召开的外国关系理

---

① Marie Chan, Eric Campo, Daniel Estève, Jean-Yves Fourniols, "Smart Homes: Current Features and Future Perspectives," *Maturitas*, Vol. 64, No. 2, 2009.

② Shira H. Fischer, Daniel David, Bradley H. Crotty, Meghan Dierks, and Charles Safran, "Acceptance and Use of Health Information Technology by Community-dwelling Elders," *International Journal of Medical Informatics*, Vol. 83, 2014, pp. 624 – 635.

③ 《第 41 次中国互联网络发展状况统计报告》，中国互联网络信息中心网站，2018 年 3 月 5 日，http://www.cnnic.net.cn/hlwfzyj/hlwxzbg/hlwtjbg/201803/P020180305409870339136.pdf。

事会上，提出了建设“智慧地球”的理念，并于2010年正式描绘出“智慧城市”的愿景，希望为世界城市的发展贡献力量。在少子老龄化的背景下，这一理念也推动了互联网和物联网技术在养老领域的应用。

2010年以降，智慧康养在中国日渐成为养老服务业、养老产业和养老行业的一个热词，尤其是2013年后，它成为政府大力推进的一项重要工作。尽管不同学科和不同部门对该新生事物都有不同认知，但在过去几年，国家层面的相关政策密集出台，[①] 学术研究和社会实践也快速发展。然而，尽管智慧康养的理念日渐深入人心、前景良好，但它还是一个新概念、新议题、新举措，社会各界对其含义的认知还很不一致且有失偏颇，未来的发展方向也不清晰。为此，本章将从智慧康养的概念切入，解析其内涵，分析它给养老带来的机遇，探讨它在落地过程中面临的挑战及应对思路。厘清概念、内涵与外延，是智慧康养发展的基本前提，有助于学者、社会和政府部门之间展开有效对话；全面了解智慧康养的优长，深入剖析它在落地过程中面临的困境，是智慧康养达成预期目标的重要依据。本章以现实问题为导向，通过对智慧康养诸多难点和疑点的解析，或可为新时代智慧康养的实际操作及相关政策的完善提供科学的学理支撑，促进智慧康养服务体系的完善，进而助推“积极老龄化”和“健康老龄化”的发展。

## 第二节　智慧康养的发展及其内涵

### 一　智慧康养的概念界定

“智慧康养”这个概念是个舶来品。国外关于智慧康养也有很多不同的

---

① 自2011年《中国老龄事业发展“十二五”规划》发布以来，国家和相关部委出台了10多项智慧养老相关政策，仅2018年就有两项，即《国务院办公厅关于促进“互联网+医疗健康”发展的意见》《国务院办公厅关于印发深化医药卫生体制改革2018年下半年重点工作任务的通知》。

表达，如“smart care for elderly” “smart care for the aged” “smart senior care”“intelligent elderly support”。这一概念、理念和思路最早由英国生命信托基金首次提出，亦被称为“全智能化老年系统”“智能居家养老”“智能养老系统”等，或统称为“全智能化老年系统”。在概念内涵的演进上，“智慧康养”的前身是智能康养。“智能”（intelligent），更多地体现为技术和监控；“智慧”（smart）则更突出“人”的主体地位，强调了人的灵活性与聪明。①

对于智慧康养的内涵，不同学者持不同认识②。其一，强调技术层面的手段。例如，席恒等人③提出，智慧养老是利用物联网、智能云计算等技术，实现各类传感器终端和计算机网络的无缝连接。其二，强调通过新型手段达成特定的目的。例如，左美云④认为，“智慧养老”（smart care for the aged）包括两个方面：一是利用信息技术等现代科技（如互联网、社交平台、物联网、移动计算等），围绕老年人的生活起居、安全保障、医疗卫生、保健康复、娱乐休闲、学习分享等各方面，支持老年人的生活服务和管理，对涉老信息自动监测、预警甚至主动处置，实现信息技术与老年人的友好型、自主式、个性化智能交互，提高老年人的生活质量；二是利用好老年人的经验智慧，使智慧科技和智慧老人相得益彰，目的是让老年人过得更幸福、更有尊严、更有价值。其三，强调不同于传统养老模式的新型养老模式。例如，张睿⑤从养老模式的角度对智慧养老进行定义，认为智慧养老是

① 左美云：《智慧养老的内涵、模式与机遇》，《中国公共安全》2014 年第 10 期。

② 目前，多数研究使用“智慧养老”这个概念，笔者认为“智慧康养”更合适，原因有二。其一，智慧的不仅是“养”，而且还有“健”。健康不是只有生理健康，还有心理健康和精神慰藉。其二，迄今为止，中国的智慧养老实际上都在谈健康管理和医疗诊疗，与传统的“养”的关系较弱，但与健康的关系更大，需要突出这个特点。本章在引用他人的研究时，沿用他人的用法。

③ 席恒、任行、翟绍果：《智慧养老：以信息化技术创新养老服务》，《老龄科学研究》2014 年第 2 期。

④ 左美云：《智慧养老的内涵、模式与机遇》，《中国公共安全》2014 年第 10 期。

⑤ 张睿：《智慧养老背景下小组工作介入社区居家养老研究》，硕士学位论文，广西师范大学，2017。

借助于信息技术的新型养老模式，依托互联网发展而来，联合了居家养老、社区养老和机构养老三种主要的养老模式，并通过互联网对三种养老模式进行融合、资源共享，最终实现养老信息在需求者、供应者和管理者之间的畅通无阻。由此可见，不同学者对智慧康养的概念内容见仁见智，其内涵与表现形式也随时代的发展而不断丰富。

笔者认为，界定智慧康养，首先必须对这个概念加以拆解。“智慧康养”这个概念中有两个关键词，即智慧、康养。智慧涉及技术，技术总在不断更新，故属于供给侧要素；而康养涉及状态、与该状态相呼应的种种需求，故属于需求侧议题。所以，从实质上看，智慧康养 = 技术 + 状态；从核心来看，智慧康养 = 发展 + 需求；从关系来看，智慧康养 = 供给侧 + 需求侧。智慧是指互联网、大数据、区块链等高科技，既是技术产业，也是服务平台与服务手段；而康养则是指赡养老年人，面向特定人口群体，有病诊疗、无病修养，让老人心情舒畅、精神愉悦。所以，智慧和康养涉及一种技术手段与服务对象的关系。在这对关系中，并非所有智慧技术都可直接运用于康养服务；智慧康养应该是智慧的康养、智慧式的康养、智慧化的康养。康养服务需求将决定哪些智慧技术能够为老服务，为老和康养服务是核心，智慧技术是手段和途径。

因此，智慧康养是一种状态与技术的结合或需求与供给的结合，技术为供给侧的核心要素，而状态决定了需求。它是利用先进的信息管理技术、无线传感网络等技术手段，实现信息与资源的共享，跨越时间、空间、人群（尤其是空间）边界，将老年人、社区、医护人员、医疗机构、政府、服务机构等整合为一个有机整体，为老年人提供更便捷、更多样、更契合需求的服务，从身心层面满足老年人的需求，达成老年人客观物质与主观精神双重满足的目标。

## 二　智慧康养的发展历程

智能康养即“智能居家养老”（smart home care），通过为老年人提供更多的智能化养老产品，让他们在日常生活中摆脱时间和地理环境的束缚，满足其多方面的需求，并在自己家中过上高质量、高享受的生活。

国外有关智慧康养的研究有两条相关但有别的思路：一是以健康为基础的思路，二是以社会参与、日常生活与情感慰藉为基础的思路。就前者而言，对智慧康养的研究是以基于智能传感的智慧康养功能系统设计为开端的。[①] 相关研究从信息技术视角出发，在20世纪90年代就开始了智能家居和辅助设备的探索，[②] 并在视频监控、远程健康监测、电子传感器和设备（门磁监控、床警报、压力垫、烟雾报警器）等方面，探索智能化的养老方式。2002年，明确提出智慧康养的功能，相关研究逐渐聚焦于智慧康养的产品设计，重在电子诊疗和发现滑倒设备。[③] 此后，智能家居在独居老年人健康管理和监测方面的应用受到广泛关注。[④] 学界普遍认为，智慧康养应实现自动监测独居老人在家的健康状态，通过无线传感网络，获取居家环境信息、实现与老年人的信息交互，并以此建立老年人的行为模型，实现健康状况的信息化管理。[⑤]

就后者而言，老年人的网络（如电脑和电邮）使用在美国受到不同领域的高度重视，相关研究十分活跃，并得出两类有差异的结论。其一，信息网络技术的使用，有助于增强老年人的独立性，改善并维持他们的社会网络与社会支持的可及性和便捷性，提高老年人的生活品质，增进他们的幸福感

---

① G. Williams, K. Doughty, K. Cameron, D. A. Bradley, "A Smart Fall and Activity Monitor for Telecare Applications," *Proceedings of the 20th Annual International Conference of the IEEE Engineering in Medicine and Biology Society*, Vol. 20, No. 3, 1998, pp. 1151 - 1154.

② 孙梦楚、高焕沙、薛群慧：《智慧养老产品开发现状研究》，《经济师》2016年第4期。

③ 赵英、刘任烨、田蜜、胡利佳：《智慧养老研究的现状及发展趋势分析——基于文献计量和知识图谱》，《山东财经大学学报》2017年第2期。

④ J. Saunders, D. S. Syrdal, K. L. Koay, et al., "'Teach Me-Show Me'—End-User Personalization of a Smart Home and Companion Robot," *IEEE Transactions on Human-Machine Systems*, Vol. 46, No. 1, 2016, pp. 27 - 40.

⑤ N. K. Suryadevara, S. C. Mukhopadhyay, Wangr, et al., "Forecasting the Behavior of an Elderly Using Wireless Sensors Data in A Smart Home," *Engineering Applications of Artificial Intelligence*, Vol. 26, No. 10, 2013, pp. 2641 - 2652.

和心理健康水平。[①] 其二，更多地使用互联网会让人沉迷其间，降低家庭成员之间的交流，缩小用户的社交圈子，减少他们的社会参与和结交新朋友的机会，进而加大抑郁和孤独感的可能性，给其心理福祉带来负面影响。[②] 尽管如此，总体而言，绝大多数研究表明，计算机的普及和其他智能终端设备的应用，对老年人的生活会起到很大的丰富作用，正向影响远大于负面影响。

居家养老的智能化为信息科技和养老产业的结合提供了一个良好的契机。智慧康养产品的开发逐渐受到养老产业的关注，致力于解决老年人安全监护、健康管理、生活服务、精神慰藉等各类需求，让老年人随时随地都能享受到便捷、高品质的服务。2016 年，智能机器人和陪伴机器人等智慧康养产品的应用成为研究热点，养老机器人方面的研究也取得了快速进展。根据功能，养老机器人可分为不同的类型，包括娱乐型机器人、行动辅助型机器人、日常照顾型机器人、情绪调节机器人、伴侣机器人、按摩型机器人等。随着服务型机器人在生活中得到大量使用，智慧康养产品的开发也进入了一个新阶段。

尽管国内关于智慧康养的研究才刚刚起步，但信息技术的飞速发展和老龄化进程的同步性，促使不同领域的学者开始思考推动智慧康养的紧迫性与可行性。2003 年，国内学者就开始对“网络化养老”“数字化养老”进行研究；[③] 2010 年后，对智慧城市的讨论进一步推动了智慧康养的相关研究和社会实践，理念和思路得到进一步发展。与西方的两条发展思路不同，中国

---

① H. White, E. McConnell, E. Clipp, L. G. Branch, R. Sloane, C. Pieper, and T. L. Box, “A Randomized Controlled Trial of the Psychosocial Impact of Providing Internet Training and Access to Older Adults,” *Aging and Mental Health*, Vol. 6, No. 3, 2002, pp. 213 – 221.

② Robert Kraut, Michael Patterson, Vicki Lundmark, Sara Kiesler, Tridas Mukophadhyay, William Scherlis, “Internet Paradox: A Social Technology that Reduces Social Involvement and Psychological Well-being?” *American Psychologist*, Vol. 53, No. 9, 1998, pp. 1017 – 1031; S. Sum, R. M. Mathews, I. Hughes, and A. Campbell, “Internet Use and Loneliness in Older Adults,” *CyberPsychology & Behavior*, Vol. 11, No. 2, 2008, pp. 208 – 211.

③ 牛康：《依托社区的信息网络化来探讨社区养老模式的可行性》，《高科技与产业化》2003 年第 12 期。

关于智慧康养的研究单纯是从基于物联网技术的养老信息系统规划和功能模块设计开始的。[①] 迄今，基于物联网、互联网、社交平台等技术，在智慧养老产业[②]、智慧养老模式[③]、智慧养老产品开发[④]等方面均有所建树。总体而言，学者对智慧养老的发展持乐观态度，认为“智慧养老有望成为我国应对人口老龄化问题存在的制度准备不足、老龄保障和服务发展滞后等难题，实现传统养老方式变革，走出一条实现新型养老模式的路径”。[⑤]

近年，随着国家相关政策的出台与实施，智慧康养也吸引了社会各界越来越多的目光，越来越多的企业参与其中，愿意共同分好这块“蛋糕”。一方面，信息技术与养老产业的结合是一个新的经济增长点，助推老龄社会经济的发展；另一方面，产品的多元化可为更多老年人提供更契合需求的服务。随着“健康中国”战略目标的提出，增强失能老年人对智慧产品的可及性也是研究的一个关切点。[⑥] 随着医养结合、长期照护保险试点制度的不断推进，更好地发挥信息技术的作用，将互联网与医疗健康紧密联系起来，也有助于推进这些试点工程的前行与进一步的推介。

## 三 智慧康养的产品开发与利用

随着更多的企业开始关注智慧康养，智能化养老设备的开发有了长足发展，各种涉老科技产品琳琅满目。目前，智慧型的新型养老设备主要包括可穿戴设备、健康管理设备、家居设备等。一是可穿戴设备。包括具有各种功能（如 SOS 一键呼救、定位和通话、测血压、血糖）的智能腕表，更加便捷好用的智能手环，可避免不断戴眼镜和换眼镜麻烦的智能眼镜，可佩戴在

① 王欣刚：《信息化养老服务系统平台的规划与设计》，硕士学位论文，南京邮电大学，2012。

② 刘刚：《中铁四局智慧养老业务战略管理研究》，硕士学位论文，西南交通大学，2017。

③ 陈恬恬：《基于“互联网 +”视角下智慧养老模式的构建研究》，硕士学位论文，南昌大学，2017。

④ 孙梦楚、高焕沙、薛群慧：《智慧养老产品开发现状研究》，《经济师》2016 年第 4 期。

⑤ 陶冶、殷振华：《物联网渗透服务业 将拉动我国经济增长》，爱好收集网，2011 年 12 月 26 日，http://www.cqraojun.cn/ShowArticle.asp? id = 31。

⑥ 李滔、王秀峰：《健康中国的内涵与实现路径》，《卫生经济研究》2016 年第 1 期。

人身上或衣服上的智能首饰，具有定位追踪功能的户外导航智能运动鞋，具有定位和图形成像功能的智能头盔，智能手套和智能颈椎环，等等。二是健康管理设备。这类设备可实时获得老年人的健康数据，是其健康管理的好帮手，包括智能枕头，智能水杯和智能筷子（不仅方便老年人取食，也可鉴别与收集食物和老人饮食数据），可检测出一些内在的身体数据的智能体重计，智能血压计，助听器材，传感器智能服（可实时进行身体参数和环境数据的检测，具有 GPS 定位功能，可减轻子女对老人外出走失的担忧）。三是家居设备。如老人走出房屋或摔倒，地面安全传感器会立即通知医护人员或老人亲属；“智能厕所”能检查老人的尿液，量血压、测体重，让如厕变成医疗检查，数据直接传送到社区卫生服务中心的老年人电子健康档案系统，一旦出现数据异常，智能系统会自动启动远程医疗，必要时上门提供卫生服务。“智能养老”方式还能提供娱乐内容，如在房门上安装的娱乐传感器可在老人进门时自动播放主人喜爱的音乐，适时调节暖气和灯光。

智能手环和智能腕表是目前老年人接触较多的智慧康养产品。有些产品针对老年人的年龄做进一步的区分。比如，针对中年老人、高龄老人、活力老人、失智老人等不同类型，智能手表也略有差别。这类设备不仅可为老年人更加精准地测量血压，还可为他们制订合理的运动计划，信息与手机完全共享，实现健康状态的实时监控。不过，尽管以上智能设备已经通过研发环节，但距全面推广还需要时日。

由此可见，目前社会和学界对于“智慧康养”的定义主要在于医疗卫生设备方面，借助物联网技术，通过各类传感器收集老年人日常的健康指标，并通过互联网技术的实时共享使老者的日常生活处于远程监控状态。这在 2018 年工业和信息化部、民政部、国家卫生健康委员会公布的《智慧健康养老产品及服务推广目录（2018 年版）》中表现得尤为清晰。目录将智慧康养区分为两大类：一类是产品，另一类是服务。从图 7－1 可知，智慧康养产品及服务几乎全部与健康有关，较少考虑到老年人健康之外的需求。

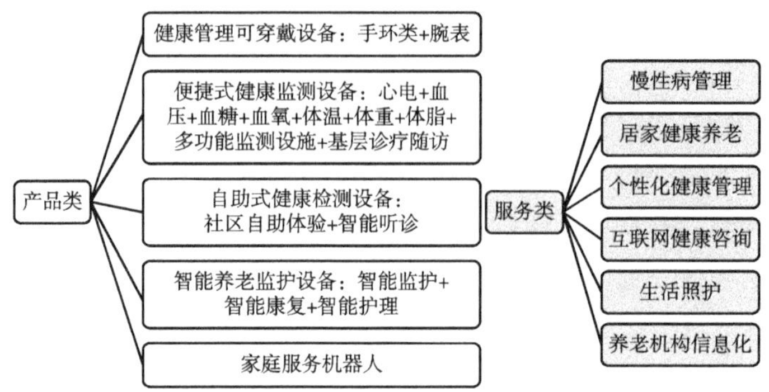


**图 7－1　智慧健康养老产品及服务**

资料来源：《三部门关于公布〈智慧健康养老产品及服务推广目录（2018 年版）〉的通告》，中华人民共和国工业和信息化部网站，2018 年 8 月 8 日，http：//www.miit.gov.cn/n1146295/n1652858/n1652930/n4509627/c6299866/content.html。

## 第三节　中国智慧康养的困境与挑战

国外关于智慧康养的研究起步于老年人对互联网的使用，随着互联网技术的发展而成长。在信息化和互联网时代，国外的理念和技术很快传播到国内，极大地推动了国内相关研究的快速进步甚至同步发展。随着互联网对人们日常生活影响不断深入，加之更多的老年人选择在地养老，智慧康养在中国具有十分广阔的应用前景。而且，近几年，作为一项试验性工作，政府通过政策、项目等方式的扶持也极大地推动了智慧康养事业的发展。然而，全国性的定量数据分析和北京等多地的定性访谈资料一致表明，作为一项新生事物，智慧康养还处于初始发展阶段，依然面临诸多困境。比如，在理念、制度、技术和人才等诸多方面，无论是制度层面还是试点运营层面，都依然存在诸多不足；因制度缺失、银色数字鸿沟、信息数据缺乏主动挖掘和人才短缺等，智慧养老的发展还存在智能化和信息化程度较低、集约化商业模式不成熟、单一且不够人性化的智慧养老产品及过于重视日常照料而忽视精神需求等问题；智慧养老在老年人隐私保护方面也存在问题；在服务运营过程中，因服务信息平台的内容、标准、运作方式不兼容，导致信息资源无法共享，无法真正有效利用服务资源。除上述诸多挑战外，智慧康养还存在其他方面的瓶颈，简要梳理如下。

## 一　重视平台营造，忽视微观基础

智慧康养的价值必然也只能体现在老年人对产品和服务的利用上；智慧康养中，"智慧"不仅仅是技术，更是老年人自身，服务平台建设均应以老年人为落脚点。智慧康养可从微观、社区和社会三个层面以及理念创新、平台建设和实际应用三个维度来综合考察，二者形成一个 3 × 3 的矩阵（见表 7－1）。从中可知，智慧康养涉及至少三个层面的主体，至少应该包括三个领域。从国家和地方出台的智慧康养政策来看，政府更加重视社区（包括实体社区和虚拟社区）统一平台建设，推动企业、乡镇街道和基地试点，积极倡导智慧康养的理念。学术探索的焦点在于从宏观层面较为宽泛地分析智慧康养的必要性、问题与挑战。相反，如前面所言，表 7－1 中的微观层面并未得到更多关注。

**表 7－1　智慧康养的三个层次与三大元素**

| 维度 | 理念创新 | 平台建设 | 实际应用 |
| --- | --- | --- | --- |
| 微观（个体与家庭） | 是否接受 | — | 是否愿意用<br>是否会用<br>是否使用 |
| 中观（社区） | 是否认同 | 是否建设 | 是否促进使用<br>有无后续服务<br>服务的效用 |
| 宏观（政府） | 是否倡导 | 是否支持 | 是否有效监管 |

因此，自"智慧养老"的概念提出以来，"华而不实"的争议一直不绝于耳。因宏观层面的顶层设计和统筹力度不足、智慧康养体系的发展尚不健全、老人个体使用智能设备不便且对各项智能设备认知度较低等缘故，无论

是学界还是社会，均忽视了对老年人需求和认知的了解，更忽视了老年人智能产品使用能力的建设。学术研究、实践项目和政策设计等均重在展示智慧康养硬件建设的发展现状，并多从宏观层面泛泛地讨论智慧康养的问题，重复性研究较多，创新性研究较少。这就使许多问题有待厘清。

比如，老年人对智能产品的接受度和使用度如何？智慧康养在供给侧不断充裕的同时，作为需求侧的老人，其真实需求状况如何？智能化设备的可及性和可得性如何？老年人在使用智能产品的过程中面临哪些困境？哪些因素会影响老年人对智能设备的认知与利用？如何进一步增强老年人尤其是失能老人使用智能设备的便捷性？怎样提高老年人使用智能设备的能力？如何从需求侧出发，助推智慧康养的落地？对于长者而言，摸清其服务需求是探索智慧康养服务的首要前提，但社会各界对这些问题的关注还很不够，而这些问题也是智慧康养面临的最大困境，成为制约其发挥成效的最大瓶颈。

北京市的“9064”、上海市的“9073”、武汉市的“9055”养老服务体系思路或格局，均为90%的老年人在家康养，他们与外界的联系、家庭生活和社会参与状况无论是对“积极老龄化”还是“健康老龄化”都至关重要。同时，智慧康养最终必然落脚于个体、落脚于老人，无论是通过何种终端（如：手机、PAD等互联网适用设备），只有老年人接纳、利用并且用好了智慧康养这一新生事物，其效用才能实现。所以，微观基础才是智慧康养最重要的一个元素。平台易建，产品易生，但老年人的意愿与能力难达成。

## 二　忽视产品服务，降低有效需求

近几年，国家出台了大量的智慧康养政策，但这些政策大多关注硬件的平台设施、关注产品设备的开发，对平台服务和产品服务尤其是后续服务尚未给予足够的关注。忽视智慧康养的全过程服务造成有效需求不旺盛、实际供给不匹配，成为制约智能康养的另一个重要瓶颈。比如，一键救护往往安装在电话旁边，使用流程是按下急救按钮、等急救中心来电、再接120的电话，但问题是，如果真的有紧急情况，还能做到如此有序吗？又如，在平台建设中，往往会给老年人一个“智能盒子”，上面标明很多功能，如为老服务、智慧医疗等，但老年人反映，“盒子”基本上就是一个装在电视上的“电话本”，点击医疗，“盒子”就会告诉用户附近医院的电话；点击为老服务，就会出现家政服务的电话，但还是要老年人自己打电话。尽管这已是很大的进步，但既然引入了智能的概念，服务可否再进一步？能用“盒子”直接挂号，那么能用“盒子”直接叫家政服务是不是更好？

笔者通过在北京、湖北、上海等地的实地调研发现，老年人对智慧康养这一新型的服务模式知之甚少，对智能设备在养老方面的作用认识不足；即便有些老年人有所了解，亦不认可。同时，他们对新技术、新产品、新手段的接受力较低，对信息产品的信任度较低。老年人对智能产品不熟悉，老年人尤其是高龄老人和受教育程度较低的老年人在使用智能产品时也会遇到很大的困难。即使是最简便的智能手机终端，因不会使用，往往操作不当，产品容易出现故障；一些相对复杂的可穿戴设备则更易损坏，无法继续使用。但是，很多平台建设是基于政府的采购项目，一旦项目结束，相关服务也随之终止，后续服务缺失。迄今为止，政府对智慧康养购买项目的监管不到位，这不利于平台和产品作用的有效发挥，也会影响智慧康养的公信力，从而使这一新生事物尚未真正推广，老年人的了解意愿和服务需求不旺盛。

当然，需求不旺的另一个重要因素是传统养老观念和结构制约，包括习惯性或约定俗成的生活模式和养老方式，受教育程度较低和信息化知识较少，以及对付费产品的可承受性或消费意愿等。尽管智能技术与养老服务的紧密结合可给养老模式带来深刻的变革，但从消费观念到对陌生事物的排斥，老年人的群体特征也成为阻碍智能化设备利用的主要因素。虽然近年来在政府的大力倡导下，中国的智慧康养有了长足的进步，智能化产品逐渐多样化，但中国养老领域中信息技术的应用还处于较低层次。2016 年中国老年社会追踪调查结果显示，老年人对智能产品的使用情况不容乐观。在受访的 1.1 万多名老年人中，即便是智能手机，拥有率也仅为 16%，而使用率不到 10%。智能手机尚且如此，老年人对其他更复杂的智能产品的拥有和使用无疑更低。老年人对智慧康养的认可度也较低。2013 年，武汉市率先在汉阳区试点开通“一键通”服务，有需求的老年人仅为31.6%。[①] 的确，目前已开发出来的一些智慧康养项目或平台的受益覆盖面窄，并未得到有效利用，政府的积极倡导与项目落地遇冷形成鲜明的反差。

## 三 关注医疗和健康领域，忽视心理和精神层面诉求

对老年人而言，智慧康养涉及健康服务、生活消费服务和情感支持服务，但当下对智慧康养的讨论和实践项目主要局限于老人健康管理和疾病诊疗的智能化。毫无疑问，随着年龄的增长及身体机能的退化，健康状况的下降是所有老年人都会遇到的困难，健康的维持也成为他们最关心的话题，智慧康养可更好地为其健康保驾护航。研究发现，健康投资对中老年人的生理健康和心理健康都有显著的促进作用。[②] 小尾敏夫等人指出，要依托智慧城市的发展为老年人提供智慧医疗服务，要将原有的以保健单位为中心的服务转变为以病人为中心的服务。[③] Francesca 等人提出，可利用新技术，为失智老年人提供智能化服务，改善他们的认知状况。[④] 信息技术在健康管理方面的应用无疑会带来良好的经济效益和社会效益，故智慧康养关注老年人的健康问题无疑是必须的和紧要的。

不过，尽管健康是老年人最为关心的话题，老年人也或多或少地都遇到健康问题，但不是所有的老年人都处于不健康状态，健康亦非老年人的唯一诉求。实际上，养老不是只有健康一个议题，而是一项系统复杂的社会工程。很多老年人虽然罹患一种或多种慢性疾病，但其日常生活并不受影响，

---

① 毛羽、李冬玲：《基于 UTAUT 模型的智慧养老利用者使用行为影响因素研究——以武汉市“一键通”为例》，《电子政务》2015 年第 11 期。

② 韦艳、方祎、郭佳佳：《农村中老年人健康投资对健康状况的影响研究——基于陕西省的调查发现》，《西安财经学院学报》2017 年第 6 期。

③ Toshio Obi, Jean-Pierre Auffret, Naoko Iwasaki, Suhono Harso Supangkat, Susetyo Bagas Bhaskoro, “Smart Health Care for the Elderly Society in Smart City,” *Global E-Governance Series*, No. 5, 2013.

④ Liu Libing, Xue Xin, Hei Yihong, Yang Rui, “Internet + Talent Training Base Construction for Integration of Medical Treatment, Nursing and Elderly Care,” Proceedings of the 2016 Joint International Information Technology, Mechanical and Electronic Engineering, 2016.

家庭生活和社会生活参与亦可照常进行。根据马斯洛的需求层次理论，人的需求主要分为生理需求、安全需求、情感需求、尊重需求和自我实现需求。从理论上看，老年人的需求也是多样的，如休闲娱乐、精神慰藉、生活照料、医疗护理。[①] 生活消费和情感支持服务同样十分重要，并且这些是低龄老年人的重要关切。实证研究发现，当代老年人的需求可分为三大类，即安康需求、生活需求和社会需求。[②] 从供需视角出发，智慧康养生态链和养老需求层次模型应该是“养老金融、心理慰藉、生活支持、医疗护理、生活技能”；[③] 从社会网络的视角出发，智慧康养服务平台对重塑失能老年人社会联系、汇聚社会养老资源十分重要。[④] 对低龄和身体康健的老年人而言，在拓展老年人的社会网络，增强他们的社会参与，丰富他们的心理、精神、娱乐与文化生活等方面，智慧康养同样极其重要。在家庭结构小型化、亲子之间距离化的大背景下，利用信息技术手段，对老人的精神赡养和心理慰藉十分值得探索。在信息化时代，很多日常生活可通过网络实现，如何保证老年人在信息浪潮中不过度掉队，数字鸿沟不持续加深，代际差异不持续加大，既是智慧康养不可或缺的重要组成部分，也是应有的题中之义。只有在实践中同时注重物质条件和精神世界的满足，老年人才能真正地达到完整的技术体验。

## 四　忽视农村服务，拉大养老领域的城乡差异及“数字鸿沟”

在智慧康养领域，一个很大的问题是老年人的“数字鸿沟”。“数字鸿沟”一词，源于美国未来学家托勒夫对全球化进程中发达国家与发展中国

① 黄俊辉、李放、赵光：《农村社会养老服务需求意愿及其影响因素分析：江苏的数据》，《中国农业大学学报》（社会科学版）2015 年第 2 期。

② 吴金良、马玲、王伟：《智慧居家养老系统的构建——以需求为视角》，《电子商务》2018 年第 3 期。

③ 姜琛凯：《新常态下智慧养老生态链的构建——基于供需视角的分析框架及路径选择》，《山东财经大学学报》2016 年第 6 期。

④ 张玉琼：《构建失能老年人的智慧养老服务平台——以社会网络为视角》，《老龄科学研究》2015 年第 6 期。

家信息技术应用差别的描述。“数字鸿沟”也表示人群间、行业间和企业间的信息利用差别，反映信息时代下一种新的不平等。

城乡二元结构是中国的主要社会形态之一，信息技术在城乡间的普及度有明显差别。教育水平低、收入来源不稳定及基础设施不发达等共同决定了农村老年人在信息技术获取方面的劣势。根据中国互联网络信息中心发布的信息，2017 年，农村网民共 209 万人，占全部网民的 27.0%，与城市网民（563 万人，占 73.0%）形成鲜明对比。2016 年中国老年社会追踪调查数据也显示，老年人群中的“数字鸿沟”十分巨大。比如，城镇 60 岁及以上人口的智能手机拥有率为 28.7%，而农村仅有 7.4%。农村老年人无论在哪个方面都比城镇老年人更为脆弱和弱势。在智慧康养推进过程中，若忽视农村老年人的背景，将会进一步拉大已经存在的城乡差距，加重农村老年人的数字贫困与脆弱性。

## 第四节　智慧康养的未来发展

“智慧康养”是实现养老服务模式、技术模式和管理模式的创新，符合未来康养服务的发展方向，可有效化解人口老龄化带来的诸多问题。由此可见，在家庭结构小型化、“空巢化”和原子化，老年人家庭网络不断减弱，社会网络及社会支持作用日渐增强的情境下，智慧康养可为老年人自身的安全保障带来更大便利，拓展老年人的生存空间，加强他们的对外交流与联络，改善他们的心理健康与社会适应，是解决当前中国养老服务总量不足、结构不适尤其是人才缺失等问题的有效措施，与社会和时代变迁相契合。但是，未来智慧康养事业的健康发展在制度建设、平台建设、人才建设等方面还有很多需要完善之处，但限于篇幅，本章仅就智慧康养依赖的微观基础提出思考建议。聚焦微观基础主要是因为，智慧康养并非简单的信息平台搭建、技术和产品的开发或其他硬件的建设，而是必须解决好“最后一公里”难题，让老年人接受并愿意使用、熟悉且能熟练操作智能产品。只有做到这一点，才能真正将智慧康养的宏观理念落于实处，推动为老服务供给侧改革、增强养老服务体系的多样性及满足群众日益增长的社会化服务诉求。

## 一　摸清需求，夯实智慧康养的微观基础

智慧康养有若干体系，包括平台建设体系、平台服务体系等，但无论体系多么完善，落脚之处依旧在人。国外智慧康养服务体系主要由服务主体（外界组织、社区）、服务对象（老年群体）、服务方式以及服务环境组成。在信息化时代，老年人若不了解、不认同、不接受或不懂智能设备，不仅不利于推进“积极老龄化”和“健康老龄化”，而且可能造成代际及老年人群体内因是否使用信息化技术与使用能力而产生新的不平等。智慧康养效用的发挥，需要养老服务资源与养老服务需求的优化匹配。因此，必须把握老年人对智慧康养这一新生事物的认知、对智能产品的需求，并在此基础上实现需求与供给的有效匹配。换言之，打通智慧康养体系基础平台关键性的前置议题是，必须夯实智慧康养的微观基础，即给予智慧康养对象——老年人更多的关注。

这就需要针对老年人，通过具有代表性的问卷调查与多方面的质性访谈，开展基础性的需求调查，了解他们对智能产品的认识、包容和接纳程度，尤其是使用的现实情况；了解他们对智能产品在社会交往、精神慰藉、日常生活照料、健康管理与服务、医疗康复、休闲娱乐等方面作用的看法；了解他们对智能产品的使用意愿、使用品类、价格预期；了解他们对已有服务的满意度、使用难点，从而使服务平台设计更具有针对性，提高养老服务的效率、降低服务成本，促进老年人与家人、老年人之间、老年人与社区、老年人与社会的互动。同时，既要从总体上摸清老年人的需求与意愿，也要注重城乡差异、地区差异、人群差异（如不同年龄、不同受教育程度），从而总结经验、提炼规律，精准把握智慧康养推进工作的困境及问题的症结所在，进行有差异的施策，为可操作模式的提出及相关政策的完善提供科学的数据支撑。

智慧康养的建立和完善无疑是一个渐进式发展的过程，前期的宣传推广

工作对该养老模式的确立无疑至关重要。因此，需要在把握认知和需求结果的基础上，加大智慧康养模式的宣传力度，针对老年人开展多种形式的培训活动，通过示范项目的推广，让更多的老年人认识、了解这个新生事物，让他们真正体验和感受到智慧康养对日常生活的便捷性、健康管理的科学性和及时性、医疗服务利用的便捷性和可得性、社会交往空间的跨越性和可递达性。比如，基于老年人的认知特点，按照他们的受教育程度进行分类，或入户宣传和指导智能产品的使用，或在社区以小组的形式进行宣传和指导。又如，通过多种手段营造智慧康养模式的环境氛围，借助老年人活动组织等非正式团体或通过家属亲朋的宣传，间接影响老年人用户对智慧康养的接受和使用；通过开办免费培训班等方式，提高其信息素质和上网能力。再如，加强家庭与社区的互动，通过子女的“智能反哺”，提高老年人的智能产品使用能力，化解科技恐惧症造成的老人对智慧康养的排斥，从而在新形势下，融合“互联网＋”、物联网、机器人等技术，改善现有养老产业结构，以新的变化来适应新的需求。

## 二 优化产品服务，推进智慧康养的可持续发展

养老的核心终究是对人的服务。智慧康养模式能不能得到受众的认可、能不能普及和推广，关键在于产品和服务针对老年人群的人性化程度。智慧康养的推进必须以老年人的需求和可接受度为出发点，而不是以社区智慧康养平台建设为中心，不能为智慧化而智慧化。老年人能否接受智慧康养这一新模式，有两个重要的前提：一是系统的可操作性，二是价格的合理性。从各地的调研情况看，目前的平台建设或产品开发尚未真正突出以老年人为本的服务理念，产品设计没有将老年人放置在需求者的中心位置。

一是以老年用户为中心，完善和优化智慧康养产品的设计。通过政策引导，鼓励企业在深入了解老年人的生理、心理、认知和习惯等特征基础上，开发出更为人性化的智能化产品，并提供相应的服务。同时，在平台建设上，要特别注重智慧康养服务软件平台的界面友好性、操作便捷性、使用简单性等原则。不能期待老年人学习新事物，而是用他们

最熟悉的语言和方式普及智能产品，让平台不仅实现“技术高新化”、终端产品便携，而且需要具有操作便捷的特点。

二是加强智能化设备的日常运行维护和后期服务。通过完善的康养信息服务平台，完善康养服务热线和康养服务求助系统与救援系统、康养服务反馈评估系统等技术手段，让老年人不懂时有人找、有疑问时有人帮、产品坏了有人修。同时，必须不断提高和完善产品的兼容性、稳定性和安全性。

三是社区培训与子女反哺联手。社区对老年人的培训必不可少，子女对老年人智能化设备的反哺使用也不可替代。子女应该耐心地帮助父母学习智能产品的使用方法，让父母能够跟上时代的潮流；通过家庭与社区联动，形成社区培训与子女反哺的有效配合，即社区培训后，子女有意识地与父母进行智能产品互动。在这个过程中，让老年人能够充分感受到智慧康养服务的效用，激发老年人的需求，赢得他们的认可与信赖，提高他们的使用能力，进而提高智慧康养的利用率、普及率，推动智慧康养的可持续性发展。

## 三　分类施策，关照老年群体的多样化需求

满足老年人的需求是智慧康养服务的最终目标。尽管随着年龄的增长，老年人的健康状况会变差，健康状况的维持和管理也是老年人的重要需求。政府、社区与市场需要意识到除健康需求外，老年人的社会交往和精神文化需求也是重要内容。如其他人群一样，老年人的需求是一个多层次且递进的体系。为满足老年人多样化的需求，必须实现多元化的供给。通过统一化与个性化的供给模式相结合，在保障老年人基本需求的基础上，尊重老年人的自由选择，分类施策，满足老年人不同层次的需求。

一是保障老年人基本的安全和健康需求。安全照护和健康管理是老年人最基本的需求。安全和健康两项需求的满足也是其他需求满足的前提。为此，政府应通过转移支付或购买服务等方式，依托社区智慧康养平台为所有老年人提供安全照护、健康管理、健康教育和心理辅导等方面的服务。在安全照护层面，加强一键呼叫、安全报警服务，并对老年人周围环境进行实时监测。对于老年人的健康需求，加强老年人的健康档案建设、对他们的健康

状况进行实时监测。同时，加大针对老年人的健康培训，培育老人良好的生活习惯；家庭医生和家庭病床供给服务的普及也有助于实现老年人的日常健康管理。

二是满足生活服务、社会交往和精神娱乐等高层次的需求，丰富社区智能养老平台的内容，为老年人提供个性化且可自由选择的空间。比如，部分失能老人和健康状况较差的老年人可能需要更多的上门看护和上门护理服务；身体健康且性格较为开朗的老人对社区活动的参与更为积极，参与社团组织更为活跃，面临较大的社会交往需求；对于最高层次的精神需求，一部分老年人可能愿意通过当志愿者等形式来满足自己奉献社会的心愿，另一部分老年人可能愿意通过休闲娱乐来满足自己的精神文化需求。故此，对于具有不同特征的老年人，除健康管理、疾病诊疗等基本需求外，也必须突出互联网使用在基本生活需求和精神慰藉等方面的作用，并根据不同群体分类施策。既要包含家政服务、医疗护理、精神慰藉等常规性服务，还要有针对性地提供个性化服务、更加丰富的针对中低龄老年人的精神文化关怀，进而提升老年人的幸福感，增进老年人的福祉。比如，对于较高层次的需求，要充分尊重老年人的经济社会背景和自由选择，通过多元化的供给满足老年人多样化的需求。

## 四　关注农村，缩小城乡老年人的“数字鸿沟”

智慧康养是基于互联网的发展，依托新技术，对传统的家庭养老、机构养老模式的补充，是一种新型化、智能化、现代化的养老模式。[①] 城乡二元结构在信息时代下出现了新的表现形式，即信息技术获取的城乡差异。在智能化设备已经在日常生活中得到广泛应用的背景下，城乡居民信息技术获取的不平等无疑会影响他们生活的方方面面，最终形成“数字鸿沟”。在智慧康养的推进过程中，这种现象更值得关注，农村老年人的受教育水平较低将

① 贾伟、王思惠、刘力然：《我国智慧养老的运行困境与解决对策》，《中国信息界》2014 年第 11 期。

阻碍智慧康养在农村的展开。在智慧养老的推进过程中，不能仅仅将城乡间的“数字鸿沟”视为一种问题，而是要把它当作一种机遇。

对于政府和企业而言，农村地区有着大有可为的市场空间。需要关注农村老年人的能力建设，认识到阻碍智慧养老在农村地区发展的主要因素是农村老年人较强的观念与结构性制约，必须重视农村老年人智能化设备利用能力的培养。一是在供给侧，政府要加强农村地区基础设施建设，提高农户互联网覆盖率。企业除提高产品设计的适老化程度外，还应推出符合农村老人生活场景、经济条件和行为习惯的智能产品。二是在需求侧，加强农村老人能力培养，做好政策宣传，让农村老年人对智慧康养有更多了解；对农村老年人购买智能产品进行一定补贴，提高农村老年人的购买力；开展智能产品使用培训活动，提高老年人的使用能力。

## 五　从长计议，重视早期生活历程与知识技能水平

老年人群体是更替的、变化的。不同时代的老年群体因所处的时代、背景、条件和自身种种特征的不同，养老需求和变化模式也是不同的，既有时代的影响，也有队列的作用，还有年龄的投射。从某种程度上看，相较于传统的养老模式，智慧康养技术性更强，要求利益相关者对养老产品具有驾驭技能，至少是具有适用能力。今天的老年人对智能产品的适应能力较弱，具有一定的抗拒心理。一方面，除了需要加强对老年人的信息化技能培训外，还应关注低龄老年人口，尤其是 50 岁及以上人口。虽然中国人口的受教育程度越来越高，但还有相当一部分出生于 20 世纪 70 年代以前的中年人受教育程度有限，他们对现代信息技术的利用和认可也会受此束缚。步入老年期后，能否更好地适应智能化养老设备，不仅事关他们自己的福祉，也关涉智能养老事业的顺利推进。

因此，必须从现在开始，加强对 50 岁及以上人口的智能化养老设备的培训工作，提高他们对智能化养老设备的利用能力和认可度，激励他们早适应、早利用，从而提高他们晚年的养老质量和幸福感。

## 第五节　结论与讨论

未来的30年既是中国人口老龄化急速发展之时，也是智能技术的加速成长之期。应对老龄化成为政府、社会、家庭和个人的重要任务，而智慧康养在一定程度上突破了传统养老模式的空间和时间边界、养老手段和方式的局限，故倡导、推动智慧康养模式的发展是符合中国国情、符合信息时代大趋势的方向，对未来积极应对人口老龄化具有重要意义，也为“积极老龄化”和“健康老龄化”提供了机遇与希望，有助于推进老有所养、老有所为目标的实现。通过智慧化平台与产品的普及和应用，可提高老人自我照护的可能性，减轻家庭和社会的养老负担，降低独居、“空巢”等特殊老人风险发生概率。通过使用智能产品，激发老年人在力所能及的范围内继续参与经济、社会、政治和文化生活的积极性和可能性，全面提高老年人的福祉。

但是，智慧康养模式还处于起步阶段，相关研究、市场、服务等都还处于初步阶段。同时，因理念与结构性的制约，老年人对智能化产品的认可度和使用能力均处于较低水平，而推进积极健康的老龄化进程、完善养老服务，实现老有所乐、老有所为、老有所养，必然离不开老年人自身的参与。本章通过厘清智慧康养这一新型养老模式的概念，主要从微观基础出发，对目前智慧康养发展过程中面临的困境与挑战进行分析，并对未来应对挑战的措施提出了初步思考。

与西方发达国家相比，中国的智慧康养存在后发优势，充满了发展机遇。但是，智慧康养效用的发挥非一日之功，其建设是一个长期的过程。不仅仅是硬件建设，更重要的是软件的提升，其间必然存在种种困境和挑战。未来在制度完善、文化理念转变、信息技术水平提高、服务人才培育，智能产品的人性化、丰富性和多样性等宏观和中观层面，以及老年人自身理念的改变和技能的提高等微观层面，都还有很长的路要走。

作者　杨菊华，中央民族大学教授

# 第八章
# 日本“单身寄生族”现象及其未来

伴随着出生率的低下和平均寿命的延长，日本的老龄化现象仍有不断发展的趋势。预计今后25年间，由于经济差距、家庭差距的扩大，将出现各种经济状态和家庭状况的老年人，而且数量会不断增长。本章主要研究日本老龄化背景下与父母同住的未婚群体，即“单身群体”，笔者将这一群体称为“寄生单身族”（parasite single）。

“单身寄生族”的定义是“因为经济上依靠父母满足基本生活所需，自己的收入可以自由使用，所以过着高消费生活的单身族”。迄今为止，像这样大规模与父母同住的中高年未婚群体从未出现过。因此，以前可以将其作为例外、特殊的事例来处理。如今，这批与父母同住的年轻群体已步入中年，作为中年未婚群体，他们将迎来怎样的未来。这不仅是当事人自身的问题，从宏观角度来看，也是日本社会全体的问题（如社会保障制度），更是包括中国在内的未婚群体快速增长的东亚社会将要面临的问题，值得我们认真研究。

## 第一节　中年“单身寄生族”的出现

20世纪90年代，根据家计经济研究所20世纪90年代前半期的调查，笔者注意到那些在基本生活上依赖父母且过着优越生活的“与父母同住的成年未婚群体”。这一群体的特征是：拖延着不结婚，享受着宽裕的单身生活，日常基本生活（居住和吃饭等）都依靠父母，把自己收入的大部分作为“零花钱”消费。在此之前，此类未婚者从未被“发现”过。笔者把他们称作为“单身寄生族”[①]。

当时，这些“单身寄生族”的父母大部分出生于20世纪40年代，他们年轻的时候完全不可能考虑去海外旅行，基本不使用奢侈品，也没有去法国餐厅用餐、休假时去滑雪这类“优雅”的生活。但到了20世纪90年代，他们的子女因与父母同住而过上了父母一辈根本不曾经历过的丰富多彩的生活。此外，20世纪90年代，20岁左右的人认为自己将来应该会过上比父母更好的生活。女性认为自己应该会和比自己父亲赚钱多的男性结婚；男性认为自己到中年的时候，应该会比父母收入更高。此外，“单身寄生族”认为，即便自己有一天成为父母，也能过上比自己父母更为宽裕的生活，自己的子女也会过上比自己更宽裕的生活。总之，当时的“单身寄生族”大都有着自己的“寄生梦”。

当时，大多数与父母同住的单身群体认为自己“迟早会结婚的”，自己终归会像父母那样结婚，经营着自己的小家庭，生活独立、宽裕，到40岁前后应该会生两个孩子。1999年，那些单身群体还是20岁左右的年轻人，但到2017年差不多已经40岁左右了，也就是“40岁世代”。当然，并不是所有的“单身寄生族”都不结婚，一直和父母住在一起。有不少女性和男性摆脱了“单身寄生族”的身份，按照预定计划结婚、组建家庭。不过，还是有相当数量的人没有结婚，依然和父母住在一起。

总务省统计研究研修所的西文彦每年统计与父母同住的中年未婚者人数以及他们的就业状态。在图8-1中，可以看到，35~44岁与父母同住的未婚者人数整体上逐年增加，2015年已达到308万人的规模（2016年减至288万人）。

据西文彦的推测（2015年），在中年未婚群体里，与父母同住的308万人中，男性有182万人，女性有126万人。随着时间推移，这一群体的年龄也在增长，2015年与父母同住的45~54岁的未婚群体已经超越了157万人。目前，40岁左右的这一群体中，经济上不得不依靠父母养老金生活的

① 山田昌弘『パラサイト・シングルの時代』、ちくま新書、1999。

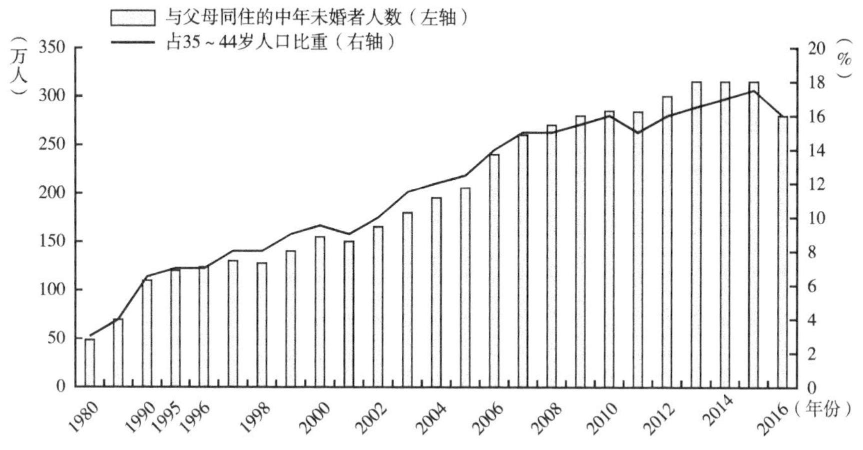


**图 8－1 中年“单身寄生族”的发展趋势**

资料来源：西文彦「親と同居の未婚者の最近の状況（2016 年）」、統計局ホームページ、2017 年 2 月 3 日、http：//www. stat. go. jp/training/2kenkyu/pdf/parasi16. pdf。

人正在增多，并且停在“高位上”。根据西文彦的调查，中年“单身寄生族”约一成处于失业状态，有两到三成处于非正规就业状态。男性收入不稳定，很难找到结婚对象，也就一直单身；女性在未婚的时候就很少有人是正式员工，多数是以家庭帮手的身份走进家庭的。而且，“单身寄生族”的失业率比非“单身寄生族”（夫妇家庭、单身者）要高出许多，“单身寄生族”的非正规就业比重也非常高。出于各式各样的理由依赖父母养老金生活的人达到全体中年“单身寄生族”的三到四成。

总之，当年那批 20 多岁的年轻人已经 40 多岁，过着并不比他们父母更好的生活，他们的生存状况也许正朝着他们原先所期待的相反方向发展，而且，不乐观地预计，这一群体中越来越多的人将来也很难过上更好的生活。可以说，“寄生单身族”的“寄生梦”已完全破灭。

那么，中年“单身寄生族”的心理层面又是怎样的？20 世纪 90 年代，大多数 20 岁左右的年轻人（1970～1979 年出生）在经历了 90 年代前半期的泡沫经济崩溃后长大成人。泡沫经济崩溃导致日本国内经济不断恶化，但当时泡沫经济尚未完全消退，消费也比现在旺盛，有不少“单身寄身族”

还可以经常约朋友出国旅游。但 20 年后的今天，步入中年且结婚的群体与那些中年“单身寄生族”之间的生活状况相去甚远。

笔者在《单身寄生族的时代》一书中已经指出，当与自己同住的父母逝世之后，即使经济上还过得下去，但对于之前从未一个人生活过的人来说，“身边没有人生伴侣和子女，一定会感到孤独无比”，的确，现实中这类人正在增多。根据东京大学社会科学研究所教授、经济学家玄田有史所著的《孤立无业（SNEP)》（日本经济新闻出版社，2013）一书，目前“不和父母之外的人说话”的 40 岁左右的男性和女性正在增多。玄田调查了 20 ~ 59 岁的未婚无业者，将“既无工作也不和人交流的人”命名为“SNEP”。从这本书可窥见那些被社会孤立的中年“单身寄生族”的生活状态。

笔者在《单身寄生族的时代》中曾写道：“‘单身寄生族’是日本社会停滞的象征”，“和父母住在一起的群体表面上出手阔绰，消费奢侈，但这种宽裕不过是以不结婚生子为代价换取的，其结果将导致少子老龄化，即便日本经济在短期内可能会显露景气，但未来经济发展恐怕是停滞的”。当时社会弥漫着这种担忧。没想到一语成谶，社会果真如笔者之前所担心的那般发展着。

## 第二节 “单身寄生族”的“结婚难”现状

正如笔者在《婚姻的社会学：未婚化、晚婚化会持续下去吗》[①] 一书中曾预测的那样，日本年轻人结不了婚的问题变得越来越严重了。事实上，从这 20 年的舆论调查和未婚群体的婚恋现状来看，“想要结婚却结不了婚的人”的确越来越多了。

1990 ~ 1992 年，笔者与千叶大学的宫本美智子教授一起对 20 岁左右还与父母一起生活的未婚者做了大量采访和问卷调查，获得了很多一手材料，这些材料为笔者后来撰写《单身寄生族的时代》提供了重要的依据。虽然

① 山田昌弘『結婚の社会学：未婚化・晚婚化はつづくのか』、丸善ライブラリー、1996。

在当时接受我们采访的与父母一起生活的未婚人群中，确实也有一些人因为“想享受现在的生活，所以推迟了结婚”，但几乎没有人是因为“不想结婚而没有结婚的”，这一点太重要了。

对女性而言尤其如此。当时，只有两成左右的女性上四年制大学。也就是说，大约八成女性就读于短期大学或者高中毕业、初中毕业。然而，在采访中我们发现，她们当中的绝大多数人并不是因为想要工作才没有结婚，而是因为“找不到合适的结婚对象”。之后，笔者又利用参加厚生省组织的研究会等机会，对未婚人群进行了持续调查。通过这些调查，笔者得出与当时的主流看法完全不同的结论，即“现在的社会现象并不是晚婚化，而是未婚化”。

收入不稳定的年轻男性很难被挑选为结婚对象，从而一直跟父母同住，一直处于未婚状态，也就是说，想结婚却结不了婚的年轻人在增多。这种情况导致2000年以后与父母同住的未婚者现象的变化。一是与父母同住的中年未婚者的出现。20世纪90年代与父母同住的未婚者的年龄会越来越大，当时20岁左右的与父母同住的未婚者，到2015年时仍有1/3还是未婚状态。二是经济状况的低迷、经济差距拉大、年轻人收入的减少，还有不宽裕的中年父母的增多，年轻人自己的收入也少，从而出现了与经济不宽裕的父母同住的未婚者。

20世纪90年代，可以独立但选择与父母同住的“单身寄生族”也存在，但数量在减少，反而无法独立不得不选择与父母同住的单身者在增多。根据国立社会保障人口问题研究所的调查，1992年，25～39岁的未婚男性中，约90%是正规就业，而到了2010年，这个比重下降到60%。

笔者在1994年投给《诸君!》的文章《结婚难与经济增长》中曾指出：“女性理所当然地认为要找一个比自己或者比自己父亲收入高的男性结婚。当经济高速增长时，要找到这样的男性很容易。但是，随着经济增长放缓，进入低增长期，比自己或比自己父亲收入高的男性越来越少，因此要找到合适的结婚对象就变得越来越难。于是，很多人只好推迟结婚，结果因为找不到合适的人而不能结婚的男女变多了。”

1975年之后，日本的经济由高速增长转入低速增长，晚婚化即未婚化也随即出现。也就是说，那时出现的未婚化现象与经济转型有关。经济转型造成女性找到高收入男性的概率大幅度下降。不过，假如女性并不介意与低收入男性结婚，那么就不会产生未婚化现象。然而，事实并非如此，因为在通常情况下女性还是不会选择与收入低的男性结婚。当时很多媒体以及中高年学者等却坚持认为，"结婚是一件再简单不过的事情"。很多年轻人也想当然地认为，"结婚这种事，只要本人愿意，随时都能找到与自己结婚的人"。也就是说，在当时，几乎所有人都认为未婚化只是简简单单地推迟了结婚而已。正因为大家都这么想，婚姻问题最终发展为少子化这样一个严重的社会性问题。

在经济持续增长的1975年之前，对每个人而言，"结婚就是想结就能结的事"。如果看到1975年之后围绕婚姻的社会环境所发生的变化，就不难发现，结婚这样原本再简单不过的一件事，现在却变得没那么简单了。可是，当时的大部分学者及政府人员没能认识到这一点。坦率地讲，媒体及政府之所以无法看到现象的本质，与他们把调查对象范围集中于拥有大学本科学历、居住在大城市或是大公司正式员工、公务员等群体有关。可是，像这样的人又有多少呢？所以，对社会学而言，根本和基础还是要做好实地采访与实地调查。大阪大学吉川彻教授就曾反复指出社会偏见问题。①

现代社会，正如安东尼·吉登斯提出的"存在论的不安"那样，自我认知和存在的安全感不是个体所拥有的特质，是不可能自动获得的。在宗教和地域社会衰退的过程中，化解存在的不安感，换句话说，"切实感受到自己被需要、被珍惜"是通过依靠家庭成员获得的。最普遍的途径是，通过结婚找到伴侣，从而得到存在的安全感，满足各种程度的亲密性。

那么，现在没有配偶、没有恋人（家人）的人在增多。他们是怎样满足"亲密性"和化解存在的不安感？首先，从配偶（恋人）那里得到的亲密性，可分成以下三种类型：①交流（对方能够倾听自己的体验，能够产

① 吉川徹『日本の分断：切り離される非大卒若者（レッグス）たち』、光文社新書、2018。

生共鸣等），②浪漫感情（接近对象，希望获得认可），③性满足。我们假设存在的安全感是通过上述三种类型体验得到满足的。在近代社会，这些亲密性加上存在的安全感的理想状态是通过一个人（配偶或恋人）得到充实。当然，在现实生活中，并不是说有配偶（恋人）就一定能得到满足。一般情况下，为了获得亲密性和存在的安全感而寻找恋人和配偶。但在当今社会，找不到恋人、配偶的可能性在增强。

因此，不管同居还是别居，没有恋人甚至有可能找不到恋人的未婚者怎样满足对亲密性的需求？通过各种渠道分散注意力、充实自我的可能性很高。笔者能想到的是，通过父母和兄弟姐妹或朋友等家人以外的社会关系，加上从市场上购买等分散注意力和获得亲密性。例如，交流是从父母、朋友、夜总会的工作者那里或通过租借朋友等方式得到满足；浪漫感情是通过偶像、明星、动漫人物、夜总会的工作者等得到满足。③性满足是通过性服务产业和色情电影、色情杂志等得到满足。存在的安全感可能是通过与自己生活在一起的父母或宠物，抑或互联网上的交流得到满足。

在情感生活方面，在欧美国家，不管是父母一代还是孩子一代，都是以恋人为中心（夫妇—父母、恋人—孩子）；而在日本，父母与孩子之间比较亲密（特别是母女），夫妻关系不好的占大多数，未婚群体中有恋人的比重也很低。这也是日本与欧美国家的不同之处。日本之所以产生迥异于欧美的现象，是因为文化背景、社会习惯不同。在欧美国家，“自立”是基本的经济生活原则。无论男女，在经济上都各自独立而不依赖别人。在西欧各国，政府通过社会保障实现这种经济自立。年轻人比较独立，依靠父母会觉得羞耻，这种观念很强。即便婚后，夫妻原则上仍是各自支配自己的收入。对他们来说，像日本那样，丈夫通常要把全部收入交给妻子是无法想象的。在日本，与父母一直一起生活的未婚人群占了很大部分。在日本文化里，父母“为了孩子”的意识很强，孩子依靠父母得到经济上的自由司空见惯。

1975 年以后，由于经济低速增长，日本出现了“结婚难的社会”。欧美国家在 1970 年前后也出现了“男人出去工作、女人做家务”的性别角色分工。并伴随经济结构的转型，年轻人很难兼顾好性别角色分工，并且过着富裕的生活。在欧美，通过女性走向社会和面向年轻人的社会保障等，婚姻和家庭的矛盾问题得到了较好的解决。但日本还在维持性别角色分工，走上了不婚或未婚社会的道路。也就是说，当面对“年轻男子收入增长烦恼”和“理想生活水准的上升”之间的问题时，对比在欧美未婚男女以共同工作为前提同居的事例增加，在日本如果自立结婚的话生活水平会降低，所以未婚者选择继续跟父母同住下去。

笔者的看法是“一生之中一次都不会结婚的人数今后会不断增多”。而且，与欧洲国家不同，日本的情况是，“不是因为不想结婚而不结婚”，而是“想结婚却结不了婚的人”越来越多。于是，笔者预测日本未来将成为一个“很多人虽然想结婚，但结不了婚，并将最终独自一人迎来人生终点”的社会，即“结婚难的社会”。

## 第三节　中年“单身寄生族”的未来

20 世纪 90 年代前半期，日本出现了与欧美社会未婚群体不同的年轻未婚群体。考察与父母同住的日本未婚群体的时候，20 世纪 90 年代后半期发生的日本经济结构转型显得很重要，标志性事件是 1997 年发生的亚洲金融危机。毋庸置疑，在泡沫经济尚未崩溃的 1990 年前后，泡沫经济达到顶点时，“泡沫”这个词语还没有诞生。人们都认为当时经济发展的良好势头会“永远持续下去”。也就是说，二战后日本经济高速发展，经过 20 世纪 70 年代的石油危机，经济增长速度虽略微减缓，但正如 20 世纪 80 年代的《日本名列第一》一书所描述的那样，“日本的经济若这样不断高速增长下去，毋庸置疑，无论是年轻人还是中年人抑或老年人，生活都将逐渐变得宽裕”。①

日本泡沫经济崩溃后，到 20 世纪 90 年代后半期，经济虽然是低速成长

① エズラ・F. ヴォーゲル著、広中和歌子・木本彰子訳『ジャパン・アズ・ナンバーワン：アメリカへの教訓』、TBSブリタニカ、1979。

但仍处于稳定的范畴。但自20世纪90年代后半期开始，日本的经济状况发生了很大的变化。例如，日本经济成长停滞，正规就业人数大幅减少、派遣员工等非正规就业人数急剧增多，国民实际收入减少等。这些问题是日本新经济（服务化、信息化、全球化）开始逐渐渗透造成的。企业和自治体等也采取了各种措施，客观上加速了正规就业向非正规就业的改变。为了保护中高年男性的就业，年轻人的就业机会减少，结果造成了成为正式员工和没能成为正式员工的年轻人之间产生了贯穿一生的深刻的就业差距。

1970～1979年出生的与父母同住的那批未婚群体，如今已经40多岁了，到2040年的时候，他们将进入61～70岁。那时，日本的老龄化率（65岁及以上人口比重）预计将达到30%。总之，日本社会已经成为一个不折不扣的超老龄社会，社会负担异常沉重，即每1.5个劳动者需要负担1位老年人。可以预测，将来的日本社会是一个超少子老龄化社会。现在，这批与父母同住的大量中年未婚者将在这种社会现实下步入老年，他们的父母将变成高龄老年人，那么，他们的生活将变成什么样，社会将变成什么样？

毋庸置疑，这批40岁多岁的“单身寄生族”群体在20年后的超少子老龄化社会中作为“老年人”而活着。笔者在《单身寄生族的时代》一书中曾预测，“将来，由于要看护（老年人）等原因不得不放弃工作的人将不断增多”，实际上笔者的预测正在以“看护离职”的形式逐渐变为现实。笔者在《单身寄生族的时代》中用“温水煮青蛙”这个比喻对这一现象进行了诘问：“现在20岁左右的年轻人为了逃避自立和结婚带来的艰辛，与父母住在一起，维持无忧无虑的生活，如同在‘温水’里生活的青蛙，但温水终归是要逐渐冷却的，当温水变成‘冷水池’之后，又该怎么办呢？”

由于老年人的护理、死亡等问题，现在的年轻人即便有工作，家庭生活的“温水”也将完全冷却，变得和外部的水一般，或者变得比外部的水更冰冷。当父母百年之后，这些人该如何生存下去，实在令人担忧。近年来，与父母同住的未婚群体在父母去世后无法生存，子女在父母去世后依然非法领取父母养老金等事件频发。本来想的是怎么消除这些担忧，可现实却愈加严峻了。

毋庸置疑，由于工作的群体越来越少，超少子老龄化社会将对宏观经济产生负面影响。如果现状继续发展的话，经济增长将会放缓。从整体上来说，老年人的社会保障也必然会缩减。

在当今的“40岁世代”集体迈入老年群体的时候，日本的“格差社会”将基本形成。这意味着从年轻阶层到工作阶层、老年阶层，都存在经济差距和家庭差距，并且逐渐固定化，这样的“阶层社会”开始出现。贫困、没有家庭成员，谁来照顾（经济、护理、亲密性）他们？亲属（已婚兄弟姐妹、侄子、侄女等）会支援吗？政府或自治体会提供财政方面的支援吗？还有地域支援，面对大量需要支援的高龄者，NPO能够提供充分的关怀吗？

当然也有例外，例如上野千鹤子在《一个人的老后》[①]里描述的那样，经济独立、可以得到护理、有丰富的交友关系、亲密性能得到满足的“未婚高龄者”也是存在的。人们或许会努力成为上野描绘的那种人，但客观条件不一定会允许。因此，能达到以上条件的是少数人。根据西文彦2015年的统计，在经济方面依靠父母的35~44岁中年未婚者约有52万人。这些中年未婚者无业或者为非正规就业，可以把他们称为“父母去世后在经济上出现问题的预备军”。

在亚洲新兴国家，和日本一样的年轻人状况也在发展。例如，近年来，韩国未婚化急速发展并且社会差距也在不断扩大，速度比日本更快。能够在像三星集团这样的财阀系就业的精英和没有工作的人之间的差距在不断扩大，甚至比日本更严峻。在日本，将来的情况暂且不论，即使是自由职业者，只要努力工作的话，每个月也能赚20万日元左右。即使是在大企业就业的大学毕业应届生，最初薪水也是这种程度。因此，从这个意义上来说，日本的社会差距并没有多大。但在韩国，二者之间相差几倍不止。在韩国，许多年轻人也与父母住在一起。由于未婚化在不断发展，20年后像日本这样，韩国的中年“单身寄生族”也会增多。新加坡和中国也出现了结婚的

① 上野千鶴子『おひとりさまの老後』、文春文庫、2011。

人越来越少、未婚的人越来越多的苗头。较之欧美国家，一些年轻人对恋爱也没有很大的积极性，这和日本有相似性。

当今，日本的单身老年人数量在增多，将来未婚老年人的数量还会持续增加。人不是仅依靠面包就能够活下去的，支持人们自我认知的东西是什么？生活的希望什么？今后，可能会出现仅仅依靠经济手段和护理等解决不了陷入孤立的老年人的问题。因此，老龄化背景下，与父母同住的未婚者问题值得我们持续关注。

作者　山田昌弘，日本中央大学教授

译者　胡澎

# 第九章
# 日本独居老年人问题探析*

二战后，随着产业化、近代化的进展以及产业人口的流动，日本家庭在结构、功能、观念等方面都发生了很大变化，家庭规模变小的趋势明显。三代同堂家庭数量持续下降，单身家庭数量不断上升，特别是独居老人家庭户①在增多。日本独居老年人在经济收入、养老护理、心理健康等方面都存在一系列问题，老年人孤独生活状态逐渐成为一个社会问题。面对这种情况，日本不断完善社会保障制度，解决老年人经济收入问题；调动各方社会资源，缓解独居老年人的养老护理及独居无助问题。这些措施不仅有利于提高独居老年人的晚年生活质量，而且有利于促进社会的健康、和谐发展。

## 第一节　日本独居老年人现状及原因

日本是老龄化程度非常高的国家，已进入超老龄社会，传统的家庭结构发生变化，家庭形态出现了多样化趋势。而在婚姻观念发生变化、平均寿命延长的背景之下，日本独居老年人数量逐渐增多，其带来的问题和矛盾也更加复杂。

### 一　日本独居老年人现状

二战前，在日本家庭结构中，三代同堂的家庭比较普遍，每户家庭平均

---

* 本文曾以《老龄化背景下日本独居老年人问题探究》为题发表于《东北亚学刊》2020年第2期。

① 独居老年人家庭户指65岁及以上独自一人居住的未婚、丧偶、离婚或分居的老年人家庭。

成员数量为5人。二战后，随着出生率的下降、家庭观念的变化，日本家庭的成员逐渐减少。家庭规模的缩小必然导致家庭结构的简单化。核心家庭成为主流，而且其家庭结构逐渐扩展为包括单亲家庭、丁克家庭、独居家庭在内的各种类型的家庭。从历史变动趋势看，日本的家庭结构具有双重特性。一方面，日本受儒家文化的影响，家庭成员之间具有比较紧密的联系。特别是在一些农村地区，三代同堂的家庭比较普遍。另一方面，日本深受西方文化的影响，年轻人的家庭观念发生了巨大的变化。二战后，随着战后重建和社会制度变革，西方文化大量渗透进日本国内，日本家庭结构逐渐由传统的大家庭向现代的小家庭转变，日本老年人与子女同居的比例也逐渐下降。1950年，老年人与子女同居的比例为80%，此后一直呈现出减少的趋势。1950年，日本有45%的人口从事农业活动，5人以上的家庭占54%；而到1985年，从事农业活动的人口只有8%，5人以上的家庭数量也减少到20%，[①] 家庭规模逐渐缩小。

1970年，日本老龄化率达到7%，进入老龄化社会，家庭规模呈现出进一步缩小的趋势。1980年以后，日本“夫妻与子女”的核心家庭和独居家庭数量呈现出明显的上升趋势。根据日本国立社会保障人口问题研究所2013年1月公布的《日本家庭数未来预测》报告，1980年，日本“夫妻与子女”核心家庭比例达到了42.1%，成为当时家庭结构的主流。而同年的独居家庭比例仅为19.8%，此后独居家庭比例逐步上升，并在2010年反超“夫妻与子女”核心家庭。根据该报告的预测，到2035年，以往作为日本主流的“夫妻与子女”核心家庭比例将下降到23.3%；独居家庭数比例将上升到37.2%，将替代“夫妻与子女”核心家庭成为日本家庭的主流模式。[②]

在家庭结构小型化的背景下，老年人和子女同居的三代同堂或四代

① 王桥主编《东亚：人口少子老龄化与经济社会可持续发展——中国·日本·韩国比较研究》，社会科学文献出版社，2012，第113页。

② 「将来推計人口·世帯数」、国立社会保障·人口問題研究所ホームページ、http://www.ipss.go.jp/syoushika/tohkei/Mainmenu.asp。

同堂家庭日益减少，独居老年人家庭和老年夫妻家庭持续增多。2015 年，户主为 65 岁及以上的家庭为 1889 万户，到 2030 年将提高到 2021 万户；2015 年，户主为 75 岁及以上的家庭为 882 万户，到 2035 年将增加到 1174 万户，[①] 户主为 75 岁及以上家庭户数的增加幅度更大。另外，独居老年人比例逐渐上升。1980 年，日本 65 岁及以上独居的老年男性为 19 万人、老年女性为 69 万人，分别占老年人口的 4.3%、11.2%。2015 年，65 岁及以上独居老年男性数量达到了 192 万人、独居老年女性数量达到了 400 万人，分别占老年人口的 13.3% 和 21.1%。到 2040 年，日本 65 岁及以上独居老年男性数量将达到 3559 万人、独居老年女性数量将达到 5404 万人，分别占老年人口的 20.8% 和24.5%。[②] 居住方式的代际分离意味着独居老年人面临生活不便、照护不足、精神孤独等诸多社会问题。

## 二　日本独居老年人增多的主要原因

第一，平均寿命的延长，长寿化是导致日本独居老年人增多的重要原因。2016 年，日本男性平均寿命为 80.98 岁，女性平均寿命为 87.14 岁。预计到 2065 年，日本男性平均寿命将达到 84.95 岁，女性平均寿命将达到 90 岁以上，为 91.35 岁。[③] 随着生活条件的改善和医疗水平的提高，日本能活到 100 岁的人也越来越多。截至 2018 年 9 月，日本 100 岁以上的老年人达到了 69785 人，比上年增加了 2014 人，其中女性占 88.1%，[④] 这也是独居老年人中女性比例高于男性的主要原因。日本已进入了“人生 100 年时

---

① 『日本の世帯数の将来推計（全国推計）（2013 年 1 月推計）』、国立社会保障・人口问题研究所ホームページ、http://www.ipss.go.jp/pp-ajsetai/j/HPRJ2013/gaiyo_20130115.pdf。

② 『平成 30 年版高齢社会白書（全体版）』、内閣府ホームページ、https://www8.cao.go.jp/kourei/whitepaper/w-2018/zenbun/30pdf_index.html。

③ 『平成 30 年版高齢社会白書（全体版）』、内閣府ホームページ、https://www8.cao.go.jp/kourei/whitepaper/w-2018/zenbun/30pdf_index.html。

④ 「100 歳以上最多 6.9 万人」、『読売新聞』2018 年 9 月 14 日。

代”，而年龄越大独居的可能性就越高。根据日本国立社会保障人口问题研究所 2018 年 1 月的统计，65 岁及以上独居老年人家庭户将从 2015 年的 625 万户增加到 2040 年的 896 万户，将增加 0.43 倍。其中，75 岁及以上独居老年人家庭户增加的幅度更大，将从 2015 年的 337 万户增加到 2040 年的 512 万户，将增加 0.52 倍。[①]

第二，日本老年人重视自立，不愿意和已婚的子女同住。不依靠别人、独自照顾自己的生活是日本老年人普遍的观念。配偶过世或离异的老年人即便有子女也不愿意和子女同住。在日本独居老年人中，丧偶者占 54.2%、离婚者占 22%、未婚者占 20%、有配偶者占 3.8%，[②] 丧偶的比例非常高。而且许多人放弃了在中年寻找伴侣的努力，选择独自生活，独居老年人的规模进一步扩大。现在日本“养儿防老”的观念比较淡薄，很多老年人认为麻烦子女是一种打扰。老年人独居容易导致缺乏互动和孤立，将成为严重的社会问题。

第三，婚姻观念的变化是造成日本单身户比例大幅上升的主要原因。由于价值观的多元化，日本人选择不结婚、过单身生活的人在增多。日本人的终身未婚比例[③]上升的幅度非常大。根据 2018 年《少子化社会对策白皮书》统计，日本 50 岁男女的终生未婚比例，1980 年分别为 2.6% 和 4.5%，2015 年分别上升到 23.4% 和 14.1%。[④] 终身未婚的人将成为独居老年人的“后备军”，孤独到老的人逐渐增多。日本终身不结婚的人口明显增多，主要是一些日本年轻人认为不结婚也可以很好地生活，选择结婚的动力大大减少。在这种背景之下，今后未婚老人不断增加是日本社会一个非常严峻的问题。

---

① 「単身世帯 2040 年 4 割」、『読売新聞』2018 年 1 月 13 日。

② 『平成 30 年度高齢者の住宅と生活環境に関する調査結果（全体版）』、内閣府ホームページ、https：//www8. cao. go. jp/kourei/ishiki/h30/zentai/index. html。

③ 终生未婚比例，指至 50 岁从未结婚的人口比例。

④ 『平成 30 年版少子化社会対策白書（概要版）』、内閣府ホームページ、https：//www8. cao. go. jp/shoushi/shoushika/whitepaper/measures/w－2018/30pdfgaiyoh/30gaiyoh. html。

## 第二节 日本独居老年人面临的问题

随着人口老龄化的加剧和平均寿命的延长，在日本家庭结构中独居老年人家庭比例不断升高。作为弱势群体中的弱势群体，不少独居老年人面临贫困、孤独、缺乏与社会的联系等问题，这些问题影响着独居老年人的正常生活。

### 一 独居老年人的“孤独死”问题严峻

孤独地死去正成为日本老龄化社会日趋严重的一个现象。“孤独死”是指独居的人在没有任何照顾的情况下，在自己居住的地方因突发疾病等而死亡的事件。而“孤独死”问题常见于独居老年人。根据东京福利保健局统计资料，日本东京23个区内独居老年人“孤独死”人数，2003年为1451人，2016年增加到3179人，增加的幅度非常大。60岁及以上老年人中感到“孤独死”问题离自己非常近的人口比例为4.2%，其中，独居老年人的比例达到了14.6%，而夫妻家庭户的比例为3.3%、其他家庭户的比例为2.4%。[①] 独居老年人更容易产生社会孤立感。独居老年人“孤独死”问题严峻的主要原因在于，随着少子老龄化的加剧，家庭结构趋于简单化，家人之间联系减少。日本“无缘社会”[②] 现象也导致“孤独死”问题。在城市化、少子老龄化背景下，“无缘社会”近年来已成为日本社会一大隐患。现代化程度较高的日本社会人际关系趋向淡薄，单身者容易陷入社会性孤立的状态。

### 二 独居老年人的贫困率高

独居老年人不仅贫困发生率高，而且贫困程度也比较严重。从日本家庭

① 『平成30年版高齢社会白書（全体版）』、内閣府ホームページ、https：//www8.cao.go.jp/kourei/whitepaper/w-2018/zenbun/30pdf_ index.html。

② “无缘社会”指社会中的人日趋孤立、人际关系渐渐疏离的现象。

收入差距中可以看出独居老年人的低收入状况比较显著。根据厚生劳动省2018年的《国民生活基础调查》数据，2017年，65岁及以上老年人家庭的平均年收入为334.9万日元，低于日本全体家庭平均收入551.6万日元。[①]而不同家庭结构的年收入也各不相同。2013年，收入最高的是三代同堂家庭，其年收入为866.7万日元，高于日本全体家庭的平均收入；而独居老年人家庭户的收入最低，年收入只有193.3万日元。[②] 三代同堂家庭由于老少同居，收入情况比较好，三代同堂老年人属于高收入老年人行列；而独居老年人的主要收入来源为养老金，属于低收入老年人。在日本，由工薪阶层的丈夫与家庭主妇构成的65岁及以上老年人家庭的收入主要依靠丈夫的厚生养老金和妻子的国民养老金。根据厚生劳动省《2014年度社会保险事业概况》统计，来自厚生养老金的月平均收入为14.8万日元，来自国民养老金的月平均收入为5.4万日元。如果妻子离世，独居丈夫的月收入为14.8万日元；如果丈夫离世，独居妻子的月收入只有11.1万日元（国民养老金加遗属养老金）。[③] 独自生活的老年人在房租、生活费方面的压力非常大，陷入贫困的风险也会更高。也可以看出，日本独居老年女性的贫困率更高。

## 三　独居老年人的身心状况令人担忧

随着年龄的增长，老年人的身体功能逐渐退化，而独居老年人的健康问题更为严峻。根据日本内阁府对老年人住宅及生活环境的调查，认为身体不太好的独居老年人家庭户占全体老年家庭户的24.2%，高于两人以上老年家庭户比例（14.7%）。[④] 而且日本老年认知障碍症患者数量不断增加，特

① 『平成30年国民生活基礎調査の概況』、厚生労働省ホームページ、https：//www.mhlw.go.jp/toukei/saikin/hw/k－tyosa/k－tyosa18/index.html。

② 『平成26年国民生活基礎調査（平成25年）の結果から』、厚生労働省ホームページ、https：//www.mhlw.go.jp/toukei/list/dl/20－21－h25.pdf。

③ 森亮太「一人暮らしの高齢者が抱える『経済・健康・事故』などのリスク」、幻冬舎ゴールドオンライン、2017年2月8日、https：//gentosha－go.com/articles/－/7486。

④ 『平成30年度高齢者の住宅と生活環境に関する調査結果（全体版』、内閣府ホームページ、https：//www8.cao.go.jp/kourei/ishiki/h30/zentai/index.html。

别是如果没有家人和邻里等周围人的协助，认知障碍症会进展得更快。根据厚生劳动省的统计，截至2010年，日本老年认知障碍症患者为280万人，其中独居老年认知障碍症患者占31.4%。[①] 到2025年，日本老年认知障碍症患者数将达到700万人，届时，独居老年人的比例将进一步上升。[②]

由于衰老和独居，独居老年人的精神生活也非常贫乏。日本独居老年人与邻居的交流相比其他老年人要少很多。根据2018年版《高龄社会白皮书》统计，日本独居老年人家庭户与邻居的交流比例为50.4%，低于夫妻二人家庭户（57.1%）、两代人家庭户（53.9%）和三代同堂家庭户（58.3%）的比例。[③] 可见，独居老年人不仅生活上贫困，精神上也容易处于孤立状态。独居老人的心理状况发生变化也难以察觉，因此不仅要保证独居老年人的基本生活健康，还要格外关心他们的心理健康。

## 第三节　日本应对独居老年人问题的措施

对独居老年人的关怀和支持不仅有利于提高独居老年人的晚年生活质量，而且有利于促进社会健康和谐发展。日本力图通过各种服务来满足独居老年人的生活、情感、经济等需求。

### 一　完善社会资源，缓解养老护理难题

绝大部分独居老年人既没有配偶，也没有子女，或者虽有子女也不与子女同住，因此根本不能指望家庭养老护理。而在少子老龄化继续加剧的背景下，日本家庭结构简单化、独居老年人增多的趋势仍将继续。日本广泛发挥社区的作用，发展多元化的养老护理服务，让住在附近的人们相互交流，有

---

① 『認知症高齢者の現状（平成22年）』、厚生労働省ホームページ、http：//www.mhlw.go.jp/stf/houdou_ kouhou/kaiken_ shiryou/2013/dl/130607－01.pdf。

② 「健康寿命筋トレで延ばせ」、『日本经济新闻』2017年10月5日。

③ 『令和元年版高齢社会白書（全体版）』、内閣府ホームページ、https：//www8.cao.go.jp/kourei/whitepaper/w－2019/zenbun/01pdf_ index.html。

困难时相互帮助，缓解独居老年人面临的养老护理难题。在诸多养老护理模式中，小规模多功能型居家服务为解决独居老年人护理服务问题提供了方便。该服务主要在以大概30分钟车程为半径的社区内，建设配备小型养老护理服务设施，推行小规模、多功能居家服务。主要包括短期入住服务、日托服务和上门服务等。在护理保险制度下，老年人只承担10%的费用就能享受相关的护理服务。日本于2012年4月通过了《护理保险法修订案》，将24小时定期上门访问服务也纳入护理保险制度，减轻家庭的经济压力，向独居或有重大疾病的老年患者提供更好的服务。2012年9月通过的《高龄社会对策大纲》明确指出，为了防止老年人被孤立现象的发生，有必要进行社会支援，加强老年人与社会的联系。而根据日本内阁府2015年的意识调查统计，独居老年人中76.3%的人认为今后的生活仍然是独居。① 针对这种情况，日本进一步加强社区互助体系。2017年，日本国会通过了《加强地区综合护理体系法案》，并从2018年开始实施。其宗旨是修改相关法律，构筑地区共生社会，加强市町村的权限，推动都道府县向市町村提供必要的信息和支援，促进社区小规模综合服务发展。

日本还实施特殊的“安危确认制度”，随时掌握独居老年人的健康状况，由政府联合公共事业部门或者企业共同实施。比如，自来水公司、煤气公司、电力公司的查表人员，快递人员，送报人员等，他们在工作中如果发现异常，立即向指定的政府部门报告，及时解决孤寡老年人遭遇意外的问题。另外，考虑到老年人独居和老年夫妻家庭显著增加，扩大发展兼有代际交流功能的复合型设施。日本有些地方针对老年人聚居的老旧公寓，联合周围大学将其中部分公寓改造为廉租学生宿舍，前提是年轻学生利用每周一天的时间与老年人聊天、帮助老年人做一些日常事情。这既能解决大学生的房租困扰，也能为老年人生活注入活力，形成新老共生，以此努力缓解老年人独居孤独的问题。这种老少互助的社区养老模式将成为独居老年人未来的主要养老护理趋势。

---

① 「平成26年度一人暮らし高齢者に関する意識調査結果（概要版）」、内閣府ホームページ、https：//www8. cao. go. jp/kourei/ishiki/h26/kenkyu/gaiyo/index. html。

## 二　加强养老金制度改革，提供稳定的生活保障

老年人退休之后的晚年生活主要依靠养老金维持。但是随着少子老龄化的加剧，日本养老金财政收支不平衡问题越来越严峻，老年人能够领取的养老金金额持续减少。特别是单身老年人的养老金收入相对低，生活更为艰难。为了解决这些问题，一方面，日本采取对低收入老年人发放补助金措施。2015 年 12 月，日本政府在补充预算中设立临时福利给付金，向 1130 万名低收入老年人一次性发放了每人 3 万日元的生活补助金。[①] 另一方面，缩短缴纳养老金保费期间，减轻经济负担。养老金在独居老年人生活中非常重要，养老金收入是预防独居老年人生活贫困的主要保障。而日本养老金制度规定，20 岁及以上的人都有义务缴纳养老保险，缴纳保费期间最短为 25 年，年满 65 岁时根据投保的具体情况，每月可领取到数额不等的养老金。但是有些人认为，即使交了 25 年养老金保险，将来也未必能够拿到养老金，因此不少年轻人逃避缴纳养老保险金，这样会面临年老之后无法领取养老金的情况。为了解决这些问题，日本政府不得不加大对养老金制度的改革力度，缩短缴纳养老金保费期间。2017 年 8 月开始，日本把国民养老金领取资格年限从原来的 25 年缩短到 10 年，让那些没有交满 25 年保险的 64 万人也能够拿到养老金。[②] 在不婚不育现象越来越普遍的日本当今社会，这些措施将缓解他们年老后独居、无养老金收入的后顾之忧，稳定老年人的生活。

## 三　鼓励老少同居，关注老年人的心理健康

人到老年，离开工作岗位，脱离社会活动，其生活方式单调，势必产生很大的失落感。从普遍意义上讲，子女与父母同住对老年人的经济生活和健康水平都有益处。但随着核心家庭化和少子化的进展，以及终身雇佣制度解体导致年轻人工作的不稳定，家庭内部相互扶助功能逐渐减弱。针对这种情

① 『「年金生活者等支援臨時福祉給付金」の実施について』、厚生労働省ホームページ、http：//www. mhlw. go. jp/topics/2016/01/dl/tp0115 - 1 - 13 - 06p. pdf。

② 「年金受給資格の短縮」、『毎日新聞』2017 年 7 月 19 日。

况，日本制定了相关措施鼓励子女与父母同住。日本政府从2016年开始，根据《年度预算和税制改革相关法案》给予三代同堂家庭改造房屋方面的补助金，并减免他们缴纳的所得税。① 这个措施鼓励老少同住，缓解老年孤独、老年贫困问题。

改善年轻人的工作环境，提高他们帮助父母的能力。比如，改善非正式员工的待遇。20世纪90年代以来，日本传统的终身雇佣制度发生变化，非正式员工不断增多。非正式员工和正式员工之间不仅存在工资收入的差距，还存在社会保障待遇方面的不平等。2018年6月，日本国会通过了《工作方式改革相关法案》，实现“同工同酬”，消除正式员工与非正式员工之间不合理的待遇差距。另外，日本养老金制度曾规定，非正式员工不能加入厚生养老金，这直接影响大批非正式员工退休后的养老生活。为了解决这个问题，日本扩大了加入厚生养老金的范围。2018年9月开始，日本政府规定，在规模为501人以上的企业工作，月收入6.8万日元、每周工作20小时以上的非正式员工也能加入厚生养老金。根据该措施，当年200万人新加入厚生养老金。② 这些措施既可以保证非正式员工的收入，能够避免他们自身步入老年后可能出现的贫困问题，又可以让他们有一些经济能力照顾年老的父母。

### 四　鼓励老年人“退而不休”，预防独居老年人贫困及孤独问题

独居老年人的经济情况和社会环境直接影响他们年老后的生活。而日本政府开发老年人力资源、鼓励老年人积极参与社会活动的政策措施，不仅可以提高独居老年人的社会参与度、预防孤立无助现象的出现，而且能给他们带来更多的经济收入。众所周知，日本老年人退休后仍有很高的工作热情，许多老年人工作的目的主要是充实老年生活、体验工作快乐和社会参与。虽然日本老年人为了实现人生价值、与时俱进地融入社会的现象比较多，但目

---

① 「子育て、介護に重点」、『日本経済新聞』2016年3月30日。

② 「厚生年金パート適用拡大」、『日本経済新聞』2018年8月27日。

前为了确保生活水平不下降而继续工作的老年人也不断增多。由于日本经济长期低迷，养老金多年来几乎没有增长，很多退休老年人的实际生活质量直接受到影响。日本老年人希望在身体健康的时候积累更多的生活资金，以避免晚年的生活质量下降。

针对这种情况，日本积极提高健康老年人的社会参与度。一方面，提高退休年龄，延长工作年限；另一方面，积极为老年人继续工作创造环境，鼓励退休老年人继续参与社会活动。2013 年 4 月，日本把领取养老金年龄提高到 65 岁，并将企业员工的退休年龄也延长到 65 岁。在政策鼓励之下，日本继续雇用老年人的企业也不断增多。截至 2015 年 10 月，让员工继续工作到 70 岁以上的中小企业（规模为 31 ~ 300 人的企业）共有 27994 家，占所有中小企业（规模为 31 ~ 300 人的企业）的 20.9%；大企业为 1957 家，占所有大企业（规模为 301 人以上的企业）的 12.6%。[①] 日本企业延迟退休年龄或取消退休制度正在成为一种趋势。今后的改革趋向是进一步把退休年龄延长到 70 岁，日本正打造一个“终生劳动”制度。日本政府的这些措施为老年人特别是独居老年人提供了更多的生活保障，扩大他们融入社会活动的机会，预防独居贫困、孤独问题的发生。

总之，日本采取了一系列措施，积极应对独居老年人不断增多的现状。随着少子老龄化加剧，中国家庭规模也呈现出缩小的态势，独居老年人逐渐增多，日本的经验值得中国参考和借鉴。首先，完善相关法律制度，扩大养老金覆盖面，预防老年人贫困问题的发生。目前中国的养老保险制度还没有实现全国统筹，养老金地区差距较大，有的地方保障水平较低，无法满足不断增多的老年人需求。应尽早制定完善的社会养老保险体系，使老年人晚年的生活得到更好的保障。制定和实施符合中国国情的护理保险制度，实现养老服务的社会化。这将有利于为独居无助老年人提供更为完善的养老护理服务。其次，建立鼓励、帮助独居老年人积极参与社会活动的机制。随着中国

① 『平成27年「高年齢者の雇用状況」集計結果』、厚生労働省ホームページ、http://www.mhlw.go.jp/file/04 - Houdouhappyou - 11703000 - Shokugyouanteikyokukoureishougaikoyoutaisakubu - Koureishakoyoutaisakuka/271021_ 2.pdf。

经济的发展和生活水平的不断提高，长寿老人、健康老人已成为老年群体中的亮点，他们热爱生活、乐于奉献。可以通过参与社会活动，促使更多的老年人特别是独居老年人参与社会活动，这不仅发挥他们的余热，还能缓解独居老年人精神上容易出现的孤独感问题。

作者　丁英顺，中国社会科学院日本研究所研究员

# 第十章 中日两国生育率下降过程及政策应对比较

2016 年 12 月公布的《国家人口发展规划（2016～2030 年）》指出，我国生育率已较长时期处于更替水平以下，从长期看生育水平存在走低的风险。从国家统计局 2000 年以来的人口普查和人口抽样调查数据看，中国处于极低生育率或超低生育率水平。日本 20 世纪 70 年代中期生育率就低于人口更替水平，并从 90 年代起采取应对措施。对中日两国生育率下降过程及政策应对进行比较，可为中国提供一些参考和借鉴。

## 第一节　近70年来中日生育率变化过程

### 一　日本生育率的四阶段

第一，生育率骤降阶段（1947～1955 年），日本人口急剧增加。1947～1949 年，日本年均出生近 270 万人，陆续回国人员近 500 万人，1945 年后的 5 年间日本增加人口 1000 万人以上，1950 年总人口达 8320 万人。[①] 战后的日本食品短缺，物资匮乏，人口的增多对经济社会造成了巨大压力。在这种情况之下日本开始实行调节生育的人口政策。1950 年后日本出生人数和出生率急剧下降，总和生育率从 1947 年的 4.54 下降到 1955 年的 2.37。

① 江口隆裕『「子供手当」と少子化対策』、法律文化社、2011、79 頁。

第二，在人口更替水平附近徘徊阶段（1956～1973年）。20世纪50年代中期至70年代中期是战后日本人口过程的关键期。“丙午之年”（1966年）因受迷信影响[①]，总和生育率一度下降到1.58。在这期间，多数年份的生育率低于人口更替水平，已经出现了少子化的征兆。但这一时期日本总和生育率大体稳定在2附近，并在人口更替水平附近徘徊近20年。

第三，滑落至人口更替水平以下阶段（1974～1994年）。1974年日本总和生育率为2.05，低于人口更替水平的2.11，此后再没有恢复到人口更替水平，并且离它越来越远。由于1973年石油危机的影响，1974年战后日本经济首次出现负增长。这一年在日本人口发展史上也是具有标志性的一年。1974年是日本第二次生育高峰的最后一年，也是日本进入少子化时代的第一年。此后日本总和生育率一蹶不振。

第四，超低生育率阶段（自1995年至今）。1995年日本总和生育率降至1.42，跌破1.5关口，落入“低生育率陷阱”，陷入超低生育率困境。此后，日本总和生育率进一步走低，2003年下降到1.3以下的极低生育率水平；2005年，总和生育率低至1.26，创日本战后最低水平；2006年后总和生育率有所回升，2017年为1.43，但仍处于超低生育率水平。由于这一阶段少子化加剧，1997年日本0～14岁少儿人口占总人口比例降至15.3%，低于65岁及以上老年人口占总人口比例的15.7%[②]，日本正式进入“少子社会”[③]。2011年后日本总人口持续减少，进入人口减少社会。

## 二　中国生育率的四阶段

很多研究对中国低生育水平进行了很多争论和估计[④]。由于不同学者基

① 日本江户时代以来的迷信说法，认为丙午年出生的女子脾气暴躁并且克夫。

② 『日本の将来推計人口（平成29年推計）詳細結果表』、国立社会保障・人口問題研究所ホームページ、http://www.ipss.go.jp/pp-zenkoku/j/zenkoku2017/db_zenkoku2017/db_zenkoku2017syosaikekka.html。

③ 日本2004年版《少子化社会白皮书》提出少儿人口少于老年人口的社会为“少子社会”。

④ 刘金菊、陈卫：《中国的生育率低在何处?》，《人口与经济》，中国知网，2019年7月1日，http://kns.cnki.net/kcms/detail/11.1115.f.20190701.1026.002.html。

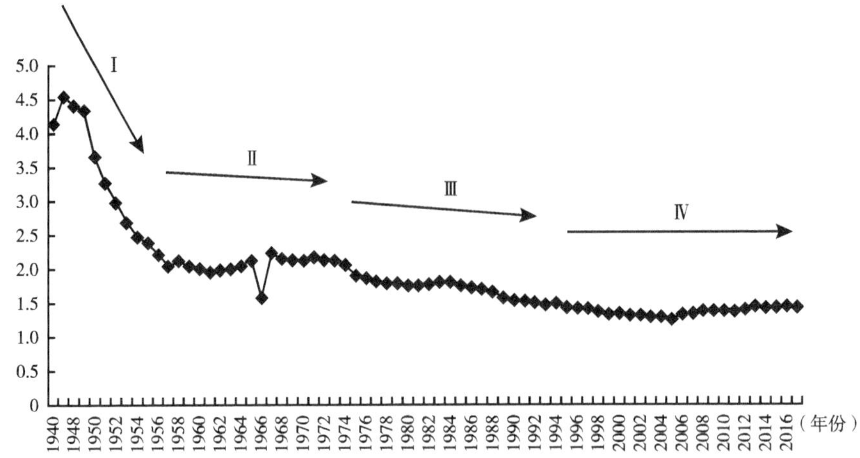


**图 10－1　日本总和生育率变化情况**

资料来源：『人口統計資料集 2019 年版』、国立社会保障・人口問題研究所ホームページ、http：//www. ipss. go. jp/syoushika/tohkei/Popular/Popular2019. asp？ chap＝0。

于对数据质量的不同假设和采用不同的调整估计方法，生育水平的估计存在很大差异，但学界对中国生育率明显低于人口更替水平具有一致的认识。[①]鉴于人口调查的连续性、权威性及调查规模等因素，本文主要使用国家统计部门发布的相关数据，探讨中国总和生育率的变化情况。中华人民共和国成立以来，中国总和生育率也大致经过四个阶段。

第一，高位运行阶段（20 世纪 50～60 年代），除特殊年份外，总和生育率水平总体上处于高位，最高达到 7.5，平均达 5.78。随着多年的国内战争结束，人民的生产和生活逐渐恢复，社会环境安定，1950～1958 年总和生育率保持平稳，基本为 5.7～6.4，没有大的起伏。此后的 3 年间，由于“大跃进”的负面影响及自然灾害的侵害，中国经济衰退，食品严重短缺，陷入困难时期，总和生育率急剧下滑，1961 年降至 3.29。1962 年，总和生育率补偿性反弹到 6.02，次年进一步上升到 7.5，此后直至 60 年代末保持高位运行。

① 陈卫、段媛媛：《中国近 10 年来的生育水平与趋势》，《人口研究》2019 年第 1 期。

第二，生育率骤降阶段（20 世纪 70 年代）。中国从 70 年代初期开始实行以“晚、稀、少”为特点的生育政策，控制人口总量的快速增长。将晚婚范围定义为“男 25 岁、女 23 岁”，提出一对夫妇最好生育一个孩子，最多生育两个，生育间隔必须为 3 年以上。这一阶段总和生育率明显下降，从 1970 年的 5.81 直线下降到 1980 年的 2.31，跌至人口更替水平附近。

第三，在人口更替水平之上波动阶段（20 世纪 80 年代）。1980 年《中共中央关于控制我国人口增长问题致全体共产党员、共青团员的公开信》明确提出“提倡一对夫妇只生一个孩子”的独生子女政策，计划生育政策进一步得到贯彻执行。20 世纪 80 年代中国总和生育率虽然维持在人口更替水平之上，但不同年份波动较大，最高为 2.86，最低为 2.17。

第四，低生育率阶段（自 20 世纪 90 年代至今）。20 世纪 90 年代初总和生育率大幅度下降到 2 以下，此后没能再回到人口更替水平。但有的年份出现强烈波动，高点为 1.7 左右，低点在 1 附近，为极低生育率水平。总和生育率总体上在 1.5 以下。受政策影响，人们的生育观念发生了显著变化，总和生育率下降到人口更替水平以下，并继续下降。“全面二孩”政策实行以后，总和生育率有所回升，2017 年为 1.59。

## 三　中日生育率下降过程比较

对中日两国总和生育率下降过程进行比较，可以发现中国生育率低于人口更替水平比日本晚约 20 年。日本生育率于 20 世纪 70 年代上半期低于人口更替水平，中国生育率低于人口更替水平则是在 90 年代上半期。从生育率下降曲线来看，两国既有相似之处，也有比较大的差异。相似之处在于两国同样有急剧下降的过程。日本生育率的急速下降发生在 20 世纪 50 年代初，中国发生在 20 世纪 70 年代。但与相同处比较，两国的生育率下降过程的差异更多一些。首先，中国生育率急剧下降的时间更长、幅度更大。日本生育率急剧下降持续了 7 年左右，生育率从 1949 年的 4.32 降到 1956 年的 2.1，下降幅度为 2.22。中国生育率急剧下降持续了 10 余年，

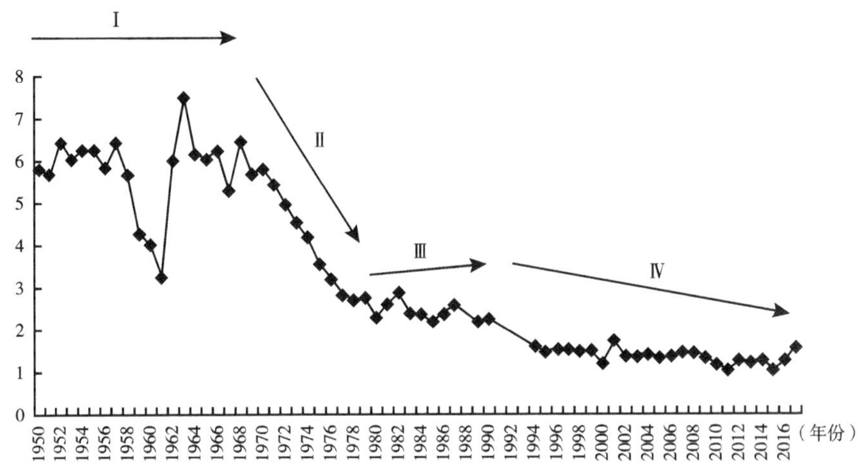


**图 10－2　中国总和生育率变化**

资料来源：1950～1979 年数据来自《中国妇女统计资料（1949～1989）》，1989～1990 年、2000 年、2003～2015 年数据来自《中国统计年鉴》，其他年份数据来自相关年份《中国人口和就业统计年鉴》。一些年份的数据根据孩次生育率或分年龄生育率加总算得，部分年份数据缺失。

生育率从 1970 年的 5.81 下降到 1980 年的 2.31，下降幅度为 3.5。其次，除骤降时期外，日本生育率下降曲线较为平缓，除极个别年份，没有大起大落。而中国生育率呈波浪形曲线，不仅个别年份急降急升，整体上起伏也较大。再次，生育率急剧下降之后，日本生育率在人口更替水平附近徘徊近 20 年，此后才跌至人口更替水平之下，这段时间也可以说是日本的缓冲期。而中国生育率在跌到人口更替水平前没有日本这么长时间的缓冲期，20 世纪 80 年代生育率虽在人口更替水平之上，但起伏较大，而且 90 年代初呈断崖式下降，降到人口更替水平之下，中国生育率变化比日本更为迅速（见图 10－3）。

此外，中日两国生育率下降的过程中还存在一个较大的差异，就是中国生育率下降的同时出生人口性别比走高，而日本并没有发生这种情况，一直处于 105 左右的正常区间（见图 10－4）。至 20 世纪 80 年代初期，中国出生人口性别比基本处于正常范围。但从 1985 年开始，中国出生人口性别比开始偏离正常水平，此后日益升高，2007 年和 2008 年甚至超过了

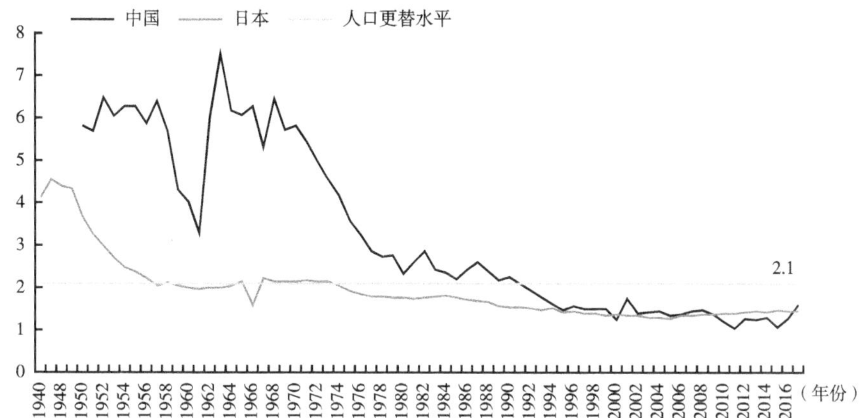


**图 10－3　中日生育率下降过程比较**

资料来源：中国的数据来源包括：1950～1979 年数据来自《中国妇女统计资料（1949～1989）》，1989～1990 年、2000 年、2003～2015 年数据来自《中国统计年鉴》，其他年份数据来自相关年份《中国人口和就业统计年鉴》。一些年份的数据根据孩次生育率或分年龄生育率加总算得，部分年份数据缺失。日本的数据来自『人口統計資料集 2019 年版』、国立社会保障・人口問題研究所ホームページ、http：//www. ipss. go. jp/syoushika/tohkei/Popular/Popular2019. asp？chap＝0。

125，2010 年后虽然下降到 120 以下，但仍然高于正常水平，2017 年为 113.3。关于出生人口性别比也有一些争论，但政府部门和学界逐渐达成共识，认为中国出生人口性别比偏高真实存在，并非由统计漏报所致。[①] 中国的生育水平也从 20 世纪 70 年代开始出现了大幅下降，在经过长达 10 余年的波动期后，总和生育率在 20 世纪 90 年代下降到人口更替水平之下，这与中国出生人口性别比的失衡存在时间上的紧密关联。[②] 出生人口性别比长期偏高将直接导致人口结构失衡，带来一些地区适龄男女青年比例失调，带来一些不稳定的社会问题，也为将生育率提高到人口更替水平增加了难度。

① 侯佳伟、顾宝昌、张银锋：《子女偏好与出生性别比的动态关系：1979～2017》，《中国社会科学》2018 年第 10 期。

② 贾威、彭希哲：《中国生育率下降过程中的出生性别比》，《人口研究》1995 年第 4 期。

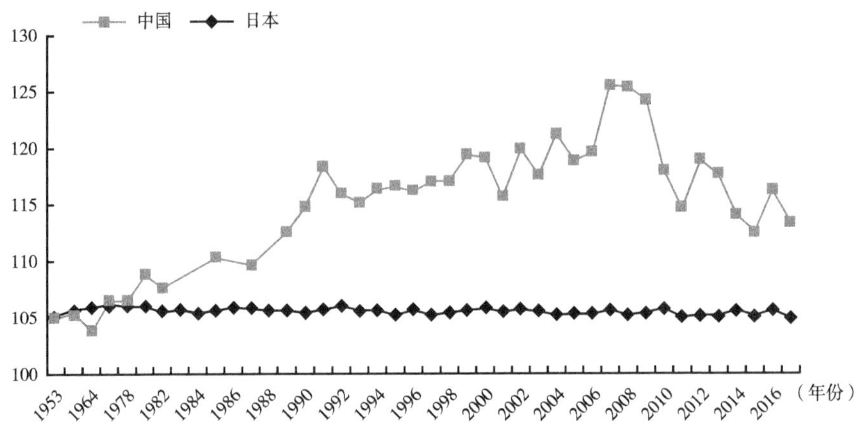


**图 10－4　中日出生人口性别比比较**

注：出生人口性别比，是指一定时期内出生男婴总数和女婴总数的比值（女婴 = 100），图中显示的是统计部门公布的各年 0 岁婴儿性别比。

资料来源：中国的数据来源包括：1985 年数据来自《中国妇女统计资料（1949～1989)》，1989 年数据来自《中国统计年鉴 1990》，其他年份数据来自各年份《中国人口和就业统计年鉴》。一些年份的数据根据孩次生育率或分年龄生育率加总算得，部分年份数据缺失。日本的数据来自『人口統計資料集 2019 年版』、国立社会保障・人口問題研究所ホームページ、http：//www. ipss. go. jp/syoushika/tohkei/Popular/Popular2019. asp？ chap＝0。

## 第二节　政策因素对生育率下降的影响

人口政策和社会经济因素会对生育率产生影响。人口政策是政府为调节和干预人口发展和变化而采取的态度、手段和措施。从狭义上看，人口政策是直接调节人口再生产的法律法规；从广义上看，人口政策既包括直接调节人口变量的政策法规，也包括直接影响人们生育行为的社会经济政策和措施。[①] 人口政策体现在对生育行为的调节和干预，社会经济因素通过晚婚晚育、非婚化、育儿负担、育儿成本等影响生育的意愿和行为。虽然目前晚婚晚育、非婚化、育儿费用提高、育儿身心负担加重等社会经济因素逐渐成为

① 刘铮：《人口理论问题》，中国社会科学出版社，1984，第 298 页。

影响生育率的主导因素，但纵观中日两国生育率下降过程，政策因素都在一定期间内产生了重要影响。

## 一　日本的政策因素对生育率的影响

日本在战后初期出现了第一次生育高峰，人口的增多给经济社会造成了巨大压力。于是，日本开始采取限制人口增长的对策，成为世界上第一个制定限制生育率与人口增长的国家。[①] 1948 年日本颁布《优生保护法》，允许妇女进行人工流产和绝育。《优生保护法》这部法律的主要目的有两个：一是从“优生”的角度预防疾病儿童和有身体障碍儿童的降生；二是保护母亲的生命和健康。《优生保护法》规定了进行绝育手术和人工流产手术的条件，允许销售避孕工具，提出要对避孕进行医学指导。1949 年，日本众议院通过《关于人口问题决议案》，表明应该节制生育，允许制造和出售避孕工具和避孕药物。此后，日本堕胎数量急剧增多，出生率快速下降。根据当时日本厚生省的统计，1949 年做人工流产手术的有 24.6 万人，这一数字在 1953 年达 106.8 万人，突破了 100 万人，此后的几年间日本做人工流产手术的人数都在 100 万人以上。[②] 同时，做绝育手术的人数也大幅度增加，1949 年做绝育手术的人为 5695 人，1950 年便超过 10000 人，1952 年超过 20000 人，1953 年达 32552 人，其中绝大部分是女性。[③] 日本人口出生率在 1947 年为 30.87‰，1950 年下降到 25.47‰，1955 年下降到 16.88‰，1960 年下降到 14.69‰。[④]

日本通过实施人口流产和绝育手术等手段迅速减少了婴儿的出生数量，降低了人口出生率，但在这一过程中也发生了一些妇女因手术而受到伤害的

---

① 孙树苗、余飞跃：《韩印日三国人口政策历程及启示》，《人民论坛》2006 年第 4 期。

② 杉田菜穂「日本における人口政策論の水脈——永井亨の人と思想」、『経済学雑誌』第 1 号、2009 年、74 頁。

③ 杉田菜穂「日本における人口政策論の水脈——永井亨の人と思想」、『経済学雑誌』第 1 号、2009 年、74 頁。

④ 杉田菜穂「日本における人口政策論の水脈——永井亨の人と思想」、『経済学雑誌』第 1 号、2009 年、73 頁。

事件，因此人工流产和绝育手术甚至发展为政治问题。[①] 为此，1949 年日本人口问题审议会提出开展节育活动的建议，1951 年 10 月日本内阁通过了普及节育知识、开展节育活动的决定。1952 年日本又修改了《优生保护法》，提出实施以节育为核心的“家庭计划”，以减轻人工流产给女性带来的肉体和精神负担。日本的限制人口政策由人工流产和绝育手术转向以节育为主。此后，日本人工流产和绝育手术的人数大为减少，避孕节育在限制人口出生率方面发挥了主要作用。日本有关研究表明，二战刚刚结束时期日本实行避孕节育的比例仅为 6%，1950 年这个比例接近 20%。从人工流产、绝育手术与避孕节育的比例看，1955 年为 3∶7，1965 年两者比例发生逆转，为 7∶3。[②]

日本节育政策措施是在及时得力而又广泛深入的宣传教育条件下实施并取得显著效果的。日本从 1950 年起用了 7 年时间在 3 个示范村开展避孕节育活动，日本国立公众卫生院的专家学者到当地进行计划生育和节育指导，在示范村得到的经验为日本计划生育的普及提供了主要参考。[③] 有关的人口机构和团体也协助开展节育研究和宣传活动，如研究和回答政府有关人口问题的咨询，对民众开展节制生育、控制人口增长的宣传教育工作，对降低人口出生率也起了促进作用。1954 年，日本厚生省成立日本家庭计划生育联盟，统一领导全国家庭计划生育运动，20 世纪 50 年代日本的家庭计划生育网络遍及全国各地。每日新闻社人口问题调查会自 1950 年至 1975 年共进行了 13 次全国家庭计划生育舆论调查，调查和分析有关节制生育、控制人口增长方面的情况，一方面为日本政府制定政策提供了依据，另一方面宣传了计划生育带来的好处。日本国立社会保障人口问题研究所和许多日本人口学者积极开展日本人口问题研究，并出版了一些通俗的人口问题读物，发挥了

---

① 杉田菜穂「日本における人口政策論の水脈——永井亨の人と思想」、『経済学雑誌』第 1 号、2009 年、73 頁。

② 杉田菜穂「日本における人口政策論の水脈——永井亨の人と思想」、『経済学雑誌』第 1 号、2009 年、73 頁。

③ 西内正彦「連載 6　日本のリプロヘルス/ライツのあけぼの——久保秀史、村松稔に聞く動き出した産児制限」、『世界と人口』第 6 号、2001 年、20－25 頁。

积极的宣传动员作用。日本政府采取支持和鼓励节制生育的人口政策，对迅速降低人口出生率、有效地控制人口增长起了积极的作用。

## 二　中国的政策因素对生育率的影响

中国人口政策集中体现在计划生育政策上，从时间上看，从20世纪70年代开始，中国就是开始提倡计划生育，后来形成了强制性的独生子女政策，并逐步以法律形式确立下来，得到越来越严格的执行。中国计划生育政策的强度和力度远大于日本，其影响的深度和广度也远超日本。

20世纪70年代，中国政府和领导人提出要计划生育，使人口增长与国民经济发展相适应，把人口发展作为我国的一项重要工作，需要重点研究，从此，人口计划便正式纳入了国民经济发展计划，成为其中的重要组成部分。[①] 1973年，国务院成立了计划生育领导小组，计划生育工作机构也在各地相继成立，人口指标开始纳入国民经济计划，计划生育工作开始在全国范围内铺开。当时的计划生育政策以“晚、稀、少”为中心，鼓励年轻人晚婚晚育，拉长两胎之间的间隔，提倡少生子女，一对夫妇最好生一个，最多生两个。在大力提倡和推动“晚、稀、少”政策的背景下，中国生育率大幅度下降。

进入20世纪80年代后，中国正式宣布实行计划生育政策，独生子女政策基本成型。国务院在1980年9月召开的第五届全国人民代表大会第三次会议上，正式宣布实行计划生育政策，提出必须在人口问题上采取一个坚决措施，除人口稀少的少数民族地区以外，要普遍提倡一对夫妇只生育一个孩子。同月，《中共中央关于控制我国人口增长问题致全体共产党员、共青团员的公开信》发布，号召党团员带头执行新的计划生育政策。与20世纪70年代比较，80年代的政策有了明显的变化，由“晚、稀、少”变为“晚婚、晚育、少生、优生”。晚婚、晚育没有变化，少生从允许生二孩调整为基本只准生一孩，这样就不存在间隔问题，“稀”被取消，增加了优生，即提高

① 张纯元：《中国人口生育政策的演变历程》，《市场与人口分析》2000年第1期。

人口素质的内容，而且第一次把计划生育提高到基本国策高度来认识。[①] 2001 年 12 月 29 日《中华人民共和国人口与计划生育法》（2002 年 9 月 1 日施行）颁布，将计划生育政策法律条文化，规定："国家稳定现行生育政策，鼓励公民晚婚晚育，提倡一对夫妻生育一个子女；符合法律、法规规定条件的，可以要求安排生育第二个子女，具体办法由省、自治区、直辖市人民代表大会或者其常务委员会规定。"

在计划生育政策具体实施的过程中，对农村和少数民族地区、边远地区都在不同程度上有一些特殊政策，但总体上得到了普遍的落实和执行，特别是在城市地区计划生育政策得到了严格的贯彻执行。有研究表明，计划生育政策在减少中国人口和降低生育率方面发挥了巨大作用。1971 ~ 1998 年，中国因计划生育减少的人口数达 3.38 亿人，占同期因计划生育和非计划生育共同作用减少的出生人口的 54%。[②] 还有学者运用回归分析方法，对世界 109 个国家的统计资料进行分析，结果表明如果中国不实行计划生育政策，2005 年的总和生育率水平为 2.475，[③] 而国家统计部门公布的数据只有 1.33。中国计划生育政策对生育率的影响也许很难用数据准确衡量，但不可否认，30 多年的计划生育政策在较长的时期对降低总和生育率起决定性作用，改变了中国的人口结构，加速了中国人口老化的进程。

## 第三节　中日低生育率政策的应对

随着生育率下降，少年人口的减少和老年人口的增多给日本社会经济带来严重影响。日本从 20 世纪 90 年代以来以"少子化对策"的形式采取各种政策措施进行应对。中国也同样为缓解人口老龄化的压力、完善人口结构，从 21 世纪 10 年代后对以计划生育政策为代表的人口政策做出调整。

① 张纯元：《中国人口生育政策的演变历程》，《市场与人口分析》2000 年第 1 期。

② 李通屏、李建民：《中国人口转变与消费制度变迁》，《人口与经济》2006 年第 1 期。

③ 杨鑫、李通屏、魏立佳：《总和生育率影响因素实证研究》，《西北人口》2007 年第 6 期。

## 一　日本多方位的综合政策应对

日本应对少子化的政策目标是提高生育率、遏止少子化的进展，少子化对策自然围绕造成少子化的主要原因展开。从20世纪90年代日本开始采取少子化对策迄今已有20多年时间，随着对少子化问题认识的深入，政策应对不断扩充和完善，总的来看，日本政策重点包括以下几个方面。

其一，经济援助。儿童补贴是旨在减轻家庭养育子女负担，有利于稳定家庭生活和儿童健康成长的一种制度，是日本对育儿家庭提供的经济援助。日本早在进入少子化社会之前的1972年就建立了这一制度，当初是从社会保障的角度进行制度设计的，补贴的对象仅是家庭中三孩及之后5岁以下的子女。1989年"1.57冲击"以后，儿童补贴制度成为少子化对策的一项重要内容，制度本身经过多次完善，扩大了补贴对象和补贴额度。目前。儿童补贴的对象是住在日本国内的中小学孩子（15岁后的第一个年度末），根据孩子的年龄提供不同额度的补贴。

其二，扩充婴幼儿保育服务。扩充和完善婴幼儿保育服务是日本少子化对策的出发点，自日本第一项少子化对策——"天使计划"出台以来，它一直是应对少子化政策的主要内容。这方面的政策包括增加和完善托儿所、幼儿园；增加保育服务人员，提高保育服务人员待遇；解决儿童入托难、入园难问题；完善课后儿童俱乐部，解除家长之忧；等等。政策实施之初主要针对保育园（保育所）、幼儿园等人们定期利用的保育服务设施，随着工作女性的增多和保育需求的多元化，扩充保育服务政策已包括临时性保育、家庭援助服务中心、夜间保育、患病婴幼儿保育等多种形式的保育服务。根据2012年颁布的"关于儿童、育儿三法"，为实现保育服务质的提高和量的扩充，2015年建立了新的保育制度，把保育服务机构分为"设施型"和"社区型"，用统一的标准和相同的措施从财政上给予补贴。2016年建立开展"支持兼顾工作、育儿事业"（企业主导型保育事业），鼓励企业建立和运营保育设施，为职工提供婴幼儿保育服务，政府财政给予资助。2019年10月开始实行幼儿教育免费。

其三，推动工作方式改革。工作方式改革是日本政府主导的应对少子化政策的主要内容之一。2016 年 6 月内阁通过的“一亿总活跃计划”把推动工作方式改革作为一项主要工作，2017 年推出了“工作方式改革实行计划”。工作方式改革的主要内容包括：改变日本目前工作时间过长的现状，推动企业年度带薪休假，使人们有更多的闲暇时间关注家庭生活；设立补助金制度，对减少员工规定外工作时间和促进员工年度带薪休假的企业以及积极建立“工作日间隔制度”的企业给予补助；鼓励企业经营者改变观念，支持参与育儿的男性员工，带头在公司里形成尊重“育儿”的企业文化；对积极改变企业风气、督促男性员工进行育儿休假的企业给予补助；推动“同工同酬”，消除计时工、派遣员工等非正式员工与正式员工之间的不合理待遇差别。2018 年 6 月，日本国会通过了工作方式改革相关法案，从 2019 年 4 月起陆续实施。

其四，促进工作与生活相协调。2007 年成立由各界代表和相关阁僚组成的“推动工作与生活和谐官民高层会议”，制定了《工作与生活和谐宪章》及《推动工作与生活和谐行动指针》，旨在推动全社会加深对工作与生活相协调重要性的认识，推动国家和地方政府制度相关政策，支持企业采取相关措施。工作与生活相协调也是日本工作方式改革的一个方面。具体政策措施包括：建立援助工作与社会和谐补助金制度，对改善雇佣环境、有利于员工继续工作的企业给予补贴；完善育儿假期制度，推动育儿休假的普及，如子女不能上托儿所，育儿假期最长可以延长到子女 2 岁；对有关法律法规进行修订和完善，禁止企业对因妊娠、生育等情况休假的职工采取不公正待遇和歧视；制订面向中小企业的援助计划，对积极致力于员工育儿休假和产后恢复工作的企业给予补贴；根据人们生活方式的多样化，建立“短时正式员工制”、弹性工作制、远程办公等制度，提供多样化的工作方式选择；建立“推动女性活跃补助金”制度，对制订计划推动女性活跃的地方政府进行补贴；加强对企业的监督指导，支持女性生育后重新回到工作岗位；为因育儿等原因离职的女性提供再学习的机会，为她们再次走上社会创造条件。

其五，为年轻人结婚生子创造条件。非婚化是造成少子化的原因之一，这是日本长期以来一直讨论的问题，但日本真正针对这一问题采取具体对策是最近的事情。2013 年日本少子化社会对策会议通过“突破少子化危机紧急对策”后，日本才把援助年轻人结婚生子作为应对少子化政策的一个主要课题。目前主要的政策措施包括：稳定年轻人就业，稳定了就业就保证了年轻人的经济基础，这是大多数年轻人走向婚姻的前提条件；鼓励老一代对年青一代的经济援助，对父母及祖父母赠予子女或孙子女结婚生子等一次性资金援助免赠予税，通过老一代人资产提前向年青一代转移，达到援助年轻人结婚生子的目的；减轻年轻人的经济负担，有的地方公共团体管理的公营住房在选定入住人时优先考虑育儿家庭；支持地方自治体和企业旨在促进年轻人结婚的活动，并设立了补助金制度。

## 二　中国的政策应对以“放开”为主

中国在严格执行计划生育政策的同时，也针对特殊地区和特殊人群执行特殊政策。1984 年为了缓和农村生育与生产生活的矛盾，修改农村家庭可生育“一孩半政策”（即第一胎是男孩就不能再生第二胎，第一胎是女孩可以再生第二胎）。2001 年颁布《中华人民共和国人口与计划生育法》，符合法律、法规规定条件的，可以要求安排生育第二个子女。2010 年后，随着人口老龄化程度的加深，计划生育政策也逐步“松动”。2013 年 11 月，十八届三中全会通过的《中共中央关于全面深化改革若干重大问题的决定》提出：“坚持计划生育的基本国策，启动实施一方是独生子女的夫妇可生育两个孩子的政策。”同年 12 月 30 日，中共中央、国务院印发《关于调整完善生育政策的意见》，对生育政策调整的整体思路做了进一步的明确，规定了推进政策调整的具体措施，这也标志着中国生育政策调整的正式启动。2014 年初全国各省陆续实行“单独二孩”政策。2015 年 10 月，十八届五中全会决定，“坚持计划生育的基本国策，完善人口发展战略。全面实施一对夫妇可生育两个孩子政策”，“积极开展应对人口老龄化行动”。同年 12 月第十二届全国人民代表大会常务委员会第十八次会议表决通过关于修改《中华人民共和国人口与计划生育法》的决定，“全面二孩”政策于 2016 年

1 月 1 日起施行。21 世纪 10 年代以后，中国频繁进行生育政策调整，政策导向是从紧的生育政策转变到有条件放松生育政策，2013～2015 年就进行了两次调整，从“单独二孩”政策放宽到“全面二孩”政策。2018 年 3 月，国务院组建国家卫生健康委员会，承担原国家卫生和计划生育委员会、全国老龄工作委员会等相关部门的职能，计划生育政策的执行机构正式成为历史。[①]

## 三　中国需制定综合性应对政策

通过对比可以发现，日本为提高生育率采取了从经济援助到鼓励年轻人结婚生子的综合性措施，而中国还是以“放开”为主，旨在通过放松生育政策来提高生育率。不可否认，长期的计划生育政策对中国生育率产生了深远影响，曾经在很大程度上限制了人们的生育意愿和生育行为。但是，随着经济的发展和在生育政策的长期影响下人们观念的改变，社会经济因素日益成为中国低生育率趋势的主导力量。

根据国家统计部门的数据，20 世纪 90 年代以来，中国平均初婚年龄和 25～34 岁人口的未婚比例都在上升。1990 年，平均初婚年龄城市为 23.6 岁、城镇为 22.7 岁、乡村为 22.4 岁，到 2000 年分别上升到 25.0 岁、24 岁和 23.5 岁，到 2010 年进一步上升到 26.0 岁、24.5 岁和 23.8 岁。25～34 岁人口的未婚比例上升更为显著，如图 10－5 所示，25～29 岁男性和 30～34 岁男性的未婚率从 1995 年的 18.2% 和 6.2% 分别上升到 2017 年的 43.4% 和 15.3%，25～29 岁女性和 30～34 岁女性的未婚率从 1995 年的 5.5% 和 0.3% 分别上升到 2017 年的 28.3% 和 7.7%，晚婚、不婚人群增大。

在这种情况下，仅靠“放开”难以提高生育水平。实施“全面二孩”的情况表明，出生人口不升反降，二孩生育率的上升被一孩生育率下降所抵消。生育率的长期低下造成中国人口老龄化快速进展，老年人规模迅速扩大，伴随而来的养老、医疗、劳动力供应等问题已开始显现。为尽快提高生

① 杨舸：《新中国成立以来的人口政策与人口转变》，《北京工业大学学报》（社会科学版）2019 年第 1 期。

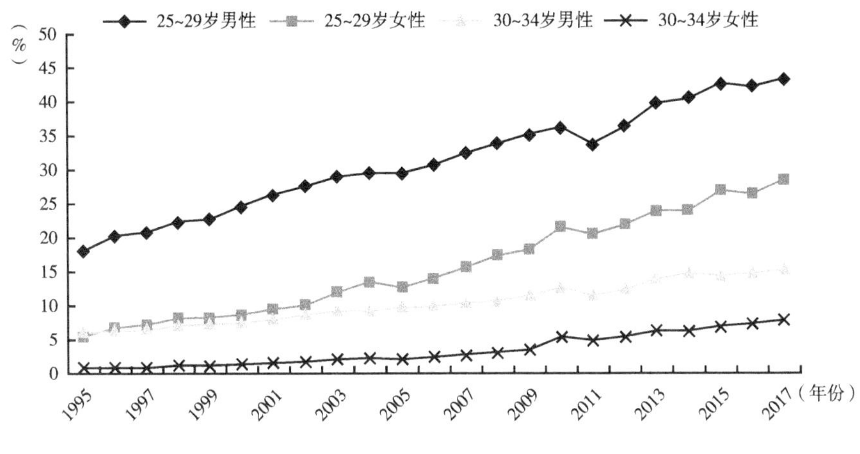


**图 10-5　中国未婚比例变化**

资料来源：根据国家统计局《中国人口和就业统计年鉴》（各年）与《中国 2000 年人口普查资料》（第五卷"婚姻"）"全国分年龄、性别、受教育程度婚姻状况的人口"数据算得。

育率水平，促进人口长期均衡发展，已不能只靠宽松的生育政策的完成。尤其是中国出生人口性别比长期失衡，导致人口更替水平高于国际正常范围，这使中国提高低生育率的任务更为艰巨，中国出生人口性别比长期偏高，要实现面向人口更替水平的目标，需付出更多的努力。[①] 中国应该参考日本的做法，采取较为全面的综合性应对政策，鼓励生育，特别要在入托入园、育儿补贴等方面采取强有力的措施。目前有些省份把鼓励生育的条文写入了政府文件[②]，但从全国来看还不多。2018 年 10 月国务院印发《个人所得税专项附加扣除暂行办法》，决定从 2019 年 1 月 1 日起减免包括子女教育在内的 6 项个人所得税。这也是第一次在全国实行降低育儿成本方面的政策，是鼓励生育的一种措施。期待出台更多有利于提高生育率、促进人口均衡发展的政策。

作者　王伟，中国社会科学院日本研究所研究员

① 人口更替水平取决于出生人口性别比和女婴的生存率，出生人口性别比越高人口更替水平也就越高。

② 杨舸：《新中国成立以来的人口政策与人口转变》，《北京工业大学学报》（社会科学版）2019 年第 1 期。

# 第十一章 东亚地区的少子老龄化与老年人就业模式

面对越来越严峻的少子老龄化问题，东亚社会是如何采取不同的途径来应对的呢？本章试图基于社会固有的文化规范来比较东亚社会的应对途径，寻找其应对途径为何不同的根源，并在此基础上考察老年人的劳动问题。

老龄化社会的最大以及共同的课题是，支撑社会的现役劳动人口与被支撑的老年人口失去平衡，出现现役劳动人口负担过重的现象。日本经历了急剧的老龄化，要采取有效的对策，笔者认为突破口之一是老年人的“劳动力化”，即充分发挥老年人的劳动力资源，促进老年人的就业。

关于东亚社会，特别是性别与高龄者劳动问题笔者早有过论述，指出比起社会制度（资本主义或社会主义），作为其背景的文化规范等要素成为更重要的解释变量。[①] 本章主要的分析对象是中国大陆、中国台湾、韩国、日本，重点考察有关老年人“劳动力化”的一些问题，以及东亚国家和地区采取何种应对途径。

## 第一节 东亚地区的少子化现状

1996 年笔者出版了《东亚的家长制》一书，此后对过去的近 30 年间东亚地区的人口变动以及女性劳动情况进行了观察分析。东亚诸社会在 1/4 世

---

① 瀬地山角編著『ジェンダーとセクシュアリティで見る東アジア』、勁草書房、2017；Kaku Sechiyama, *Patriarchy in East Asia*, Brill, 2013。

纪里经历的极端的少子化是非常出乎意料的，是一种意外。也就是说，20世纪90年代前半期想象不到的事态于21世纪头十年之后在东亚发生了。如在韩国、中国台湾观察到的一样，亲属关系网络强大，小孩并非属于一个核心家庭，而是整个家族的宝贝，而这样的观念如此强大的社会，其少子化速度居然超过日本，这在20世纪90年代前半期是无法想象的。

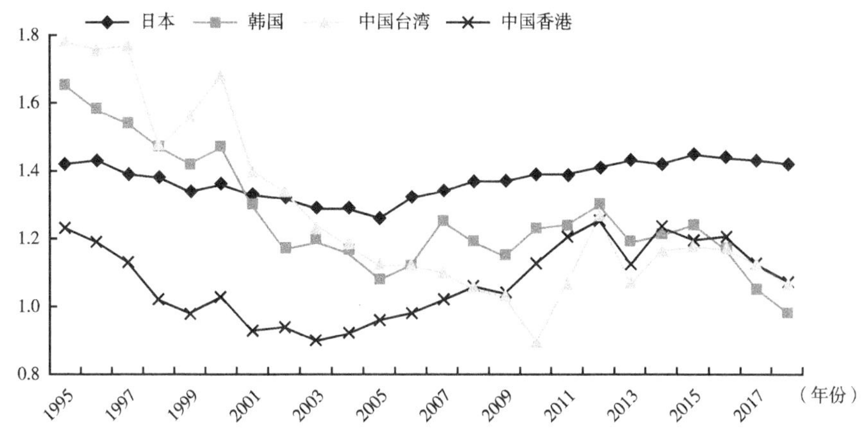


**图11－1　东亚社会总和生育率的变化趋势**

资料来源：根据日本的《人口动态统计》，韩国的《人口动态统计年表》，中国台湾的人口统计年刊，香港特区政府统计处统计数据制作。

韩国与中国台湾急速的少子化的背景有共同点，那就是学历社会导致的升学竞争，使养育孩子的成本（包括金钱方面，也包括非金钱方面的精力、时间等）明显提高。这种倾向在韩国尤为明显，而考虑到中国沿海大城市也有类似情况发生，预测同样的情况将来在中国普遍发生的可能性很大。

1989年经历所谓“1.57冲击”以后关于日本的少子老龄化问题的议论从未间断过。1991年实施《育儿休假法》，近年又采取了解决儿童进不了幼儿园问题的相关对策等。日本并非没有采取措施，只是效果甚微，近20年出生率甚至远低于1.57。不过，换个角度看，与北欧、西欧以及美国相比，日本的总和生育率虽然偏低，但与东亚其他国家和地区相比，还是相对稳定。另外，在西班牙、意大利等南欧国家，虽有依赖家庭的社会福利，即采取家庭所谓“家庭主义”的措施，但其出生率也很低，东亚的社会福利制度可以说也属于这种类型。2019 年，日本实施幼儿园、保育园免费制度，将重点放在费用的降低而不是设施的改进上。从这个意义上看，日本也具有社会政策不干预儿童保育、维持家庭主义的特征。

低出生率状态若长期持续下去，人口自然逐渐减少。日本面对少子化的时间较长，人口减少开始时间也较早。自 2011 年起，日本一直处于人口持续减少状态。根据 2017 年的推算，2053 年，日本总人口将不到 1 亿人。① 预计 2020～2029 年日本人口每年将减少 50 万～60 万人，2030 年以后日本人口每年将减少 80 万～90 万人。不仅是农村，预计大都市也将面临急剧的人口减少局面。

针对人口减少问题，若从劳动力的减少以及养老金对财政的压力来考虑，出路就是实施增加现役劳动人口政策。而实施这样的政策，无论什么制度的社会，能吸收的人口来源都只有 3 个选项，即外国人（移民）、女性（主妇）、老年人。

为了应对少子老龄社会，老年人的劳动参与不可或缺，因此本章探讨老年人的劳动参与需要什么样的社会条件。这里暂不讨论移民问题，仅对女性的劳动参与进行一些讨论。

和外国人并列的能作为新的劳动力被吸收的是主妇。怎么活用这些女性劳动力，日本、韩国、中国台湾采取了极为不同的模式。包括老年人在内，“让谁进入劳动力市场”的问题绝不是由“经济合理性”决定的，而是受文化规范的强烈影响。不妨用这样的观点来看女性劳动力的就业模式。

众所周知，经常被列举的日本女性劳动力的特征之一就是，分娩、育儿期的女性劳动力比例明显下降的“M”形就业模式。图 11－2 是 2015 年不同年龄段的女性劳动力比例曲线，这个曲线已经很难说是“M”形了，一般认为主要原因是晚婚化和少子化，生完第一个孩子后女性继续工作的比例不

① 『日本の将来人口推計（平成 29 年推計）』、国立社会保障・人口問題研究所ホームページ、http：//www.ipss.go.jp/pp－zenkoku/j/zenkoku2017/pp_ zenkoku2017.asp。

到 50%。[①] 韩国和日本的女性劳动力比例大体呈现出同样的模式，并且凹处比日本更深，中老年的女性劳动力比例上升也比较缓慢。

从图 11－2 可以看出，中国台湾处于分娩、育儿期的女性劳动力比例极高，而女性劳动力比例在 40 岁后半期急速降低。这个特征在中国香港、中国内地、新加坡也可以看到。在中国，城市以及富裕阶层开始出现全职家庭主妇，但还未形成主流。在华人社会，无论是资本主义制度，还是社会主义制度，女性在分娩、育儿期继续工作，中老年女性却较早地退出劳动力市场。

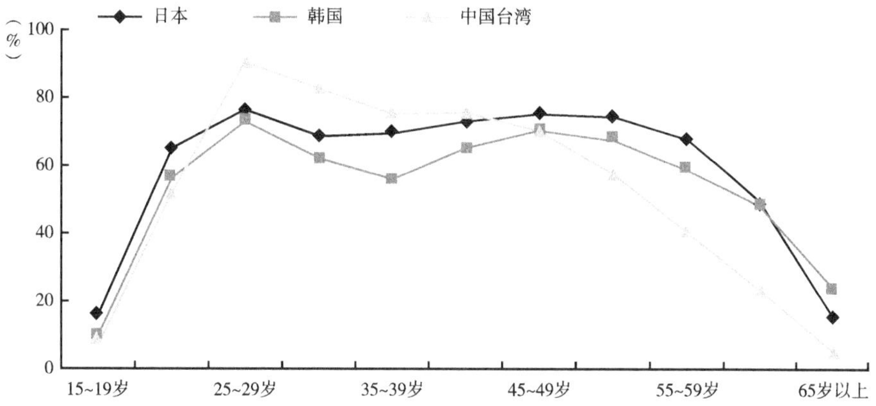


**图 11－2　日本、韩国、中国台湾不同年龄段的女性劳动力比例（2015 年）**

资料来源：根据日本的《劳动力调查》、韩国的《经济活动人口总括》、中国台湾的人力资源调查报告制作。

对于"让谁进入劳动力市场"，如日本"不让婴幼儿母亲进入劳动力市场"或者如韩国"不让有大学入学前孩子的母亲进入劳动力市场"，这样的方式绝非不言自明的现象。笔者花费了 30 年左右的时间观察日本、韩国、中国台湾的模式，认为即使可以看到若干变化的预兆，但没有决定性改变。这样的日本、韩国、中国台湾的"特殊性"，如果做相互比较就可以清晰地

① 出生动向基本调查显示第一个孩子生下一年后女性的继续就业率没有太大变化，但在 2010 年以后出生的群体中就看到了变化。

呈现出来。

是否愿意积极灵活地利用女性劳动力，可以说中国大陆与台湾表现得最积极，而韩国最为消极，日本居中。

## 第二节　东亚地区老年人的就业模式

应如何应对伴随少子老龄化而来的劳动力减少问题？前面提到答案只有3个选项，即外国人（移民）、女性、老年人，除此之外没有其他选项了。如上文所述，日本、韩国、中国大陆、中国台湾的女性劳动参与呈现出差异。这里就老年人的劳动重点讨论一下。

众所周知，现在日本的老龄化进展在世界上是最快的。① 但是，预计韩国在2045年、中国台湾在2055年前后，65岁及以上老年人人口比例将超过日本。预计日本老龄化率不会超过40%，并保持稳定，而韩国和中国台湾的老龄化率将会突破40%，并呈现出不断上升的趋势。毫无疑问，韩国以及中国台湾的老龄化问题都比日本更严重，这是应该先确认的事实。在这样的背景下，为缓和急剧变化带来的影响，有必要考虑有关老年人的“劳动力化”问题。

“让谁进入劳动力市场”的相关政策以及企业的选择已经受到制度以及其文化规范的影响。这里着重考察中华文化圈的老年人就业具有何种特征。

### 一　就业意愿的不同

首先从劳动力比例来看。这里把比较范围扩大一下，把欧美的数据也包括进去。因为日本老年人的就业率之高，即使与欧美比较也是一种特殊现象，是经济水平以及养老金制度的调整都不能解释的现象。在法国、德国，老年人的就业率停留在百分之几以内。而美国因社会保障制度的不完

① 『日本の将来人口推計（平成29年推計）』、国立社会保障・人口問題研究所ホームページ、http://www.ipss.go.jp/pp-zenkoku/j/zenkoku2017/pp_zenkoku2017.asp。

备和强烈的自由主义倾向，老年人的就业率偏高（19%），但也比日本（22%）低。特别是在北欧、西欧，认为退休是从“劳动”（labor，勉强一点，可译作“苦役”）中解放出来，到了能够享受养老金生活的年龄却仍然劳动被看作个别现象。可以说日本社会对老年人的就业不但不忌讳，反而积极评价。

与此相对照，中国社会对老年人的就业持否定的态度，女性虽在分娩、育儿期的30多岁的年龄段继续工作，可是劳动力比例在40岁后半期以后急速下降。照顾孙辈悠闲自在安度晚年的含饴弄孙生活一直是华人社会追求的理想形态。年老父母就业会被看作给儿子丢面子。65岁及以上的女性就业率为15.1%，稍微偏高，这是受到农村的影响，拉高了全国的数据。如果只限于城市，则中国内地65岁及以上女性的就业率只有2.2%，台湾是4.6%，香港是4.5%。[①] 而日本65岁及以上女性的就业率是15.0%，韩国达到23.4%（2015年）。可以看到，除了在社会保障尚不完备的农村，由于贫困，女性不得不工作以外，中国基本上是一个老年女性不工作的社会。

可以清楚地看到，在中国，女性在小孩还小的30~40岁年龄段基本上就业，但到50多岁其就业率急剧下降。而在日本，到了小孩不再需要照顾的时候，出于子女学费等原因，女性重新出来工作，故其就业率形成另一个高峰，而且此倾向持续到60多岁，与其他社会相当不同。

以下再来看看不分性别的老年人的整体就业动向。在日本，根据2014年内阁府以60岁及以上男女为调查对象的《关于老年人日常生活的意识调查》，对于“希望工作到多少岁”的提问，回答“65岁左右”的为13.5%，回答“70岁左右”的为21.9%，回答“工作到能工作的时候”为42.0%。如果包括“75岁左右”甚至“80岁左右”的回答，也就是说回答“超过65岁”的比例超过90%，老年人积极就业的倾向至今没变。这种意识在中华文化圈恐怕是不可想象的。

---

① 中国内地农村和城市地区的65岁及以上女性就业率数据来自2010年的人口普查，台湾和香港的数据为2015年数据。

在此再浏览一下包括欧美地区在内的数据，在内阁府2010年《第7回关于老年人的生活与意识的国际比较调查》中，60岁及以上老年人的就业率，韩国为49.8%，日本为38.3%，美国为30.2%，德国为21.0%，瑞典为34.9%。[①] 从世界范围看，日本的老年人就业率在发达国家中也是比较高的。

2015年《第8回关于老年人的生活与意识的国际比较调查》显示，在希望继续工作的理由中，从收入以外寻找其他理由的倾向在日本非常显著。德国以及瑞典也有相似的倾向，但是这两个国家原本想继续工作的人的分母就很不一样，正在就业的比例和想继续工作的比例全然不一样。所以按上述数据，可以说这是日本社会独有的现象。尽管日本有较为完善的养老金制度，但还是有许多人从经济必要性以外寻找继续工作的理由，这样的老年人在日本大量存在，这正是日本社会的独特之处。

特别是“有利于健康”的回答，自1980年第一次实施调查以来一直保持在25%～40%（见表11－2），这也是日本社会所独有的。韩国的这一比重也有15%～20%，与欧美相比较高，但绝不会超过日本。

**表11－1　现在在职者今后也希望工作的理由**

单位：%

| 工作理由 | 日本 | 美国 | 韩国* | 德国 | 瑞典 |
|---|---|---|---|---|---|
| 1.想增加收入 | 49.0 | 52.7 | 64.5 | 31.9 | 20.8 |
| 2.因为工作快乐，给生活增添活力 | 16.9 | 28.1 | 19.1 | 48.9 | 54.4 |
| 3.通过工作能结识朋友 | 7.1 | 2.8 | — | 0.9 | 3.0 |
| 4.工作对身体有益、防止老化 | 24.8 | 14.9 | 16.2 | 14.8 | 16.9 |
| 5.其他 | 2.2 | 1.5 | 0.3 | 3.1 | 4.9 |

注：韩国是2010年调查的数据。

资料来源：「平成27年度第8回高齢者の生活と意識に関する国際比較調査結果」、内閣府ホームページ、http://www8.cao.go.jp/kourei/ishiki/h27/zentai/index.html。

① 『平成22年度第7回高齢者の生活と意識に関する国際比較調査結果』、内閣府ホームページ、https://www8.cao.go.jp/kourei/ishiki/h22/kiso/zentai/index.html。

表 11－2　有继续工作意愿的理由（60 岁及以上）

单位：%

| 工作理由 | 日本 | | 中国台湾 | |
|---|---|---|---|---|
| | 男性 | 女性 | 男性 | 女性 |
| 想增加收入 | 39.7 | 36.4 | 79.3 | 82.4 |
| 因为工作快乐 | 12.2 | 12.1 | 16.1 | 14.0 |
| 可以结识朋友 | 8.1 | 6.1 | 0.6 | 0 |
| 有利于健康 | 37.2 | 40.2 | 0.6 | 1.5 |
| 其他或未回答 | 2.8 | 5.3 | 3.5 | 2.2 |

资料来源：内閣総理大臣官房老人対策室編『老人の生活と意識：国際比較調査結果報告書』大蔵省印刷局、1982；江亮演：《台湾老人生活意识之研究》，兰亭书店，1988。

从表 11－2 可以看出，中国台湾老年人继续工作的意愿具有独特性。在 20 世纪 80 年代的调查中，中国台湾的老年人回答“有利于健康”的比重仅为 1% 左右，与日本有巨大差别。可以看出，20 世纪 80 年代，中国台湾老年人就业主要是出于经济原因。

另外，根据 1998 年韩国保险社会研究院以 65 岁及以上的在职老人为对象的意识调查，有关就业理由的回答中，“因为需要钱”高达 66.1%，与“因为喜欢工作”（8.2%）和“有利于健康”（7.2）的回答形成巨大反差。可以说韩国老年人继续工作的理由居于日本与中国台湾之间，与中国台湾更接近，属于不得已的经济压力型。

## 二　学历不同

按学历区分的数据更是饶有趣味。在日本不论哪个年龄层，从小学毕业到高中毕业的年龄段差异不大，但短期大学或专科大学毕业及以上学历者就业率在一定程度上升。中国台湾老年人的就业率在学历方面的差异不那么明显，但是呈现学历越高就业率有所下降的倾向，而且原本 65 岁及以上还在工作的人就极少，显示出中华文化圈的老年人工作意愿不强烈的现象。韩国老年人的就业率一般较高，并且有学历越高就业率越低的倾向。也就是说，以第一产业为中心，出于生活上的需要而工作的人群比重比较高。

**表 11－3　老年人按学历区分的就业率**

单位：%

| 国家或地区 | 小学或初中毕业 | 高中毕业 | 短期大学、专科<br>大学毕业及以上 | |
|---|---|---|---|---|
| 日本 | 65～69 岁 | 39.1 | 38.0 | 41.7 |
| | 70～74 岁 | 24.5 | 24.4 | 26.7 |
| | 75～79 岁 | 14.3 | 14.9 | 18.8 |
| 中国台湾 | 60～64 岁 | 33.7 | 31.9 | 30.0 |
| | 65 岁及以上 | 8.5 | 7.8 | 5.8 |

注：韩国 65 岁及以上老年人无学历的比重为 31.0%，小学毕业比重为 38.4%，中学毕业比重为 34.9%，短期大学或专门大学毕业及以上比重为 21.8%，数据由笔者根据 2011 年度《老人实态调查（2012）》计算。

资料来源：日本数据来自 2012 年『就業構造基本調査』，中国台湾数据来自《人力资源统计年报（2008）》。

1965 年日本老年人的就业率比韩国高，随着社会保障制度的完善以及农业部门的缩小，就业率下降。所以与韩国相比，可以推测传统上日本老年人的就业率原本很高。60 岁及以上的人口就业率自 20 世纪 60 年代开始下降，2005 年触底，而且男女的比重都急剧上升。这里不排除法定退休年龄从 60 岁推迟到 65 岁的制度上的影响，但是同样显示出日本积极评价鼓励老年人工作的倾向，并且如上所述老年人被白领等职业吸收，日本老年人工作呈现出与韩国和中国台湾不同的样貌。

在中国台湾，如果只观察过去的 30 年 65 岁及以上老年人的就业率，可能找不到一个高峰期，可以看出其老年人就业率在传统上就很低。从以上对比可以得知，与中国台湾比较，尽管日本 65 岁及以上男性的平均寿命较长，但就业率更高；中国台湾 65 岁及以上的男性就业率即使与日本 65 岁及以上的女性就业率相比也一直偏低。

如前所述，在中华文化圈，普遍认为年老父母的工作会给儿子丢面子。老人不工作而悠闲自在地安度晚年被认为是最理想的，为钱工作，象征着儿子没有好好地履行养老义务。但是，在这种观念下可以克服老龄化社会问题吗？

2020年日本65岁及以上的人口比重约为29%，预测至2043年前后70岁及以上的人口比重大体不变。[①] 如果把高龄老年人的定义从65岁及以上改为70岁及以上的话，这期间有20年老龄化基本不会继续恶化。突然变化当然不可能，但是可以渐渐推迟养老金的支付年龄，形成一个60岁及以上也继续工作维持生活的社会。考虑到日本老年人较强的工作意识和积极性，这不难实现，这应该是日本最为现实的解决方法。

另外，在韩国，社会舆论对于年老父母工作的反感不是十分强烈，介于中国台湾与日本之间。

## 三　中国大陆的情况

中国大陆拥有广大的农村，并且城市与农村之间的差距大，用全国性数据进行详细分析比较困难，这里仅借助以城市为中心的先行研究，与日本等社会进行对比。

钱鑫、姜向群从2000年中国老龄科学研究中心对城市老年《中国城乡老年人口状况一次性抽样调查》结果中抽出10%子样本，分析60岁及以上城市老年人的994个样本。[②] 研究结果表明60~69岁想工作的老年人比重为45.7%，不想工作的老年人比重为54.3%；70~79岁想工作的老年人比重为19.8%，不想工作的老年人比重为80.2%；80岁及以上不想工作的老年人比重为91.9%。从性别来看，不想工作的男性老年人比重为59.0%、女性老年人比重为73.0%。可以看出中国的老年人的就业意愿并不强。

另外，为了呼应联合国在2002年提出的“积极老龄化”[③]，出现了不少

① 『日本の将来人口推計（平成29年推計）』、国立社会保障・人口問題研究所ホームページ、http://www.ipss.go.jp/pp-zenkoku/j/zenkoku2017/pp_zenkoku2017.asp。

② 参见钱鑫、姜向群：《中国城市老年人就业意愿影响因素分析》，《人口学刊》2006年第5期。

③ 自2015年开始，口号从“积极老龄化”变为“健康老龄化”。

提倡“积极老龄化”的研究，对志愿服务式的劳动有所肯定，但对正规就业表现出犹疑。例如，钱宁指出：“退休后继续工作，对一些健康、有知识技能的老年人而言，无疑也是从事生产性劳动、参与社会经济活动的重要途径。”然而又指出：“这样的社会参与既受劳动力市场的影响，也受个人经验、技能、身体和其他条件的限制，难以成为大多数老年人的选择。”并且指出“社会对于退休老人的再就业也存在各种歧视和排斥，从而使他们的尊严和人格受到伤害”。[①] 这个问题反映出文化规范对老年人就业的影响。

谢立黎、汪斌利用2014年的“中国老年社会追踪调查”数据，根据老年人的“照顾孙子女”“志愿活动”“助人活动”“家务帮助”“经济参与”等6种活动，采用潜在类别模型进行分析，将老年人社会参与模式分为三类。全方位活跃的“高参与型”（城市、高学历多）为11.7%，以照顾孙子女或者家务等为中心的“家庭照顾型”为33.6%，消极的“低参与型”为54.7%。[②] 社会参与多基于社区层面，但在中国“家庭照顾型”占比较高。

另外，“空巢”问题已经成为深刻的社会问题。“空巢”原本指小孩长大成人离开家庭后只剩老年人的家庭。“空巢”不仅包括独居老人，而且包括无配偶的老人。在日本，只指独居老人时，使用“鳏寡”这个词。1980年的数据显示，日本有65岁及以上老人的家庭半数是三代同堂，但是在2019年单身老年家庭占26.4%，夫妇老年家庭占32.5%。[③]“空巢”在日本已经是不足为奇的常态了，只有中文将其称为“鳏寡”的独居老人才会成为问题。

当然在中国肯定老年人就业的研究在增加。1990年、2000年、2010年的人口普查显示，城市的老年人就业率分别为17%、10%、6.7%。基于老

---

① 钱宁：《积极老龄化福利政策视角下的老年志愿服务》，《探索》2015年第5期。

② 谢立黎、汪斌：《积极老龄化视野下的中国老年人社会参与模式及影响因素》，《人口研究》2019年第4期。

③ 数据来自『国民生活基礎調査』、厚生労働省ホームページ、https://www.mhlw.go.jp/toukei/list/20-21.html。

年人就业率降低的问题，陆林、兰竹红在研究中指出 2010 年城市老年人的就业意愿比例仅为 13.2%，认为“老年人的劳动参与不仅无损于健康，反而对健康有好处”。[①]

总之在中国，尽管老年人增加，只有老年人留守的家庭剧增，但是与日本社会比较，仍存在不利于老年人积极就业的文化氛围，应进行特别关注。

## 第三节　结论与讨论

对于“让谁进入劳动力市场”，实际上不是由经济合理性决定的，而是与社会的文化规范密切关联。所有社会都以男子进入社会工作为标准，正因如此一个社会的特征就更明显地表现在“此外”方面。东亚国家和地区迎来少子老龄化社会，在寻找新的劳动力供给源方面，对于外国人、女性、老年人这 3 个选项，各国家或地区的选择呈现出差异。

本章主要把老年人作为研究对象，考虑诸社会之间呈现的积极或消极面，把以上考察的诸社会的比较做一个大致排序的话，可整理如下：

外国人　日本 < 韩国 ≤ 中国台湾

女性　韩国 ≦ 日本 < 中国台湾

老年人　中国台湾 < 韩国 < 日本

当然这只是大致程度的问题，不是严谨的比较。关于利用外国人，中国可以期待来自农村的人口流入，暂时不会积极吸收外国人，但是在女性和老年人的劳动参与问题上，中国大陆与台湾的程度相当。外国人对人口结构的影响大于文化规范，而在女性与老年人的劳动参与问题上，在中国大陆、台湾，文化规范的影响大致相同。

---

① 陆林、兰竹红：《我国城市老年人就业意愿的影响因素分析——基于 2010 年中国城乡老年人口状况追踪调查数据》，《西北人口》2015 年第 4 期。

这样的比较对思考日本以及中国的老龄化社会有何意义呢?

在日本的老故事中，多数是没有小孩的老夫妇为主人公。老故事开篇大多是“老爷爷上山砍柴，老奶奶在河边洗衣服”。在中国留学生问到“老父母的儿子去哪里了，又干什么去了”时，无语可答。在中华文化圈的语境中，这种状况显得非常悲惨。正因为大家认为解决这个问题（至少经济上）是儿子的责任，即使父母也有意愿，但老年人就业并非简单之事。

另外，日本老故事里出现的农村老年人已经变成“空巢”了。老故事中的老夫妇没有孩子，取而代之的可能是什么幸运之事发生这样的故事情节，或者老夫妇本分地赚钱生活的情形。这在日本社会长久以来一直没被否定过，今后也不会被否定。

在中国，存在不鼓励老年人就业的文化氛围。老年人工作在日本是有没有工作机构的问题，而在中国老人工作被认为是丢面子的，存在文化规范冲突的问题。这是今后应对老龄化时应考虑的极为重要的问题。

作者　濑地山角，日本东京大学教授

# 第十二章 “看护四边形”：从理论到实证*

根据20世纪90年代以来社会学的最新社会发展理论，欧美各国在1970年前后进入了第二现代社会①。第二现代社会在人口学上的一个最大特征就是日益严重的老龄化和少子化（65岁及以上人口占社会总人口的比重超过14%，妇女总和生育率低于2）。除了医疗保障和贫困救济，如何应对老龄化和少子化逐渐成了世界各国社会福利政策的基本内容。发展进程不一的各国在应对老龄化和少子化过程中先后制定了从家庭主义到社会主义等不同的社会福利政策原则，那么最新的福利政策原则是什么？有没有一种世界通用的基本原则？进入21世纪以后，联合国机构提出了一种“看护四边形”理论（有时也称为看护“钻石理论”，英文为“care diamond”），这一理论开始成为世界各国制定社会福利政策的基本依据，相关的实证研究也在世界各国展开。这一新的理论具有社会福利政策基本原则的科学性和普遍性，本文将结合国内外学术界的最新动态，就该理论的形成和研究课题现状做一阐述。

## 第一节 “看护四边形”理论的形成

从历史来看，“看护四边形”理论其实是福利多元主义理论的一种最新表述。在近代以前，人类基本以家庭和家族为核心承担养老和育儿等社会福利

---

* 本文曾以《社会福利政策的新基本原则：“看护四边形理论”及其研究课题》为题发表于《社会政策研究》2016年第1期。

① 参见以德国慕尼黑大学社会学教授乌尔里希·贝克和英国社会学家安东尼·吉登斯等为代表的一批欧洲学者的著作，如乌尔里希·贝克的《风险社会：新的现代性之路》（1986）、《风险社会的政治》（1991）、《世界主义的欧洲：第二次现代性的社会与政治》（2004）等。

事业。可以说，家庭主义或家族主义是基本的社会福利原则。东亚国家甚至把家庭主义原则固化为“孝道”伦理，通过儒学广为传播，使其延绵不绝。进入资本主义近代社会以后，由于工业化、个人主义的发展和贫富差距的扩大，西方社会开始出现国家主义或社会主义的福利思想，[①] 但即便是近代以后，家庭主义或家族主义也是许多经济发展落后国家的主要社会福利原则，尤其是有着浓厚儒教孝道思想的东亚国家更是如此。中国在 20 世纪 80 年代至 90 年代制定了一系列社会保障法律，基本的原理都是基于家庭主义的原则。即便是亚洲较为发达的国家日本在 1968 年成为西方世界第二大经济体以后，在社会保障方面奉行的也是家庭主义，日本政府甚至把家庭主义式的福利制度标榜为“东亚福利体系”，并且一度得到世界的公认。原因主要在于东亚国家有共同的儒教思想基础，儒教思想对东亚各国的影响至深。早在 1993 年，西方学者凯瑟琳·琼斯就提出了“儒教福利国家”的概念，认为在东亚，占主流地位的儒家文化代表了一种独特的社会发展与福利体制的意识形态，并从一开始就决定了这些国家福利制度的走向。[②] 琼斯还概括了东亚福利体制的特点：“没有工人参与的保守合作主义，没有教会的社会救助，没有公平的社会团结，没有自由的放任主义，所有的都可以归纳为一种‘家庭经济’福利国家——在一个自许的、儒家传统的、扩展的家庭模式下运作。”[③]

第二次世界大战以后，世界各国开始从家庭主义福利原则走向国家主义或社会主义福利原则。1942 年，英国社会福利专家 W. H. 贝弗里奇领导的社会保险和联合事业部际委员会发表《社会保险和有关的福利问题》的报告，提出社会应保障人人享有免于贫困、疾病、愚昧、污染和失业的自由权利。根据这一思想，英国工党政府先后通过和实施了《家庭津贴法》(1945)、《社会保险法》(1946)、《国民健康服务法》(1946)、《国民救济

① 比如，最早德国在 1883 年出台了《疾病保险法》，用法律的形式把国家的社会福利政策和社会责任固定下来。此后 50 年内，大多数欧洲国家相继制定社会保障法律、采取其他相关措施。

② Catherine Jones, “Catherine, Hong Kong, Singapore, South Korea and Taiwan: Oikonomic Welfare States,” *Government and Opposition*, Vol. 25, No. 4, 1990, pp. 446 - 462.

③ Catherine Finer, “The Pacific Challenge: Confucian Welfare State,” in Catherine Jones, ed., *New Perspectives on the Welfare State in Europe*, Routledge, 1993, pp. 198 - 217.

法》（1948）等社会福利法案，推行高增长、高消费、高福利政策，主张政府对全部社会福利负责。1948 年，英国宣布建成“福利国家”。西欧、北欧以及美洲等地区的发达资本主义国家相继效仿。“福利国家”是西方发达国家政府干预经济生活，通过税收政策重新分配国民收入的一种社会福利政策。它把国家对部分人的社会责任变为全体人民的权利，把消极的救助变为积极的预防，在一定程度上促进了社会福利的发展。

国家主义或社会主义福利原则的确立依赖战后各国的经济高速发展。但是20 世纪 70 年代爆发的世界性经济危机使“福利国家”越来越感到政府已无力负担日益沉重的巨额福利开支，不得不调整政策，削减福利费用，学术界开始主张政府部门、社会团体、私人合办福利事业，重新强调社区和家庭的作用，探索除家庭主义和国家主义双元之外的福利多元主义原则。

学术界一般公认 1977 年英国《沃尔芬德报告》最早使用了“福利多元主义”（welfare pluralism）一词，提出了福利多元主义理论。[①] 福利多元主义主张“福利——满足基本需求和提供社会保障的商品和服务——有多种来源：国家、市场（包括企业）、自愿的组织和慈善机构，以及血缘网络（包括家庭）”。[②]

福利多元主义超越了传统的家庭主义或社会主义的单元或双元福利负担理论，逐渐向三元或四元的复合负担理论发展。1986 年罗斯在《相同的目标、不同的角色——国家对福利多元组合的贡献》[③] 一文中详细剖析了福利多元主义的概念，强调社会总体的福利来源于家庭、市场和国家三个部门。这三者作为福利的提供方，构成了社会的福利整体，形成了社会的福利多元组合。罗斯的福利多元主义理论深入地阐释了三个部门在福利提供上的角色和作用机制，为后来学者的福利多元主义分析框架提供了参考，实质上推动了福利多元主义理论的发展。[④] 罗斯之后，约翰逊在福利多元部门组合中加

① 〔加〕R. 米什拉：《资本主义社会的福利国家》，法律出版社，2003，第 114 页。

② 〔加〕R. 米什拉：《资本主义社会的福利国家》，法律出版社，2003，第 113 页。

③ R. Rose, “Common Goals but Different Roles: The State Contribution to the Welfare Mix,” in R. Rose, R. Shiratori, eds., *The Welfare State East and West*, Oxford University Press, 1986, p. 5.

④ 彭华民：《西方社会福利理论前沿：论国家、社会、体制与政策》，中国社会出版社，2009，第 17 ~ 18 页。

入志愿机构，将提供社会福利的部门扩充为国家部门、商业部门（包括企业）、志愿部门和非正规部门（家庭、亲属、朋友、邻里）四个部门。[①]

在福利多元主义理论发展的同时，20世纪80年代起，西方国家开始将福利问题转化为具体的老人和儿童的看护问题，“看护”（care）一词开始见诸各研究成果。研究者将社会福利体系从制度和费用具体化为实际的看护承担者和他们付出的各种各样看护劳动，使社会福利保障研究更加实证化和细致。2005～2009年联合国社会发展研究所（UN Research Institute for Social Development）“社会性别与开发”部门组织实施了名为“看护的政治、社会、经济”研究课题。该课题将上述福利四角理论应用于“看护”议题，用于评估各地区和国家的看护社会化程度。在该课题的研究中，课题组认为承担看护劳动的部门，在看护劳动多元化社会大致可分为以下4个领域，即国家（官方部门）、市场（商业部门）、地区社会（互助部门）、家庭（私人部门）。根据看护的提供者包括家庭/亲属、市场、国家、非营利部门/社区4个部门的基本原则，课题组将其命名为“看护四边形”（见图12－1）。[②]

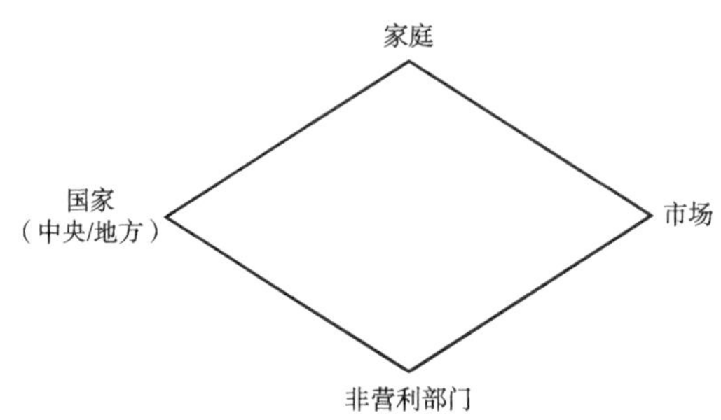


**图12－1　看护四边形**

资料来源：ラザビ・シャーラ「政治・社会・経済から見たケアの国際比較」、『海外社会保障研究』2010年、38頁。

① 转引自彭华民《西方社会福利理论前沿：论国家、社会、体制与政策》，中国社会出版社，2009，第2页。

② 落合恵美子「特集　ケア労働の国際比較——新しい福祉国家論からのアプローチ：趣旨」、『海外社会保障研究』第100巻、2010年、2－3頁。

## 第二节 “看护四边形”理论的实践意义

回顾“看护四边形”理论的演进过程，我们可以看到这一最新理论继承了欧美学界自20世纪70年代以来对世界各种社会福利制度研究的基本成果，形成了相对完善的福利多元主义基本原则，在社会福利改革实践中开始发挥重要的指导作用。

### 一 “看护四边形”理论为克服传统一元或二元福利体制带来的社会福利危机开辟了新的道路

众所周知，在传统的亚洲社会，由于生产力发展的限制，社会福利一直依赖基于家庭主义的单元制度。但是，随着社会现代化的发展，尤其是通过一种“压缩的现代化”[①]，亚洲国家在第一现代化尚未完成的情况下就开始步入第二现代化阶段。而第二现代化的最显著特征就是社会的个体化，家庭主义福利制度赖以存在的传统家庭体系逐步走向瓦解。具体的表现在于，亚洲国家普遍从传统大家庭走向核心小家庭体制，家庭平均人口减少，同时家庭种类多样化和零散化。具体来说，就是单身家庭扩大到10%左右，单亲家庭和隔代家庭也在不断扩大，传统的复合家庭比重低于1/3。这样的家庭结构已经使家庭主义的福利体制难以为继。以日本为例，二战后，日本在家庭福利体系遇到问题时也曾学习西方国家，大力发展国家福利。但是与同时期的西方发达国家相比，日本的国民福利支出仍然占很小的比例（见图12－2）。

1963年，日本制定了国民养老金制度，通过制度化的收入保证和家庭的扶持实现了国民福利的最大化，试图向二元福利体系过渡。1973年，日本实现了全民医疗保障，社会福利得到了大幅度增长。然而，1973年第二

---

① 1999年，韩国首尔大学社会学系教授张庆燮运用两阶段现代化理论研究韩国社会的变动，提出了亚洲国家现代化是一种“压缩的现代化”概念，参见Chang Kyung-Sup, “Compressed Modernity and Its Discontents: South Korean Society in Transition,” *Economy and Society*, Vol. 28, No. 1, 1999, pp. 30－55。

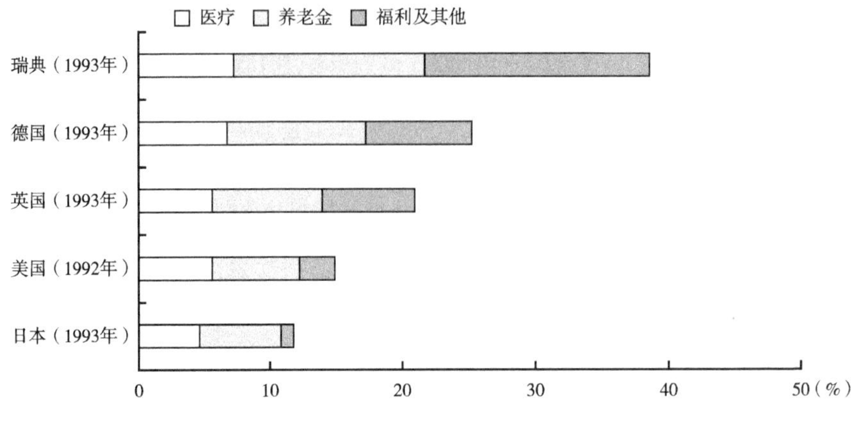


**图 12－2　日本与世界各国社会保障开支占 GDP 比例**

资料来源：「日本の社会保障の水準を比較してみましょう」、全国保険医団体連合会ホームページ、https：//hodanren. doc－net. or. jp/kenkou/gkhtml/gktop/gk6s/gk6s1p/gk6s1p. html。

次石油危机爆发后，日本难以承受社会福利负担，不得不开始强调个人、家庭、企业与社会扶持相结合的发展思路，国家缩减了福利支出，重新强调家庭的责任和付出。

同样，二战后，经济的迅猛发展让西方发达国家建立起普遍性福利国家制度，国家不断扩大公共服务，为国民提供了从生到死各环节的社会保障。但 20 世纪 60 年代发生的人口结构变化和 70 年代石油危机引发的经济衰退让国家一力承担福利的单元模式遭到质疑，走到末路。不少国家开始走向自由主义的市场提供福利服务商品、补充社会福利减弱的部分以维持人们生活某种程度上的安定性的二元体制。然而，持续的经济低迷和老龄化、少子化冲击导致欧美国家普遍在财政和效率层面发生了“市场失灵”和“国家失灵”的“双失灵”现象。之后，家庭和社区又再次被人们寄予厚望。[①] 为解决福利国家危机，自 20 世纪 70 年代开始不得不探讨福利的多元主义这样一种重新分配社会福利的理论范式。正是面临单元或二元福利体系的困境，

① 後藤澄江『ケア労働の配分と協働：高齢者介護と育児の福祉社会学』、東京大学出版会、2012。

“看护四边形”理论从福利多元主义研究中脱颖而出，为解决全球性的社会福利危机开辟了通道。

## 二 “看护四边形”理论完善了福利多元主义从三角向四角的转换

在西方社会政策领域中，福利多元主义主要指福利的规则、筹资和提供由不同的部门共同负责任、共同完成。但这种多元到底是三角还是四角，三角和四角又应该如何分类，一直是福利研究学者议论的主要内容。罗斯在《相同的目标、不同的角色——国家对福利多元组合的贡献》一文中详细解析了福利多元主义的概念。[①]，罗斯认为一个社会总体的福利是重要的议题，社会中的福利来源于三个部门，即家庭、市场和国家。市场、国家和家庭在社会中提供的福利总和即社会总福利，用公式表示为：$TWS = H + M + S$。其中，$TWS$ 是社会总福利，$H$ 是家庭提供的福利，$M$ 是市场提供的福利，$S$ 是国家提供的福利。[②] 他特别指出，国家不是提供福利的唯一部门，而是重要角色。罗斯关于福利多元主义的理论因为强调国家以外其他社会部门在福利方面的作用而受到重视。此后，在罗斯的研究基础之上，德国学者埃弗斯提出了另一种福利三角的研究范式。他认为应把福利三角放在文化、经济和政治的背景中分析。福利三角是一种互动的三方关系：第一方（市场）经济提供就业福利，第二方个人、家庭和社区是非正规福利的核心，第三方国家通过正规的社会福利制度再进行社会资源分配。此外，还有欧尔森的一种三分法，即以国家、市场和民间社会（家庭、邻里、志愿组织等）来分析福利国家。以上的福利三角理论均在国家和市场这两方上高度一致，但对于福利来源的第三方略有区别。在随后的研究中，又有学者开始采用四分法对福利来源进行划分。其中约翰逊在罗斯的福利多元部门组合中加入志愿机构，

① R. Rose, “Common Goals but Different Roles: The State Contribution to the Welfare Mix,” in R. Rose, R. Shiratori, eds., *The Welfare State East and West*, Oxford University Press, 1986, p. 5.

② 彭华民、黄叶青：《福利多元主义：福利提供从国家到多元部门的转型》，《南开学报》2006 年第 6 期。

丰富了福利多元组合理论的内容。约翰逊将提供社会福利的部门分4个部分：国家部门、商业部门（市场提供营利性质的福利）、志愿部门（如自助组织、互助组织、非营利机构等）和非正规部门（如家庭、亲属、朋友、邻里提供的福利）。[①] 约翰逊认为，社会福利多元部门中国家的作用是有限度的，他批评了福利国家过分慷慨的福利提供。他提出，欧洲福利国家在面临人口老龄化、核心家庭增加、失业问题严重等社会问题时，政府的福利承担能力减弱，其他社会部门便需要分担福利责任，使福利产品的来源多元化，这是解决福利国家危机的出路之一。格罗斯也将志愿部门放入福利多元组合的框架中，他提出志愿部门提供的对老人的照顾是解决老人照顾问题的重要方式。[②] 埃弗斯也在其随后的研究中采用了四分法，他也认为社会福利的来源有四个，即市场、国家、社区和民间社会。

无论是三分法还是四分法都是对福利多元主义来源提供的思考。福利多元主义认为福利的来源应该多元化，福利的提供不仅仅是单一的国家职责，而是应该由家庭、市场和民间机构或志愿组织共同完成。最终2005～2009年联合国社会发展研究所"社会性别与开发"部门组织实施的名为"看护的政治、社会、经济"研究课题从看护劳动的提供者这一角度，重新实证性地将福利的来源归纳为家庭/亲属、市场、国家、非营利部门/社区四个部门，并将其称为"看护四边形"。具体来讲，四角是指由政府、家庭（包括亲戚在内）、市场和社区或以NGO/NPO为主的第三部门这4个部分组成，这个四边形的模式适用于幼儿看护和养老看护劳动各方面。四角的正式框架得以形成，为各国学者所普遍采用。

## 三 "看护四边形"理论从劳动角度介入，为福利制度的实证研究提供了新的方法

艾斯平-安德森在《福利资本主义的三个世界》[③] 一书中提出了"福

① N. Johnson, *The Welfare State in Transition: The Theory and Practice of Welfare Pluralism*, Prentice Hall Europe, 1987.

② 彭华民：《福利三角：一个社会政策分析的范式》，《社会学研究》2006年第4期。

③ 〔丹〕考斯塔·艾斯平-安德森：《福利资本主义的三个世界》，郑秉文译，商务印书馆，2003。

利体制”（Welfare Regime）概念后，社会福利政策研究主要集中于制度类型的研究，比较不同国家的福利体制。安德森以福利体制中国家和市场的关系为中心，通过评价不同国家社会福利的“去商品化”程度（即社会福利脱离市场的程度）和“社会分层化”程度（即社会福利影响下的社会聚合结构），提出了三种福利体制：自由主义福利体制（盎格鲁-撒克逊体制）、保守主义福利体制（欧洲大陆体制）和社会民主主义福利体制（北欧体制）。美国为自由主义福利体制的代表，社会福利“去商品化”程度最低。在以德国和法国为代表的保守主义福利体制中，公民取得福利的资格和数量取决于个人的收入与地位，呈现部分“去商品化”特点。而在以北欧国家为代表的社会民主主义福利体制中，社会福利“去商品化”程度最高，福利具有普惠性特点。他认为，“国家只是分担社会风险的三种途径之一，其他两种分别是家庭和市场。事实上，它们三者之间如何分担社会风险就形成了一种怎样的福利体制。”“福利体制可以被定义为国家、市场和家庭之间相互依赖组合来生产和分配福利资源的模式。”随后，在《后工业经济的社会基础》一书中，安德森为了进一步论证不同国家福利体制的不同，再次从国家、市场和家庭的关系出发，通过分析社会福利的“去家庭化”程度进行论证。结果同样表明，以北欧国家为代表的社会民主主义福利体制的“去家庭化”程度最高，国家分担了较多的家庭责任。保守主义福利体制中的社会政策更多地建立在对家庭的依赖基础上，“去家庭化”程度较低。而自由主义福利体制鼓励市场参与更多的福利提供，但仍然建立在家庭服务的基础上，具有部分“去家庭化”特点。对不同国家形成不同的福利体制的原因研究，虽然说明了在福利资源的配置过程中，国家、市场和家庭这三种力量扮演的角色和发挥的作用不同，便会形成不同的体制格局，但并未涉及社会福利的细节。“看护四边形”理论从看护劳动角度介入，为福利制度的实证研究提供了新的方法。

在英语学术圈，“care”一词最早出现于20世纪80年代，90年代后开始频繁见诸社会保障、社会福利领域各大研究成果之中。在女性主义经济学文献中，看护劳动与做饭、洗衣等其他家务劳动相区分，指对人的直接照料活动以及与被看护者之间建立的情感联系和对他们的关爱。[①] 社会福利研究者则认为，看护一般指对老年人、残疾人的护理和对儿童的抚养行为，分为具体的援助行为和精神上的援助[②]，目的是让被看护者的生活没有障碍。日本学者上野千鹤子将看护定义为承担看护工作的人按照社会规范、经济原则、风俗习惯满足有着依赖需求的成人及儿童身体和精神上需求的相关行为和关系[③]。而“看护四边形”理论把看护定义为一种劳动，至少有以下三个优点。

其一，便于计量研究的展开。劳动是经济学的一个基本概念，劳动可以计时定量，也可以计算价值和价格，还可以讨论劳动者的再生产问题。所以这就为社会福利计量研究提供了工具。研究者可以精确地对社会福利涉及的劳动供求结构和平衡进行实证探讨，提高了研究成果的精确性和运用性。

其二，由于劳动和劳动者密不可分，劳动概念把人的因素充分导入了社会福利研究。体制论的社会福利研究往往关注财政开支和经济收入，容易忽视承担具体看护劳动的人力资源问题。看护劳动理论除关注劳动时间和劳动价格等因素，还关注提供劳动的人力资源，并将其作为劳动供给中的核心问题，使社会福利研究更真实和具体，也更全面。比如，家务劳动通常作为一种无偿劳动，在家庭经济研究中易受到忽视。但看护劳动中为看护对象提供的家务劳动就成了看护的基本内容之一。另外，看护劳动通常可以分为感情劳动和物质劳动等，而感情劳动和劳动者自身的角色扮演密切相关，人的因素十分重要。

其三，看护劳动通过人的因素的导入才真正完善了社会福利的四角结构。福利多元主义结构的说法曾经形形色色，在“看护四边形”理论导入义务劳动者后才大致稳定并被广泛接受，这与劳动中人的作用息息相关。社

① 董晓媛：《照顾提供、性别平等与公共政策》，《人口与发展》2009 年第 6 期。

② 渡辺洋一『コミュニティケアと社会福祉の展望』、相川書房、2005。

③ 上野千鶴子『ケアの社会学』、太田出版、2011、39 頁。

会福利劳动需要社会福利劳动者，而在西方发达社会，由于经济和人口变化，并不能简单地通过时间和金钱如愿以偿地解决劳动者的问题。很多看护劳动往往找不到其要求的一定量的劳动提供者，即使有金钱和时间的保障也不行。社会福利学者认识到，实际的社会福利中有相当的部分是通过社会互助和公助来提供的，需要一定数量的无偿支援者，所以他们坚持把无偿的志愿劳动作为“看护四边形”的最后一边。

## 第三节 “看护四边形”理论研究的课题和进展

由于“看护四边形”在理论和实践上的优势，这一理论甫经联合国福利研究机构提出，便迅速在世界各国福利研究者中传播，成为各国学者从事社会福利研究的有力工具。

运用“看护四边形”理论进行社会福利政策研究主要面临哪些课题呢？

以“看护四边形”为代表的福利多元主义理论认为，各个社会在不同的经济发展阶段能提供的社会福利总量大致是一定的，需要研究这种总量是如何在四角中分配的，这有助于积极地制定相应的政策，主动调整四角的负担比例。比如，西方福利研究者米什拉强调在社会发展的某一阶段，福利来源构成了一个既定的数量，剩下的事主要是在各个供应者之间对福利功能进行分割。近年来在西方国家所发生的变化，主要是国家在总体福利项目中的主导地位一种转变。各种福利提供者之间的功能正在重新分配，而福利的总体水平几乎仍然维持从前的规模。[①] 中国学者彭华民在研究福利三角理论时也指出，福利三角范式最重要之处是指出三角部门的总供给或福利总量是大致相同的，但各部门承担的份额不同。福利三角互动过程中的福利提供是多元的，福利提供的份额是相互影响的，它们之间存在此消彼长的关系。[②]

① 〔加〕R. 米什拉：《资本主义社会的福利国家》，法律出版社，2003，第 114 页。

② 彭华民：《福利三角：一个社会政策分析的范式》，《社会学研究》2006 年第 4 期。

此外，福利多元主义理论研究者们还关注不同的国家由于不同的政治、经济和文化传统，“看护四边形”有没有不同的模式，从而形成不同形式的福利体制。因此，不同国家看护四边形的比较是另一项看护四边形理论的主要课题。艾斯平－安德森就曾指出，美国和瑞典两国的福利开支相同，但支出的侧重有所不同，美国偏重家庭、市场，而瑞典偏重国家部门。这当中就存在不同的再分配成分、社会平等的价值考虑及社会效果。[①] 在这个意义上，社会政策虽然都在实行社会资源的再分配，但是以福利三角的视野来看，社会政策建立的国家、家庭、市场的三角责任关系及承担比例是有所不同的。

下面通过具体的研究事例，就上述“看护四边形”理论的主要课题的研究进展做一介绍。

## 一　日本的研究进展

日本的社会学家，如斋藤晓子、落合惠美子等，不仅参加了联合国机构的“看护四边形”理论的研究课题，而且积极地将“看护四边形”理论引入了亚洲学界，并首先开展了亚洲地区的“看护四边形”理论课题研究，下文首先介绍日本学者在该领域的最新研究进展。

### （一）斋藤晓子的研究

日本学者斋藤晓子撰写了联合国福利研究机构课题的“看护四边形”图式下各发展中国家看护劳动供给体系比较的相关研究成果。她的研究由两大部分组成，在第一部分里，分别分析了阿根廷、印度、南非、尼加拉瓜、韩国、坦桑尼亚 6 个发展中国家自二战后至今的看护劳动政策演进过程；第二部分在“看护四边形”理论框架下对 6 个国家的国家、市场、社区、家庭 4 个部门的看护劳动负担情况和目前面临的主要福利课题进行了比较，然后从国家规制作用的角度评价了各国福利政策特征，利用对比各国男女无偿

① Esping-Andersen, *Social Foundations of Postindustrial Economics*, Oxford University Press, 1999, p. 177.

劳动时间和国民经济统计中劳动时间计算的差异，定量地把握了研究对象国的性别分工程度，最后运用“看护四边形”图式定性地描绘出研究对象国4个部门承担看护劳动的构成及相互作用机制①（见图12－3）。斋藤通过研究发现：国家规制作用对一个社会看护劳动体系构成的影响不可估量；同是家庭提供主要看护劳动责任的国家，其他3个部门的看护劳动负担分布有巨大的差异。该研究的贡献有三点：一是展示了利用“看护四边形”图式直观描述一国看护劳动负担情况的可能性，二是证实了利用生活时间法比较薪酬劳动和无偿看护劳动的有效性，三是提示了研究家庭主义看护模式国家及社会特异性和多样性的必要性。但该研究的定量仅停留在对比一国男女薪酬劳动和无偿看护劳动上，“看护四边形”图式中其他3个部门负担程度缺乏与家庭的定量比较，也缺少对日本、中国等亚洲国家内部的比较，为后续研究留下了探索空间。

### （二）落合惠美子的研究

参加过联合国社会发展研究所“看护的政治、社会、经济”研究课题的日本学者落合惠美子运用“看护四边形”理论比较了东亚地区（主要包括中国大陆、日本、韩国、中国台湾、泰国、新加坡等国家或地区）的看护劳动负担情况，横向比较了东亚地区老人和儿童的看护劳动社会网络构成和4个部门的负担程度。② 落合在研究中采取等级制评价了上述国家和地区4个部门的儿童、老人看护劳动负担情况（见表12－1，本文仅引用儿童“看护四边形”部分），并依据评价等级定性地描绘了一国或一地区的“看护四边形”以及“看护四边形”四角的大小（见图12－4，本文仅引用儿童“看护四边形”），让看护劳动社会化程度这一抽象概念变得直观可见。

① 斎藤暁子「発展途上国におけるケア・ダイアモンド——UNRISDの6か国調査から」、『海外社会保障研究』第170号、2010年、20－29頁。

② 落合恵美子編『親密圏と公共圏の再編成——アジア近代からの問い』、京都大学学術出版会、2013、177－200頁。

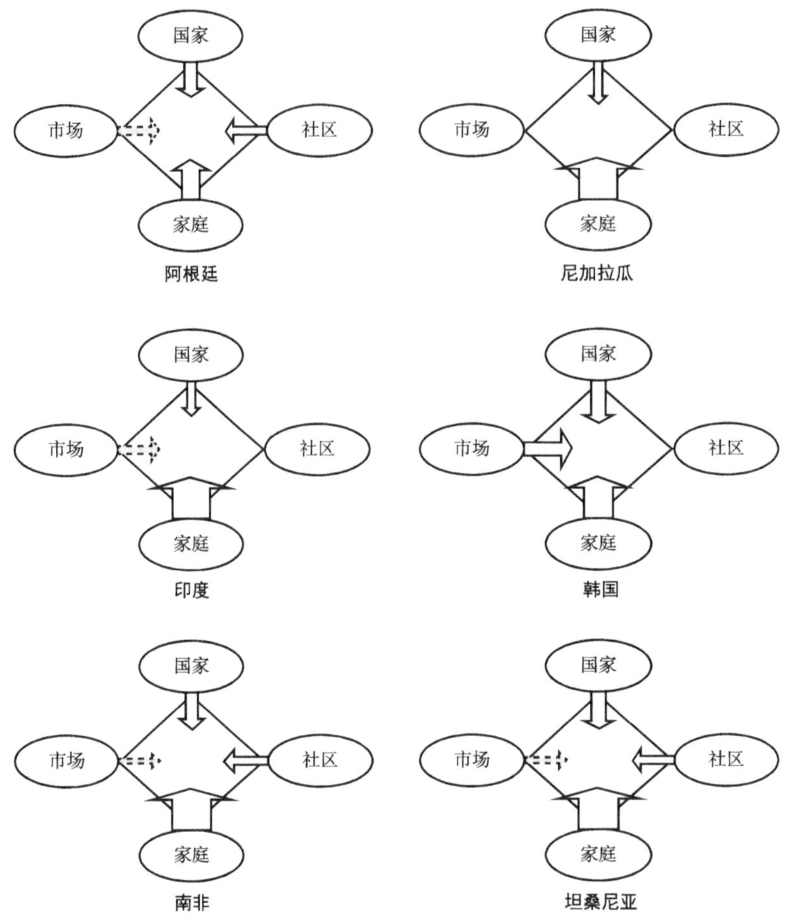


图 12－3　发展中国家“看护四边形”

表 12－1　东亚地区儿童“看护四边形”各部门负担情况

| 国家与地区 | 母亲 | 父亲 | 亲属 | 社区 | 家务劳动者（保姆等） | 托儿设施 |
|---|---|---|---|---|---|---|
| 中国大陆 | A⁻ | A | A | B | C（大城市为 B） | A |
| 泰国 | A | A | B | B | C | D |
| 新加坡 | A⁻ | B | A | C | A | A |
| 中国台湾 | A | B | A | ? | B | C |
| 韩国 | A⁺ | C | B | B | C | C |

续表

| 国家与地区 | 母亲 | 父亲 | 亲属 | 社区 | 家务劳动者（保姆等） | 托儿设施 |
|---|---|---|---|---|---|---|
| 日本 | $A^+$ | C（双职工家庭 B） | C（双职工家庭 B） | B | D | B(孩子在3岁以下的全职主妇家庭 C) |

注：$A^+$ 指几乎全部负担，A 指负担程度极高，$A^-$ 指比不上其他地区负担程度高，B 指负担了一定程度，C 指负担了一部分但程度低，D 指几乎没有负担。

资料来源：Emiko Ochiai, "Care Diamonds and Welfare Regimes in East and South-East Asian Societies: Bridging Family and Welfare Sociology," *International Journal of Japanese Sociology*, Vol. 18, No. 1, 2009。

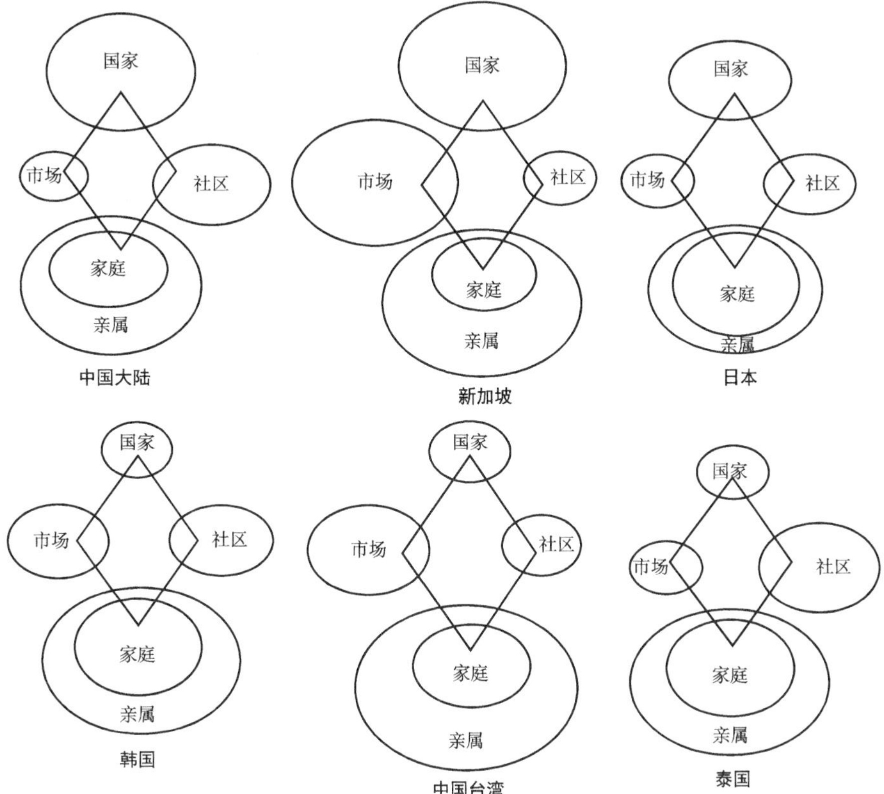


**图 12－4 东亚地区儿童"看护四边形"**

资料来源：Emiko Ochiai, "Care Diamonds and Welfare Regimes in East and South-East Asian Societies: Bridging Family and Welfare Sociology," *International Journal of Japanese Sociology*, Vol. 18, No. 1, 2009。

除了2009年对东亚6个国家和地区的儿童及老人看护劳动负担倾向进行评价的定性研究外，落合在2013年还构建了自己的东亚福利体制类型，对亚洲国家看护劳动负担网络的构建机制进行了分析，总结了各国产生差异性的原因。在落合的研究中，能够清晰地观察到各国看护四边形四角圆圈大小不一，非常容易且直观地比较各国儿童、老人看护劳动各部门分工的异同；对日本与中国等东亚主要国家和地区进行比较，结合“东亚福利体制论”回答了亚洲各国“家庭主义”看护模式背后的多样性问题和产生根源。总体上来看，落合的研究结论仍建立在定性研究之上，描绘的“看护四边形”四角大小缺乏准确的数据支撑，虽然填补了研究领域的空白，但研究方法上的创新仍有待进一步的突破。

### （三）柴田悠的研究

日本学者柴田悠继承了落合惠美子及斋藤晓子等人的研究框架和思路，首次试图通过定量地研究亚洲各国儿童、老人看护劳动负担比例来填补前人研究的量化空白。2014年7月在日本横滨世界社会学大会上，柴田悠介绍了把握东亚7个国家和地区（包括日本、中国大陆、泰国、新加坡、越南、韩国及中国台湾）儿童、老人“看护四边形”看护劳动负担比例的定量研究思路。[①] 据柴田介绍，其研究组打算利用国家层面统计数据（年度看护服务设施数量调查及使用人数调查），用4个部门下属各设施利用人数×利用率×一天总时间（1440分钟）得到四角各设施利用者的利用服务总时间，按照四角定义划分设施所属部门后，将四角所含下属设施服务总时间相加得到四角提供的看护总时间，再除以所有儿童、老人需要看护的总时间，得到四角各自所占比重。[②] 四角比重的计算结果因柴田课题组的最终研究尚未完成而无法得知，但柴田在大会上大致汇报了目前得出的研究对象儿童、老人看护模式（见表12-2）。柴田首次利用“看护四边形”理论对亚洲7个国

① Haruka Shibata, “Care Time Diamond and Its Applications to Seven Asian Societies,” XVIII ISA World Congress of Sociology , 2014.

② 以下关于柴田悠研究的内容均转引自郭佩《日本老年照顾责任分担比例测算研究——基于“照顾四边形”理论视角》，博士学位论文，北京外国语大学，2014，第20~21页。

家和地区儿童、老人看护劳动负担比例进行了量化尝试，对亚洲主要国家和地区看护劳动负担情况有了更为深入和准确的研究，填补了落合惠美子等人定性研究的空白，丰富了“东亚福利体制论”的研究内容。但柴田悠的研究方法建立在国家完善和细致的统计数据基础上，柴田本人也承认除日本外，难以获取其他6个国家和地区与日本相匹配的大规模且可信度高的看护时间统计数据，这大大影响了课题组的研究完整性，导致研究成果迟迟无法问世；国家层面的统计数据得出的结论难以揭示国家内部多样性，导致其研究未能摆脱落合惠美子等人国别研究和福利体制论的研究框架；仅计算“看护四边形”四角比重，对各国看护劳动负担模式的异同未做深入的分析和讨论。

**表 12－2　东亚地区儿童和老年看护模式**

| 研究对象 | 看护模式 | |
|---|---|---|
| | 儿童 | 老人 |
| 中国大陆 | 家庭主义 | 家庭主义 |
| 日本 | 家庭主义与自由主义结合 | 家庭主义与自由主义结合 |
| 韩国 | 家庭主义与自由主义结合 | 家庭主义 |
| 中国台湾 | 家庭主义 | 家庭主义与自由主义结合 |

资料来源：转引自郭佩《日本老年照顾责任分担比例测算研究——基于“照顾四边形”理论视角》，博士学位论文，北京外国语大学，2014，第21页。

通过上面的介绍，我们可以看到日本学者以“看护四边形”理论为抓手，着重研究亚洲国家的“看护四边形”分担比例，在研究方法上有了重大创新。但因为定量研究不足，目前除柴田悠外的学者在涉及日本儿童和老年看护劳动负担方面的研究结论几乎都还一致认为家庭和亲属承担了最多的看护劳动工作，其次为国家，市场和社区发挥的作用十分有限。在他们的研究中，作为发达国家的日本在与亚洲其他国家和地区的比较中仍然被归为极致的家庭主义一类。虽然落合惠美子在研究中也承认日本20世纪80年代后特别是“新天使计划”颁布后，社区组织的育儿沙龙等在一定程度上承担了全职主妇家庭的儿童看护重任。[①] 但在她最新的研究成果中，仍将日本归类为纯粹家庭主义的儿童看护劳动负担模式。在量化数据支撑下的柴田悠研究中，出现了与以往看护专题研究者不同的结论，认为日本儿童和老年看护劳动社会化程度融合了自由主义的特点，市场负担程度可观，高于中国等亚洲其他家庭主义国家。定性研究和定量研究结论的矛盾提示我们继续进行定量研究的必要性，定量研究方法和角度的不充分也为我们进一步的研究指明了方向。

## 二　中国的研究进展

“看护四边形”理论近几年刚刚传入中国，相关的研究尚不多见。近年由笔者指导的两位博士研究生郭佩和杨静在博士学位论文中分别对日本社会的养老和育儿进行了一些新的探讨，下面分别介绍。

### （一）郭佩的研究

2014 年，郭佩在博士学位论文中主要探讨了日本社会老年看护的四角负担分配比例。她的论文题目是《日本老年照顾责任分担比例测算研究——基于“照顾四边形”理论视角》。对于落合惠美子、柴田悠等人计量研究程度的不足，郭佩另辟蹊径，放弃难以收集的国家层面的养老看护劳动统计资料，直接通过分类的个案研究法获取了日本京都 30 多个不同家庭类型的需要看护老人的详细数据，先在小规模完整定量考察日本老人“看护四边形”四角责任分配比例的实际情形下功夫。她的论文的创新之处主要有以下几个。第一，日本老年照顾供给服务比例计算的首次尝试。论文使用联合国社会发展研究所最新提出的“看护四边形”理论研究日本老年照顾问题，并首次尝试从个案角度对提供老年照顾的国家、市场、家庭及非营利组织/社区的四角服务量进行计算，从而可以一目了然地知晓当今日本社会中老年照顾供给比例。第二，研究方法的创新。作者通过分析个案的照顾时

① 落合恵美子編『親密圏と公共圏の再編成——アジア近代からの問い』、京都大学学術出版会、2013、180－185 頁。

间来考察国家、市场、家庭及非营利组织/社区的承担状况，着眼于每位老人接受的平均四角服务时间，对日本尚无平均老人照顾服务数据有一定的借鉴作用。第三，研究内容的创新。论文对“看护四边形”理论的实证研究主要有以下三方面内容上的创新。

其一，不同于大型统计数据分析，从个案的角度出发主要可以考察该个体整个照顾阶段的不同照顾四角比例特点。经过考察发现，在个体需要照顾初期，100%家庭照顾为主要模式，故照顾四角中家庭所占比例极高；逐渐步入照顾第二阶段时，家人会为被照顾者申请护理保险服务，但仍是以家庭照顾为主，辅以市场的上门护理、日托所及短期托管机构照顾，在这个阶段家庭所占比例仍然较高，其次为市场、国家及非营利组织/社区。随着照顾年数的推移，老人需要护理级别的增加，在老年照顾第三阶段时，家人会为被照顾者联系养老设施，多数意向为公立老人福利设施，但在进入设施极难的状况下很多个案最后使用了民营养老机构或继续居家照顾。故老年照顾四角的整体特点为家庭与市场提供的照顾服务占重要位置，其次为国家提供的公立服务，最后为非营利组织/社区服务。这样注重个体不同阶段的四角比例探讨在“看护四边形”理论的实证研究中尚属首次。其二，对调查个案进行了不同家庭照顾类型的分类，客观分析了各自的“看护四边形”四角比例特点，突破了先行研究中对被照顾者均一化讨论的局限。具体从社会性别的视角对承担老年照顾的主要照顾者进行分类，作者发现在配偶为主要照顾者的个案中，家庭在“看护四边形”中所占比重最高。在子女为主要照顾者的个案中，“看护四边形”中家庭比重相对要低，取而代之的是市场服务比重上升，这与子女还要忙于照顾自己的家庭有一定关系，子女会选取更多的社会服务来代替自己照顾父母。独居老人“看护四边形”的特点是市场比重较高，但其独居时间同样较长。如果家庭对独居老人的照顾逐渐减少，那么需要发挥四角中国家及非营利组织/社区的照顾功能。其三，通过对个案的大量访谈材料归纳影响“看护四边形”四角比重的重要因素。主要影响因素有家庭照顾者、老年者本人的经济收入以及社会政策三方面。

尽管论文有以上几点创新，但作者认为论文仍有不足之处，需要今后做进一步研究。第一，计算老年照顾个案的“看护四边形”四角比例时，对于同一时间有两种不同性质的服务重叠时，作者采取的方法是以提供主要照顾服务方的时间为主。例如，对以设施照顾为主的个案进行四角比例分析时，作者选取照顾时间多的设施服务，而事实上家庭照顾者也会定期去设施探望老人，这种探望理应属于家庭的照顾付出，但作者没有将这部分时间计入。如何更客观地把握重叠服务时间的测量需要在以后的研究中进一步探讨。第二，从计算方法来讲，作者采取的是用照顾时间来衡量四角比例，而作为衡量工具同样重要的金钱计算法是未来计算照顾四角新的课题。第三，由于人力、物力、财力及时间的限制，作者无法短时间内完成大规模数据调查。论文从个案的角度对照顾四角比例的计算做了初步的探索与尝试，而对日本整体需要照顾老人的照顾四角比例测算仍是未来研究的重要方向之一。

### （二）杨静的研究

2015 年，杨静在她的博士学位论文《日本儿童看护劳动社会化进程中各部门分担比例测算及影响因素分析》中，主要从育儿劳动角度分析了日本社会“看护四边形”理论运用的实际形态。杨静的论文基于“看护四边形”理论，利用截面数据定量计算了日本当代学前儿童看护劳动中国家、市场、家庭和社区 4 个部门各自承担的劳动比例，分析并总结了日本主流育儿家庭“看护四边形”四角比例的相同点及不同点。然后利用 SPSS 软件详细讨论了家庭层面各种因素与该家庭儿童看护劳动分担比例分布间的因果关系。最后，对比分析了中日两国学前儿童看护现状的异同，总结了日本学前儿童看护问题的经验教训及中国学前儿童看护现存问题，从“压缩的现代化”理论视角出发，预测了中国儿童看护问题发展趋势，提出了具有针对性的对策和建议。杨静主要得到有以下几点结论。

①家庭在日本儿童看护劳动中占据基础地位，但其他部门的力量不容小觑。就像先行研究阐述的那样，日本当代儿童看护劳动供给体系整体在极大程度上依赖于家庭部门，家庭提供的儿童看护劳动最多，占儿童看护总量的 71.5%，远远多于其他 3 个部门。但令人意外的是，论文发现日本儿童看护社会化程度并不如先行研究所认为的那样不尽如人意。其他 3 个部门承担的

总儿童看护量近30%。其中，市场占10.62%；社区略少于市场，占9.77%；国家又略低于市场，仅占8.11%。总的说来，家庭和其他3个部门按7∶3的比例分担儿童看护劳动，国家、市场、社区几乎均摊了家庭外的三成儿童看护劳动。

②日本社会育儿家庭内部差异巨大，但总体呈现两大形式。论文将日本主流育儿家庭分为双职工家庭、全职主妇家庭和单亲家庭3种类型。根据四角比例计算结果，单亲家庭儿童看护劳动社会化程度最高，四角负担比例分别为家庭59.84%、市场16.92%、国家15.2%和社区的8.03%；双职工家庭儿童看护劳动社会化程度排在第2位，四角负担比例为家庭61.82%、市场14.59%、国家12.93%和社区10.59%；全职主妇家庭儿童看护劳动社会化程度最低，家庭承担的儿童看护劳动高达82.23%，社区占9.07%，市场占6.06%，国家仅占2.63%。观察计算结果轻易可见前两类家庭儿童看护劳动四角分担的比例大小及趋势类似，家庭外部门承担了40%左右的儿童看护劳动，市场和国家的作用比社区显著。全职主妇家庭自成一系，四角无论比例大小还是分布趋势均与前两类家庭有明显差异。首先，家庭外部门承担的看护量不足20%；其次，家庭外部门承担的儿童看护劳动中，社区承担的看护劳动超过半数，市场和国家的作用有限。

③以母亲工作状态为代表的多种家庭属性导致日本不同育儿家庭之间的巨大差异。在现行的日本儿童福利体制下，母亲工作状态对日本育儿家庭利用家庭外看护服务的影响最大，在促进家庭儿童看护社会化上有明显的正向作用，而这导致了全职主妇家庭与其他两类家庭之间的巨大差异。单亲家庭及双职工家庭不仅家庭负担的儿童看护劳动量小于全职主妇家庭，而且家庭外国家、社区、市场看护服务的利用形式和频率也均远多于全职主妇家庭。

此外，孩子年龄和有无核心家庭成员外同住者因素同样对育儿家庭外看护服务利用有重大影响。以3岁为界，学龄前儿童阶段一分为二，两阶段的保育服务供给不均衡现象极为严重。而有无核心家庭成员外同住者因素则从另一个侧面再次揭示了将家庭作为基础福利提供者的日本福利设计，与母亲工作状态一样同为日本现行保育政策通往普遍性道路的一大障碍。

家庭孩子数目和家庭年收入对育儿家庭看护服务利用的影响也不容忽视。与研究假设相悖，并非孩子数目多的家庭更倾向于家庭主义模式，反而只有1个孩子的日本育儿家庭看护劳动家庭化的可能性大于有2个及以上孩子的育儿家庭。但实证研究结果发现，总的说来在日本，有3个及以上孩子的家庭最容易利用家庭外看护服务，由此看来，日本儿童看护服务对于多数育儿家庭来说并不平易近人。家庭年收入与儿童看护劳动社会化的关系十分容易推测。与研究假设一样，高收入育儿家庭更易利用市场和社区看护服务，但对国家看护服务并无利用优势。

④中国社会化儿童看护劳动供给网络比日本社会更为薄弱。经中日两国儿童看护现状对比发现，与日本社会一样，中国学前儿童看护劳动分担同样呈现以下特点：一是以家庭为供应主体，二是血缘网络之间互济文化在儿童看护中发挥重要作用，三是地缘网络薄弱，四是0～3岁儿童社会看护服务欠缺，五是经济差距影响育儿家庭儿童看护社会化程度。但与日本社会不同的是，中国儿童看护劳动分工有以下几个特点：家庭内看护劳动主要由祖父母提供；儿童福利法制覆盖面小，儿童成长各环节严重脱节；经济转轨中，社区力量萎缩明显，国家需要对市场、社区等家庭外儿童看护力量进行更好的统筹，家庭外优质儿童看护服务稀缺且价格昂贵；城乡之间、地区之间、儿童之间差距显著。

杨静的论文作为一项实证性研究，研究设计和分析框架主要围绕“看护四边形”理论来讨论所有问题，更是在“看护四边形”理论框架下进行具体分析。通过实证研究，再次验证了运用“看护四边形”图式洞悉全社会儿童看护劳动分工情况的有效性与合理性，定量地掌握了日本全社会及各类家庭儿童看护劳动负担的具体分配情况，为有针对性地调整日本儿童看护支援政策提供了依据。此外，基于亚洲现代化研究的“压缩的现代化”语境下的中日儿童看护现状的对比研究，为中国儿童看护体制的建立提供了一定思路和经验。在一定意义上，这是一次关于儿童看护劳动量化的尝试，为完善中日儿童福利多元主义理论和亚洲社会的现代化对比研究提供了一些参考。因为时间和条件的局限性，作者也认为论文还存在一些不足，如研究设计的不足。日本学者上野千鹤子曾经指出如今的儿童看护社会化研究重看护劳动、轻看护费用。虽然论文在研究设计部分提过“看护四边形”图式诞生于对看护劳动的研究，不适合用于分析看护费用，但从福利多元的角度来讲是能够将儿童看护费用纳入研究范围的。论文受分析数据和理论框架所限，未能对日本社会儿童看护费用社会化程度进行测量，严格说来是不完整的。无论是日本还是中国，国土分布造成的地区差异是显著的，受客观条件限制，论文无法取得母体的所有样本，难以简单地将研究结论推广到一般，还需要整合其他数据分析检验研究结论的普适性。另外，论文仅分析了 0～6 岁学前儿童的看护劳动分工，这既是论文的特色也是一种局限。因为儿童看护劳动量是随着儿童成长发育呈系谱变化的，缺少其他年龄段谈儿童看护劳动分工是不够的。但 0～6 岁学前儿童的看护劳动分工分析是完善儿童福利体制最重要和必要的基础。

以上，围绕社会福利政策的一项新基本原则“看护四边形”理论的形成、意义和国内外的最新研究和运用进行了简单的介绍。从这一理论形成和发展以及在实际研究中的运用来看，它确实是目前在社会福利政策制定中最有指导意义的一项基本原则，为世界各国解决福利政策难题提供了基本的方向和思路。只不过由于这一理论传播到亚洲和中国的时间还不长，亚洲地区对它的研究尚未全面展开，可以说给中国的社会福利研究界留下了紧急课题。

作者　周维宏，北京外国语大学北京日本学研究中心教授

# 实践篇

# 案例一
# 育儿期家庭代际关系的日韩比较分析

本报告旨在利用21世纪头十年在日韩两国地方城市开展的问卷调查[①]从多维度和多层次对比、分析育儿期子代与亲代间的关系。从世界各地区家庭比较的视角来看，日本和韩国之间有很多共同点。两国在迈入现代化之前，家庭的传统形态均为直系家庭；随着现代化进程的推进，两国均出现了性别分工制度，这导致日韩两国女性的劳动就业率呈现出“M形”曲线。除此之外，随着时代发展，两国先后均出现了晚婚化、少子化、离婚率与再婚率不断攀升等一些与家庭相关的问题（日本从20世纪70年代后半期开始出现，韩国从20世纪90年代以后开始出现）。与欧洲国家相比，日韩两国的这些变化均是在短时间内发生的。因此，一些学者用“压缩的现代化”（韩国）[②]、“半压缩现代化”（日本）这样的概念来描述两国剧烈的家庭变化。[③]

在探讨21世纪头十年日韩两国育儿期子代与亲代间的家庭代际关系时，首先需要考虑到这段时期两国的人口、社会情况，即两国均处于少子老龄化社会。日本的总和生育率从20世纪50年代前半期开始骤

---

① 平井晶子編『日本における家の歴史的展開と現状に関する実証的調査——愛知県刈谷市における子育て期の家族・親族関係と支援ネットワークに関するアンケート調査を中心に』、2012~2015年度文部科学省科学研究費補助金（基盤C）研究成果報告書、2016；《日韩两国护理关系与“生存基础”重建的比较研究》（研究代表：山根真理、2016~2019年度）。

② Chang Kyung-Sup, *South Korea under Compressed Modernity*, Routledge, 2010.

③ 落合恵美子「近代世界の転換と家族変動の論理——アジアとヨーロッパ」、『社会学評論』第4号、2013年、533-552頁。

降，1955 年降至 2.37，1974 年降至 2.05。虽然日本的总和生育率有所下降，但是相关数据表明截至 1974 年的日本总和生育率基本上达到了人口更替水平。1975 年以后，日本少子化问题日益严峻，总和生育率降至人口更替水平之下（2018 年的总和生育率为 1.42）。与日本相比，韩国的少子化问题更为严重。据报道，1970 年韩国的总和生育率为 4.53，1980 年降至 2.82，1984 年降至 1.66，未能达到人口更替水平。2002 年之后，韩国的总和生育率持续低于 1.3，2018 年的总和生育率跌至 0.98。日本是亚洲最早进入人口老龄化社会的国家，其快速的老龄化问题引起了学界的广泛关注。但是，与日本相比，韩国在进入 21 世纪后以更为快速的步伐进入了人口老龄化社会。65 岁及以上老年人口占总人口的比重超过 7% 被称为“老龄化社会”，超过 14% 被称为“老龄社会”，超过 21% 则被称为“超老龄社会”。日韩两国先后于 1970 年、2000 年进入“老龄化社会”，并先后于 1994 年、2018 年进入“老龄社会”。日本在 2010 年进入“超老龄社会”，韩国预计将在 2026 年进入“超老龄社会”。

在人口少子老龄化的背景下，日韩两国均出台了一系列推进育儿、护理服务社会化的政策。日本 20 世纪 90 年代制定了“育儿支援”政策。进入 21 世纪之后，日本政府将“育儿支援”政策与支援年轻人就职自立、兼顾工作与家庭等方面的政策以及针对性别平等、少子化的相关对策衔接起来，试图制定全方位、有效的政策制度。[①] 进入 21 世纪后，韩国在“兼顾工作与家庭方面的支援”以及保育政策上取得了巨大的进步。2013 年以后，韩国制定政策推进婴幼儿保育、免费教育和增加保育设施数量。[②] 在老年人护理方面，日本于 2000 年制定了护理保险制度，韩国于 2008 年制定了“老人长期疗养保健”制度，推进了老年人护理服务的社

① 藤崎宏子「ケア政策が前提とする家族モデル——1970 年代以降の子育て・高齢者介護」、『社会学評論』第 4 号、2013 年、604 - 624 頁。

② 李環媛「韓国における子育て支援政策の動向と『黄昏育児』のゆくえ」、『家族社会学研究』第 2 号、2015 年、139 - 148 頁。

会化。但是，有学者指出，日本和韩国的护理保险制度都以家庭护理为前提条件。①

21世纪头十年是日韩两国的人口转变时期。具体来说，日本于1949年修订《优生保护法》，放宽堕胎限制，出于经济理由的堕胎能够获得许可。20世纪50年代，日本实行了“家庭计划”，鼓励避孕，生育率急剧下降。对于20世纪50年代出生的一代人来说，21世纪头十年正好是他们成为祖父母的年龄阶段。因此，我们需要重点关注日本在20世纪50年代出生的一代人。韩国在20世纪60年代初期果断地实施了计划生育政策，采取各种手段来控制生育。例如宣传节制生育理念、普及避孕方法、鼓励接受绝育手术等。其后，韩国的出生率逐渐下降，20世纪80年代中期降至人口更替水平之下。对于韩国在20世纪80年代出生的这一代人来说，21世纪头十年正好是他们成家立业的时期。因此我们有必要关注他们的家庭代际关系。

本案例的数据来自在日本刈谷市和韩国昌原市开展的问卷调查。这两个城市均为工业城市，拥有相对稳定的劳动市场。本案例考察在这样的地理环境中组建家庭后处于育儿期的子代与其亲代间的代际关系的变迁情况，分析影响家族传承的主要因素，探讨日韩两国家族传承传统的发展方向。

## 一　调查数据

### （一）调查地点简介

日本方面的调查地点为刈谷市。据统计，截至2018年7月1日，刈谷

① 藤崎宏子「ケア政策が前提とする家族モデル——1970年代以降の子育て・高齢者介護」、『社会学評論』第4号、2013年、604－624頁；金香男「韓国の高齢者と家族の変容——『家族扶養・介護』と『扶養・介護の社会化』の狭間で」、『現代韓国朝鮮研究』第17号、2017年、42－52頁。

市的人口数量为152586人。[①] 同时，2015年国势调查数据显示，刈谷市的人口数量在爱知县排名第10位，是“西三河地区”（县内地区划分）的中心城市。丰田汽车公司的总部坐落在这里。这座城市的人口具有以下特征：劳动年龄人口比例高（66.2%），男性人口比例高（人口性别比为110.0）。[②] 市内建有丰田汽车公司相关企业的员工宿舍，这为“男主外，女主内”的家庭性别分工模式奠定了基础。刈谷市地处大城市的近郊，就业机会不少，很多居民愿意留在当地工作与生活。

韩国方面的调查地点为昌原市，是韩国东南端庆尚南道的行政中心所在地，位于庆尚南道的中部。昌原市是韩国东南地区的重化工业区之一、庆尚南道中部地区产业经济的枢纽，拥有大规模机械工业园区。2010年7月1日，昌原市与马山市和镇海市合并，设立了5个行政区域。截至2019年1月，昌原市的人口总数为1053601人。[③]

### （二）问卷调查相关信息

在日本爱知县刈谷市开展调查的时间是2013年9～11月，在韩国庆尚南道昌原市开展调查的时间是2016年9～10月。本次调查采取问卷调查的方式，调查对象为学龄前儿童的母亲、父亲、祖父母。

在刈谷市的调查是分两次实施的。第1次调查的对象是带孩子到市内保健中心进行婴幼儿体检的家长，第2次调查的对象是到市内育儿支援中心参加活动的家长。两次调查均以发放问卷（分为母亲问卷、父亲问卷、祖父母问卷）的形式开展，填完调查问卷后将其邮寄到指定地址。两次调查共发放母亲问卷、父亲问卷、祖父母问卷各555份，最终回收母亲问卷143份（有效回收率为25.8%）、父亲问卷112份（有效回收率为20.2%）、祖父母问卷72份（有效回收率为13.0%）。

---

① 「年齢別人口」、刈谷市ホームページ、https://www.city.kariya.lg.jp/shisei/tokei/jinkonoshiryo/pylamid.html。

② 「あいちの人口　平成27年国勢調査：人口等基本集計結果（平成27年10月1日現在）」、愛知県ホームページ、http://www.pref.aichi.jp/soshiki/toukei/kokuchou2015.html。

③ 「韓国慶尚南道昌原市の概要」、昌原市ホームページ、https://www.changwon.go.kr/。

在昌原市的调查是通过委托昌原市的保育园“儿童之家”和幼儿园向家长发放问卷的方式实施的。即由相关保育机构向每位家长分发母亲问卷、父亲问卷、祖父母问卷各一份，家长填写完后再交给相关保育机构回收。共分发母亲问卷、父亲问卷、祖父母问卷各 500 份，最终回收母亲问卷 257 份（有效回收率为 51.4%）、父亲问卷 217 份（有效回收率为 43.4%）、祖父母问卷 54 份（有效回收率为 10.8%）。

### （三）调查对象的基本情况

刈谷市、昌原市调查对象的基本情况如表 1 所示。刈谷市调查对象的年龄多为 30～39 岁。受访者的学历稍微偏高。受访者的职业分布情况反映了调查地点的地区特征，父亲的职业以“专业、技术型”“技能、劳务、户外作业型”为主，而母亲中未工作的人数所占比例达到 64.3%。

昌原市调查对象的年龄多为 35～39 岁，与刈谷市相比，昌原市调查对象的年龄稍微偏高。受访者的学历分布情况如下：母亲中有不到 40%、父亲中有不到 50% 拥有大学及以上学历。受访者（父亲）的职业状态以长期雇佣为主，所占比例达到 66.4%。另外，受访者（父亲）中有超过 20% 为个体户、自由职业者，“专业、技术型”和“管理型”职业合计不到 50%。受访者（母亲）中没有从事任何有收入工作的人数所占比例为 25.7%。

**表 1　调查对象的基本情况**

单位：%

| 项目 | | 刈谷市 | | 昌原市 | |
|---|---|---|---|---|---|
| | | 母亲（n = 143） | 父亲（n = 112） | 母亲（n = 257） | 父亲（n = 217） |
| 年龄 | 20～24 岁 | 2.1 | 3.6 | 0.0 | 0.0 |
| | 25～29 岁 | 21.7 | 16.1 | 1.2 | 0.9 |
| | 30～34 岁 | 40.6 | 33.0 | 17.5 | 10.1 |
| | 35～39 岁 | 26.6 | 29.5 | 52.5 | 40.6 |
| | 40～44 岁 | 8.4 | 11.6 | 21.4 | 32.7 |
| | 45～49 岁 | 0.0 | 6.3 | 5.1 | 11.5 |
| | 50～54 岁 | 0.0 | 0.0 | 0.8 | 1.8 |
| | 拒答 | 0.7 | 0.0 | 1.6 | 2.3 |
| | 合计 | 100.0 | 100.0 | 100.0 | 100.0 |

续表

| 项目 | | 刘谷市 | | 昌原市 | |
|---|---|---|---|---|---|
| 学历 | 初等教育(韩国) | — | — | 0.4 | 0.0 |
| | 初中 | 0.7 | 1.8 | 0.4 | 0.5 |
| | 高中 | 18.2 | 25.9 | 21.8 | 18.4 |
| | 专门学校 | 7.7 | 10.7 | — | — |
| | 短期大学、高等专门学校(日本),专科大学(韩国) | 25.2 | 1.8 | 34.2 | 23.5 |
| | 大学(4年制) | 42.7 | 35.7 | 33.5 | 42.9 |
| | 大学(6年制)、研究生 | 2.1 | 22.3 | 5.4 | 5.1 |
| | 其他 | 0.7 | 0.9 | 0.0 | 0.0 |
| | 拒答 | 2.8 | 0.9 | 4.3 | 0.0 |
| | 合计 | 100.0 | 100. | 100.0 | 100.0 |
| 职业状态 | 管理人员、官员 | 0.7 | 0.9 | 0.8 | 4.1 |
| | 长期雇佣(一般从业者,包括公务员) | 27.3 | 92.0 | 31.9 | 66.4 |
| | 临时雇佣、兼职、打零工 | 4.2 | 0.9 | 8.2 | 0.9 |
| | 派遣工、合同工 | 0.7 | 2.7 | 3.1 | 1.4 |
| | 个体户、自由职业者 | 0.7 | 2.7 | 12.8 | 20.3 |
| | 个体户的家属工人 | 0.7 | 0.0 | 1.6 | 0.9 |
| | 副业 | 0.0 | 0.0 | 0.4 | 1.4 |
| | 拒答 | 1.4 | 0.9 | 12.8 | 4.6 |
| | 不适用 | 64.3 | — | 25.7 | — |
| | 合计 | 100.0 | 100.0 | 100.0 | 100.0 |
| 受访者(父亲)的职业类型 | 专业、技术型 | 40.2 | | 24.9 | |
| | 管理型 | 4.5 | | 21.7 | |
| | 行政、营业型 | 13.4 | | 14.3 | |
| | 销售、服务型 | 9.8 | | 6.5 | |
| | 技能、劳务、户外作业型 | 31.3 | | 21.2 | |
| | 农林渔业 | 0.0 | | 1.4 | |
| | 其他 | 0.0 | | 2.8 | |
| | 拒答 | 0.9 | | 7.4 | |
| | 合计 | 100.0 | | 100.0 | |

虽然表 1 中没有列出相关信息，但是调查数据显示，刈谷市的调查对象均与配偶同住，所占比例高达 100%。昌原市调查方面也显示出非常高的与配偶同住比例，女性和男性分别占 98.8% 和 94.0%。总体上看，两个地区的调查对象无论是在职业方面还是在家庭方面，都具有较高的稳定性。

## 二　家庭代际关系

### （一）居住

接下来利用刈谷市和昌原市调查中获得的数据，主要围绕调查对象与父母的居住关系、传承与继承、支持这几个方面，从多维度分析两个城市的家庭代际关系。首先，调查对象与父母的居住关系如图 1 所示。

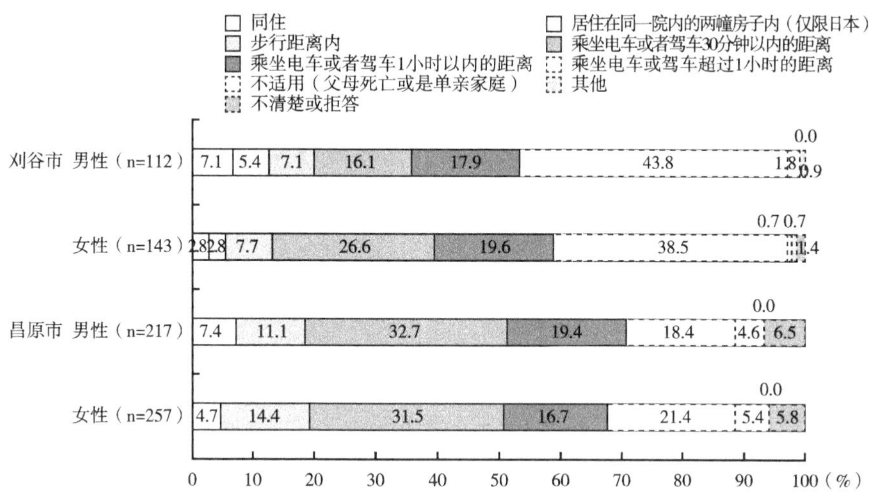


**图 1　调查对象与父母的居住关系**

如图 1 所示，在刈谷市的调查中，男性与其父母“同住”“居住在同一院内的两幢房子内”共占 12.5%，高于女性与其父母“同住”“居住在同一院内的两幢房子内”的比例合计。父母居住在“步行距离内”，男性占比为 7.1%，女性占比为 7.7%。受访者中有约 20% 的男性、超过 10% 的女性与父母居住在不用乘坐交通工具便可见到的距离范围内。男性中有超过

30%、女性中有超过40%与父母的居住地相距较近（“乘坐电车或者驾车30分钟以内的距离”“乘坐电车或者驾车1小时以内的距离”两项合计）。男性中有超过40%、女性中有接近40%与父母的居住地相距较远（“乘坐电车或驾车超过1小时的距离”）。

在昌原市的调查中，男性中与父母同住的比例为7.4%，女性中与父母同住的比例为4.7%。[①] 父母居住在“步行距离内”的男性和女性所占比例分别为11.1%和14.4%。总体上，受访男性和女性中均有接近20%与父母居住在不用乘坐交通工具便可见到的距离范围内。男性中有超过50%、女性中有接近50%与父母的居住地相距较近。男性和女性中均有约20%与父母的居住地相距较远。

综合以上分析结果，刈谷市和昌原市的调查对象中，大部分人与父母居住在方便日常往来的距离范围之内。与刈谷市相比，昌原市的调查对象在这方面显现出更强的倾向。分析结果表明，刈谷市的受访者具有较强的与男方（夫系）父母“同住”或“居住在同一院内的两幢房子内”的居住倾向，这与日本社会主张从夫居的直系家庭制度是密不可分的。因此，本次调查结果证实了日本传统家庭制度下的居住关系具有相对稳定性。然而，从昌原市的调查结果来看，调查对象在与父母的居住关系方面未呈现向男方（夫系）父母倾斜的趋势。

**（二）传承、继承**

接下来分析家族传承和财产继承方面的情况。受访者本人或其配偶是不是家族“继承人”的调查结果如图2所示。在刈谷市的调查中，52.7%的男性本人是家族继承人，60.1%女性的配偶是家族继承人。也就是说，从男性和女性的回答来看，受访者中作为家族继承人的男性比例超过50%。在昌原市的调查中，26.3%的男性本人是家族继承人，25.7%女性的配偶是家族继承人。虽然昌原市的调查结果也同样表明男性继承人比女性继承人更

① 韩国方面由于居住在集体住宅（公寓）的人较多，在昌原市的调查中未设“居住在同一院内的两幢房子内”的选项。

多，但是与刈谷市相比，昌原市男性继承人的比例更低。另外，刈谷市和昌原市的调查数据中都有受访男女本人及配偶均为家族继承人，这表明两个城市的相关受访者均是在国家提倡少生、优生政策背景下出生的一代人。男女双方“本人及配偶都不是家族继承人”的比例情况如下：在刈谷市的调查中，男性为19.6%、女性为18.9%；在昌原市的调查中，男性为22.1%、女性为25.7%。除此之外，“从未考虑过‘是不是家族继承人’”的比例情况如下：在刈谷市的调查中，男性为11.6%、女性为4.9%；在昌原市的调查中，男性为22.6%、女性为28.0%。总体上，昌原市的调查结果呈现出较强的摆脱直系家族继承人意识的倾向。

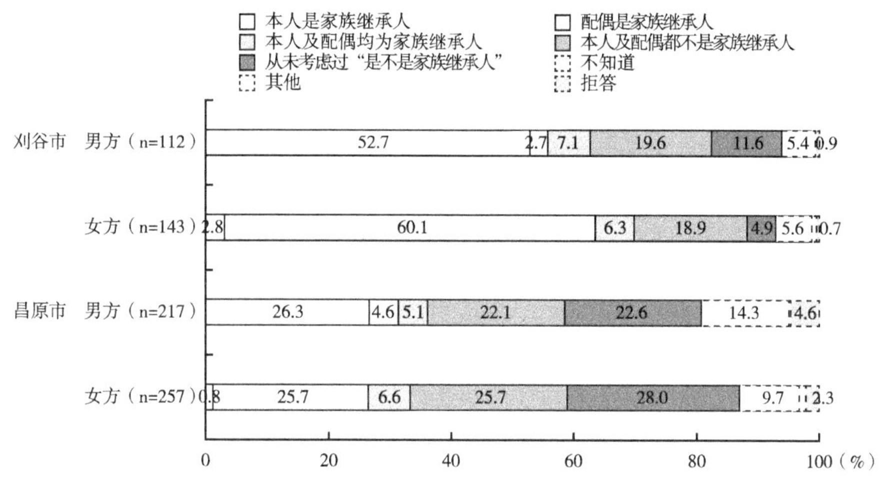


**图2　家族继承人情况**

对于家族继承内容，调查时采取了多项选择①的形式获取数据。刈谷市的调查结果中，比例较高的选项包括“继承父母的房屋和土地”（男性比例为42.9%，女性比例为40.6%）、承担赡养父母的责任（男性比例为

① 具体内容包括：“继承父母的房屋和土地”“继承父母的财产”“与父母同住，照顾父母”“无论是否与父母同住，都有赡养父母的责任”“守护和继承祖坟（日本）或继承祭祀祖先的传统（韩国）”“继承宗祧（仅限日本）”“守护家系并将其传承给下一代”“继承家业”“其他”。

37.5%，女性比例为39.2%）、“守护和继承祖坟”（男性比例为31.3%，女性比例为38.6%）、“继承宗祧”（男性比例为28.6%、女性比例为31.5%）。而在昌原市的调查数据中，比例较高的选项仅有“继承祭祀祖先的传统”这一项（男性比例为27.6%、女性比例为27.6%）。综合以上分析结果，刈谷市的调查结果反映出受访者的家族继承意识中包含更多的内容，既有“继承房屋和土地”这样的物质基础的继承，也包含承担赡养父母的责任这样的实际行动方面的传承。

关于调查对象本人或其配偶继承情况的调查结果①如图3所示。在刈谷市的调查中，男性和女性对于“房屋”和“祖坟”选择“已继承或有继承的打算”的比例均超过30%，选择“不会继承”的比例均超过10%，选择“不知道”的比例均为50%左右。然而，在昌原市的调查却呈现出不同的结果。具体来说，将“已继承或有继承的打算”的3个项目的回答占比由高到低进行排序。首先是“房屋”，男性和女性所占比例分别为30.9%和25.7%；其次是“祭祀”，男性和女性所占比例分别为25.3%和18.3%；最后是“土地”，男性和女性所占比例分别为18.4%和14.4%。总体上，在昌原市的调查中，男性受访者选择“已继承或有继承的打算”的比例更高。而且，在昌原市的调查中，男性和女性均有约40%选择“不知道”会不会继承“房屋”或“土地”，均有超过30%选择“不知道”会不会继承“祭祀”。另外，男性和女性均有超过10%选择“没必要”继承“房屋”“土地”“祭祀”，这一点值得学界关注。

父母“对子女继承方面的期待”的调查结果如图4所示。

对于“希望子女能够继承房屋”这一问题，刈谷市的调查中有超过六成的受访者持否定意见，也有超过三成的受访者持肯定意见，这表明在这个问题上受访者持有两种截然不同的观点。昌原市的男性受访者和女性受访者中均有大部分人对此问题持否定意见，所占比例均超过80%。在“祭祀”继承方面，调查组在刈谷市的调查和昌原市的调查中分别设置了不同的问

① 关于继承的具体内容，日本调查中还添加了“佛坛”（仅限日本）这一选项。为了便于日韩两国的比较，本文只分析可以进行比较的三个方面内容。

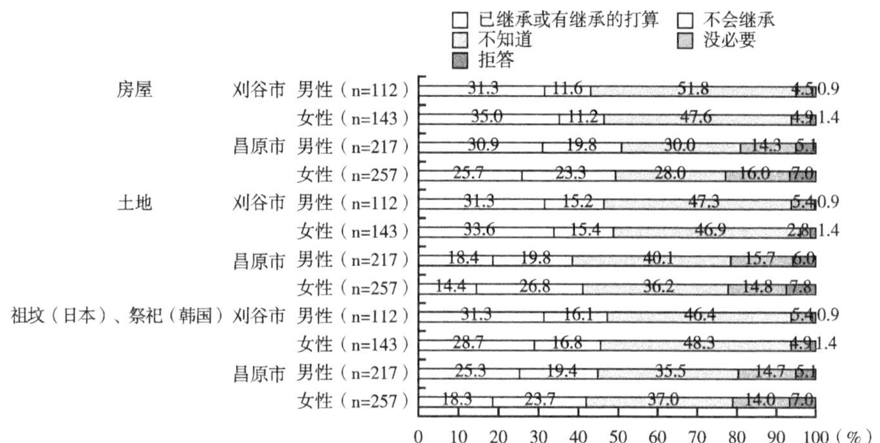


**图3　继承（房屋、土地、祖坟或祭祀）**

题，刘谷市的问题是“希望子女能够守护和继承祖坟”，昌原市的问题是“希望子女能够传承祭祀”。从调查结果看，刘谷市调查对象持肯定意见和否定意见的比例相差不大；而昌原市的调查中，超过70%的男性、超过80%的女性对相关问题持否定意见。综合上述分析结果，可以看出日韩两地区调查对象中对相关问题持肯定意见更多的是男性受访者。从“对子女继承方面的期待”的调查结果来看，与刘谷市相比，昌原市的调查对象更倾向于从“希望子女成为家族继承人”的观念中摆脱出来。

### （三）支援

接下来分析亲代对子代提供的育儿支持。子代从育儿支持网络中实际获得的代际育儿支持的调查结果如图5所示。调查问题是：本人在生病卧床不起时托谁照顾过孩子？本问题要求由女性受访者回答。

在刘谷市的调查中提供实际育儿帮助的主体是丈夫和父母。调查结果表明女方父母提供的育儿帮助更多。在昌原市的调查中提供育儿帮助的主体同样是丈夫和父母，并且呈现出向女方父母（女系）倾斜的倾向。总体上，在这个问题上昌原市与刘谷市具有相似之处，但是昌原市的调查中有12.5%为“女方亲戚”提供实际育儿帮助，这一点值得关注。

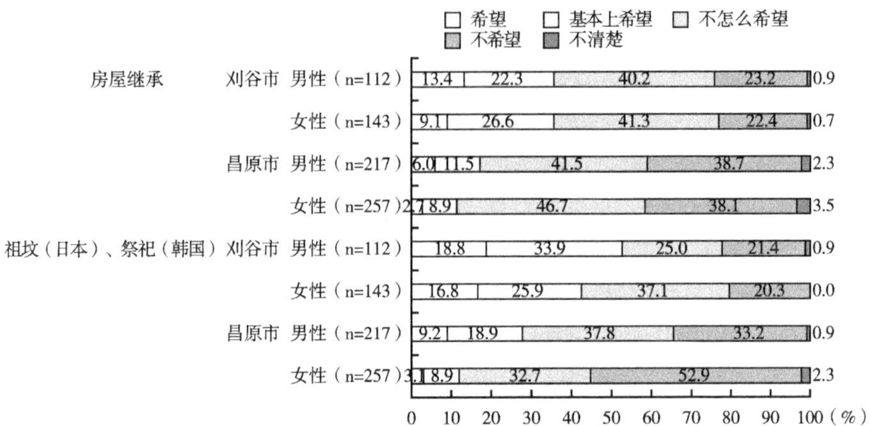


图 4　对子女继承方面的期待

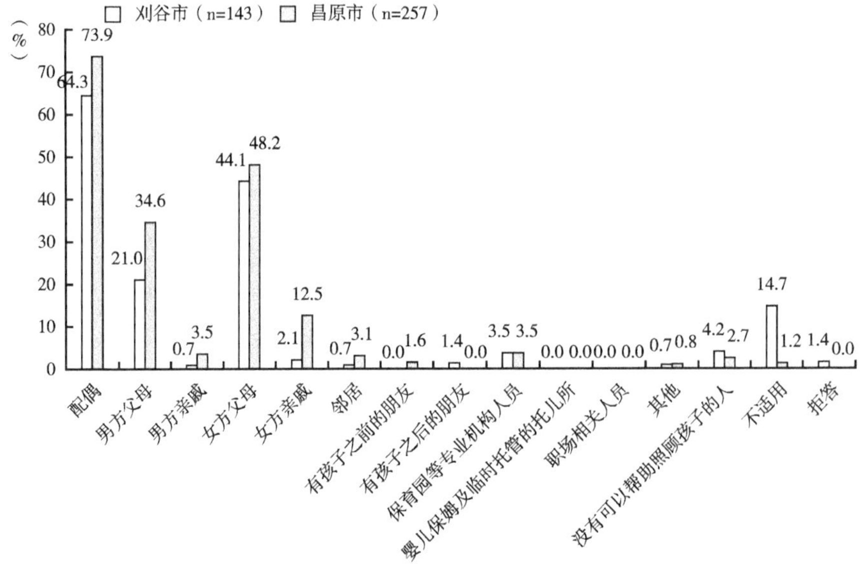


图 5　实际代际育儿支持情况

父母提供经济支持的调查结果见图 6。在刈谷市的调查中，男性和女性选择较多的是“有喜庆事时”。女方父母“偶尔”提供经济支持所占比例为 24.5%，比男方父母“偶尔”提供经济支持所占比例高。在昌原市的调查中，男性和女性选择最多的是“无”，所占比例均超过40%。可以说昌原市的调查对象在经济方面更加独立。另外，男方父母“偶尔”提供经济帮助的比例为14.3%，比女方父母“偶尔”提供经济帮助的比例高。

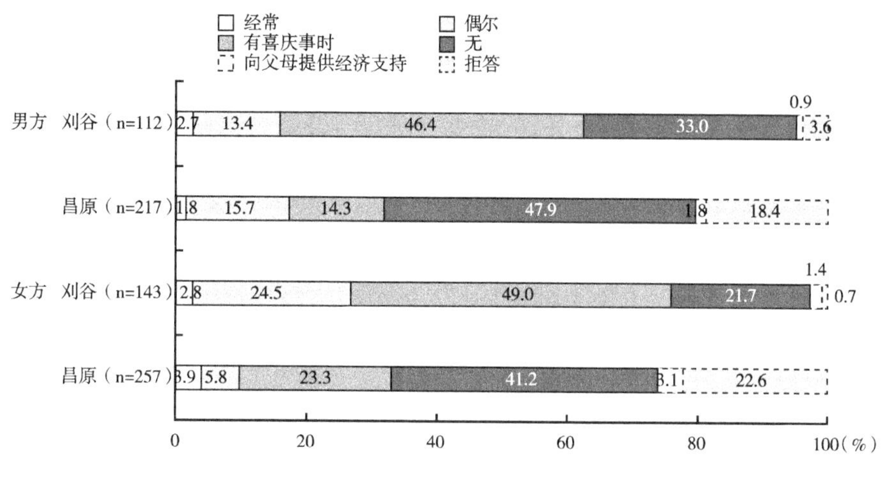


**图6　父母提供的经济支持**

## 三　家族继承变化的影响因素

综合上述分析结果，我们得出了以下几个结论。从昌原市的调查结果来看，“家族继承人”观念、继承内容、“对子女继承方面的期待”相关调查的分析结果表明，受访者无论是家族继承的行为，还是家族继承意识，都显现出较强的从直系家庭传统中脱离的倾向。然而，刈谷市的调查结果显示，受访者无论是在实际生活中还是在家族继承的意识层面上都保持着相对稳定的直系家庭传统。那么，究竟是什么原因让直系家庭制度下的代际关系保持着传统色彩？又是什么原因导致直系家庭制度下传统代际关系发生了变化？下面我们将聚焦“对子女继承方面的期待”，进一步探讨影响家族继承变化的具体因素。

我们对“对子女继承方面的期待”与调查对象的社会经济属性以及代际关系等相关数据进行了交叉分析和卡方检验后（见表2）。首先，与社会经济属性进行交叉分析后有关联的项目如下。①在刈谷市，女性的职业状态为“长期雇佣”，其对守护和继承祖坟的期待较低。②在昌原市，女性的职业状态为无业，其对继承祭祀的期待较高；而女性的职业状态为“长期雇佣”，其对继承祭祀的期待较低。③在昌原市，女性的学历高（大学及以上、专科大学），其对继承祭祀的期待较低。④在昌原市，男性配偶籍贯为“其他”（庆尚南道以外），其对继承祭祀的期待较低。在昌原市，男性的学历高（大学及以上），其对继承祭祀的期待较低。

以上分析结果表明，在刈谷市和昌原市，女性的职业状态具有较强的影响，尤其是“长期雇佣”人群对传承祭祀祖先传统这样的象征性行为的期待较低。换言之，无论是在刈谷市还是在昌原市，女性的职业劳动与人们从祖先祭祀等象征性家族继承中脱离的现象直接相关。昌原市的调查结果中比较有特点的是，男性和女性的高学历降低了其对继承祭祀的期待，原因是受访者受教育程度越高，越容易否定祭祀的宗教意蕴。同时，祭祀方面不怎么重视“媳妇的义务”也是出现这种结果的原因之一。

其次，对“对子女继承方面的期待”与继承内容、实际代际育儿支持进行交叉分析后有关联的项目如下。在刈谷市，对于“土地”，男性回答“已继承或有继承的打算”和“不知道”，其对守护和继承祖坟的期待较高。②在刈谷市，对于“祖坟”，男性回答“已继承或有继承的打算”和“不知道”，其对守护和继承祖坟的期待较高。③在昌原市，对于“房屋”，女性回答“已继承或有继承的打算”和“不知道”，其对家族继承的期待较高。④在昌原市，对于“土地”，女性回答“已继承或有继承的打算”和“不知道”，其对家族继承方面的期待较高。⑤在昌原市，对于“祭祀”，女性回答“已继承或有继承的打算”和“没必要”，其对家族继承的期待较高。⑥在昌原市，对于“祭祀”，女性回答“已继承或有继承的打算”，其对继承祭祀的期待较高。⑦在昌原市，对于“房屋”，男性回答“已继承或有继承的打算”，其对家族继承的期待较高。⑧在昌原市，对于“土地”，男性回答“已继承或有继承的打算”，其对家族继承的期待较高。⑨在昌原市，对于“土地”，男性回答“已继承或有继承的打算”，其在继承祭祀方面

**表 2　“对子女继承方面的期待”与社会经济属性以及代际关系的交叉分析**

| 项目 | | | | 社会经济属性 | | | | | | | | 家庭代际关系 | | | | |
|---|---|---|---|---|---|---|---|---|---|---|---|---|---|---|---|---|
| | | | | 年龄 | 居住关系:本人父母 | 居住关系:配偶父母 | 籍贯:本人 | 籍贯:配偶 | 父亲职业状态 | 母亲职业状态 | 学历 | 继承房屋 | 继承土地 | 继承祖坟(日本)、祭祀(韩国) | 育儿支持:男方父母 | 育儿支持:女方父母 |
| 继承期待 | 刈谷 | 母亲 | 房屋继承 | + | + | n. s. | n. s. | n. s. | — | n. s. | n. s. | + | n. s. | n. s. | n. s. | n. s. |
| | | | 祖坟守护 | n. s. | n. s. | n. s. | n. s. | n. s. | — | * | n. s. | + | n. s. | + | n. s. | n. s. |
| | | 父亲 | 房屋继承 | n. s. | n. s. | n. s. | n. s. | + | n. s. | — | n. s. | n. s. | n. s. | n. s. | n. s. | n. s. |
| | | | 祖坟守护 | n. s. | n. s. | n. s. | n. s. | n. s. | n. s. | — | n. s. | + | * | *** | n. s. | n. s. |
| | 昌原 | 母亲 | 房屋继承 | n. s. | n. s. | n. s. | n. s. | n. s. | — | n. s. | n. s. | *** | ** | * | n. s. | n. s. |
| | | | 祭祀继承 | n. s. | + | n. s. | n. s. | n. s. | — | * | ** | n. s. | n. s. | * | n. s. | n. s. |
| | | 父亲 | 房屋继承 | n. s. | n. s. | n. s. | n. s. | n. s. | n. s. | — | n. s. | * | * | n. s. | n. s. | n. s. |
| | | | 祭祀继承 | n. s. | n. s. | n. s. | + | * | n. s. | — | * | n. s. | ** | ** | n. s. | n. s. |

注：*** 表示 $p < 0.001$，** 表示 $p < 0.01$，* 表示 $p < 0.05$，+ 表示 $p < 0.10$。

的意识较高。⑩在昌原市，已经继承祭祀的男性对祭祀继承的期待较高。

从上述分析结果来看，刈谷市、昌原市调查对象本人或配偶“已继承或者有继承的打算”提高了其对家族继承方面的期待。[①] 刈谷市和昌原市男性受访者在以下方面具有相似之处，即男性本人继承土地、祖坟或祭祀会提高他们对子代继承祖坟或祭祀方面的期待。从昌原市的调查结果来看，“家族继承人”意识主要与“祭祀”这样的象征性行为有关。但是，对“房屋”“土地”等物质基础的继承（或有继承的打算）与对子代继承方面的期待密切相关，这一点值得深思。另外，调查结果表明，无论是在刈谷市还是在昌原市，实际代际育儿支持与继承期待、继承内容两个变量都无关联。这表明，家族继承和育儿支持网络是两个不同层面的问题。

## 结　语

综合以上分析结果，围绕刈谷市和昌原市的家庭代际关系，本案例得出了以下几个结论。

第一，刈谷市与昌原市的家庭代际关系因为生活层面的差异呈现出不同的发展和变化趋势。具体来说，首先，在居住层面上，刈谷市调查结果呈现出较强的与男方父母“同住”或“居住在同一院内的两幢房子内”的居住倾向，而昌原市没有向男方或女方倾斜的趋势。其次，在“家族继承人”意识层面上，虽然昌原市的调查结果呈现出从“家族继承人”意识中脱离的倾向，但是如果将焦点放在夫妻双方谁是家族继承人这一问题上，无论是在刈谷市还是在昌原市，调查对象的回答大多为丈夫是家族继承人。当然，两地区的调查数据中都有一定比例为丈夫、妻子都是家族继承人，这一点反映了在国家提倡少生、优生政策背景下出生的一代人的“家族继承人”意识的双系化倾向。再次，在育儿支持层面上，刈谷市调查结果表明，无论是

① 因为刈谷市调查回收的案例数量较少，所以很难呈现出较强的关联。但是，如果将未满10%的选项添加进去，两地区在具有关联的因素层面上仍具有相似之处。

在提供实际育儿帮助方面，还是在提供经济支持方面，女方父母所占比例更大。昌原市方面的情况是，女方父母在提供实际育儿帮助方面所占比例更大，男方父母则在提供经济支持方面所占比例更大。

第二，从直系家庭制度下传统的生活状况与意识的变迁数据来看，韩国方面显示出更加剧烈的（“压缩性”）变化。“家族继承人”意识、继承内容、“对子女继承方面的期待”相关调查结果表明，昌原市的家庭代际关系呈现出更强的从直系家庭传统色彩中脱离的倾向，而刈谷市的家庭代际关系则相对保持着直系家庭制度下的传统。虽然两地区均为工业城市，具有留在本地安家立业的条件，但正是这样的地理条件使刈谷市的家庭代际关系保持着直系家庭制度下的传统色彩。

第三，影响直系家庭代际关系变迁的主要因素为性别。在分析“对子女继承方面的期待”的属性时发现，两地区女性从事职业劳动淡化了直系家庭制度下家庭代际关系的传统色彩。昌原市调查结果表明，受教育程度越高，直系家庭制度下的家庭代际关系的传统色彩越淡。原因是受访者受教育程度越高，越容易否定祭祀的宗教意蕴。同时，直系家庭制度下，不怎么重视“媳妇的义务”的传统观念也是出现这种结果的原因。

第四，无论是在刈谷市还是在昌原市，房屋、土地、祖坟或祭祀继承是维持直系家庭代际关系的重要因素。虽然昌原市调查结果显示受访者的“家族继承人”意识集中体现在祖先祭祀方面，但是房屋、土地等物质基础的继承同样成为维持直系家庭代际关系的重要因素。

作者　山根真理，爱知教育大学教授；李璟媛，冈山大学教授；
平井晶子，神户大学教授；吴贞玉，昌原文星大学教授
译者　陈玲

# 案例二
# 中日育儿家庭的生活方式选择

## ——从角色调整时资源利用角度的考察*

在中日两国生育年龄的人口规模都呈现缩小趋势的背景下，两国都在期待女性能更多地参与劳动力市场。与此同时，为了应对少子老龄化问题，也期待女性在人口再生产特别是生育、育儿方面发挥作用。安倍政府提出了“让所有女性都闪耀的社会”口号，希望让女性“在抚养孩子的同时，在工作上也发挥出更大的活力”。为了应对老龄化的急剧加深，双职工社会的中国也结束了持续近30年的独生子女政策，以保障人口的再生产。所以不论是在中国还是在日本，都期待女性在工作和家务、育儿这两方面同时发挥作用。

为了应对少子老龄化的社会形势，研究人员呼吁充实育儿支援政策，重新审视劳动环境及管理体制。① 然而，随着中国市场经济的发展、家长制的重新抬头②，亚洲的后社会主义国家中出现了强调女性家庭作用的“再家族化”“再传统化”③，中日两国年轻人的性别分工意识也日趋“保守化”④。

---

* 本研究的日本数据采用了部分御茶水女子大学全球领导力研究所提供的单票数据进行分析。

① 阿藤誠「日本の少子化と少子化対策」、『学術動向』第8号、2017年。

② 瀬地山角『東アジアの家父長制——ジェンダーの比較社会学』、勁草書房、1996。

③ 落合恵美子「親密性の労働とアジア女性の構築」、落合恵美子・赤枝加奈子編『変容する親密圏/公共圏2——アジア女性と親密性の労働』、京都大学学術出版会、2012。

④ 李明欢：《干得好不如嫁的好？——关于当代中国女大学生社会性别观的若干思考》，《妇女研究论丛》2004年第4期；佐々木尚之「JGSS累積データ2000—2010にみる日本人の性別役割分業意識の趨勢——Age-Period-Cohort Analysisの適用」、『日本版総合的社会調査共同研究拠点研究論文集12』、2012、69－80頁。

女性面对着错综复杂的社会背景和多重角色期待。在这样的背景下，探讨女性的社会参与及少子老龄化时，明确女性生活方式的选择、育儿所使用的社会资源无疑是一个重要的切入点。

## 一 先行研究和分析视点

### （一）角色调整时的资源

社会资源是“用于左右选择的一种存在”，它可以是“权力和影响力、时间、货币、财产、各种关系网、信用、敬意、人气、信息和知识、地位和作用等”。[①] 社会资源包含物质、人、制度几个方面。[②] 另外，在对地方福利系统的研究中，可利用的援助可以归纳为私人支援、相互扶助、共同援助、公共支援、企业活动5种类型[③]，除日本社会福利中的自助、互助、共助、公助，又增加了企业活动的“商助”。

在对育儿的实证研究中，自助是来自家族、亲属的育儿支援，互助是以孩子为媒介的妈妈群体，共助是地方的育儿支援活动，公助是育儿津贴、产假、育儿休假等公共支援，商助是育儿设施、保姆等。[④] 另外，有人采用金子勇的“五助”概念分析中国老年人福利[⑤]。这表明日本研究中总结的支援体系分类在分析中国的社会现象时也有效。本研究分析角色调整所用资源时，采用上述资源概念讨论女性育儿的资源利用和生活方式选择的关系。

### （二）育儿家庭角色调整时的资源利用和生活方式的选择

随着市场经济的发展，中国城市女性的就业率有所下降。1990年，城

---

① 金子勇『格差不安時代のコミュニティ社会学：ソーシャル・キャピタルからの処方箋』、ミネルヴァ書房、2007、54頁。

② 平岡公一・平野隆之・副田あけみ『社会福祉キーワード』（補訂版）、有斐閣双書、2003。

③ 金子勇『コミュニティの創造的探求——公共社会学の視点』、新曜社、2011、74頁。

④ 郭莉莉「都市の少子化と子育て支援ネットワークに関する日中比較研究——札幌・北京調査を事例に—」、『現代社会学研究』第27号、2014年。

⑤ 例如，趙冰「中国都市部における高齢者サービスについての研究——地域社会における共助の視点から」、博士学位論文、島根県立大学大学院、2016。

市劳动人口中女性的就业率约为76%，而2010年城市女性就业率下降到60%左右。[①] 在日本，自《男女雇用机会均等法》实施以来，日本的女性就业率上升了约13个百分点。[②]

普遍认为照料角色的履行会影响工作效率，成为阻碍女性就业的因素之一[③]，与女性就业、育儿密切相关。在双职工社会的背景下，中国世代之间的育儿援助十分频繁[④]，并且有夫妇及双方的父母三代同住（或暂时同住）组成的育儿联合进行“跨代育儿”（intergenerational parenting coalition）的倾向。[⑤] 所以比起利用外部服务，在中国，更倾向于依靠个人关系网络获得育儿支援[⑥]。

在双职工家庭日益增多的日本，亲属特别是祖父母（女性自己的父母和配偶的父母）也会提供育儿支援。在日本与父母同住能促进女性作为正式员工进行全职工作。[⑦] 比起丈夫，女性更期待父母在生产时照顾自己的日常起居。[⑧] 因此，可以说祖父母处于育儿资源的中心位置。另外，日本内阁府对60岁及以上老年人口进行的调查显示，即使与子女分居，约半数老人

---

① 第二期中国妇女社会地位调查课题组：《第二期中国妇女社会地位抽样调查主要数据报告》，《妇女研究丛书》2001年第5期；第三期中国妇女社会地位调查课题组：《第三期中国妇女社会地位调查主要数据报告》，《妇女研究论丛》2011年第6期。

② 「男女共同参画白書平成29年版」、内閣府男女共同参画局ホームページ、http://www.gender.go.jp/about_danjo/whitepaper/h29/zentai/index.html。

③ 赵霞：《女大学生就业的弱势原因与强势关怀》，《青年研究》2003年第2期；潘锦棠：《促进女性就业的政府责任》，《甘肃社会科学》2009年第2期；周岑茗：《女大学生隐性就业歧视问题研究》，《青年与社会》2013年第9期。

④ 石金群：《独立与依赖：转型期的中国城市家庭代际关系》，社会科学文献出版社，2015。

⑤ Esther C. L. Goh, *China's One-Child Policy and Multiple Caregiving: Raising Little Suns in Xiamen*, Routledge, 2011.

⑥ 程福财：《家庭、国家与儿童福利供给》，《青年研究》2012年第1期。

⑦ 松井真一「既婚女性の就業とサポート・ネットワーク——多項ロジット・モデルによる就業形態とネットワークの比較分析」、田中重人・永井暁子編『家族と仕事』、第3回家族についての全国調査（NFRJ08）、日本家族社会学会・全国家族調査委員会第2次報告書第1巻、2011年、17-34頁。

⑧ 「第5回全国家庭動向調査結果の概要」、国立社会保障・人口問題研究所ホームページ、2014年8月8日、http://www.ipss.go.jp/ps-katei/j/NSFJ5/Kohyo/NSFJ5_gaiyo.pdf。

也保持 1 周 1 次以上与子女交流的机会，此数据在 1978 ~ 2013 年保持稳定。[①] 最近，年轻的夫妇为了兼顾工作和育儿，希望与父母同住或居住在父母家附近。[②] 祖父母在育儿方面的存在感很强，一些城市和医院在女性怀孕期间举办祖父母学习班，有些地区除制作母子手册，还会制作祖父母手册。

在《平成 25 年度家庭和地域关于育儿的意识调查报告书》中，有约 80% 的人对"在孩子上小学之前是否期待孩子的祖父母在育儿和家务上提供帮助"持赞成意见。希望祖父母提供的帮助中，占比较高的是"和孩子聊天、玩耍"（祖父 60.5%、祖母 63.5%）、"传授经验和智慧"（祖父 60.5%、祖母 53.4%）、"日常生活中的管教"（祖父 39.4%、祖母 44%）等。[③] 这些是对日常育儿的补充性支援，即使育儿夫妇不与父母同住或居住在父母家附近也能实现。另外，"准备饭菜"（祖父 5.2%、祖母 34.4%）、"孩子生病时带孩子去医院看病"（祖父 23.5%、祖母 32.6%）、"接送孩子去托儿所或幼儿园"（祖父 31.6%、祖母 30.6%）、"打扫卫生、洗衣服"（祖父 5.5%、祖母 25.7%）也是育儿家庭希望孩子的祖父母提供的支援。这些支援与其说是单发性的，不如说日常性、持续性的。因此，可以推论祖父母的育儿支援对于很多夫妇的日常育儿来说是不可或缺的存在。[④]

另外，在日本社会，与孙辈保持适度距离的想法在老人中日益增强。原因可能是随着女性就业，社会整体对祖父母支援的内容在质和量两方面的期待日益增强，祖父母的负担增加。有研究指出，育儿支援中，祖父母感到身

---

① 「平成 27 年度第 8 回高齢者の生活と意識に関する国際比較調査結果」、内閣府ホームページ、http://www8.cao.go.jp/kourei/ishiki/h27/zentai/index.html；藤崎宏子「高齢者と子どもの交流——意識と実態にみる日本の特徴」、内閣府ホームページ、http://www8.cao.go.jp/kourei/ishiki/h27/zentai/pdf/kourei_4_fujisaki.pdf。

② 北村安樹子「子育て世代のワーク・ライフ・バランスと祖父母力——祖父母による子育て支援の実態と祖父母の意識」、『ライフデザインレポート』第 185 号、2008 年。

③ 「平成 25 年度家族と地域における子育てに関する意識調査報告書」、内閣府ホームページ、http://www8.cao.go.jp/shoushi/shoushika/research/h25/ishiki/index_pdf.html。

④ 调查对象是 20 岁到 79 岁的男性和女性。没有区别婚育状况。

体疲劳恰好折射出子女兼顾工作和育儿的困难。①

近年来，中国也出现了家庭、扩大家庭、近邻、社区网络的育儿支援和互助功能减弱的现象。与此同时，育儿成本增加，年轻夫妇育儿的经济负担加重。② 因此，能否利用祖父母的育儿援助等社会资源，对女性的就业以及生活方式的选择有重大影响。

本案例重点讨论包括祖父母的育儿援助在内的角色调整时的资源利用和中日育儿世代的生活方式选择的现状。根据分析在中国收集的调查数据设定假设，使用日本的量化数据验证假设。通过以上步骤可以凸显在育儿资源利用的视角之下，两国育儿世代的生活方式选择的特点。用少子老龄化比较显著的日本的数据验证根据中国调查数据所设定的假设，期待能在政策构建上给予中国和日本一些启示。

## 二　数据概要

为设定假设，本案例首先分析在中国通过半结构化访谈收集的调查数据，共有 14 名女性（见表 1）。分析对象的共同特点为有工作经验、处于育儿期且育儿期父母健在。另外，分析对象出生于 20 世纪 70 ~ 80 年代，存在年龄差。本案例以婴幼儿期的育儿经验为中心进行了分析，并已通过御茶水女子大学人文社会科学研究科伦理审查委员会的伦理审查。采访调查在中国山东省的城市地区进行。山东省作为儒教的故乡，很重视“家”文化，在育儿方面容易得到家人的援助。③ 此外，育儿支援方面的公共服务不足等问题也受到当地政府的重视，并着手扩充、改善。

① 北村安樹子「子育て世代のワーク・ライフ・バランスと祖父母力——祖父母による子育て支援の実態と祖父母の意識」、『ライフデザインレポート』第 185 号、2008 年。

② 程福财：《家庭、国家与儿童福利供给》，《青年研究》2012 年第 1 期。

③ 山东省妇女社会地位调查课题组：《理想与现实的冲突：社会转型时期山东省性别文化的现状分析》，载蒋永萍主编《世纪之交的中国妇女社会地位》，当代中国出版社，2003，第 504 ~ 514 页；王修智：《齐鲁文化对山东的深远影响》，《理论前沿》2008 年第 13 期。

**表 1　中国分析对象基本情况**

| 代号 | 年龄 | 受教育水平 | 就业情况 | 年收入 | 有无兄弟姐妹 | 孩子年龄 | 配偶年龄 | 配偶年收入 | 配偶有无兄弟姐妹 | 与父母的居住状态 |
|---|---|---|---|---|---|---|---|---|---|---|
| A | 30 岁 | 大学 | 正式职员 | 4 万元 | 无 | 3 岁 | 31 岁 | 14 万 ~ 15 万元 | 无 | 分居（男方父母：20 分钟左右车程；女方父母：20 分钟左右车程） |
| B | 30 岁 | 大学 | 正式职员 | 3 万元 | 无 | 4 岁 | 31 岁 | 5 万元 | 无 | 分居 |
| C | 33 岁 | 大学 | 正式职员 | 20 万元 | 无 | 5 岁 | 33 岁 | 10 万元 | 无 | 分居 |
| D | 29 岁 | 大学 | 正式职员（在家工作） | 4 万元 | 无 | 3 岁 | 29 岁 | 10 万元 | 无 | 分居（男方父母：10 分钟左右车程，徒步 20 分钟左右；女方父母：20 分钟左右车程，徒步 20 分钟左右） |
| E | 30 岁 | 大学 | 正式职员 | 20 万元 | 无 | 1 岁 | 30 岁 | 15 万元 | 无 | 分居（配偶父母：不到 10 分钟车程；女方父母：30 分钟左右车程） |
| F | 28 岁 | 初中 | 个体户（主妇） | 0 元 | 无 | 2 岁 | 28 岁 | 10 万元 | 无 | 分居（配偶父母：比女方父母家稍远；女方父母：徒步 15 分钟左右） |
| G | 30 岁 | 大学 | 正式职员 | 3 万元 | 无 | 5 个月 | 30 岁 | 4.5 万元 | 无 | 分居（配偶父母：徒步 5 分钟；女方父母：徒步 30 分钟左右） |
| H | 30 岁 | 大学 | 正式职员（在家工作） | 10 万元 | 无 | 3 岁 | 36 岁 | 10 万元 | 无 | 分居（配偶父母：30 分钟左右车程；女方父母：30 分钟左右车程） |
| I | 30 岁 | 大学 | 正式职员 | 5 万 ~6 万元 | 无 | 2 岁 | 32 岁 | 6 万 ~7 万元 | 无 | 分居（配偶父母：90 分钟左右车程；女方父母：20 分钟左右车程） |

续表

| 代号 | 年龄 | 学历 | 就业情况 | 年收入 | 有无兄弟姐妹 | 孩子年龄 | 配偶年龄 | 配偶年收入 | 配偶有无兄弟姐妹 | 与父母的居住状态 |
|---|---|---|---|---|---|---|---|---|---|---|
| J | 44 岁 | 大学 | 临时中断（正式职员） | 10 万元 | 有 | 13 岁 | 44 岁 | 10 万～20 万元 | 有 | 分居 |
| K | 45 岁 | 技校（大专） | 正式职员（国有企业） | 3 万～5 万元 | 有 | 13 岁 | 43 岁 | 3 万～5 万元 | 无 | 同住(3 个月)⇒分居 |
| L | 45 岁 | 初中 | 正式职员 | 1 万～3 万元 | 有 | 19 岁 | 46 岁 | 3 万～5 万元 | 无 | 同住（结婚以来，男方父母） |
| M | 46 岁 | 大学 | 正式职员（国有企业） | 6 万元 | 有 | 6 岁 | 46 岁 | 6 万元 | 有 | 同住（四年半）⇒分居（男方父母） |
| N | 42 岁 | 技校（大专） | 正式职员 | 3 万～4 万元 | 未知 | 高中生 | 43 岁 | 6 万元 | 未知 | 同住（最近 1 年，男方父母） |

用于验证假设的数据来自日本御茶水女子大学全球领导力研究所以在上市大企业工作的女性（管理层等）为对象进行的一项调查。2019 年 8 月到 12 月，向各企业人事负责人发放并回收了调查问卷。受访者匿名回答，为避免作为经手人的人事负责人等阅览，问卷采取严封后提交的形式回收。

本案例仅对受访者中有孩子的女性进行分析。从角色调整时的资源利用角度，询问了祖父母的育儿支援、工作和母职之间的关系等方面的问题。例如，“与自己的父母或配偶的父母如何进行日常交流，交流频率是多少”；询问了“让（祖父母）看管孩子”“让（祖父母）照顾孩子的日常起居”等与日常生活相关的事项，设置了“几乎不”到“几乎每天”5 个层级。

另外，还询问了管理层女性婚后与自己的父母及配偶父母的居住关系，问题有“现在的家务是怎么分担的”，“现在的育儿是怎么分担的”。调查中要求填写本人、配偶、自己或配偶父母、使用家政服务的比例，可以明确祖父母的家务和育儿支援的具体比例。此外，询问了管理层女性的基本情况、对工作和生活的想法。

## 三　分析结果

### （一）中国数据的分析结果

通过分析来自中国女性的调查数据，把分析对象的生活方式分为“工作、家务、育儿型”（A、B、C、E、G、I、J、K、L、M、N，共11名）和“家务、育儿型”（D、F、H，共3名）两种类型。在资源利用方面，除了夫妻间的育儿分工之外，还有祖父母的育儿支援（自助）、公司制度的利用（公助）、附近的熟人和朋友援助（互助）。另外，还观察到这些“助”大多会利用手机应用程序获取育儿所需要的信息和服务。虽然所有分析对象都有就业经验，但如果家属的育儿支援出现中断，其分担的部分将转移到女性本人身上，从而导致女性难以继续工作。这显示出父母的援助是育儿期女性得以继续工作的重要资源。以下将详述角色调整时育儿资源的利用以及育儿资源的利用对生活方式造成的影响。

1. 育儿资源的利用

首先是与丈夫的分工协调。例如，C女士教丈夫如何做家务和参与育儿，在她的影响下原本参与度不高的丈夫也逐渐分担家务和育儿劳动。E女士的办法是让丈夫承担与自己育儿劳动相当的家务劳动。除积极要求丈夫配合的C女士和E女士以外，也有优先考虑配偶工作的G女士。但是不管哪种情况，女性是主要的育儿承担者这一点并没有改变。

另外，女性能够一边承担家务、育儿劳动一边工作，祖父母的育儿支援起到了重要作用。祖父母的育儿支援是被利用最多的资源，大部分调查对象或多或少都受到了祖父母支援带来的恩惠。祖父母的育儿援助不仅能减轻女性的体力负担，还有助于女性放松身心。例如，A女士的父母分担了一部分的育儿劳动，让她有机会放松。A女士说道：“有时候，星期六由我照顾孩子，星期日我妈妈帮忙照顾孩子，我便与朋友出去散散心。虽然边上班边照顾孩子很累，不过这种生活很充实，充满色彩。”

同样B女士接受父母的育儿支援，觉得不再是自己一人孤军奋战。另外，出于父母的健康以及工作上的原因，难以得到父母的育儿援助的H女士选择利用职场的资源。H女士说道：“有了孩子以后，因为没有人帮忙照顾孩子，只能辞职。辞职后，与公司的领导协商后，我可以不去公司上班，但每个月保持一定的客户量，这样每个月还是有工资。”

除职场资源以外，还有拜托邻居去幼儿园接送孩子（K女士）等，利用亲属以外的育儿支援以及利用保姆等外部服务的案例（M女士）。M女士指出：“因为雇用了保姆，还有婆婆帮忙，所以一点儿也不累。”

另外，也有以“（育儿上）父母未必比我知道的多”（H女士）为理由，不通过父母而通过网络或育儿方面的手机应用程序来解决育儿问题的案例。

2. 育儿资源利用的特征及对生活方式的影响

首先，可以看出祖父母育儿援助的重要性。能够继续工作的案例多是利用了祖父母的育儿支援。如果祖父母的育儿支援缺失，可能会产生女性职业生涯中断等较大影响。全职工作被中断的“家务、育儿型”的3人中有2人（F女士、H女士）处于没有得到父母的支援或支援中断的状态。例如，H女士预想中的父母育儿支援就没有实现。她说道：“有了孩子后，因为没有人帮忙照顾孩子，不能出去工作。我的父母都还在工作，我的岳父母年纪比较大，他们的身体也不好。”最终H女士无法继续全职工作，不得已改变了工作形式。因为父母的健康状况，育儿援助中断的F女士也放弃了继续工作。

另外，年龄层不同，育儿资源的利用方式也不同。J女士、K女士、L女士、M女士、N女士比其他调查对象相对年长（以下简称“年长组”），并且利用职场方面的育儿资源相对方便。在采访中我们得知，K女士的工作单位内部设立了幼儿园，单位和幼儿园间往返很方便。K女士对幼儿园方便的交通、充实的服务比较满意：“幼儿园开园时间很长，早上把孩子送到幼儿园，孩子的一天三餐也由幼儿园提供，这样我可以自由分配一天的时间。”

另外，年长组可以找住在同一个小区的邻居、朋友帮助照顾孩子。类似的案例在年轻组中没有发现。年轻组的女性感到矛盾或困惑时，有时会认为老一代的经验已经行不通，倾向于通过网络咨询专家或询问有同样问题的人。但年长组更相信父母辈的经验。以上我们确认并详述了不同年龄层各自的育儿资源和对资源选择的不同偏好。

根据对中国采访的分析结果，除了可以看出祖父母的育儿支援给女性的就业带来很大影响以外，也可看出年龄层不同使用的育儿资源也不同。在这里可以提出两个假设：其一，越是能获得祖父母的育儿支援，就越能够继续自己的工作；其二，年龄层不同，家务、育儿所利用的资源会有差异。年青一代在资源利用上具有多样性，并期待利用家人以外的资源。

### （二）日本数据的分析结果

在对日本大企业工作的女性管理层及管理层预备人员的调查中，回答者共305名，有孩子的女性比例为39.5%。年龄分布如下：20岁以上未满30岁的占2.4%、30岁以上未满40岁的占36.7%、40岁以上未满50岁的占40.6%、50岁以上未满60岁的占19.5%、60岁以上未满70岁的占0.8%。作为管理层预备人员但现在还没有安排职位的女性比例为16.9%。现任女性管理层的职务中科长占比最高（48.6%），其次是主任、股长（24.0%）。

本案例对有孩子的女性进行了分析。按“几乎不”到“几乎每天”的“1”到“5”的5个层级对“照顾孩子”的频率进行了提问。其中，30岁以上未满40岁的平均值为1.97，40岁以上未满50岁的平均值为2.42，50岁以上未满60岁的平均值为2.75。方差分析的结果认定，平均值的差在5%水平上有统计学意义，年龄越大的女性获得孩子祖父母育儿支援的频率越高。这样的结果可能出于以下几种原因。首先，随着孩子年龄的增长，祖父母的育儿支援可能更容易起作用。换句话说，孩子年龄小的时候祖父母只能提供有限的育儿支援；当孩子成为中小学生可以一个人在家时，祖父母提供衣、食、住方面的援助也变得更容易，“看管孩子”的机会可能随之增加。其次，可以考虑女性年龄差异所造成的影响。女性的年龄越大，认为在兼顾工作和育儿上祖父母的支援很重要的意识越强，实际在育儿上她们也获得了更多的祖父母支援。再次，女性的年龄越大，其职务可能越高，为了专心致志地忙事业，主动搬到祖父母家附近居住并通过金钱上的补偿得到更多的祖父母援助。一般认为幼儿期的育儿负担更大，更需要来自祖父母的支援，但是在此次数据分析中没有得到这一结果。

对于“请别人分担家务等日常生活劳动的频率”这一项调查，各个年龄段的平均值的差并不具有统计学意义。30 岁以上未满 40 岁的平均值为 1.65、40 岁以上未满 50 岁的平均值为 1.83、50 岁以上未满 60 岁的平均值为 1.86，回答集中在“几乎没有”或“一年几次”。综合以上结果可以看出，即使是日本大企业的管理层，能得到的祖父母在育儿和家务上的援助也是有限的。当然这个结果是否具有普遍性需要进一步考证。

为了确认家庭收入上夫妻各自承担的比例，设置了“现在你和配偶是以怎样的比例来承担家庭收支的”问题。一般来说，日本的丈夫比妻子收入多，甚至承担全部家用支出。但是这次调查的结果是妻子和丈夫各承担 40% ~60%，由此得知妻子以几乎和丈夫相同的程度承担着家庭的开支。

关于家务分工，回答妻子承担 60% 以上的占 60%，回答丈夫承担 60% 以上的只有 13%；回答妻子承担 80% 以上的占 30%，回答丈夫承担 80% 以上的仅占 6%。妻子也承担了更多的育儿工作。回答妻子承担 60% 以上的约占 70%，回答丈夫承担 60% 以上的仅占 4%。对于“保姆”“熟人、朋友”“亲戚”承担家务或育儿的比例，回答占比几乎为 0。所以在日本的双职工家庭中，家务、育儿的外部服务的利用好像并没有什么进展。

综上所述，在本调查中夫妻虽然在负担家庭收支层面趋于平等，但在家务、育儿层面妻子则负担更多。另外，我们也发现日本对于利用保姆等外部服务并不积极。

## 结　语

本调查的目的是确认在育儿方面的资源利用情况，明确两国育儿世代生活方式选择的特征。以下将分别阐述在分析中看到的中日两国的特点。

从中国的分析结果可以看到以下特点：其一，在“多世代协作”[①] 下女性就业的实现；其二，世代不同在利用家务及育儿等支援资源上存在质性差异。“多世代协作”是施利平提出的概念，是一种“以家本位逻辑为基础的世代关系的实践”，其特点是父母对孩子的单方面援助。在本调查的结果中可以看到，父母的支援在一定程度上可以缓解育儿期女性在家务、育儿上的负担，让女性继续工作成为可能。这虽然是一种应对市场经济中的性别偏见的战略性对策，但也是一种基于性别分工的对策。[②] 因此，在父母支援缺失时，会出现女性不得不顺从性别分工的职责分配“回家”的情况。

资源的集中带来的不只是“轻松”，与之相伴的还有监视和矛盾。[③] 这提醒我们要留意各个世代的“己”中存在的质性差异。家族主义下的“己”和自由主义下的“己”的行为可以分别收敛到家本位和个人本位。年青一代的“己”中自由主义性质的增强与作为“多世代协作”正当化基础的家本位逻辑有相互矛盾之处。因此，与年长一代相比，年青一代在“多世代协作”中感受到的压力可能更大。

不同年龄层的资源利用存在质性差异，这是本调查看到的中国的第二个特点。年长组利用的多种外部资源多是工作单位的设施、附近的熟人、朋友、亲戚等非市场化资源。相比之下年轻组希望利用或正在利用的是市场化的外部资源，比如希望通过互联网咨询专家。质性差异产生的原因，今后有必要从中国的经济结构改革、育儿的精细化、世代关系等角度，运用家政学和家族社会学的理论做进一步分析。

日本的分析结果有以下两方面特点：其一，资源保有和资源利用的不平衡；其二，管理层的女性同时承担家务、育儿、家庭开支。与中国相比，日本的福利政策体系更加完整、服务种类繁多。但是正如此次调查结果所示，

---

① 施利平「中国における都市化と世代間関係の変容——浙江省一近郊農村の事例研究より—」、『家族社会学研究』第30号、2018年。

② Liu Jieyu, *Gender, Sexuality and Power in Chinese Companies: Beauties at Work*, Palgrave Macmillan, 2017.

③ Esther C. L. Goh, *China's One-Child Policy and Multiple Caregiving: Raising Little Suns in Xiamen*, Routledge, 2011.

日本家庭在各种福利及服务的利用方面呈现出消极的一面。这提醒我们在关注资源创造的同时，也应在资源利用方面采取措施。此次分析结果表明，日本家庭对关系资源和市场化资源的利用都非常消极。由于调查对象是双职工家庭、身处管理层，出于经济原因不购买服务的可能性不大。从调查对象的基本情况以及资源利用的倾向来看，在育儿期全职工作的女性虽然承担着“内和外”的双重职责，却没有购买人力及家务、育儿服务。由此我们可以提出一个暂定性的假设，即日本的“耻”文化和母职规范的交叉影响造成了日本女性在利用外部资源上的消极状态。今后期待通过跟进调查和收集数据来进一步验证这个假设。

中国女性的职业生涯能够持续，祖父母起到很大作用，相比之下日本祖父母在家务和育儿支援上只能起到有限作用。但是同样享受祖父母支援的男性常常被忽视，而女性往往被认为是援助的委托人。所以在职的年轻女性可能会被贴上“不照看孩子”“剥削老年人”的标签。再看日本的女性，她们现在虽然有了工作、承担着家庭的开支，但是家务、育儿的主要责任还是在她们身上，可以说女性就业在减轻女性家务负担上没有起到相应效果。为了让女性在就业时更好地发挥自身的价值，以“结果平等”为原则的政策构建非常必要。

作者　田娜，御茶水女子大学全球领导力研究所特别研究员；
冈村利惠，御茶水女子大学全球领导力研究所特任讲师；
佐野润子，御茶水女子大学全球领导力研究所特任讲师

# 案例三 育儿模式的变化与“母职”的重构

## ——对微信妈妈群育儿生活的观察*

广为人知的《超生游击队》描写了20世纪90年代一对农村夫妻因重男轻女而违反独生子女政策，东躲西藏地生育小孩。这一现实题材的小品留给人们的印象是中国家庭有“重男轻女”、崇尚“多子多福”的传统生育观念，因此只要独生子女政策放开，孩子就会多起来。但“全面二孩”制度于2016年1月1日开始正式施行后，出生率并未如预期那样显著上升。

中国生育行为从“想生而不能生”到“能生而不敢生”，这之间仅仅相隔不到30年的时间，却发生了如此巨大的变化。同时，引发这样的疑问，即“为何今天孩子越来越少了，而抚育越来越困难了”？

### 一　历史范畴的概念：育儿和母爱

回答疑问之前，首先从三个时间节点选取三个场景，直观地观察和感受中国育儿的变化。

第一个场景来自左际平对经历了20世纪50年代妇女解放运动的夫妻的访谈，从中可以看到不同社会阶层的夫妻采用相似的育儿方式，即“散养式”和“粗放型”。首先，7位女性指出她们的子女都是由其他人带大的，在家庭利益与工作出现冲突时，她们都将工作放在第一位。刘女士回忆，她刚到北京时，与丈夫住在各自的办公室。她将大孩子送进北海幼儿园。每天

---

* 本文曾以《社会变迁中的育儿模式变化与“母职”重构——对微信育儿群的观察》为题发表于《贵州社会科学》2019年第7期。

背着不满一周岁的女儿上班，忙不过来，就想找个人看管孩子，但没有钱，“后来孩子托给了别人。我自己也有病，也不去看，就那么熬着，一直混到了1953年”。其次，在国家机关食堂工作的一对非党员夫妇的情况是：“（我们）每天早上6点上班，晚上七八点回来。加班、开会时九十点才到家。”“繁忙的工作使这对夫妇放弃了闲暇，甚至放弃了对儿女的大部分照顾。大女儿才上小学3年级，小女儿上幼儿园，全吃食堂。晚上父母回来晚女儿就先睡了，等第二天一睁眼父母又不见了。类似这样的情景在那个年代屡见不鲜。”① 上述访谈清晰地勾勒出计划经济时期女性在“舍小家、为国家”的社会氛围下②，在“家国同构”的社会结构中③，男女性别差异淡化了，孩子需要母亲等大人陪伴呵护的社会规范也还未形成，因此即使干部家庭也采用“散养式”和“粗放型”的育儿模式。

第二个场景：1987年11月，中国第一家肯德基在北京开张了。自此在这个代表外来时尚文化的快餐厅里，常常会看到这样的场景，即“家长陪小孩去吃，看着孩子吃，自己不吃”。当时属于高消费的肯德基在中国各大城市相继开张，也记录了独生子女一代家庭开始以“孩子为中心”的育儿观念的转变。事实上，对于20世纪80年代的家庭，同时遇到两件大事，即在生育政策下诞生的“小皇帝”们，又遇到了改革开放带来的工业化、商业化。换言之，独生子女政策使孩子数量锐减的同时，市场经济又让家庭用在孩子身上的资源增加了。这加速了“孩子至上主义”在中国家庭的大众化，同时父母大多是经历了动荡且贫困的一代，“补偿心理”让他们对孩子多了一份宠爱。根据1995年针对北京1496户城市家庭的调查结果，用在孩子身上的费用占家庭消费的70%。④ 独生子女政策推动了中国城市育儿模式

① 以上访谈参见左际平《20世纪50年代的妇女解放和男女义务平等：中国城市夫妻的经历与感受》，《社会》2005年第1期。

② 以上访谈参见左际平《20世纪50年代的妇女解放和男女义务平等：中国城市夫妻的经历与感受》，《社会》2005年第1期。

③ 左际平、蒋永萍：《社会转型中城镇女性的工作和家庭》，当代中国出版社，2009。

④ 〔美〕景军主编《喂养中国小皇帝：儿童、食品与社会变迁》，钱霖亮、李胜等译，华东师范大学出版社，2017。

的迅速转变，从散养、寄养在别人那里，到一家人在肯德基给孩子庆祝生日来表达父母之爱。

第三个场景，来自微信妈妈群对话的节选：

海：“有没有不打算送孩子去幼儿园的？”

洋：“干什么去？”

菲：“我家孩子不上幼儿园了。”

海：“下学期我不想送孩子去幼儿园了。”

洋：“你要干什么？”

海：“我自己照顾孩子。我找到一个适合的地方，离我家不远，离我近的可以一起考虑下共学。”

天：“具体什么想法？”

海：“地点是英文绘本馆，已经联系好。早上运动，上午练习英语、做手工。中午想睡觉就回家睡觉，也可以在我家睡。不睡就接着玩。户外运动，或者室内。我觉得孩子睡醒了，在户外运动比较好……妈妈带着孩子最好，老人带孩子的话也可以，不影响活动就行……计划开启非幼儿园幼教模式。有想共学或者不想上幼儿园的孩子，可以一起共学共玩。”（日期：2018 年 1 月 31 日）

以上为笔者在两年时间里一直观察和互动的微信妈妈群日常对话的节选。此群成员绝大多数是正处于抚育 1～2 个婴幼儿阶段的妈妈们，她们不仅给孩子提供高品质、全方位的“精英式”早期教育，还要尝试在欧美社会也比较前沿的家庭式幼儿园，希望兴趣、喜好比较一致的妈妈们的结盟能给孩子创造更好的成长环境，为此群内有些妈妈已经辞掉或计划辞掉工作专心陪伴孩子成长。

育儿、母爱，看似亘古不变的话题，但把它们放在历史时间的维度相对化时，我们会发现从母亲以工作为第一，抚育孩子基本上是“散养式”的 20 世纪 50 年代，到母亲开始将孩子放到重要位置的 20 世纪 80 年代，再到母亲以孩子为中心进行“密集陪伴”的21世纪10年代，短短的60多年时间里，中国的育儿意识、母爱的变化可以用“颠覆性”来形容。

## 二　社会变迁与育儿困境

### （一）西方社会育儿变化的推手：人口变化、孩子至上主义、理想女性

养育孩子看似是家庭的私事，实际上与整个社会生产力水平密切相关。以西方社会为例，目前西方社会经历了三个阶段的人口转变。第一个阶段通俗地说是“多生多死”阶段，因生产力水平、医疗卫生条件的限制，很多孩子未成年便夭折了，而失去孩子的父母甚至没有时间难过，为了“养儿防老”，他们要生养更多的儿女，通过高出生率来抵御高死亡率。直到工业革命之后，人口转变才逐渐过渡到第二个阶段，即“多生少死”阶段，家庭拥有很多孩子，这个阶段出现了人口红利期。伴随社会的现代化，人口转变进入第三个阶段，即“少生少死”阶段，此时不仅生产力水平大幅度提高，特别是二战后养老制度等社会福利制度的完备，让“养儿防老”慢慢失去现实意义，生育观念也逐渐发生变化。[①] 对于家庭，孩子不再是生产材料，如1992年获得诺贝尔经济学奖的贝克尔提出的那样，孩子成了“耐用消费品”。用经济行为来解释抚育的话，养育孩子的成本越来越大于获得的收益。[②]

接下来，沿着人口转变三阶段和与其对应的不同阶段的家庭，从孩子至上主义、理想女性来考察西方育儿如何在社会变化的巨浪里翻滚前行。在人口转变的第一个阶段，社会生产力落后，家庭处于前现代家庭阶段，孩子的价值在于“养儿防老”，孩子早早地成为家庭的经济依靠。[③] 而这一阶段建立家庭对于男女两性而言都只是生存的手段，而非爱情的归宿，女性的价值

---

① 佟新：《人口社会学》，北京大学出版社，2000，第186～205页。

② 〔日〕落合惠美子：《21世纪的日本家庭，何去何从》，郑杨译，山东人民出版社，2010，第48～50页。

③ 西方家庭社会学中将这种现象称为“制度家庭”（institutionl family），即组建家庭以生存、传宗接代为目的。

在于为家庭生养更多的子嗣，而非教育子女成才。在人口转换的第二个阶段，伴随工业革命，生产力水平不断提高，家庭进入现代家庭（modern family）阶段。[①] 孩子因现代劳工法的颁布、义务教育的普及，不再作为廉价的童工混同在大人的世界里，而有了在学校自由成长的儿童期。在儿童期，孩子需要父母尤其是母亲密集的爱、关注与陪伴，国家也需要女性成为“贤妻良母”，为国家培养优秀的下一代。[②] 而此时婚姻对于女性来说也不再是“嫁汉嫁汉，穿衣吃饭”，而是需要建立在爱情基础之上。同时，随着社会生产力的提高，男性可以独自养家，形成“男主外，女主内”的社会性别分工，让“母职”成为最体现女性价值的“工作”，“贤妻良母”成为社会主流褒奖的理想女性。上述现代家庭呈现出稳定性，但同时大家都必须如此整齐划一性，也让它具有了制度性的压力。在人口转变的第三个阶段，随着社会福利制度完备，个人主义、女性主义兴起，这一阶段对应的后现代家庭（postmodern family）呈现出多样性，也呈现出脆弱性和随意性，缺少了现代家庭的稳定性和统一性[③]。尽管后现代家庭依然推崇孩子至上主义，但是以丁克家庭为代表的夫妇主动放弃生养孩子，而致力于在职业、个人兴趣中获得成就感和价值感。同时代替“男主外，女主内”的社会性别分工，西方社会转而支持女性进入公共领域，强调共同养育，包括男女共同育儿和公共领域提供的托幼机构。但是女性需要扮演比以往更多的角色，需要平衡家庭和工作的关系，因此出现了“超级妈妈”，“上得厅堂，下得厨房”等具备多重角色的“理想女性”形象。

观察以上西方社会人口转变的三个阶段，可以发现三个人口转变阶段与前文20世纪50年代、独生子女一代的20世纪80年代、独生子女成为父母的21世纪10年代相对应。但中国与西方社会不同，几乎在一

---

① 此阶段的婚姻在西方家庭社会学中也被称为“伙伴婚姻”（companionship marriage），即近代社会将爱情作为婚姻基础、将孩子作为爱情结晶的婚姻形式。

② 郑杨：《娜拉为何回了家？谈发达国家中的“专职太太”》，《社会学家茶座》2008年第4期。

③ 〔美〕斯蒂芬妮·孔茨：《社会学的邀请》，林聚任等译，北京大学出版社，2004，第166~172页。

代人 20～30 年的时间，便从“多生少死”阶段飞跃到“少生少死”阶段，这也让中国家庭在不得不面对人口转变期的同时，将前现代家庭、现代家庭、后现代家庭一并压缩在这 60～70 年的时间里，并且在东亚“压缩的现代化”的作用下，三个不同阶段家庭的特征也叠加在同一个家庭里。

### （二）中国社会变迁中的育儿与母爱

#### 1. 家庭的育儿成本小于收益，国家关照家庭的内部效益

接下来，将中国育儿嵌入历史脉络中，聚焦儿童价值的变化、理想女性的变化，尝试给“为何今天孩子越来越少了，而抚育越来越困难了”的疑问寻找答案。

前现代家庭注重孩子的数量，因为家庭不得不用孩子的数量来抵御过高的死亡率。同时孩子的抚育责任并非由小家庭独自承担，而是以父系家庭为中心，地域社会也参与其中的共同育儿模式，[①] 即“散养式”和“粗放型”的低抚育成本与孩子很早便成为家庭经济来源的高收益，让家庭在抚育孩子中受益。此时女性的重要价值是生儿育女。

20 世纪 50 年代，中国家庭几乎沿用了费孝通所描述的前现代家庭的育儿方式，即“散养式”和“粗放型”的低抚育成本的育儿方式。同时，为了贯彻男女平等的就业政策，国家大力兴办托幼机构，支持女性走出家门、进入社会，以提高女性的社会地位。可以说计划经济时期，政府积极推行“社会育儿”减轻家庭和女性的负担，从结果上看使家庭的内部效益增加。值得一提的是，此时的家庭之所以可以采用“散养式”或“放养式”的育儿方式，笔者认为是因为此时的中国家庭还处于前现代家庭阶段，还未形成现代家庭的密集陪伴的“好妈妈”规范。换言之，此时的“理想女性”是与男性同工同酬、共同养家，而非“贤妻良母”“相夫教子”。因此，将孩子托给其他人照料、将孩子送入整托的育儿方式在那个时代十分常见。但当时的社会并未因此指责女性或者同情孩子。

---

① 费孝通：《乡土中国·生育制度》，北京大学出版社，1998，第 116～124 页。

2. 家庭的育儿成本与收益平衡，国家政策惯性地照顾到生育的外部与内部效益

20 世纪 80 年代，独生子女一代出生后，孩子成了家庭的核心。正是在这个时期，中国城市家庭具有了现代家庭的一些特征，如开始注重孩子的质量，为了孩子的成长不惜投入大量的时间和金钱，然而这让当时习惯以长辈为中心的中国社会感到惊讶并难以接受。但是，笔者认为 1980 ~ 2000 年的 20 年间中国育儿是在“中国式核心家庭”[①] 中稳定、和缓、安全、热闹地进行的，因为这一期间的家庭拥有三个重要的“法宝”。第一个“法宝”是人口资源。首先，在独生子女政策初期，正处于人口红利期的中国家庭拥有充足的人口资源。其次，中国的户籍制度尚未放宽，虽然人们只能固定在某个地域生活，但也让核心家庭的周边存在稳定而紧密的亲属网络，可以共同育儿，堂表兄弟姐妹也可如亲兄弟姐妹般相伴成长。[②] 第二个“法宝”是安全的地域环境。人口不能自由移动的户籍制度、尚未改革的单位制度、尚未开始的货币化分房共同建构了“熟人社会”，家庭拥有安全的地域社会，可以采取“散养式”的育儿模式。第三个“法宝”是“7 岁神话”（小学生神话）。中国城市家庭的主流育儿方式是孩子 3 岁前主要由祖辈照料，关注孩子的健康饮食；7 岁上学时孩子回到父母身边，开始注重知识和技能的培养。[③] 此时的育儿特征是从过去的“温饱型”向“健康型”过渡，从“粗放型”向“知识技能型”过渡。从育儿精细化程度看，这一阶段既不像 20 世纪 50 ~ 70 年代的育儿处于“散养”状态，也不像 21 世纪 10 年代的育儿处于密集型陪伴状态。从社会大环境看，此时生育、抚育的内部效益和外部效益还未割裂，育儿成本和收益基本上是平衡的，因此笔者认为 1980 ~

① 中国城市核心家庭虽然在户籍上或居住形式上处于独立状态，但在经济上、日常生活照料上等并不独立，与直系家庭的界限处于模糊状态，这一系列特征有别于西方独立的核心家庭，因此笔者在这里将其命名为“中国式核心家庭”。

② 鄭楊「中国都市部の親族ネットワークと国家政策 3——都市における育児の実態調査から」、『家族社会学研究』第 2 号、2003 年。

③ 落合恵美子・山根真理・宮坂靖子等「変容するアジア諸社会における育児援助ネットワークとジェンダー」、『教育学研究』第 4 号、2004 年。

2000 年的城市育儿呈现出稳定性。然而，这个育儿的稳定期很短暂。

3. 家庭的育儿成本大于收益，国家注重生育的外部效益但忽视了内部效益

1980～2000 年稳定的育儿方式持续时间之所以很短暂，是因为在激烈变革的时代里它在具有稳定性的同时也具有过渡性。进入 21 世纪，独生子女一代大多结婚生子，他们幼儿时期的 20 世纪 80～90 年代家庭依靠的三个“法宝”却在迅速消失。首先，单位改制、户籍制度松动、住房改革让家庭曾经可以依靠的“熟人社会”迅速变成了“生人社会”，他们曾经玩耍的地域环境变得越来越不安全，这使家庭只能“圈养”孩子，全天候、无死角地进行密集型陪伴。其次，人口流动让曾经聚集在核心家庭周边稳定而紧密的亲属网络变得松散，晚婚晚育也降低了祖辈提供育儿支援的质量，独生子女一代无法为下一代提供堂表兄弟姐妹同辈关系。最后，育儿理念发生巨大变化。2001 年中国加入世界贸易组织，在全球生产体系下迅速发展，育儿理念也在育儿消费市场的推动下发生了巨大的变化，全面开发婴幼儿各种能力的“科学育儿”“精细化育儿”逐渐成为主流。奔跑在早教路上的妈妈不敢从“科学育儿”的队伍中掉队，在“不能让孩子输在起跑线上”的社会共识的督促下，母亲尽力花费大量时间、精力陪伴和指导孩子，以保证家里唯一的孩子走在成功的路上。并且，“科学育儿”与消费巧妙地结合之后①，家庭在不知不觉中形成了通过消费各种育儿产品来获得自己的孩子没有落后的笃定感。

就这样，当精细化育儿、密集型陪伴成为主流，当各种育儿产品既有“科学的劝诱”又带上了为人父母理应如此的“道德绑架”，中国的育儿成本也迅猛增加。因此，孩子数量的减少并不代表育儿时间的减少、育儿开支的减少。事实上，为了应对高涨的育儿费用，父母需要更多赚钱的时间；为了实现密集型陪伴孩子，父母需要更多陪伴孩子的时间，然而时间却是生长不出来的，一天只有 24 小时。与此同时，母亲不是 21 世纪新女性的唯一角色，与世界接轨的工作节奏并未给女性预留出更多做“好妈妈”的时间，

① 陶艳兰：《流行育儿杂志中的母职再现》，《妇女研究论丛》2015 年第 3 期。

而“未富先老”的中国社会又急迫需要女性为国家生育更多未来的劳动力。当下的育儿成本远大于育儿收益，生育主体女性在选择成为母亲时不仅内部效益过低，而且因生育而要承担“母职惩罚”[①]，接受职业发展的停滞期。因此，很多发达国家的女性早已开始“生育罢工”了。[②] 女性在强调个人主义的风潮里开始在职业成就、个人爱好上追求自身的价值，而非生儿育女。

## 三　观察概要

本案例所采用的微信群聊天观察，一方面保留了传统面对面观察法的优点，可获得研究对象在自然状态下生动的第一手资料，另一方面弥补了一部分传统面对面观察法受时间和地域的限制而不适用于大面积调查的缺点。但本案例的网络观察法也存在看不到对方的表情、动作而损失了部分重要信息，而这是传统面对面观察法的长处。

2017 年 1 月至 2018 年 8 月，笔者对大多数正处于抚育 1 ~2 个婴幼儿阶段的微信妈妈群（人数为 350 ~450 人）中的妈妈们进行观察记录和分析。着重从育儿方式、育儿理念、如何做个“好妈妈”三个方面观察群内的日常聊天内容。

此群主要在婴幼儿抚育过程中进行信息分享与互助，有群规、群费（自愿付费，每人每月 1 元）、3 名群管理员、不定期的各种免费和收费的微课、育儿书籍的读书分享，以及不定期的团购各阶段婴幼儿绘本和育儿相关书籍优惠活动。此群的微课内容主要涉及如何智慧地育儿，如何在早期对孩子进行智商、情商的全面开发，如何利用中医治疗孩子常见疾病而避免抗生素的滥用等，因此吸引了很多妈妈们听课并讨论。此群还不定期组织线下妈妈见面会，促进了群内妈妈们的熟识度，因此群中妈妈对彼此的信赖感较

---

① “母职的收入惩罚”是马春华在《中国家庭儿童养育成本及其政策意涵》里提及的概念，具体是指养育孩子会增加父母操持家务的时间，同时中国儿童托育不断市场化，而劳动市场对成为或即将成为母亲的女性并不友好，这些因素导致女性在成为母亲后面临的收入惩罚超过 10%。笔者将此概念简称为“母职惩罚”。

② 高永平：《母亲们开始罢工了——谈社会生育意愿的下降》，《社会学家茶座》2006 年第 4 期。

强，易于进行线上高品质的交流和育儿信息交换。此群有严格的群规，如乱发广告或以加好友为名打扰其他群内成员，或被警告，或被直接退群，因此群内的分享内容或话题的开放度较高，每日聊天内容一般为普通的育儿信息交换、育儿困惑以及妈妈们自身的各类烦恼。

## 四　基于微信妈妈群的观察和分析结果

### （一）育儿方式的变化

1. “谁来接送孩子”：从安全地域里的“散养”到专门机构的“圈养”

笔者于20世纪70年代出生、在20世纪80年代长大，小学1年级上学放学是和同学一起排队回家，即使是雨雪天，也几乎没有父母接送。但是，对于今天中国家庭来说，“谁来接送孩子”，那是每日重要且艰巨的日常任务。

猫：“因为家长喜欢，孩子内心讨好母亲，不管孩子最初爱不爱涂色，慢慢也就爱上了。”

海：“对的，孩子为了讨好家长，讨好老师，必须服从。”

鱼：“我因为下班晚不能按时接孩子，去年就给孩子报了半年幼儿园画画特长班，从此以后，孩子再也不喜欢画画了。”

猫：“有时不上不行，双职工没老人接送孩子，幼儿园放学早，放学后上特长班，家长时间才赶得及。”

Yophie：“嗯。我也是硬着头皮请假去接。”

猫：“那天看小学改8点上课了，我就想，改8点半多好，晚上6点接。孩子和家长的时间能同步。”

花：“上课外班有这个好处。我怎么才想到。就是孩子好可怜，如果我上班是不是也得给我女儿报课外班才能接她。”

…………

猫：“有时候给孩子报班不是为了让孩子学什么，就是有个看管孩子玩的地方，家长能歇会儿。”（日期：2017年3月19日）

上特长班是没人看管孩子时的一种救急法。但“谁来接送孩子”的确是家长朴素而日常的烦恼。如果将时间向前推移30年，计划经济时期在户籍制度、单位制度等构建起来的安全地域，在“熟人社会”里，孩子无须在特定的教育机构度过放学后、家长下班前的空档时光，即使无家长接送，孩子也可安全到家。但今天则不同，伴随社会的变迁，“熟人社会”迅速走向了“生人社会”，其间接影响是“粗放型”和“散养式”的安全地域随之消失，家长每天便多了一份早晚接送孩子的重要任务。如果以每日家长往返接送时间为1～2小时，除去寒暑假和周六日，按照1年180天计算，1年里家长仅仅用于接送孩子的时间就有180～360个小时。若家长上下班时间与孩子的上学放学时间发生矛盾时，则需要付出额外的经济成本（如付费上课外班，让孩子等候家长下班）或人力成本（如请其他亲属接送孩子），因此孩子数量的减少与育儿成本并不成正比。

2. 如何陪伴孩子：从“粗放型”到“精细化”抚育

笔者于20世纪70年代出生，出生56天后母亲将我送到工作单位的托儿所，她继续工作，工作间隙会到托儿所哺乳。这是计划经济时期大多数职业女性日常的育儿场景。笔者的母亲是小学教师，但笔者几乎没有母亲给自己讲故事、看绘本、陪伴去课外班的记忆，工作和打理并不轻松的日常生活已经让母亲应接不暇。但是，仅仅30年之后的今天，陪伴孩子参与各种活动成了一些母亲每日的核心任务。

> 具体活动根据天气情况安排，晴天时，早上在老动物园吃早饭、运动（发展大运动）。九点到绘本馆学英语、做手工等（发展精力运动）。按计划大概两周可以排演一个绘本剧，上午的活动最晚到十一点半结束，然后吃午饭、午休。如果只想活动半天，中午吃完午饭就可以回家了。也可以在老动物园食堂吃饭。午睡后，三点到四点还是开展户外活动。每周或者每两周定期参观一家博物馆或科技馆，或开展远足活动。（日期：2018年1月31日）

在上文第三个场景中，拥有2个婴幼儿的妈妈海（化名）计划不送自己的孩子去幼儿园，而是采用“共学、共玩”的育儿方式。从中我们可以看到这一代年轻妈妈希望用科学的育儿方式，给孩子高品质的陪伴，给孩子更精准的培养。从大运动到做手工，再到学英语，再到绘本剧……课程表般的设计里母亲对孩子成长的“精细化”管理也鲜活而具体地呈现在我们眼前。这样的陪伴会花费家长多少时间成本呢？如果以每天家长陪伴孩子读绘本、做作业、玩耍的时间为2～3小时，除去每周2天的休息日，按照1年270天计算的话，1年里家长用于陪伴孩子的时间为540～810个小时。不难发现仅仅育儿的时间成本就未因孩子数量的减少而减少，仅接送和陪伴这两项就需要家长每天花费3～5个小时。

### （二）育儿理念的变化

#### 1. 育儿理念的冲撞：“科学的妈妈”和“传统的祖父母”

成年后，笔者曾半开玩笑地问母亲：“小时候你打我，就没想到那是对我心灵的伤害？”20世纪30年代出生的母亲不可思议地看着笔者，淡淡地回答：“孩子不打不成器。”事实上，对于被父母打骂所引发的“情绪”，在不同年代赋予的定义是不同的。因此，在隔代抚育家庭里关注孩子情绪的“科学的妈妈”和不太关注婴幼儿情绪的“传统的祖父母”之间的碰撞，其背后还夹杂着三代人虽在同一个屋檐下却分别属于三个不同的家庭即前现代家庭、现代家庭和后现代家庭所引发的认知上的差异。

锐：“缺少心理营养的人会出现情绪暴躁、人际关系不佳和行为偏差问题，所以多注意孩子的心理营养。”

…………

吕子：“孩子被别人打了，我该怎么安慰他呢？”

锐：“对大人还是孩子，其实情绪是人的一部分，不需要哄，共情和陪伴会更好点。”

海：“嗯，但是陪着孩子，孩子也好久不能平复情绪。”

仙：“还是不能知道孩子想要干什么。”

锐：“情绪不能控制，是缺少心理营养的一个表现。但具体问题具体分析。”

秀：“原生家庭对我影响很大，我家四个孩子，我是老三，我很自卑，不敢和人交往，心里渴望爱，是不敢接受付出的那种别扭的人。”

仙：“遇到一个有爱的家庭是福气。”

秀：“我儿子淘气的时候，我脑海里总有我妈打骂我们的画面，我需要很努力地控制自己的怒气，就算这样，我还是打了一次孩子。”

秀：“现在是好一些，但也不敢和别人交往，总是怕说错话，我从小到大，过得特别扭，拘谨，紧张，现在回想，我这青春白过了，一点儿意义都没有。”

秀：“是的，我是个能量低的妈妈，一直在调节自己。”

海：“我有些慢性子，这绝对是我妈不停地催促的结果。”

海：“我看到我妈催促我孩子的时候，我就特别生气。”（日期：2017 年 8 月 26 日）

以上对话中所表现的对孩子情绪的关注，是近年大众媒体上非常流行的观点。例如，陶艳兰在对近年流行育儿杂志中的母职再现进行分析时便指出“父母被要求‘懂孩子’，并满足孩子的心理和发展需求”，“爱孩子不仅是用我们自己的方式那么简单，还需要一颗懂孩子的心，用孩子能接受的方式去对他好，了解他真正需求”。[①] 类似的观点常见于近年的育儿杂志，指导女性如何成为“科学的妈妈”。

20 世纪 50 年代，在西方社会，伴随现代家庭的大众化，母亲密集的爱、关注与陪伴成为当时的“母职”规范。事实上，近代之后西方国家便倡导女性成为“贤妻良母”，为国家培养优秀的下一代，因此发达资本主义社会在“男主外，女主内”社会性别分工下，也出现了“全职太太”的大

① 陶艳兰：《流行育儿杂志中的母职再现》，《妇女研究论丛》2015 年第 3 期。

众化。[①] 对照西方社会，中国自21世纪10年代开始强调密集型“母爱”，呈现出两个特点。第一，跃进式。20世纪80～90年代独生子女一代成为父母时，懂得孩子情绪的“科学的妈妈”成为社会的共识，而他们并没有上一代人的模板可以仿效。因此那些致力于成为“科学的妈妈”，一边反思、声讨自己的原生家庭在过去不重视自己的情绪，一边依然深受原生家庭教育的不良影响，同时还需要时刻劝诱祖辈采用科学的育儿方法，摈弃传统的育儿理念。承担着育儿日常照顾的祖父母也处于两难之中，一方面年轻的儿女需要他们的育儿支持，另一方面他们的育儿能力又被挑剔和质疑。第二，缺乏公共领域的支持。如“谁来接送孩子”“如何陪伴孩子”等问题所呈现的那样，国家并未给处于抚育阶段的家庭提供相应的陪伴时间和场所，例如父母下班时间与托幼结束时间的空档，很难就近找到为孩子玩耍提供的免费或低廉的活动场所。

用于育儿的精力成本是很难计算的，也容易被大众忽略。从上述聊天对话里，我们看到年轻的妈妈们在既没有上一代人的模板，也没有公共领域的援助下，不仅需要细心地观察孩子的情绪变化，收集孩子相应的心理需求的佐证，努力给予孩子精准的情感回应，进行科学的情绪疏导，也需要动用家庭的人力资本、物质资本来协调工作和育儿之间的矛盾，这一系列的育儿环节分散于日常生活的各个细节处，其时间和精力虽然难以量化，但可以想象到所耗费的心力和精力之大。

2. “科学育儿”理念与消费市场的鼓动和束缚：“不能让孩子输在起跑线上”

“不能让孩子输在起跑线上”是中国各种教育机构在宣传时使用的经典台词，也是奔跑在“早教”路上的妈妈们内心坚定的信念。

> 乐：“我们这个幼儿园开始开办各种收费班了，两岁的孩子需要学英语吗？”

① 〔日〕落合惠美子：《21世纪的日本家庭，何去何从》，郑杨译，山东人民出版社，2010，第84～86页。

咪：“不用，说不明白，我家孩子上常规英语课，都快四岁了才能背英语童谣，都学了一年多了。”

菲：“两岁的孩子说话还不利索，学英语干什么用?”

菲：“不用听老师说得多么好，他们的出发点是挣钱，至于孩子学成什么样他们不关心。”

乐：“哎，这幼儿园开这个课外班，家长都在报名，我家孩子 32 个月，说话倒是还行，上课也有英语，他也能说两句。不过我不想让他这么早进入补课行列。”

菲：“当然了，孩子这么小，是在玩中学东西，在生活中学本领，学习不是孩子的全部!”

雀：“可是，在大 V 店里听的课，那些老师都说要早点学英语，我担心孩子错过语言的最佳学习期。”

乐：“我们错过了孩子学英语语言的最佳时期。”

…………

mico：“2 岁学英语其实就不早了，已经有点晚了。”

骨头：“哎，家长英语基础不好，不能教孩子。”

……

菲梵：“家长让孩子学习英语的目的是什么?”

……

mico：“家长帮他们（孩子）打开大门，在多方面受熏陶没什么不好的，未来选择什么样的路，谁也不知道”（日期：2017 年 5 月 9 日）

为何“不能让孩子输在起跑线上”的宣传词能够如此深得人心？借用陶艳兰的话语，当下的中国陷入了孩子至上主义、智育至上的养育文化的消费泥潭里。[①] 笔者认为这个“泥潭”的形成机制不仅源于消费文化，还因中国城市家庭已步入了现代家庭阶段，并且颇具中国特色。其一，“只能成

① 陶艳兰：《流行育儿杂志中的母职再现》，《妇女研究论丛》2015 年第 3 期。

功”的养育文化随着20世纪80年代独生子女一代的出生被家庭所接受直至今天大众化，因为家里唯一的孩子承载着全家的希望。其二，“只能成功”的内涵和外延曾被限定在孩子学业上是否比同龄人更优秀，因此2000年前后的研究将中国的育儿特征描述为“7岁神话”①。其三，近年智育开发低龄化，“只能成功”被重新定义，即0～3岁是孩子智商和情商发展的黄金期，因此父母陪伴在孩子身边开发其智商和情商也逐渐变为常态，中国家庭也随之开始了“3岁神话”。其四，20世纪80年代独生子女政策下出生的人也是改革开放所带来的工业化、商业化的获益者。21世纪10年代，当独生子女一代成为父母时，全球化经济和互联网中的“科学育儿”、育儿消费文化巧妙地结合在一起，通过微信等日常的信息交流平台，让家庭不知不觉中形成了通过消费各种育儿产品来获得孩子没有落后的笃定感。正是在上述社会背景下，出现了以上微信聊天里是否让2岁孩子学习英语的茫然的妈妈，用网络课程老师的话语来告诫“不要错过语言的最佳学习期”的妈妈，为了给孩子营造英语会话环境要努力学习英语的妈妈。这些妈妈在“科学育儿”和消费文化的鼓动下，也成为“科学育儿”的宣传者和推动者。

### （三）对母亲期待的变化

#### 1. 新“母职”规范：“科学的妈妈”“懂得孩子的妈妈”“超级妈妈”

“好妈妈”似乎是无须解释的词语，然而在不同时代其具体含义是迥异的。例如，前文第一个场景中，20世纪50年代将孩子托付给其他人看管，将工作放在第一位的妈妈们；第二个场景中，20世纪80年代在肯德基看着孩子吃，自己不吃的妈妈；第三个场景中，21世纪10年代以孩子为中心进行密集型陪伴的妈妈。

莹：“化痰有什么好用的偏方吗？我家宝宝八个多月。”

joan：“煮点罗汉果水？”

---

① 落合恵美子・山根真理・宮坂靖子等「変容するアジア諸社会における育児援助ネットワークとジェンダー」、『教育学研究』第4号、2004年。

…………

莹：“孩子患过肺炎，但是去医院看病，肺部没有事。”

双：“多了解一下中医，从推拿和饮食方面慢慢调节孩子体质吧。”

…………

双：“我家孩子有湿疹，到孩子两岁尝试了很多办法，后来我慢慢了解中医，从孩子饮食和推拿上调理，才好的，现在我的感觉是多了解中医，孩子发烧、感冒、咳嗽自己心里有数，饮食清淡、忌口几天就好。”

海：“这也是为什么会单独设立中医育儿群的原因。父母愿意接受中医，孩子可以得到很好的治疗。”

双：“现在咳嗽，是病后的自然反应，也是之前用药过度的反应，身体在积极排寒，你用的这些止咳方法，实际是帮倒忙。”（日期：2017年2月1日）

从上述聊天内容可以看出，今天的“好妈妈”的职责不仅是煮饭做菜，给孩子讲故事、陪孩子做作业，还需要懂得孩子的心理，寻找更好的方法治疗孩子的疾病。对孩子精细化的照料不再是凭“母爱是天性”，而是需要获取全方位的知识，才能当好妈妈。因为在这个时代，母亲已经逐渐成为一个专业性极强的职业，母亲成为“超级妈妈”才能应对来自各方面（如职场和家庭）的角色期待。

帕森斯指出，现代家庭主要有两大功能，即孩童的社会化和家人情绪的安定化，而这两大功能的承担者皆为女性，需要女性作为妻子、母亲照顾家庭成员的生活，为家庭营造温馨、愉快的气氛。① 以上微信群中妈妈们的对话与西方近代家庭中期待母亲能够从饮食、医疗、情绪上照顾家人极为相似。但是，帕森斯以20世纪50年代美国现代家庭为蓝本勾勒的家庭的另一个特点是“男主外，女主内”的性别分工的固化和大众化，全职太太成为

① Talcott Parsons and Robert F. Bales, *The Family: Socialization and Interaction Process*, Free Press, 1955.

美国已婚女性的主流选择，让“母职”成为当时最能体现女性自身价值的“工作”。中国女性却不同，在承担了上述家庭的两大功能的同时，还需要面对来自职场的角色期待，以及承担家庭一半的经济角色期待。

2. “好妈妈”的两难：角色冲突、徘徊、自责与选择

做一个懂得如何陪伴孩子的“好妈妈”是此微信群妈妈们的共识，也是近年的育儿杂志等各种媒体所宣传和倡导的。但中国女性中70%以上为职业女性①，这导致很多女性面临“好妈妈”和职业女性之间的角色冲突。特别是当下中国缺乏可以代替家庭抚育功能的安全、便捷、廉价的育儿机构和育儿资源，使0～3岁婴幼儿的妈妈为了给创造孩子更好的成长环境，犹豫是否做全职妈妈。

菲：“都抢着进公立幼儿园，问题是我家离公立幼儿园太远了，但楼下就有两个私立幼儿园，好纠结啊。”

sweet：“还是老师最重要，遇见一个好老师真的挺幸运，私立幼儿园也行啊，我家孩子就在私立幼儿园，我觉着比公立幼儿园好。”

海：“我家孩子去幼儿园，语言能力下降了。”

吴女士：“不都是去幼儿园语言能力提高吗？”

COCO：“还是在家教育孩子吧……为什么语言能力下降了？”

海：“在幼儿园的时间太长。”

COCO：“培养孩子靠我们自己。”

菲：“如果要求就去半天幼儿园，不知道幼儿园能不能同意。家长可以每天带孩子出去玩或者接受很多新东西。”

sweet：“这也不太现实，除非不上班。”

COCO：“全职妈妈陪伴不更好吗？”

sweet：“这样是好，但经济条件有限，我也就把孩子带到3岁，坚

---

① 根据全国妇联第3期中国妇女社会地位调查数据，2010年中国女性就业率为71.1%（其中城镇为60.8%，农村为82%）。

持不下去了，送幼儿园了。”

海：“我有点想自己带娃了。在幼儿园，中文不行，英文不行，音乐不行，画画也不行……”

COCO：“你要是有大量时间，我觉得可以。启蒙教育十分重要。”（日期：2017 年 3 月 19 日）

微信群里的妈妈们认为育儿是母亲的艰巨责任，但自己如何给孩子提供可靠的启蒙教育呢？是为了育儿辞职回家做“全职妈妈”，还是继续做职业女性，如何取舍是这个微信群常会讨论的话题。

两个宝宝的妈妈海（化名）自怀了长女之后就辞职回家选择做全职妈妈。海作为微信妈妈群的主要管理者，组织线下宝宝见面会、线上各种育儿课程。接受访谈时，她表达了自己非常享受目前的育儿状态，做着自己喜欢的事情，通过组织育儿活动每个月有约 3000 元的收入，她希望孩子再长大一些，自己也能继续从事与育儿相关的工作，不打算再回到从前的工作岗位。但是，选择长期做全职妈妈，不仅受自己的想法影响，还受到丈夫经济能力的制约，以及受到上一代人意见的左右。

双：“我昨天和老妈聊天，才深刻体会到我的工作无法轻易舍弃。我觉得老妈带孩子太累，和她说，我辞职带两年孩子，过两年依然能找到工作。这话让老妈伤心到现在，她供我们（姊妹三个）上（大）学不容易，认为我们不上班就是辜负了她。”

海：“我只读到本科，妈妈都这心情（难过）。”

双：“我也是本科学历，不过我妈是供了三个，农村那个年代不容易的，她和爸爸吃了很多苦，她觉得如果我只是嫁人带娃，那么当年她何必那么辛苦。”

（日期：2017 年 2 月 1 日）

是做全职妈妈育儿，还是全职工作？如何履行“母职”，上一代的意见和感受也是影响这些年轻妈妈选择的重要因素。同时，在同一屋檐下生活的母女两代人对育儿、“母职”的不同观念的碰撞又印证了中国社会迅速的变革导致女性在承担其家庭角色时还呈现出多个时代叠加的痕迹，即后发国特有的“压缩的现代化”特征。例如，双和海作为年轻妈妈，都认为辞掉工作专心陪伴孩子成长是一种进步的表现，是自己作为有责任感的“好妈妈”表达母爱的方式。但是，她们的母亲似乎并不认同这是一种进步的表现，她们不能接受自己的女儿读到大学，却要回家带孩子的选择。因为20世纪五六十年代出生的女性是通过走出家门而不是回家育儿来获得作为女性的价值感的，她们不能理解是什么让女儿甘愿“退步”回家，辜负她们当年的辛苦培养和期望。

换言之，同一屋檐下生活的母女两代人，一人沿用前现代家庭的理念（工作第一），一人使用现代家庭（以孩子为中心）和后现代家庭（展现个人主义风格的育儿追求）的理念。因此，两代人虽然年龄相差20～30岁，呈现出育儿理念、育儿方式、“母职”期待在极度凝缩状态下的相互摩擦和冲突。

## 结　语

通过分析上述微信妈妈群的对话，对照20世纪50年代，今天的育儿变化主要体现在以下三个方面：第一，育儿方式的变化，从过去的“散养式”和“粗放型”转变为“圈养式”和“精细化”；第二，育儿理念的变化，从过去关注孩子的身体健康转变为聚焦智商、情商的培养，并在大众媒体“科学育儿”的宣传下巧妙地构建了儿童消费文化和“3岁神话”，父母通过“早教”消费各类育儿产品获得“科学育儿”的笃定感；第三，对母亲期待的变化，从“母爱是天性”“以工作为优先的母亲”转变为需要“科学的妈妈”，使母亲成为专业性极强的职业，并且“母亲需要以孩子为核心”构建自己的生活。对母亲的期待是以现代家庭的“母职”为蓝本，却并未给女性相应的关照。在公共领域甚至因生育而承担“母职惩罚”；在私人领域的家庭中，女性与上一代人在如何诠释“好妈妈”的日常育儿生活里出现摩擦。

通过孩子至上主义的深入人心，“好妈妈”这一“母职”概念的流行，以及育儿模式不断专业化、精细化，“现代家庭”在城市中诞生并迅速地大众化，中国社会制度与意识却没有追上家庭的变化、育儿的变化。具体而言，首先，中国城市家庭迅速从“前现代家庭”向“现代家庭”急剧蜕变，但国家尚未提供相应的制度保障（如政府提供公共领域的 0～3 岁的多样化育儿援助），大众也没有提出相应的诉求（如寻求更多的公共领域免费或廉价的育儿场所），而是转向家庭寻求私人领域“贤妻良母”“慈父慈祖”的支援，但是今天的城市家庭难以适应。将中国的育儿嵌入历史脉络，聚焦育儿方式、育儿理念、“理想女性”的变化，不难发现孩子的数量虽然大幅度减少，但是育儿成本以几何级数在迅速增长，让女性和家庭不堪重负。

因此回到开篇的疑问“为何今天孩子越来越少，而抚育越来越困难了”，不难发现它们互为表里，孩子数量减少了，让家庭必须精细化育儿以保证孩子的质量，因为家庭只有一个孩子，输不起。而精细化育儿导致抚育成本越来越高，这又反过来制约了家庭和女性的生育行为。同时，因为内外缺乏援助，很多家庭和女性只能选择将有限的资源投到孩子身上。

作者　郑杨，哈尔滨师范大学副教授

# 案例四
# 从老年人护理规范和情感规范看家庭意识的变迁

——以对中日大学生的问卷调查为依据

2017年，以大学生为对象，在日本的名古屋市、中国的大连市、丹麦的哥本哈根市三座城市进行了问卷调查。各地区的调查概要如下。2017年11月27日至12月26日，对名古屋市及其附近的10所私立大学（包括2所女子大学）、4所公立大学的学生，通过集中调查的方式分发和回收调查问卷。从性别来看，女性462名（占53%），男性409名（占47%）；从调查对象的学校性质来看，公立大学的学生为200份（占23%），私立大学的学生为671份（占77%）。[①] 为了进行国际比较，2017年12月15日至2018年1月2日，以中国辽宁省大连市的6所公立大学的学生为对象进行调查，调查方式与日本相同。本案例使用调查问卷743份，女性为498名（占67%），男性为245名（占33%），文科生为401份（占54%），理科生为342份（占46%）[②]。此外，2017年11月在丹麦哥本哈根的一所大学以同样的方式进行了调查。但是，回收的问卷仅有44份，因此在哥本哈根的调查结果仅供参考[③]。本案例主要以名古屋和大

① 分发数量不详。回收数896份，874份有效。根据调查的设计形式，名古屋市的公立大学与私立大学比例为2:9，学生中男性与女性比例为55%:45%（『平成28年度学校基本統計（学校基本調査結果）「名古屋の学校」』），尽量接近这个比例来选定调查对象，使用样本871份。

② 在大连共分发800份问卷，回收率95.6%，有效回收率95.0%。

③ 向44名新生分发了问卷，有效回收率100%。44份中，女性36名（占82%）、男性8人（占18%）。将44名学生中39名拥有丹麦国籍的学生作为考察对象。

连的调查结果为基础进行了考察，但在具体考察时也把哥本哈根的调查结果作为参考。

## 一　调查样本的基本属性

名古屋、大连、哥本哈根调查对象的平均年龄分别为20.3岁、20.0岁、22.7岁，调查对象的兄弟姐妹数（包括本人）分别为2.2人、1.5人和1.7人，日本最多，大连最少。

调查对象父亲的职业情况如表1所示。3个地区“长期雇佣的普通职员”（以下称为“正式雇佣职员”）所占比例最大。在大连，调查对象父亲的职业为“个体户、自由职业者”与正式雇佣职员的比例相差不大。关于母亲的职业，在大连和哥本哈根正式雇佣职员所占比例最大，在大连“个体户、自由职业者”所占比例与正式雇佣职员相差不大。在日本“派遣或委托职员等”与“临时雇佣”员工（这两类以下称为“非正式员工”）约占半数。

关于父母的学历只收集了名古屋和大连的数据。父亲学历方面，名古屋的调查对象中，大学或研究生学历所占比例最高；大连的调查对象中，技校和高中毕业所占比例较大。关于母亲的学历，在名古屋地区，专门学校、短期大学以及高中毕业占比较大；在大连地区，小学或初中和高中毕业的比例较大（见表1）。

## 二　关于生活方式的意识

### （一）结婚和生育意愿

为了考察调查对象的结婚和生育意愿，设置了从“完全不符合”（1分）到“非常符合”（4分）4个选项，询问了调查对象将来想不想结婚、想不想要孩子的意愿，并根据所得数据计算出平均数值。根据调查结果，名古屋和大连两地的男性和女性在这两个问题上都呈现出显著差异。在名古屋，结婚和生育孩子方面都是女性的意愿更强烈；而在大连地区，对于结婚和生

**表 1　调查样本的基本情况**

单位：%

| 基本情况 | | 名古屋（N=871） | 大连（N=743） | 哥本哈根（N=39） |
|---|---|---|---|---|
| 性别 | 女性 | 53.0 | 67.0 | 79.5 |
| | 男性 | 47.0 | 33.0 | 20.5 |
| 年龄 | 18 岁以下 | 0 | 14.8 | 0 |
| | 19～20 岁 | 70.8 | 54.1 | 7.7 |
| | 21～22 岁 | 37.9 | 28.3 | 43.5 |
| | 23 岁及以上 | 1.3 | 2.8 | 48.7 |
| 父亲的学历 | 小学或初中 | 3.9 | 2.1 | |
| | 高中 | 33.2 | 36.1 | |
| | 技校或专门大学、短期大学 | 9.9 | 37.3 | |
| | 大学或研究生 | 45.5 | 20.8 | |
| | 其他 | 0.9 | 0.6 | |
| | 没有父亲 | 3.2 | 0.9 | |
| | 未回答 | 3.3 | 2.3 | |
| 母亲的学历 | 小学或初中 | 2.1 | 42.1 | |
| | 高中 | 36.1 | 23.4 | |
| | 技校或专门大学、短期大学 | 37.3 | 15.2 | |
| | 大学或研究生 | 20.8 | 16.1 | |
| | 其他 | 0.6 | 1.7 | |
| | 没有母亲 | 0.9 | 1.3 | |
| | 未回答 | 2.3 | 0.0 | |
| 父亲的职业 | 企业经营者、董事 | 10.3 | 7.1 | 23.1 |
| | 正式雇佣 | 65.2 | 35.9 | 61.5 |
| | 临时雇佣 | 0.6 | 6.2 | 0.0 |
| | 派遣或委托职员等 | 2.6 | 4.3 | 0.0 |
| | 个体户、自由职业者 | 11.9 | 35.4 | 5.1 |
| | 个体经营业者 | 1.3 | 2 | 0.0 |
| | 业余工作 | 0.1 | 1.2 | 0.0 |
| | 无固定职业 | 1.5 | 5.1 | 2.6 |
| | 没有父亲 | 3.3 | 2.6 | 2.6 |
| | 未回答 | 3.1 | 0.1 | 5.1 |
| 母亲的职业 | 企业经营者、董事 | 0.1 | 5.0 | 12.8 |
| | 正式雇佣 | 2.0 | 31.1 | 61.5 |
| | 临时雇佣 | 36.1 | 4.4 | 2.6 |
| | 派遣或委托职员等 | 37.3 | 4.4 | 2.6 |
| | 个体户、自由职业 | 19.5 | 28.9 | 5.1 |
| | 个体经营业者 | 1.3 | 4.4 | 0.0 |
| | 业余工作 | 0.6 | 1.6 | 0.0 |
| | 无固定职业 | 0.9 | 18.4 | 10.3 |
| | 没有母亲 | 0.0 | 1.3 | 2.6 |
| | 未回答 | 2.3 | 0.3 | 2.6 |

育孩子都是男性比女性的意愿更强烈。

结婚和生育孩子的意愿都由高到低排序，名古屋女性 > 名古屋男性 > 大连男性 > 大连女性，大连的女性在结婚、生育孩子方面的意愿较低。另外，卡方检验结果显示，名古屋的男女间和大连的男女间存在显著差异。

### （二）理想的生活方式

为了考察调查对象的理想生活方式，在调查中询问了女性“关于育儿和工作关系的理想生活方式”（见表 2），询问了男性“关于育儿和工作，对妻子来说的理想生活方式”。

**表 2　关于女性调查对象的理想生活方式的调查结果**

单位：%

| 内容 | 名古屋（N＝462） | 大连（N＝498） | 哥本哈根（N＝31） |
| --- | --- | --- | --- |
| 不结婚、不生育持续工作 | 5.4 | 8.6 | 6.5 |
| 丁克族（结婚但不生育继续工作） | 2.4 | 8.8 | 0.0 |
| 结婚生育后也继续工作 | 9.1 | 45.4 | 67.7 |
| 结婚生育后选择灵活的就业方式 | 51.3 | 20.9 | 25.8 |
| 结婚生育后暂时离职然后再就业 | 19.7 | 10.0 | 0.0 |
| 结婚生育后做专职主妇 | 5.8 | 0.2 | 0.0 |
| 结婚后做专职主妇 | 2.6 | 0.8 | 0.0 |
| 其他 | 3.6 | 5.2 | 0.0 |
| 不知道 | 3.2 | 2.6 | 0.0 |
| 卡方检验（p 值） | 0.000*** | | |

注：卡方检验的结果一个是看卡方值，另一个是看卡方值对应的 p 值，也就是 sig 值，尤其是 sig。如果 sig 小于 0.05，表明检验的结果显著。本表做了独立性卡方检验，那么此结果表明所检验的两个变量相关显著。

从调查结果来看，如表 2 所示，名古屋女性理想的生活方式是，结婚生育后，随着孩子的成长相应地改变工作方式，也就是“结婚生育后选择灵活的就业方式”（51.3%）和“结婚生育后暂时离职然后再就业”（19.7%），两者合计超过 70%。大连女性理想的生活方式是“结婚生育后也继续工作”（45.4%）、“结婚生育后选择灵活的就业方式”（20.9%），两者所占比例接近70%。

关于男性所认为的配偶的理想生活方式的问题，在名古屋“结婚生育后选择灵活的就业方式”占比最高（59.9%），其次为“结婚生育后也继续工作”（11.5%）。在大连，“结婚生育后也继续工作”所占比例最高（38%），其次为“结婚生育后选择灵活的就业方式”（31.4%）。两地都是在结婚生育后继续工作这一意愿上趋同，“结婚生育后也继续工作”“结婚生育后选择灵活的就业方式”合计约占七成，但是两地调查对象选择的具体工作方式不同。在育儿期希望伴侣成为专职主妇的男性比例，名古屋为14.4%，大连为13.0%，两地的比例相差不大。

**表3　关于男性调查对象所认为的配偶的理想生活方式的调查结果**

| | 名古屋（N＝409） | 大连（N＝245） | 哥本哈根（N＝8） |
|---|---|---|---|
| 不结婚、不生育持续工作 | 2.4 | 3.7 | 0.0 |
| 丁克族（结婚但不生育继续工作） | 2.4 | 7.3 | 12.5 |
| 结婚生育后也继续工作 | 11.5 | 38.0 | 75.0 |
| 结婚生育后选择灵活的就业方式 | 59.9 | 31.4 | 12.5 |
| 结婚生育后暂时离职然后再就业 | 7.6 | 11.0 | 0.0 |
| 结婚生育后做专职主妇 | 5.1 | 1.2 | 0.0 |
| 结婚后做专职主妇 | 1.7 | 0.8 | 0.0 |
| 其他 | 9.2 | 6.6 | 0.0 |
| 合计 | 99.8 | 100.0 | 100.0 |
| 卡方检验（p值） | 0.000*** | | |

注：卡方检验的结果一个是看卡方值，另一个是看卡方值对应的p值，也就是sig值，尤其是sig。如果sig小于0.05，表明检验的结果显著。本表做了独立性卡方检验，那么此结果表明所检验的两个变量相关显著。

作为参考，哥本哈根女性理想的生活方式是“结婚生育后继续工作”（67.7%）和“结婚生育后选择灵活的就业方式”（25.8%），合计占比超过90%，大多数人希望继续工作，没有人把“结婚生育后暂时离职然后再就业”或“做专职主妇”作为理想的生活方式。认为“结婚生育后也继续工作”是配偶理想的生活方式的男性也占3/4。也就是说，在哥本哈根，无论男女，基本上都选择女性在孩子出生后仍继续工作的生活方式。

### （三）期望的平均子女数

关于期望的平均子女数，名古屋的女性调查对象为1.93人，男性调查对象为1.98人；大连的女性调查对象为1.23人，男性调查对象为1.40人；哥本哈根的女性调查对象为2.35人，男性调查对象为1.88人。3个地区女性调查对象存在明显的关联性，名古屋和大连男性有明显的关联性。总的来说，哥本哈根女性和男性调查对象各自期望的平均子女数最多，而大连最少。

从调查结果可以看出，大连地区女性调查对象的结婚意愿和生育意愿都是最低的，男性和女性期望的平均子女人数也最少，反映出大连地区的年轻人中出现了脱离家庭主义的倾向。

## 三　看护作用——育儿和年老父母的照顾

### （一）育儿：孩子未满3岁时双方都工作的情况

设置“孩子未满3岁时，具备什么样的条件，夫妻双方都会工作（正式工作）”问题，考察调查对象的育儿意识。设置7个选项，调查对象可以选择符合自己想法的答案（可多选）。

从调查结果来看，不论是在名古屋还是大连，女性调查对象的回答主要集中于“托儿所”和“父母”（自己的或丈夫的）两个选项。其中，名古屋的回答中，选择“托儿所”的最多（73.2%），其次为“自己的父母”（67.7%）。大连的回答中，选择最多的为“自己的父母”（87.8%），其次为“配偶的父母”（82.7%）。哥本哈根的回答中，主要选择“保育园”（96.7%）和“少量保育设施”（73.3%）。在大连的调查对象中，选择“保育园”的女性仅占6.4%。从这一结果可以看出，白天孩子的寄放处，在名古屋是父母（祖父母）和保育园，在大连是父母（祖父母），在哥本哈根是保育园，可以说调查结果很好地反映出三个地区的特点。[①]

同时，从男性调查对象的回答也可以看出，他们与女性的想法基本一致。哥本哈根的调查对象主要选择了保育园，大连的调查对象选择了自己及配偶的父母，而名古屋的调查对象选择了保育园和自己的父母。另外，回答“不管什么样的条件下都不打算夫妻一起工作”的人，女性中名古屋占比最大（14.1%），大连占比最小，不论男女都不到5%。

### （二）年老父母的赡养：自己的父母需要护理的情况

设置“如果自己的父母需要护理，你会怎么做”问题，有7个选项，调查对象可以选择符合自己想法的选项，可以多选。从调查结果来看，调查对象中选择“在家养老，利用上门护理服务”的较多（见表4和表5）。

**表4　女性调查对象关于赡养年老双亲的想法**

单位：%

| 地区 | 在家由自己照顾为主 | 在家由配偶照顾为主 | 在家由兄弟姐妹共同照顾 | 在家养老，利用上门护理服务 | 在家雇佣家庭护工 | 利用养老设施 | 其他 |
|---|---|---|---|---|---|---|---|
| 名古屋（N=458） | 29.9 | 4.6 | 38.0 | 62.0 | 17.2 | 34.3 | 2.4 |
| 大连（N=497） | 63.2 | 15.1 | 46.9 | 57.9 | 34.6 | 6.8 | 0.4 |
| 哥本哈根（N=31） | 6.5 | 0.0 | 22.6 | 29.0 | 29.0 | 64.5 | 12.9 |

如表4所示，名古屋的女性选择“在家养老，利用上门护理服务”的最多（62.0%），其次为“在家由兄弟姐妹共同照顾”（38.0%）。大连女性选择“在家由自己照顾为主”的最多（63.2%），其次为“在家养老，利用上门护理服务”（57.9%）。哥本哈根女性选择“利用养老设施”的最多（64.5%）。

---

① 在中国，受改革开放政策的影响，20世纪90年代末以后托儿所数量锐减，2015年托儿所的入园率仅为4%左右；2017年日本1~2岁幼儿的托儿所利用率约为38%；2010年丹麦1~2岁幼儿的托儿所利用率为90%。

大连男性大多数选择“在家由自己照顾为主”（64.5%），哥本哈根男性大多选择“利用养老设施”（87.5%），名古屋男性主要选择“在家养老，利用上门护理服务”（49.0%）、“利用养老设施”（40.4%）（见表5）。

**表5　男性调查者关于赡养年老双亲的想法**

单位：%

| 地区 | 在家由自己照顾为主 | 在家由配偶照顾为主 | 在家由兄弟姐妹共同照顾 | 在家养老，利用上门护理服务 | 在家雇用家庭护工 | 利用养老设施 | 其他 |
|---|---|---|---|---|---|---|---|
| 名古屋（N＝408） | 25.0 | 11.0 | 36.5 | 49.0 | 17.2 | 40.4 | 2.0 |
| 大连（N＝245） | 64.5 | 28.2 | 40.0 | 42.0 | 26.5 | 11.0 | 0.8 |
| 哥本哈根（N＝8） | 0.0 | 0.0 | 12.5 | 25.0 | 0.0 | 87.5 | 0.0 |

总体上，在名古屋，以在家利用居家养老服务的同时进行护理的方式为主；在大连，以居家由自己进行护理为主，也选择了利用居家养老服务和兄弟姐妹资源等方式。对于名古屋男性来说，“利用养老设施”也是一种主要方式；仅有11%的大连男性选择这一方式，大多数人依然抵触利用老年人设施。

## 四　影响护理父母意识的因素

### （一）护理父母意识的程度——以名古屋和大连为例

为了考察子女护理父母意识的程度，设置了“父母需要照顾时，孩子应该与父母同住”，即包括“子女的护理意识”和“护理父母时的同住意识”两部分内容。

各地区的调查结果如表6所示。大连的平均值为6.45，名古屋的平均值为5.01。从统计结果可以看出，两地的子女在护理父母意识的程度上存在较大的差异，大连的调查对象对“父母需要照顾时，孩子应该与父母同住”持肯定态度。从性别差异来看，“父母需要照顾时，孩子应该与父母同住”的意识按照由强到弱的顺序依次为大连的女性（6.49）、大连的男性

(6.14)、名古屋的男性(5.04)、名古屋的女性(4.98)。其中,“父母需要照顾时,孩子应该与父母同住”意识最强的是大连的女性(统计显示名古屋、大连的男女之间没有明显的差异,但名古屋和大连的女性之间、男性之间存在明显的关联)。

**表 6 对年老双亲护理意识的程度的统计**

| 地区 | 性别 | N | 平均值 | 标准偏差 | 最小值 | 最大值 |
|---|---|---|---|---|---|---|
| 名古屋 | 女性 | 460 | 4.98 | 1.30093 | 2 | 8 |
| | 男性 | 404 | 5.04 | 1.29263 | 2 | 8 |
| 大连 | 女性 | 497 | 6.49 | 1.16930 | 3 | 8 |
| | 男性 | 244 | 6.41 | 1.22897 | 3 | 8 |

### (二)与护理父母意识的程度有关的因素

在此,为了明确影响护理父母意识的因素,将护理父母意识作为从属变量,将人生历程意识、性别角色分工意识、“1 岁神话”意识、“家务 = 爱情”意识、赡养老人及控制变量(地区、性别、兄弟姐妹数量、父亲与母亲的职业和学历)作为独立变量,利用统计软件 SPSS 的一般线性模型进行分析。表 7 显示了各从属变量的记述统计值,表 8 为分析结果。

**表 7 独立变量的问题项和记述统计值**

| 独立变量 | 问题项 | 地区 | N | 平均值 | 标准偏差 |
|---|---|---|---|---|---|
| 人生历程意识 | 将来有结婚的打算 | 大连 | 742 | 2.06 | 1.040 |
| | | 名古屋 | 869 | 1.61 | 0.798 |
| | 将来有生孩子的打算 | 大连 | 743 | 1.96 | 0.928 |
| | | 名古屋 | 864 | 1.65 | 0.844 |
| 性别角色分工意识 | 孩子出生后,丈夫外出工作,妻子守护家庭 | 大连 | 741 | 2.09 | 0.870 |
| | | 名古屋 | 870 | 2.15 | 0.904 |
| | 如果丈夫的收入足够高,在孩子小的时候妻子最好不工作 | 大连 | 741 | 1.89 | 0.846 |
| | | 名古屋 | 870 | 2.71 | 0.922 |
| “1 岁神话”意识 | 因为父母的工作把不满 1 岁的孩子送去保育设施的话,孩子很可怜 | 大连 | 741 | 3.09 | 0.822 |
| | | 名古屋 | 869 | 2.84 | 0.943 |

续表

| 独立变量 | 问题项 | 地区 | N | 平均值 | 标准偏差 |
|---|---|---|---|---|---|
| "家务＝爱情"意识 | 做家务是因为对家人充满了爱 | 大连 | 741 | 3.05 | 0.876 |
| | | 名古屋 | 870 | 2.79 | 0.934 |
| | 在全职妈妈的家庭里雇用家政人员很奇怪 | 大连 | 741 | 2.32 | 0.986 |
| | | 名古屋 | 870 | 2.48 | 1.005 |
| 赡养老人意识 | 父母应自己承担年老后的经济负担 | 大连 | 741 | 1.98 | 0.896 |
| | | 名古屋 | 867 | 2.40 | 0.786 |
| | 高龄父母的赡养应该是国家的责任 | 大连 | 741 | 1.89 | 0.831 |
| | | 名古屋 | 862 | 2.40 | 0.765 |

**表 8　一般线性模型分析结果**

| 独立变量 | 问题项 | 全体 | 名古屋 | 大连 |
|---|---|---|---|---|
| 控制变量 | 地区 | *** | | |
| | 性别 | n. s. | n. s. | * |
| | 兄弟姐妹数量 | n. s. | n. s. | n. s. |
| | 父亲的职业 | n. s. | n. s. | n. s. |
| | 母亲的职业 | n. s. | n. s. | n. s. |
| | 父亲的学历 | n. s. | n. s. | n. s. |
| | 母亲的学历 | n. s. | n. s. | n. s. |
| 人生历程意识 | 结婚 | n. s. | n. s. | n. s. |
| | 生孩子 | n. s. | n. s. | n. s. |
| 性别角色分工意识 | 男主外，女主内 | *** | * | * |
| | 育儿期应该辞职做全职妈妈 | ※ | ※ | n. s. |
| "1 岁神话"意识 | "1 岁神话"（孩子未满 1 岁时母亲应该在家照顾孩子） | *** | ** | *** |
| 家务＝爱情意识 | 家务＝爱情 | *** | *** | n. s. |
| | 家务＝全职妈妈的工作 | n. s. | ** | * |
| 赡养老人意识 | 老后经济是父母自身的责任 | *** | ** | *** |
| | 老后赡养是国家的责任 | n. s. | n. s. | n. s. |
| | 已调整 R2 乘方 | 0.356 | 0.201 | 0.137 |

注：* 表示 $p<0.05$，** 表示 $p<0.01$，*** 表示 $p<0.001$，※表示 $<0.1$。

首先，在大连和名古屋的总样本中，可以看到地区、"男主外，女主内"的性别角色分工意识、"1 岁神话"意识、"家务＝爱情"意识、赡养老人意识（父母应自己承担年老后的经济负担）与护理父母意识之间有着明显的关联性。在这些意识中，除了“父母应自己承担年老的经济负担”之外，对其他变量持肯定态度越强的人护理父母意识越强，即护理父母意识与“男主外，女主内”的性别角色分工意识、“1 岁神话”意识、“家务 = 爱情”意识的强度之间呈正向相关，但是护理父母意识和年老父母的经济责任意识之间呈负相关性。

其次，分别对大连和名古屋进行分析。从分析结果可以看出，在大连，与护理父母意识呈现明显关联的变量有性别角色分工意识、“1 岁神话”意识、年老父母的经济责任意识、“男主外，女主内”、“家务 = 全职妈妈的工作”以及性别。在名古屋，与护理父母意识有明显关联的变量有性别角色分工意识、“1 岁神话”意识、年老父母的经济责任意识、“家务 = 全职妈妈的工作”以及“家务 = 爱情”。即不管是在大连还是名古屋，性别角色分工意识、“1 岁神话”意识、“家务 = 全职妈妈的工作”意识越强，并且年老父母的经济责任意识越弱的人，护理父母意识越强。

从大连的调查结果可以看出，与男性相比，女性的护理父母意识更强；而在名古屋，“家务 = 爱情”意识越强的人，护理父母意识也越强。

## 五　与护理分工和情感规范相关的暗示

在包括哥本哈根在内的 3 个地区中，大连女性调查对象的结婚意愿、与父母同住意愿和生孩子意愿明显偏低，从人生历程的角度可以看出作为后现代特征的个人化的影响。[①] 甚至可以说正在发生人生历程摆脱现代家庭化的现象。另外，大连女性对“如果丈夫的收入足够高，在孩子小的时候妻子最好不工作”这一看法持否定态度，认为“工作是实现自我的方式”、“男性也应该与女性平等地分担家务和育儿工作”。[②]

与此同时，3 个地区女性的“1 岁神话”、“家务 = 爱情”意识明显

---

① 与名古屋的女性相比，大连女性调查对象肯定了“一辈子单身也可以”的观点，否定了“即使夫妻关系不好，为了孩子离婚也不好”的观点，统计分析证明地域间存在明显差别。

② 关于这三项内容，大连女性和日本女性之间、大连男性与女性之间都存在明显的不同。

增强[①]，也可以看出近代家庭的特征——重视家人之间情感的趋势。[②]

从调查结果可以看出，大连男性和大连女性一样，“家务＝爱情”意识、“1岁神话”意识很强，而且大连男性比大连女性更肯定育儿期的性别角色分工即全职妈妈规范。从育儿的角度来看，男性渐渐接受了现代家庭的意识；对于护理老人，在大连，男性和女性都认为孩子应该与年老的父母同住以照顾年老的父母[③]，呈现出现代家庭化、摆脱现代家庭化的混合状况。

在日本，受到“3岁神话”的影响，全职妈妈趋势不断发展。与此同时，孩子与父母同住以照顾父母的这种护理老人意识也发生了变化。在中国，育儿意识和护理父母意识不是同时发生变化的。这点可以认为是现阶段中日的不同点。但是，在独生子女政策实施前的社会和现代社会，护理父母的孩子数量（孩子角度为兄弟姐妹数）这个人口学因素急剧变化，很明显大学生的护理父母意识与实现的可能性相差很远。

如果重视家人之间情感的趋势进一步发展，会加快全职妈妈化的进程吗?[④]，全职妈妈化会给照料老年父母的意识带来怎样的影响？与欧美型现代家庭以及日本型现代家庭走不同途径的中国，家人之间的情感在护理中的作用具有现代中国特色的家庭特征。这些问题都将作为今后的研究课题。

作者　宫坂靖子，金城学院大学教授；李东辉，大连外国语大学教授；
青木加奈子，京都巴黎圣母院女子大学专任讲师；
砚部香，高知大学专任讲师；郑杨，哈尔滨师范大学副教授；
山根真理，爱知教育大学教授

① 但是从性别角度来看，在大连，与女性相比，男性“3岁神话”意识、“家务＝爱情”意识明显更强。

② 但对于“在全职妈妈的家庭里雇用保姆或家政人员很奇怪”这一问题，近七成（68.3%）的调查对象持否定态度。在“3岁神话”被认可，给家务、育儿赋予情感规范意识的同时，雇用家政人员也被认可，这也可以说是中国的一个特征。关于这一点，在2015～2017年实施的关于全职妈妈的访谈调查中也得到确认。

③ 在名古屋，虽然近七成的男女都认为“照顾老人是孩子应该做的”，但是反对“护理时应该与父母同住”的人占了六成。

④ 在城市的高学历阶层全职妈妈化正在不断发展。

# 案例五

# 中国城市护理文化的转变

——以月嫂和医疗养老护理员为中心

在中国，有让家人尤其是让女性照顾孕产妇、孩子以及年迈父母的传统。例如，在中国，在分娩后的一个月内（俗称“月子”），产妇的饮食起居必须遵循一系列惯例，主要由婆婆或其他家人和亲戚照顾，这种状况在当今的农村仍在继续。[①] 中国的古典书籍《四书》《左传》《礼记》中都有关于家政的记载，例如，“子之能食，教以右手；能言，男唯女俞”，“修身、齐家、治国、平天下”。做家务、抚养孩子等行为是与国家的繁荣息息相关的。[②] 此外，关于照顾年迈的双亲，有研究表明，在当今中国的农村地区（以 11 万人口的 F 县和 12 万人口的 Q 县为考察对象），尽管老年人的护理服务和护理成本有脱离家庭的倾向，但大多数的照料工作还是由家人承担。[③]

但是，近十几年来这样的家庭护理状况不断改变。改变之一是护理专业人员（家政服务人员之一）的出现及其资格化。1999 年劳动和社会保障部着手开展家政服务人员的职业化，2000 年根据家政服务人员的国家职业标准

---

① 姚毅『アジアの出産——リプロダクションから見る文化と社会』、勉誠版、2009。

② 唐友华：《发展家政服务业　满足日益增长的社会需求》，《决策咨询通讯》2005 年第 1 期。

③ 徐堯「後発福祉国家における介護意識の脱家族化」、『家族社会学研究』第 31 号、2019 年。

以及初级、中级、高级三阶段的等级划分制定了家政服务人员的资格认证制度。[①] 中国各地以劳动和社会保障部的标准和认证内容为参考，制定了自己的标准，并进行培训和认证测试。例如，在上海，劳动和社会保障局开发了“1+X”模型（1是劳动和社会保障部设定的标准和测试范围，X是适用于上海的标准和考试范围）。

中国的城市家庭护理正在朝一个新方向发展，目前国内外有一部分关于这方面的研究，[②] 但这些研究有以下几点尚未明确：一是资格化是如何发展的；二是资格化的护理与传统护理的不同之处；三是家政服务人员如何接受与实践新的护理知识和技能；四是人们（包括雇用者）如何理解家政服务人员的护理行为。

关于家政服务人员，尤其是与产妇、新生儿和老年人护理相关的家政护理人员（月嫂、医疗养老护理员），做以下三点说明。首先，本案例将对月嫂和医疗养老护理员的资格化过程及与此过程密切相关的政府、家政公司、医院、培训机构所起的作用进行整理。其次，考察月嫂和医疗养老护理员的资格认证过程。最后，在“理论”、“实操”和“实习”这三种具体的情况下，把握想成为月嫂和医疗养老护理员的学员吸收护理知识和技能的情况。

## 一　理论框架与研究方法

本案例将参考结合辩证法和实践共同体（community of practice）两种理论方法。

关于现代资本主义制度与传统制度之间的关系的研究不在少数。例如，法国马克思主义者介绍了“结合”的概念，并揭示了在周边地区，近代资本主义制度和传统制度共存、密不可分的现象。[③] 科马罗夫用“结合辩证

① 大橋史恵『現代中国の移住家事労働者——農村－都市関係と再生産労働のジェンダー・ポリティクス』御茶の水書房、2011。

② 张宏洁：《北京市“月嫂”从业状况的研究》，《中国医疗前沿》2007年第2期；姚希：《家政服务标准：听到“春天的脚步”》，《标准生活》2012年第6期。

③ 綾部恒雄・桑山敬己『よくわかる文化人類学』、ミネルヴァ書房、2010。

法”概念，证明了殖民地社会和西方资本主义社会通过某种政治中介形成了历史辩证的相互关系，并指出两种制度的交界处构成了一个新的领域(或制度)。此后，前川启治将“结合辩证法”作为分析澳大利亚东南部托雷斯海峡社会历史的框架，从地域社会或村落社会内部的角度，分析外来文化的影响。①

根据这种观点，可以把月嫂和医疗养老护理员的培训当作新旧护理知识、技能交叉的场所。此外，考虑到家庭护理服务人员将学习新的护理知识和技能，并且在雇主家庭中进行实践，所以可以把他们看作中间领域的中介之一。他们通过与其他的中介（政府、培训机构、家政公司）合作，不断接受新的护理知识，并且在一定的情况下甚至有创新护理文化的可能性。

但是，科马罗夫和前川启治的研究对象是殖民地社会、地域社会或村落社会的生产方式和经济文化的变化。这些研究结果并不能直接运用于护理文化。因为护理文化的变化和接受是在人与人直接接触的过程中，借助语言、身体、工具等来完成的。因此，本案例在利用“结合辩证法”的同时，参考了实践共同体的观点。

田边繁治从“实践共同体”的角度分析在共同体中行为人通过语言、工具、社会关系等进行实践，并将其组织化的过程。② 当然，典型的“实践共同体”不限于学徒制，存在于日常生活、工作的各个方面。例如，当真千鹤子将“实践共同体”概念延伸到各种现实生活（包括学校）中，把知识和技能的获得、形成、创造，人与人的相互关系，各种人工物品的使用甚至是个人历史等相互关联。③ 从这样的“实践共同体”的角度看月嫂和医疗养老护理员，可以认为他们通过培训，与政府、培训机构、家政公司形成暂时或者长期的“实践共同体”关系，并通过人与人、人与物的种种交流，

---

① 前川啓治『開発の人類学——文化接合から翻訳的適応へ』、新曜社、2000。

② 田辺繁治『生き方の人類学』、講談社、2003。

③ 當真千賀子「問題系としての実践コミュニティ——アメリカの小学校のなかの日本人」、田辺繁治・松田素二『日常的実践のエスノグラフィ』、世界思想社、2002。

学习与掌握护理知识和技能。

本案例使用的数据主要来自2013年3月至2018年的实地考察。其中2013年8月在H培训机构实施的月嫂培训和2017年8月在R培训机构进行的医疗养老护理员培训，包含笔者的自身经验与对学员和讲师的观察以及采访数据。这样的实地考察不仅可以和调查对象变得亲密，而且笔者通过自身的学习，对调查对象有了进一步的理解（例如，在笔者学习技能前，通过体型和年龄来判断月嫂和医疗养老护理员的水平；笔者取得资格证书后，可以从抱幼儿或老人的方式、换尿布的姿势来判断服务人员是不是熟练者）。除了实地考察，官方网站、教科书、宣传册等也作为考察的对象。

## 二　分析和考察

以下先整理月嫂和医疗养老护理员的资格化过程及政府、家政公司、医院和培训机构所发挥的作用，然后总结资格化的内容，最后考察学员是怎样接受新的护理知识和技能的。

### （一）月嫂、医疗养老护理员的资格化过程

月嫂从20世纪80年代末到90年代初开始出现在中国的各大城市。最初，月嫂大多为亲戚或邻居的女性。进入20世纪90年代后，培训、派遣月嫂的家政公司出现，在月子期由月嫂来照料的现象逐渐在大城市中普及。2000年以后，政府相关部门开始规范月嫂培训，成为月嫂需要取得国家资格认证。[①] 医疗养老护理员的资格化与月嫂类似（从市场需要到民间企业的培训、派遣，再到政府的规范）。但是，医疗养老护理员资格化的相关制度制定比月嫂晚了将近十年。以下分为20世纪80年代后期、20世纪90年代后期、2000年以后、2014年以后四个时期，简述政府、家政公司、医院、培训机构所发挥的作用，并分析月嫂、医疗养老护理员的资格化过程（见表1）。

① 翁文静「中国都市部における家政婦月嫂（SAO）の成立と発展——上海市を中心に」『国際教育文化研究』第14号、2014年。

表 1 政府、家政公司、医院、培训机构的作用

| 阶段 | 20 世纪 80 年代后期 | 20 世纪 90 年代后期 | 2000 年以后 | 2014 年以后 |
|---|---|---|---|---|
| 政府 | 月嫂培训费用免费、低廉<br>上海市妇女联合会和家政公司、医院的合作 | 继续 | 月嫂培训费用免费、低廉<br>成为月嫂需取得国家资格认证 | 医疗养老护理员培训费用免费、低廉<br>成为医疗养老护理员需取得国家资格认证<br>“高龄老人医疗护理计划”的普及 |
| 家政公司 | 招聘和派遣 | 招聘和派遣 | 招聘和派遣 | 招聘和派遣的信息化 |
| 医院 | 实习和授予资格 | 实习 | 实习 | 实习 |
| 培训机构 | 无 | 举办理论讲座和实操培训<br>授予资格 | 举办理论讲座和实操培训 | 举办理论讲座和实操培训 |

1. 20 世纪 80 年代后期

（1）政府的作用

1978 年改革开放以来特别是自 1992 年实行市场经济体制改革，中国的国有企业加速改革，在企业的经营效率得到改善的同时也产生了大量的失业者。解决城市人口失业问题是维持经济、政治、社会安定的基本问题，自 1990 年开始国家采取了一系列的雇用对策。其中 1993 ~ 2003 年实施的《再就业工程》中提出了失业保险、失业救济、就业训练、职业介绍、推进第三次产业发展等多种政策。[①] 上海市人力资源和社会保障局、上海市妇女联合会（以下简称“妇联”）等政府机构自 20 世纪 90 年代起也开始在失业者的就业训练、职业介绍等方面给予大力支援。与月嫂相关的政策和支援主要为培训费用免费、低廉（在上海出生的女性可以获得全额补助金，来自其他地区的女性要自己承担 350 元），通过居民委员会寻找上海下岗女性并把她们介绍给家政公司等。

（2）家政公司和医院的作用

1993 年和 1994 年，在上海市，两家针对本地中年下岗女性和“外来

① 薛進軍・園田正・荒山裕行『中国の不平等』、日本評論社、2008。

媳”的家政公司先后成立。其中，妇联的下属组织J公司和与妇联合作的妇产科医院一起，招聘了一批女性并对其进行培训及派遣。J公司让下岗女性、“外来媳”在自己的公司登录注册，然后让她们在妇产科医院实习3周。在实习中，她们向护士学习照顾产妇和新生儿的知识与技能。实习结束后，她们会得到医院发放的母婴护理资格证书。取得证书后这些女性向J公司汇报，J公司派遣持有资格证的女性到各个雇主家工作。

2. 20世纪90年代后期

（1）政府的作用

自20世纪90年代后期，到上海参加月嫂培训讲座的本地中年女性和“外来媳”的人数减少，来自外地的女性数量则不断增加。出现这一现象的原因是《再就业工程》取得了一定的成功，以及政府对外来人员移动限制的放松等。但是该时期上海市政府未积极采取措施应对这一变化，而是继续实施以往的支援政策。

（2）家政公司的作用

如上文所述，J公司刚刚成立的时候，专注于招聘和派遣想成为月嫂的女性，由与妇联合作的相关医院负责培训。但是，1997年以后，J公司将月嫂的培训委托给H培训机构。[①]

（3）培训机构和医院的作用

H培训机构接受了家政公司的委托，开始对月嫂进行培训。H培训机构的月嫂培训和以往医院的培训有两个不同之处。其一，新开设由医生做讲师的理论讲座。以往医院的培训只是模仿护士的护理方法，而H培训机构在培训中加入了理论讲座。值得注意的是，当时理论讲座并没有统一的教科书，而是使用医生事先准备的资料。其二，发行资格证书的单位不同。培训机构出现之前，培训结束后由相关医院发放母婴护理资格证书；培训机构承担了月嫂的培训工作后，改变为由培训机构授予资格证书。

① 翁文静「中国都市部における家政婦月嫂（SAO）の成立と発展——上海市を中心に」、『国際教育文化研究』第14号、2014年。

3. 2000 年以后

（1）政府的作用

2000年以后，在上海出现了要求实现月嫂的规范化和资格化的动向。首先，2001年，H培训机构授予证书的资格被取消，原因是该培训机构由所在区的人力资源和社会保障局统辖管理，而通过上海市人力资源和社会保障局的统一考试才能获得市级别（相当于国家级别）的资格证书。2006年以后，此前各讲师使用的讲义资料换为由中国劳动社会保障出版社出版的教科书[①]。此外，上海市人力资源和社会保障局也开始提供月嫂资格证书网上查询服务。

（2）家政公司的作用

2000年以后，中国出生率曾大幅上升，因此全国各地想成为月嫂的女性不断集中到城市地区，家政公司数量也急剧增加。家政公司的经营者大多会给在自家公司登录注册的女性提供廉价住宿，同时传授相关的护理知识和技能。这些家政公司向上海市的几家培训机构介绍在自家公司登录注册的女性，并大力鼓励她们取得资格证书。

（3）培训机构和医院的作用

培训机构雇用退休护士和经验丰富的月嫂做讲师，为想成为月嫂的女性们举办理论讲座和实际技能培训，也为需要实际业务经验的女性提供在医院实习的机会。

4. 2014 年以后

2015年，上海市发布了《上海市养老护理人员队伍建设（专项）规划（2015—2020年）》[②]，为医疗养老护理员的培训提供补助。补助的内容和月嫂基本相同，即上海出身的女性可获得全额补助。与月嫂的资格化相同，由培训机构举办小规模的养老护理人员讲座并授予培训机构的资格证书，升级为由上海市人力资源和社会保障局举办国家考试并授予国家资格证书。

---

① 赵嘉然主编《母婴护理》，中国劳动社会保障出版社，2006。

② 《关于印发〈上海市养老护理人员队伍建设（专项）规划（2015—2020年）〉的通知》，上海市养老服务平台网站，2015年10月8日，http://www.shweilao.cn/cms/cmsDetail?uuid=d2c6142f-0b93-4470-aa47-000912d4f34f。

此外，自2006年开始，上海市开始普及“高龄老人医疗护理计划”，派遣医疗养老护理员到70岁及以上老人的住宅或相关机构。根据高龄者所需的护理状态，可派遣医疗养老护理员每周进行3～7个小时的护理，派遣费用的90%由高龄老人的医疗保险支付。

（1）家政公司和培训机构的作用

家政公司和培训机构分别承担招聘和派遣与举办理论讲座及进行技能培训的工作。但是，这一时期家政公司的派遣工作发生一些变化，即信息化。以往的派遣过程为家政公司的工作人员带月嫂、医疗养老护理员到雇主家进行面试，而后将合同拿到雇主家，雇主签字，家政公司的工作人员收取介绍手续费。但近年，由于电子合同、手机支付等的发展，家政公司的工作人员不用与月嫂一同去面试，合同的手续也被简化，其结果是家政公司和雇主的直接联系不断减少。

（2）医院和护理机构的作用

关于月嫂培训，医院继续提供实习场所。但是，医疗养老护理员的培训在护理机构中进行。这样一来，月嫂、医疗养老护理员的资格化可以说是在政府的指导、支援的基础上，与家政公司、医院以及培训机构合作的结果。上海市政府主要通过培训费用的补助、将企业级别升级为市级别（相当于国家级别）等政策，在城市地区家政服务人员的资格化过程中发挥了很大作用。其背景为子女教育热、老龄化、多余劳动力的雇用、家政劳动市场的混乱（费用高涨、与雇主间的纠纷等）等。此外，实际上月嫂和医疗养老护理员的招聘、培训是由家政公司、医院和培训机构来完成的。家政公司将地方的剩余劳动力招聘到城市地区后，让他们接受培训机构的培训。培训机构以政府相关部门编写的教科书为基础，让学员学习新的护理知识和技能后，再让他们到相关医院和护理机构实习。在医院和护理机构完成学习的学员参加国家考试，取得资格证书后，由家政公司介绍并正式开始工作。

### （二）月嫂和医疗养老护理员资格化内容

上文简述了月嫂和医疗养老护理员资格化的过程以及政府、家政公司、医院、培训机构在其中的作用。下文将介绍月嫂和医疗养老护理员资格化的内容。在此之前，先简单说明各培训讲座的大体结构。

月嫂培训课程由155个小时的理论讲座和实操（必须）、3天的医院实习（选择）、2天的催乳师培训（选择）、2天的月子食品营养师培训（选择）构成。医疗养老护理员的培训课程由10天的理论讲座和实操（必须）、6天的护理机构实习（必须）、3天的实操复习（必须）构成。月嫂、医疗养老护理员的考试是每个月进行一次，分为电脑作答的笔试和有面试官参与的实操考试两部分。两部分考试都合格后，则可获得由上海市人力资源和社会保障局颁发的资格证书（相当于国家资格证书）。

接下来总结分析与月嫂和医疗养老护理员资格直接相关的内容，即培训机构举办的理论讲座和实操。一般来说，讲师以教科书为基础，上午教授理论知识，下午分组进行实操练习。月嫂理论讲座的内容包括孕期护理、分娩期护理、产期护理、哺乳期护理、发育和早期教育、婴儿生活护理、营养和饮食、新生儿疾病、婴儿疾病、事故的防止和预防。月嫂的实际技能共计20个，大体分为孕妇护理、新生儿护理、营养和疾病预防、发育四大板块。

医疗养老护理员理论讲座的主要内容包括基础知识、高龄者的照顾和护理技能、恢复训练和急救措施基础等。医疗养老护理员的实际技能共有11个，分为清洁护理、照顾排泄、铺床、移动、生命体征观察五大板块。

月嫂和医疗养老护理员分别在医院或护理机构实习。月嫂的实习为期3天，医疗养老护理员的实习为期6天，可以与医院或护理机构中经验丰富的月嫂、医疗养老护理员学习实践经验及技能。

**表2　月嫂、医疗养老护理员的课程内容和实际技能**

| 类型 | 课程 | 实际技能 |
|---|---|---|
| 月嫂 | 1. 孕期护理<br>生殖器、孕期保健、孕期营养、孕期运动、出生准备 | 1. 孕期护理<br>孕妇体操指导、自然分娩呼吸指导、哺乳指导、授乳准备、乳房按摩、产后会阴护理、新生儿体重测量、授乳知识指导、哺乳室注意事项、产后体操指导 |
| | 2. 分娩期护理<br>分娩护理，分娩期营养（饮食），分娩阵痛，新生儿护理 | 2. 新生儿护理<br>新生儿洗脸、洗澡、肚脐护理，新生儿沐浴，换衣服、换尿布，测量体温，吃药，餐具、毛巾、尿布消毒，皮下出血处理，预防和处理烧伤，预防和处理窒息 |

续表

| | 课程 | 实际技能 |
|---|---|---|
| 月嫂 | 3. 产期护理<br>心理特征和护理，预防事故和生病，营养、饮食，产后运动 | 3. 营养和疾病预防<br>制作离乳食物，奶粉的制作方法，添加鸡蛋、鱼，预防佝偻病，预防贫血，观察、处理黄疸 |
| | 4. 哺乳期护理<br>母乳育儿的意义和技能、事故及其预防 | 4. 发育<br>抬起下颌、翻身练习，爬行、步行练习，按摩，新生儿体操，户外活动和早期教育 |
| | 5. 发育和早期教育<br>婴儿的生理特征、发育 | |
| | 6. 婴儿生活护理<br>环境和生活用品、基础护理 | |
| | 7. 营养和饮食<br>概论、教育、离乳食物 | |
| | 8. 新生儿疾病<br>新生儿心理、疾病和处理方法 | |
| | 9. 婴儿疾病<br>营养和疾病，疾病、生病及其护理方法，预防接种和传染病，心理问题 | |
| | 10. 事故的防止和预防<br>意外伤害事故的预防、意外事故的紧急处理 | |
| 医疗养老护理员 | 1. 概论<br>护理保障制度，养老护理相关制度，养老护理员的现状、倾向、问题 | 1. 清洁护理<br>床上身体清洁、床上洗擦、会阴清洁 |
| | 2. 基础知识<br>医学、健康基准、护理 | 2. 照顾排泄<br>床上便器使用、换尿布 |
| | 3. 高龄者的照顾、护理技能<br>消毒，居住环境整理，近身照料，医疗性的处置，移动、排泄 | 3. 铺床 |
| | 4. 恢复训练和急救措施基础 | 4. 移动<br>翻身、轮椅移动 |
| | | 5. 生命体征观察<br>测量体温、测量血压、测量血糖值 |

月嫂和医疗养老护理员的共同点为培训内容包括较多的近代西方医学知识和技能。比如，新生儿或婴儿疾病预防与照料、皮下溢血处理、烧伤的预防和处理、急救措施、恢复训练、高龄者生命体征的观察等。

### （三）培训过程中接受新知识和技能

培训机构的理论讲座通常在上午进行，下午各组进行练习。大多数学员在培训过程中积极吸收新的护理知识。比如，月嫂 A 在讲师教授授乳姿势（C 字形，手从乳房下方将乳房往上托的姿势）时，说道："我给自己孩子授乳的时候，采取了剪刀形手势（像剪刀一样，用手指上下夹着乳房的方式），这是错误的方式，我觉得用了很多不科学的方法带自己的孩子，真想向孩子道歉。"

此外，笔者采访已经在雇主家工作的月嫂和医疗养老护理员时，他们经常使用专门知识和医学用语。比如，月嫂 B 说："以前的离乳食物主要是粥，而且有不能加肉的规矩。现在照教科书说，要按孩子的月龄，均衡地添加肉类和鱼类来制作离乳食物。"医疗养老护理员 C 在描述自己雇主病状的时候使用了"阿尔茨海默病"这个专业术语，而非使用"老年痴呆"这一日常词语。医疗养老护理员 C 在接受培训时，听到讲师使用这个词语后，就自然而然地使用了该词语。

#### 1. 对护理实际技能的接受和反对

实操是指根据教科书上记载的护理顺序，用模型或道具进行练习。大多数学员积极地练习。例如，学员认真观察讲师的示范动作，而后分组进行反复练习。同时，也有学员通过比较讲师和自己的操作来接受讲师的示范动作。医疗养老护理员 C 练习给高龄者洗脚时，最初按自己的习惯随意拿起模型的脚，看了讲师的示范后，便更改了姿势，把脚放在自己左手肘关节上，这样即便时间长也不会觉得累。

大部分学员积极模仿、接受讲师的示范动作，但也有学员无法接受或仅仅在表面上接受。例如，某讲师演示了给高龄者换尿布的动作（将折叠成 S 形的尿布穿过右手腕，从模型足部穿上）。讲师让学员 D 模仿自己的动作，但是学员 D 是左撇子，无法做出和讲师相同的动作，接受了长时间的单独指导后最终也无法成功模仿。此外，在参加培训前就已经积累了丰富工作经验的学员 E，由于学习能力比较强，当上了小组里的组长。但是，她暗中批评了讲师的操作方法。例如，关于换床单的演示，D 说："讲师的做法仅仅适合医院。我做了这么多年，不管是在雇主家里，还是在机构里，都没有使用过这么大的床单，现在大多使用带有皮筋的褥单，替换方法会简单很多，而且节约时间。"对于从轮椅上移动老人的演示，E 说："老师的演示是我们提着老人的腰带，让老人抱住我们的脖子。实际上老人大多数不用腰带，也有半身不遂的老人，所以不可能让他们抱住我们的脖子。我是从老人的腋下将其抱起，再将自己的膝盖插入老人的大腿间，让老人坐在我腿上，这样就可以轻松移动老人了。"最后 E 总结说："在这里学习的技能有些没有什么实用性。但没有证书不能上岗，所以只能好好学。"

2. 在实习机构对护理知识和技能的接受情况

学员的实习是在经验丰富的月嫂、医疗养老护理员、医疗人员的指导下，通过与产妇、新生儿、高龄者的互动完成的。学员将在培训机构学习的理论和技能，结合在实习机构所学的新知识和技能，并且临机应变、不断更新。例如，2013 年 8 月 26 日，笔者在 H 妇产科医院实习时，在月嫂的指导下，更新了为新生儿更换尿布、穿裤子的知识和技能。

笔者在培训机构学习的内容是：①打开新的尿布，准备好擦拭的纸巾，解开新生儿的连体衣纽扣；②单手拿起新生儿的双脚，另一只手小心抽出用过的尿布并卷起；③将干净尿布的后端伸到新生儿腰部，再把前端卷到肚脐的位置；④取下尿布两端的胶带，调整宽度粘上尿布；⑤弯曲新生儿膝盖，帮新生儿穿上裤子。

按照以上顺序笔者成功给新生儿换了尿布，出乎意料的是此时新生儿突然大哭，并用力伸直双腿，所以笔者不敢强行弯曲新生儿膝盖，也未能给新生儿穿上裤子。看到笔者焦急的神情后，老月嫂 F 稍稍用力将新生儿膝盖顺势弯曲，迅速完成穿裤子的动作。

如上所述，笔者一边回忆在培训机构所学的内容，一边更换新尿布。但是给新生儿穿裤子的时候，婴儿突然啼哭，这使笔者紧张，无法正确处理之后的穿裤子动作。事后，在经验丰富的月嫂的说明下以及在其他新生儿身上不断练习，在实习结束时，笔者终于掌握了这一操作技巧。在培训机构学习时，学员就已经练习数十次换尿布的技能，并牢记该技能。但是，这种技能无法立刻成为“活技能”。只有模仿他人熟练的技巧和技能，再通过反复实践，才能真正成为自己的“活技能”。同时，学员的技能不是一成不变的，而是根据对方多样的身体特征及使用的材料（不同材质的尿布）不断进行调整。

## 结　语

家政服务人员的出现及其资格化是中国城市地区家庭护理方面的一大改变。首先，本案例阐述了月嫂和医疗养老护理员的资格化是政府、家政公司、医院和培训机构共同合作的结果，同时分别概括了它们在家政服务人员资格化中发挥的作用。其次，介绍了月嫂和医疗养老护理员理论知识和实际技能的内容，即资格化的具体内容。最后，从“理论”、“实操”和“实习”三个方面，介绍了学员们吸收新的护理知识和技能的情况。

本案例主要把学员作为新的护理文化的接受者来进行描述，当他们成为专业的家政服务人员时，也就成为新的护理文化的传播者，那个时候，雇主会不会接受他们新的护理方式呢？此外，在实际工作中，家政服务人员学习的新的护理知识和技巧有没有进一步变化的可能性？这两个问题将作为今后的研究课题。

作者　翁文静，九州大学助教

# 案例六
# 男性的照料角色履行与男性气质的变化
## ——基于东亚五大城市的调查结果

在日本，家庭的照料劳动（做家务、参与育儿、护理老人等）曾被认为是女性的责任。但随着老龄化加深以及伴随而来的是劳动人口减少，提高女性就业率以及提倡男性更多地承担家庭照料劳动的呼声越来越高。此外，在国际社会中日本的女性地位大大低于男性，从减轻女性在家庭中的照料劳动负担进而推动女性社会活跃这一积极理由考虑，应推进男性承担照料劳动。

在上述社会背景之下，日本的家族研究中积累了很多关于促进男性在家庭履行照料角色的实证研究。因为受调查时期、样本特性、假设中的概念与所对应的具体指标的差异等影响，各研究的结果并不完全一致。但是，关于男性家务参与度，很多研究支持以下假说。①“相对资源假说”：妻子的收入或收入比例越高，丈夫的家务参与度就越高。[①] ②“时间限制假说”：丈夫的劳动时间越短，妻子的工作时间越长，丈夫的家务参与度越高。[②] ③“意识形态假说”：丈夫对性别分工越是持否定态度，丈夫的家务参与度

---

① 久保桂子「フルタイム共働き夫婦の家事分担と性役割意識」、『千葉大学教育学部研究紀要』第57号、2009年；大野祥子・田矢幸江・柏木惠子「男性の家事分担を促進する要因」、『発達研究』第17号、2003年。

② 松田茂樹・鈴木征男「夫婦の労働時間と家事時間の関係——社会生活基本調査の個表データを用いた夫婦の家事時間の規定要因分析」、『家族社会学研究』第2号、2002年；久保桂子「フルタイム共働き夫婦の家事分担と性役割意識」、『千葉大学教育学部研究紀要』第57号、2009年。

越高。[①] ④“需求假说”：末子年龄越低，丈夫的家务参与度越高。[②]

但是，在促进男性履行照料角色时，至少还需要考虑另一个重要因素。照料劳动通常被视为女性的职责，因此不难想到男性履行照料角色可能与其男性身份认同产生矛盾。若想通过促进男性履行照料角色提高女性的社会地位和社会中的性别平等，就要明确承担照料责任的男性是如何折中被女性化的照料活动和男性身份认同的。此外，可以把男性履行照料角色描述为“优越指向、所有指向、权力指向”。[③] 因此，若想改变支撑男性优位性别秩序的男性气质，促进社会性别平等，很有必要对其做进一步讨论。

另外，即便同样属于东亚地区，在家庭、性别分工、劳动和社会生活相关制度及规范不同的社会，促进男性履行照料角色的主要原因和男性气质的表现也有可能不同。[④] 迄今为止，日本的家族研究进行了东亚国家和地区在父家长制[⑤]、育儿网络[⑥]、家族变动[⑦]等方面的比较研究。不过，把男性履行照料角色和男性气质作为焦点的东亚范围内的比较研究几乎是缺失的。

因此，本案例基于以东亚 5 个城市的男性为对象实施的网络问卷调查结

---

① 稲葉昭英「どんな男性が家事・育児をするのか？——社会階層と男性の家事・育児参加」、渡辺秀樹・志田基与師編『階層と結婚・家族』（1995 年 SSM 調査シリーズ第 15 巻）、1995 年 SSM 調査研究会、1998、1 - 42 頁；石井クンツ昌子「共働き家庭における男性の家事参加」、渡辺秀樹・稲葉昭英・嶋崎尚子編『現代家族の構造と変容：全国家族調査「NFRJ98」による計量分析』、東京大学出版会、2004、201 - 214 頁；久保桂子「フルタイム共働き夫婦の家事分担と性役割意識」、『千葉大学教育学部研究紀要』第 57 号、2009 年；乾順子「正規就業と性別役割分業意識が家事分担に与える影響」、田中重人・永井暁子編『家族と仕事』、日本家族社会学会全国家族調査委員会、2011、35 - 54 頁。

② 松田茂樹・鈴木征男「夫婦の労働時間と家事時間の関係——社会生活基本調査の個表データを用いた夫婦の家事時間の規定要因分析」、『家族社会学研究』第 2 号、2002 年。

③ 伊藤公雄「剥奪（感）の男性化 Masculinization of deprivationをめぐって——産業構造と労働形態の変容の只中で」、『日本労働研究雑誌』总第 699 号。

④ Futoshi Taga, "East Asian Masculinities," M. S. Kimmel, J. Hearn, R. W. Connell, ed., *Handbook of Studies on Men and Masculinities*, Sage Publications, 2004, pp. 129 - 140.

⑤ 瀬地山角『東アジアの家父長制——ジェンダーの比較社会学』、勁草書房、1996。

⑥ 落合恵美子・山根真理・宮坂靖子編『アジアの家族とジェンダー』、勁草書房、2007。

⑦ 落合恵美子「近代世界の転換と家族変動の論理——アジアとヨーロッパ」、『社会学評論』第 4 号、2013 年。

果，对男性履行照料角色的实际情况及其促进因素进行城市间的比较，根据调查结果考察男性履行照料角色可能给男性气质及性别秩序带来的冲击。

## 一　调查概要

本案例使用的数据是通过公益财团法人笹川和平财团《关于男性新角色的建议》项目“新男性角色研究会”实施的网络调查获得的。调查对象为居住在东亚5个城市（上海、台北、香港、首尔、东京）和日本的4个地区（东北地区、北陆地区、九州地区、冲绳地区）的20岁至69岁的男性。人数为各城市和地区各1000人，总计9000人。

此次调查委托在日本设有总公司的INTAGE股份有限公司实施。东京以及日本4个地区的数据是在2018年3月通过网络调查从INTAGE公司登记在册的评论员中收集而来。其他东亚4个城市的数据是在2018年6月通过与INTAGE公司合作的各地的调查公司以网络问卷的形式收集的。本案例仅使用东亚5个城市的数据（样本数为5000）。

## 二　调查结果的分析

### （一）调查对象的基本情况

年龄分布。各城市调查对象的平均年龄从高到低依次是东京（41.3岁）、首尔（38.0岁）、上海（37.5岁）、香港（36.5岁）、台北（36.2岁）。其中东京的平均年龄最高、台北最低。

最终学历。所有城市中最终学历为大学毕业（4年制）的最多。4年制大学及以上学历的比例从高到低依次是首尔（78.5%）、上海（72.9%）、东京（71.4%）、台北（70.5%）、香港（62.2%）。

就业形态。各城市中最多的就业形态是“全职从业人员（包括公务员）”，比例从高到低依次是首尔（69.8%）、上海（67.6%）、东京（64.9%）、香港（62.2%）、台北（54.2%）。“经营者、董事”比例较高的是台北（28.6%）、香港（19.5%）、上海（15.1%），“个体经营者、自由经营者”的比例较高的是东京（12.8%）和首尔（10.9%）。“临时雇佣、临时工或小时工”比例最高的是东京（9.8%），其次是首尔（8.0%）。

劳动时间。在所有城市中，每天的平均劳动时间按时间长短排序，依次为首尔（8.75 小时）、台北（8.73 小时）、东京（8.50 小时）、香港（8.31 小时）、上海（8.17 小时）。

年收入及配偶之间的收入差距。在调查年收入时，按当地货币设置了选项。以已婚男性为分析对象，把年收入各选项的中间值替换为本人年收入以及配偶年收入，取其各自平均值后换算为日元（按照 2018 年 8 月 30 日汇率）。上海已婚男性本人的平均年收入是 314 万日元（约合 19.2 万元人民币），配偶的平均年收入是 207 万日元（约合 12.6 万元人民币），占其丈夫平均年收入的比重为 65.9%。台北男性本人的平均年收入为 413 万日元，配偶的平均年收入约为 383 万日元，占其丈夫平均年收入的比重为 92.7%。香港男性本人的平均年收入为 545 万日元，配偶的平均年收入为 407 万日元，占其丈夫平均年收入的比重为 74.7%。首尔男性本人的平均年收入为 350 万日元，配偶的平均年收入为 215 万日元，占其丈夫平均年收入的比重为 61.4%。东京男性本人的平均年收入为 501 万日元，配偶的平均年收入为 200 万日元，占其丈夫年平均收入的比重为 40.0%。夫妻年收入差距最小的是台北，年收入差距最大的是东京。

婚育状况。关于婚育状况，“独身无子女”较多的是东京（53.5%）和首尔（46.8%）。“已婚有子女”较多的是台北（44.3%）、上海（59.1%）、香港（39.9%）。在 5 个城市中，“已婚无子女”最多的是香港（20.6%），其次是上海（11.2%）和东京（11.0%）。

### （二）性别角色意识

以下叙述在男性的性别角色意识（包括“工作中的竞争意识”“职场上的女性观”“家庭中的性别分工意识”）方面的城市间比较结果。

“工作中的竞争意识”。设置“想提高工作业绩得到承认”“在职场竞争中获胜”“注意自己与其他男性的上下级关系”3 个项目，以及“很认同”“基本认同”“基本不认同”“不认同”4 个层级（赋值依次为 4 分到 1 分）。综合 3 项得分，设定了“工作中的竞争意识”的衡量标准（3～12 分，得分越高竞争意识越强）。对各城市的平均值进行比较，“工作中的竞争意识”由高到低依次是上海（10.04）、台北（9.84）、香港（9.31）、首尔（8.89）、东京（8.05）。对城市之间的差异进行方差分析，结果为上海男性“工作中的竞争意识”明显高于除台北以外的3个城市，东京男性与其他4个城市的男性相比“工作中的竞争意识低”且具有统计学意义。①

“职场上的女性观”。设置了“如果可能的话，不想有女性上司”“对明确表达自己意见的女性会敬而远之”“无法把重要的工作托付给女性”“女性无法成为职场中的有力伙伴”“女性应该先把家里的事情做好后再去工作”5个项目。与前项“工作中的竞争意识”相同，设置4个层级选项，并设定“职场上的女性观”的衡量标准（5~20分，得分越高越对女性有歧视态度）。在职场上对女性的歧视程度从高到低依次是香港（12.65）、上海（12.16）、台北（11.26）、首尔（11.00）、东京（10.57）。香港和上海与其他3个城市相比“职场上的女性观”有歧视性且有统计学意义；东京与除首尔以外的3个城市相比“职场上的女性观”更不具有歧视性且有统计学意义。

“家庭中的性别分工意识”。设置了“男人应该在外面工作，女人应该守护家庭”，“男人应该养活妻子、儿女”，“孩子到3岁左右为止，母亲应该不工作专心育儿”，“家务和照顾孩子还是女性做比较好”，“老年人护理还是女性做比较好”5个项目。同样设置4个层级选项，设定“家庭中的性别分工意识”的衡量标准（5~20分，得分越高越有严格的性别分工意识）。各城市平均值的比较结果如下。“家庭中的性别分工意识”从严格到宽松依次为上海（14.21）、香港（14.16）、台北（12.39）、首尔（12.21）、东京（12.08）。上海的“家庭中的性别分工意识”比除香港以外的3个城市更为严格且有统计学意义。东京与上海、香港相比，其“家庭中的性别分工意识”更为灵活且有统计学意义。

① 在本案例统计检验的结果中，将因置信水平未满5%而拒绝零假设的情况视为“有统计学意义”。

### （三）照料角色的履行

接下来对各城市调查对象履行照料角色的（“做家务”“参与育儿”“护理老人”）频率进行比较。

“做家务”频率。设置“准备饭菜”“饭后收拾”“购买食物和日用品”“洗衣服（放入洗衣机、晾晒）”“叠衣服”“打扫（房间）”“打扫（浴室）”“打扫（厕所）”8个项目，并设置从“几乎不做”到“几乎每天都做”8个层级的选项，各选项赋值依次为0~7分。8个项目合计得分除以8作为“做家务”频率的衡量标准（0~7分，得分越高做家务的频率越高）。

各城市平均值的比较结果如下。按“做家务”频率从高到低依次为上海（2.73）、台北（2.61）、东京（2.42）、首尔（2.41）、香港（2.34）。上海男性“做家务”频率比除台北以外的3个城市高且有统计学意义。东京男性“做家务”频率比上海低且只与上海的差异具有统计学意义，与其他3个城市的差异不具有统计学意义。

“参与育儿”频率。设置“照顾饮食”“一起吃饭”“照顾换衣服和打扮”“一起洗澡”“换尿布和辅助如厕”“一起玩耍”6个项目。与“做家务”相同，设置了8个层级选项，并设定了“参与育儿”频率的衡量标准（0~7分，得分越高“参与育儿”频率越高）。

对末子年龄为6岁以下的男性进行分析，各城市男性“参与育儿”频率平均值的比较结果如下。按照“参与育儿”频率由高到低依次是台北（4.55）、香港（3.82）、首尔（3.54）、上海（3.35）、东京（3.35）。台北的“参与育儿”频率比其他4个城市高且有统计学意义，但其他4个城市之间的差异不具有统计学意义。

“护理老人”频率。以“现在是护理的主要承担者”以及“正在辅助护理”的人为分析对象，设置“护理（洗澡、换衣服、吃饭、辅助如厕等）”，“辅助家务（准备饭菜、洗衣服、打扫卫生、其他家务）”，“外出时陪同、接送”，“钱财管理、护理服务等的安排和调整”，“说话对象、照看（在其他项中作为说话对象、进行照看的不包含在内）”5个项目，同样设置8个层级选项，并设定“护理老人”频率的衡量标准（0~7分，得分越高护理频率越高)。

各城市平均值的比较结果如下。“护理老人”频率由高到低依次是台北(3.75)、上海(3.74)、香港(3.29)、首尔(3.17)、东京(3.16)。除台北和香港之间的差异有统计学意义以外，其余城市间的差异不具有统计学意义。

### (四)“做家务”“参与育儿”频率的决定因素

为了明确男性的性别角色意识与履行照料角色之间的关联性，本案例进行了协方差结构分析。

图1为分析模型。长方形表示观察变量，椭圆表示潜在变量。把调查对象的主要基本情况作为自变量，把性别角色意识(“工作中的竞争意识”“职场上的女性观”“家庭中的性别分工意识”)作为中介变量，将照料角色的履行(“做家务”频率、“参与育儿”频率)作为因变量。分析男性履行照料角色在“护理老人”上的情况时，排除了当事人很少的首尔(21人)和东京(33人)。在分析中，将调查对象分为“已婚有子女”“已婚无子女”“独身无子女”3组，去除“已婚无子女”组中与子女及育儿相关的变量(“子女人数”“末子年龄”“参与育儿”频率)和“独身无子女”组中与配偶相关的变量(“配偶的收入”“配偶的学历”)。

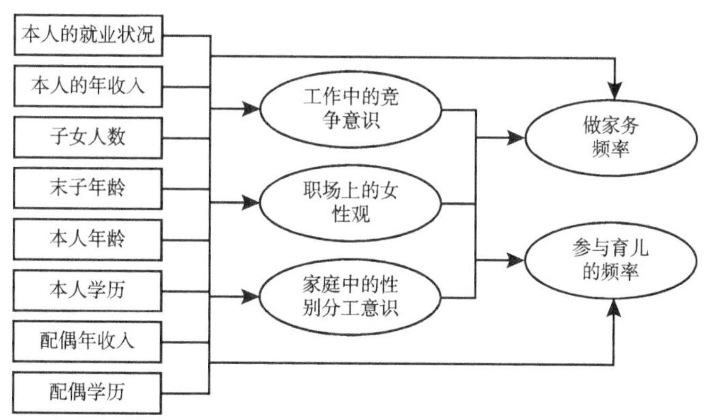


图1　分析模型(已婚有子女)

受篇幅所限，在此不详述所有变量之间的关系，着重阐述各个城市“做家务”和“参与育儿”频率调查中有相关性且具有统计学意义的变量之间的关系。

“已婚有子女”男性“做家务”频率的促进因素，上海包括“职场上的女性观”具有歧视性、非传统的“家庭中的性别分工意识”、配偶收入高、配偶学历高，台北包括“职场上的女性观”具有歧视性、本人的收入高、配偶收入高，香港包括“工作上的竞争意识”强、“职场上的女性观”具有歧视性、本人收入低、本人年龄低、配偶收入高，首尔包括“职场上的女性观”具有歧视性、本人年龄低、配偶收入高，东京包括“职场上的女性观”具有歧视性、子女人数少、配偶收入高。

“已婚无子女”男性“做家务”频率的促进因素，上海包括“职场上的女性观”具有歧视性、本人年龄低，台北包括“工作中的竞争意识”强、“职场上的女性观”具有歧视性，香港包括“职场上的女性观”具有歧视性、本人年龄低，首尔包括本人年龄低，东京包括“工作上的竞争意识”强。

“独身无子女”男性“做家务”频率的促进因素，上海包括本人学历低，台北包括“工作上的竞争意识”强、“职场上的女性观”具有歧视性，香港包括“工作上的竞争意识”强、“职场上的女性观”具有歧视性、本人收入高、本人学历低，首尔包括“工作上的竞争意识”强、“职场上的女性观”具有歧视性、本人的学历高，东京包括“工作上的竞争意识强”、本人有工作。

“已婚有子女”男性“参与育儿”频率的促进因素，上海包括“职场上的女性观”具有歧视性、“家庭中的性别分工意识”灵活、本人年龄低，台北包括末子年龄低、本人学历低、配偶收入高，香港包括“职场上的女性观”具有歧视性、“家庭中的性别分工意识”灵活，首尔包括末子年龄低、本人年龄低，东京包括末子年龄低。

## 三　分析结果总结

从性别角色意识和照料角色的履行角度观察到的各城市男性的特点如

下。尽管上海男性的“工作中的竞争意识”较强、“职场上的女性观”更具歧视性、“家庭中的性别分工意识”更为严格，但是“做家务”频率相对较高。台北男性的“做家务”“参与育儿”“护理老人”的频率相对较高。香港男性的“职场上的女性观”更具有歧视性、“家庭中的性别分工意识”更为严格。和其他城市的男性相比，在意识和行动层面，首尔男性上述项目的分析结果都处于中间水平。尽管东京男性的“工作中的竞争意识”较弱、“职场上的女性观”更不具有歧视性、“家庭中的性别分工意识”更加灵活，但是“做家务”和“参与育儿”的频率呈现出动态性低下。

关于促进男性做家务、参与育儿的主要因素，在“已婚有子女”男性的“做家务”方面，“职场上的女性观”越具有歧视性、配偶的收入越高，“做家务”频率就越高，这是5个城市共同的倾向。在“已婚无子女”男性的“做家务”方面，除东京以外，“职场上的女性观”具有歧视性以及本人的年龄低，其中之一或两个因素都能提高男性“做家务”的频率。在“独身无子女”男性的“做家务”方面，除上海以外，“工作中的竞争意识”强、“职场上的女性观”具有歧视性，其中之一或两个因素都能提高男性“做家务”的频率。在“已婚有子女”男性“参与育儿”方面，末子年龄低则“参与育儿”频率提高是台北、首尔、东京的共同倾向。除此之外，本人的年龄低、“职场上的女性观”具有歧视性、“家庭中的性别分工意识”灵活，也都分别在两个城市中提高了男性的“参与育儿”频率。

## 四　考察

与日本之前有关促进男性履行照料角色的研究相比，本案例的特点之一是除分析调查对象的基本情况和家庭中的性别分工意识以外，将“工作中的竞争意识”和“职场上的女性观”等家庭以外场所的相关意识因素纳入了分析模型。另外，根据分析结果，“工作中的竞争意识”较强的男性、“职场上的女性观”有歧视性的男性，呈现出“做家务”频率越高的倾向，并且无相反模式。这是此次分析中最有趣的结果。

在此次调查的设计阶段，把“工作中的竞争意识”强度和“职场上的女性观”有歧视性设定为传统的男性气质指标，把“做家务”频率设定为非传统的男性气质指标。在设计分析模型时，预判“工作中的竞争意识”越强的男性、“职场上的女性观”越具有歧视性的男性，“做家务”频率越低，但是分析结果截然相反。

解释这看似自相矛盾的结果的关键，不应当把男性履行照料角色看作传统的男性气质被全新的男性气质所取代，而是当作新的男性气质被传统男性气质的一部分所吸收的累积性变化来考虑。也就是说，可以有这样一种解释，工作上的成功依然是体现男人气概的重要因素，而照料劳动也逐渐被视为“男人应该做的事”，在这种男性气质的累积性变化中，除了“工作上的竞争意识”，“职场上的女性观”、履行照料角色都产生着一定的影响。

在把从竞争中获胜视为“男人气概”的社会中，越是希望“自己更有男人气概”的男性，其竞争意识可能越强。当他们身处工作和照料劳动都被认为是“男人应该做的事”的状况时，很有可能有意识地在工作上的成功以及家庭中照料角色的履行这两方面都与他人竞争，并且在两方面都想做好。即使他们未能付诸行动，但很可能也想保持在这两方面都处理有方的自我形象。他们之所以在职场上歧视女性，是因为这样能让他们感觉到自己在职场上发挥着实力。另外，实际情况姑且不论，至少在男性本人的意识层面，自己在履行工作责任的同时也履行着（至今一直被认为是女性的责任）照料责任，这种自负驱使他们对女性履行家庭责任产生更高要求，进而也会以更严格的标准评价职场女性的工作态度。他们的“职场上的女性观”确实有歧视性，但是从另一个角度看，这可能是一种不自然的意识状态。即与其说他们认为女性不如他们，不如说他们把女性看作与自己对等且能够威胁到自己的竞争对手，同时又想领先于女性。

不管怎样，他们似乎是在尝试凭借以往的体现“男人气概”的方式履行曾被认为是具有“女人气质”的照料角色。男性的这种意识或态度可以看成一种在社会和女性要求男性改变角色的背景下，男性一边适应这样的变化一边想要保持作为男性的自我认同和权威的、半无意识的适应战略。

在东亚国家，如果今后老龄化加剧，那么要求男性在家庭中履行照料角色的呼声必定越来越高。同时，促进男性履行照料角色可以间接促进女性的经济独立和性别平等。欧盟的性别平等政策在促进男性改变的同时，还将迄今与女性联系在一起的“照料”作为新男性气质的一个要素。[①] 实际上通过此次调查分析，上海和香港的部分案例也显示，不将照料角色限定于女性的灵活的性别分工意识提高了男性做家务和参与育儿的频率。因此，可以推测上述欧盟的方法对于促进东亚国家的男性履行照料角色可能也具有一定效果。

但此次调查的分析结果同时表明，即使男性履行照料角色，也不一定是传统的男性气质正在变弱，反而是与传统男性气质相通的竞争意识以及某种对女性的歧视性认知有促进男性履行照料角色的倾向。因此，在老龄化社会中，在制定支援家庭的政策时，不应当仅以促进男性履行照料角色为目标，而是应该考虑到男性履行照料角色对以职场为代表的家庭以外的其他领域的性别平等的影响，并且立足于自身特点来推动男性改变。

作者　多贺太，关西大学教授；石井 Kuntz 昌子，立教大学特任教授；
伊藤公雄，京都产业大学客座教授；
植田晃博，公益财团法人笹川和平财团研究员
译者，田嫄

① Elli Scambor, Katarzyna Wojnicka, Nadija Bergmann, eds., *The Role of Men in Gender Equality: European Strategies and Insights*, European Commission, Directorate-general for Justice, 2013；多賀太「国際社会における男性ジェンダー政策の展開——『ケアする男性性』と『参画する男性』」、『関西大学人権問題研究室紀要』第76号、2018年。

# 案例七

# 成年人监护制度和家庭内部再分配研究*

——从中日比较的视角

近年来，在日本的老龄化进程中，阿尔茨海默病患者持续增加，为了让所有老年人都能放心生活、安度晚年，以“Aging in Place”为理念的本地特色养老社区建设在不断推进。日本《2017年版高龄社会白皮书》指出，到2025年，每5人中有1人将成为阿尔茨海默病患者。① 阿尔茨海默病患者人数不断增加这一问题也备受关注。与此同时，为了维护阿尔茨海默病患者的各种权益，对其财产管理及生活上的各种手续进行代理的成年人监护制度逐渐进入大众视野。2016年，日本通过了《促进成年人监护制度利用相关法律》（成年监护制度利用促进法），以积极应对持续增加的老年阿尔茨海默病患者。

成年人监护制度是由监护人对逐渐失去判断能力的当事人的财产、各种契约及自我决定进行代理的一种制度。在日本，监护人大多由第三方专业人士担任，成年人监护制度的社会化已经形成一定规模。成年人监护制度对家庭的影响很大。例如，成年人监护制度中“当事人的财产只能给当事人花”原则会加速家庭成员收入趋于个体化，进而迫使家庭成员分割财产甚至分居。因此，在老龄化进程中，这个制度的普及会对家庭内部财产再分配产生深远的影响。② 成年人监护制度在中国同样不可或缺。2016～2017年，中国

---

* 本案例的共同研究者是华东师范大学经济与管理学部公共管理学院专任讲师张继元，访谈调查得到了上海交通大学博士研究生晏子的大力协助。

① 『2017年版高齢社会白書（全体版）』、内閣府ホームページ、https://www8.cao.go.jp/kourei/whitepaper/w-2017/zenbun/pdf/1s2s_03.pdf。

② 税所真也『成年後見の社会学』、勁草書房、2020。

全国人民代表大会常务委员会审议通过了《中华人民共和国民法总则（草案）》（下称“中国民法总则”），这是对1987年推出的《中华人民共和国民法通则》30年来的首次补充和发展。与日本相比，中国非常重视血缘关系和亲属关系，按照法律规定，以配偶、父母、子女的顺序依次指定监护人，因此中国的法定监护人是亲属。但是，对农民工以及独生子女等群体来说，将来他们能否成为父母的监护人，令人十分担忧。[①] 本章首先概述日本成年人监护制度及20年以来的实施现状，其次介绍中国成年人监护制度的具体事例。

## 一　日本成年人监护制度概要及制度制定背景

成年人监护制度对没有充分判断能力的当事人的个人财产等进行管理，对其生活进行监护（例如签约等）和支援，分为法定监护（民法）和意定监护（任意意定契约法）。法定监护是指对于没有充分判断能力的当事人（如阿尔茨海默病高龄患者、精神病患者等），由本人、本人亲属或所在地的市町村长向家庭裁判所提出申请，由被指定的监护人对当事人的财产进行管理，对与其生活息息相关的各种手续进行代理执行。根据当事人的判断能力，法定监护又分为成年人监护、保佐、补助3种类型。除了当事人的结婚、离婚、收养子女、手术签字以外，监护人有权代理当事人委托的所有手续。

意定监护是指当事人为将来做准备，在逐渐失去判断能力前找到监护人并与其签约。监护人有可能是家人、朋友，也有可能是可以信任的第三方专业人士。因为这个制度是私人契约，所以当事人既可以选择亲属，也可以选择第三方专业人士作为自己的监护人。

日本的成年人监护制度是在2000年与护理保险制度同时实施的。护理保险制度的导入迫使人们开始考虑如何更方便地使用成年人监护制度。在

① 何心慧「中国における成年後見制度の改正動向——任意後見制度を中心として」、『大学院研究年報』第46号、2017年。

20世纪90年代的社会福祉基础构造改革中，起初由国家来决定个人可以利用的福利机构和福利内容，后来逐渐调整为由个人决定希望利用的福利机构和福利内容。这需要个人和福利机构签署协议，并要求当事人具备一定的法律能力。如果当事人没有能力表达自己的需求或理解契约内容，就需要当事人的监护人或抚养人代替其签约。此外，可以利用成年人监护制度由监护人签约。成年人监护制度在一定程度上保障了当事人享受社会福利的权利，是社会福利制度体系的一个重要组成部分，与护理保险制度一起有效地服务于大众。[①] 为了使福利利用方和提供方建立一种平等关系，成年人监护制度形成了一种调节手段。最初能设想到的是，只有自己能给自己做主的人才会利用该制度。可是现实情况是，“不具备当事人能力，对成为当事人非常消极甚至排斥的人却占了大多数”。[②]

## 二　日本成年人意定监护的权限与义务[③]

监护人由家庭裁判所指定后开始工作。接下来确认第三方监护人的职责、权限和义务。

1. 财产管理

由监护人管理当事人的银行存折、股票或证券、保险、房产证、个人印章、健康保险证等证件。如果存折或各种证件丢失，监护人可以向银行、保险公司或证券公司申请补发。对于当事人持有的房产，若无人居住、房屋老旧而有坍塌危险或者因无人居住可能发生火灾，监护人必须考虑当事人的健康、生活和财产状况，判断是否对其房产进行修缮、拆迁或出售。监护人必须熟知当事人的日常生活、教育、医疗、疗养看护状况以及财产支出。对水电费、护理保险费、设施利用费等一些费用可以直接用当事人银行账户支付。当事人的年金以及房租等收入低于生活费和医疗看护费总额时，需要用

① 上山泰『専門職後見人と身上監護』、民事法研究会、2008。

② 古川孝順『社会福祉基礎構造改革——その課題と展望』、誠信書房、1998。

③ 更多内容参见馬場雅貴「成年後見制度の概要——成年後見の実際の流れ」、新井誠・池田惠利子・金川洋編『権利擁護と成年後見』、ミネルヴァ書房、2009、71-91頁。

当事人的银行账户、股票、债券或其持有的房产来支付。所有财产用完时，可以申请最低生活保障。

2. 生活监护

日本民法第 858 条规定监护人对当事人的身心健康和生活有监护义务；定期与当事人面谈了解其生活状况和健康状况；有必要的话，可以从当事人的看护人员、老人院工作人员和医生那里了解当事人的情况，随时改善当事人的生活环境。面谈次数需根据当事人的身心状态来决定，大概 1 个月 1 次。如果想为当事人维权，最好经常与当事人见面，尽可能了解其需求。对生活不能自理的当事人来说，可以替他们申请入住提供护理的老人院或特别养护老人院，并根据当事人的身体健康状况办理适合当事人的照护服务手续。监护人的工作内容还包括办理当事人的体检、治疗、住院等手续。总而言之，监护人的职责是根据当事人的健康状况保障其相应的医疗服务。如果当事人需要医疗介入，监护人需要与医生商议治疗方针，但没有权利签字。在当事人需要做手术时，监护人必须找亲属签字。有关器官移植手术、脑死后的治疗、安宁医疗等，不能只听取监护人的意见，这也是成年人监护制度的一个课题。① 如果当事人有判断能力或其家人在场，就可以接受治疗。② 生活监护不包括家务护理等内容。当事人的护理和看护等内容不在监护人的职责范围内。监护人职责的核心仅仅是代替当事人签约。③

3. 对监督机关（家庭裁判所）的报告和监护人的薪酬

监护人受家庭裁判所监督。家庭裁判所规定监护人要提交监护报告和当事人的财产目录。④ 监护人的薪酬主要根据监护人和当事人的经济能力由家

① 税所真也・飯島勝矢「今日の話題——医師が知っておくべき成年後見制度」、『Medical Practice』第 8 号、2018 年。

② 小賀野晶一『民法と成年後見法——人間の尊厳を求めて』、成文堂、2012。

③ 小賀野晶一『民法と成年後見法——人間の尊厳を求めて』、成文堂、2012。

④ 最高裁判所事務総局家庭局「成年後見関係事件の概況」、裁判所ホームページ、2018、http://www.courts.go.jp/about/siryo/kouken/index.html。

庭裁判所决定。[①] 当事人的财产为1000万~5000万日元，监护人的薪酬是每月3万~4万日元；当事人的财产超过5000万日元时，监护人的薪酬是每月5万~6万日元。[②] 监护人的薪酬由当事人的财产支付。

## 三　日本第三方成年人监护制度事例整理及背景

现行的成年人监护制度自实施以来，利用人数快速增加。据最高法院统计，截至2018年12月末，共计218142人利用法定监护和意定监护。[③] 近几年来，第三方监护人不断增加。2000年刚实施成年人监护制度时，90%的监护人是亲属，现在70%以上的监护人是第三方。那么，越来越多的第三方成为监护人这一趋势对当事人来说意味着什么？尤其是在各种各样的监护类型中，法定监护的比例约达80%（76.6%），这意味着由当事人对本人财产进行管理和做主的权利开始由第三方接手。那么，这种给当事人及其家人生活带来巨大影响的成年人监护制度是如何渐渐被人们接受和利用的？

接下来，通过一些具体事例来看一下第三方监护人是在怎样的状况下被人们接受的。在分析由第三方对当事人的财产和生活进行监护这一事实时，可以从社会发展的角度探讨其中的社会因素。为了弄清楚第三方监护人的需求成因，以《实践：成年人监护制度》（民事法研究会）期刊中的具体事例为分析对象。本书是专门针对成年意定监护制度实践者发行的专业期刊。自2000年成年人监护制度实施到2010年，该期刊一共发行了34卷，报告了107个事例。

第三方监护人大部分是司法书士、律师或社会福祉士等专业人士。

---

① 馬場雅貴「成年後見制度の概要——成年後見の実際の流れ」、新井誠・池田惠利子・金川洋編『権利擁護と成年後見』、ミネルヴァ書房、2009、71－91頁。

② 東京家庭裁判所立川支部「成年後見人等の報酬額のめやす」、東京家庭裁判所ホームページ、2013、http：//www.courts.go.jp/tokyo－f/vcms_lf/130131seinenkoukennintounohoshugakunomeyasu.pdf。

③ 最高裁判所事務総局家庭局「成年後見関係事件の概況」、裁判所ホームページ、2018、http：//www.courts.go.jp/about/siryo/kouken/index.html。

需要监护人的理由通常有两种类型：一是“无亲属”，二是“专业性”。以往研究已经讨论过这两种类型。本案例加入“当事人的意愿”作为第三种类型。社会学把照护看成人们相互之间的行为，在进行照护时，可以把照护权利分为4种①。上野千鹤子的框架和视角适用于分析成年人监护制度中的监护人和当事人的关系，即“成为监护人的权利”“被监护的权利”“不被强迫成为监护人的权利”“不被强迫被监护的权利”。因此，到底由谁当监护人，家庭意识形态会以一种怎样的方式呈现出来，这个问题也可以进一步分析。按照以上分类，将107个事例整理成表1。

**表1　需要第三方监护人的理由**

| 类型 | 事例 | 分类 |
| --- | --- | --- |
| 无亲属<br>（52例，49%） | ○单身无亲属<br>○丧偶无后代<br>○失去双亲 | 家庭成员结构变化 |
| | ○亲属没有能力担任监护人<br>○本人以外的家人也需要照护 | 家庭功能减弱 |
| | ○亲属因年迈、工作、居住地太远无法担任监护人<br>○没有能依靠的亲人 | 难以依靠亲属 |
| 专业性<br>（31例，29%） | ○家庭内部财产纠纷<br>○围绕成年意定监护人候补，亲属之间意见不一致 | 家庭内部不和 |
| | ○巨额财产管理<br>○遗产分割协议<br>○成年意定监护制度利用时的法律支援 | 需要专业人士进行法律调节 |
| | ○有对精神疾病患者提供支援的专业知识<br>○防止身体、经济上的虐待<br>○欠债、多重债务问题，合同毁约 | 由专业人士维权 |

① 上野千鶴子『ケアの社会学——当事者主権の福祉社会へ』、太田出版、2011。

续表

| 类型 | | 事例 | 分类 |
|---|---|---|---|
| 当事人的意愿和期待 | 当事人想指定第三方意定监护人（8例,7%） | ○当事人拒绝亲属当监护人<br>○与收养的孩子关系不好,不希望被照顾,亲人不想照顾 | 当事人不希望让亲属当意定监护人 |
| | | ○不想麻烦亲属 | 不想麻烦亲属 |
| | | ○基督教信徒 | 宗教信仰 |
| | 家属想指定第三方意定监护人（16例,15%） | ○亲属拒绝往来<br>○弟弟不想和姐姐有来往 | 亲属不愿意当意定监护人 |
| | | ○不能长期为当事人的财产管理提供支援<br>○亲属自顾不暇 | 长期提供支援很困难 |
| | | ○亲妹妹的家人不让她与有精神疾病的当事人有瓜葛 | 对残障家人的忌讳 |

第一，“无亲属”有52例（49%）。具体包括“单身无亲属”“丧偶无后代”“亲属没有能力担任监护人”“没有能依靠的亲人”等。这些事例可分为“家庭成员结构变化”“家庭功能减弱”“难以依靠亲属”三种类型。可以看出，第三方监护人的增加与无子女家庭的增加、无亲属单身群体的增加有着密不可分的关系。

第二，“专业性”有31例（29%）。具体涉及“家庭内部财产纠纷”、“巨额财产管理”、“遗产分割协议”、保护精神病患者的权利等，一些专业性极强的事项需要第三方专业监护人处理。这些事例可分为“家庭内部不和”“需要专业人士进行法律调节”“由专业人士维权”三种类型。但是，需要专业人士的大多数事例中，当事人并不是一开始就需要专业人士的帮助，而是在生活中发生了一些状况而周围没有能发现的人时，最终找到这些专业人士。

第三，“当事人的意愿和期待”有24例（22%）。具体又分为两种，即“当事人想指定第三方意定监护人”“家属想指定第三方意定监护人”。前者涉及当事人与亲属多年不联系关系越来越疏远而拒绝亲属当监护人、虽然有亲属但是很难拜托亲属当意定监护人等。从以上分类可以看出当事人自己委托监护人已形成一种趋势。这里也可以分成三种类型，即“当事人不希望让亲属当监护人”“不想麻烦亲属”“宗教信仰”。后者分为“家属不愿意当监护人”“长期提供支援很困难”等三种类型。从成年人监护制度的利用状况和监护人的指定也能看出家庭的个体化趋势，“和家人相比，个人优先主义”[①] 越来越明显。

通过以上分析可以看出，以家庭为单位的互助方式[②]已经开始发生变化。家庭的变化也凸显在成年人监护制度的利用上，尤其是从以当事人和家属的意愿和期待为理由选定第三方担任监护人的事例中可以看出，家庭意识形态在不断发生变化，这个变化也逐渐渗透到私有财产管理和自我决定领域。在“选家人还是选第三方”“选亲属还是选外人”“选有血缘关系的还是靠社会”这些问题中存在着一种紧张关系。

## 四　中国成年监护制度动向及特征与案例分析

接下来论述中国的成年监护制度是怎样被推广的。在论述这个问题前，先简单介绍一下中国的成年监护制度。[③] “随着中国老龄化的进程，成年监护制度面临着很大的课题”。2014 年 10 月中国共产党第十八届中央委员会第四次全体会议通过《中共中央关于全面推进依法治国若干重大问题的决定》，提出编写民法典，开始修改成年监护制度。2016 年 6 月，第十二届全国人民代表大会常务委员会第二十一次会议审议决定，修改现行法定成年监护制度，同时有议案提出导入尊重个人自我决定权的意定监护制度，这些都

---

① 山田昌弘『近代家族のゆくえ——家族と愛情のパラドックス』、新曜社、1994。

② 森岡清美・望月嵩『新しい家族社会学』、培風館、2006。

③ 这里仅对中国成年人监护制度做一简单介绍。有关中国成年人监护制度的研究，参见江涛「中国における成年後見制度に関する研究」、『千葉大学法学論集』第 1－2 号、2015 年；王麗萍・鄭芙蓉訳「挑戦と対応——中国における成年後見制度について」、『東洋文化研究』第 12 号、2010 年；宇田川幸則「中国における民法総則の編纂」、『法政論集』第 272 号、2017 年；何心蕙「中国における成年後見制度の改正動向——任意後見制度を中心として」、『大学院研究年報』第 46 号、2017 年；直井義典「中国民法総則における行為能力規定——植草宏一教授退職記念論文集」、『筑波ロー・ジャーナル』第 23 号、2017 年。

推进了成年监护制度的发展。[①]

中国成年监护制度的以下几个方面得到进一步修改完善。第一，扩大了法定监护制度对象范围，加强了对阿尔茨海默病患者的照顾。第二，重新规定法定监护人。第三，明确规定法定监护人顺序，即配偶、父母、成年子女、亲属、关系好的亲属或朋友。第四，监护人的指定权限由被监护人居住地的居委会、村委会、民政局、法院多机构持有。第五，追加了意定监护制度。[②] 此后，中国成年监护制度包括法定监护和意定监护两种。接下来介绍中国的事例。

中国的法定监护规定，"具备完全民事行为能力的老年人，可以在近亲属或者其他与自己关系密切、愿意承担监护责任的个人、组织中协商确定自己的监护人"。从这里可以看出"监护人主要是亲属"[③]，第三方监护人极少。意定监护委托不限于法定顺序，允许当事人委任自己信任的人担任自己和弱势家庭成员的监护人。本案例主要分析意定监护事例。在考察成年监护制度在中国是怎样社会化这一问题时，对第三方监护人事例的分析尤其重要。为此，2019 年 6 月到 12 月，笔者在中国 X 市对意定监护的利用现状做了调查。具体对 X 市公证处的 Y 公证员进行了数次半结构化访谈，共收集到 4 个事例（见表 2）。

选取 X 市的理由有以下四点。第一，意定监护的利用率很高。和其他城市相比，X 市的意定监护利用率很高。虽然成年监护制度利用状况的统计数据未公开，不太清楚具体情况，但是中国的意定监护制度利用者中有一半

① 宇田川幸则指出这一点受到了日本法律的影响，参见宇田川幸則「中国における民法総則の編纂」、『法政論集』第 272 号、2017 年。

② 2012 年 12 月 28 日第十一届全国人民代表大会常务委员会第三十次会议中，《中华人民共和国老年人权益保障法》修改，将意定监护制度列入第 26 条第 1 项里，自 2013 年 7 月 1 日开始实施。但是，"中国的意定监护制度虽然被列入《老年人权益保障法》，但是没有具体的执行方式"，再加上"也没有详细规定意定制度细则"，其内容"还并不完善"，今后需要不断完善。参见何心慧「中国における成年後見制度の改正動向——任意後見制度を中心として」、『大学院研究年報』第 46 号、2017 年。

③ 何心慧「中国における成年後見制度の改正動向——任意後見制度を中心として」、『大学院研究年報』第 46 号、2017 年。

在 X 市。第二，家庭意识形态相对容易体现。X 市在中国是屈指可数的经济发达地区，人们的生活水平很高，这也决定了当地人生活方式的多元化。因此可以推断人们的家庭意识形态变化也很快。第三，当事人和法院的关系比较近。随着市场经济的发展和单位制的废除，居委会、村委会对人们的生活参与不断减少。在这样的大环境中，X 市的民事纠纷经常诉之法院，意定监护的利用率因此也很高。第四，人们对私有财产的管理意识很高。X 市的房产价值非常高，老年人对自己的财产进行管理的意识相当强。因此，为了保护自己的私有财产，很多老年人积极利用遗嘱和意定监护制度。

**表 2　中国意定监护事例**

| 事例 | 本人 | 亲属关系 | 财产 | 利用意定监护制度的理由 | 意定监护人 | 分类 |
| --- | --- | --- | --- | --- | --- | --- |
| A | 男性（癌症晚期） | 母亲、妻子、女儿 | 工资 | 为了女儿（上学、改姓等） | 母亲 | 主要监护人去世后的问题 |
| B | 50 岁以上男性 | 亲属 | 工资 | 为了做手术 | 同住者（男性，40 岁以上） | 签约保证人 |
| C | 78 岁男性（离异） | 姐姐、儿子（不来往） | 退休金、变卖房产后的资金 | 为了办理养老院入住手续 | 邻居 | 签约保证人 |
| D | 78 岁男性（单身，患有精神分裂症） | 哥哥 79 岁、弟弟 74 岁 | 退休金、房产 | 监护人因年迈不能继续监护 | 社会组织 NPO 法人 | 主要监护人去世后的问题 |

1. 事例 A：委托自己母亲作为女儿的意定监护人

A 结婚两年，家人有妻子、1 岁的女儿和自己的母亲。A 患有癌症并被医生告知只有 3 个月的生存期。A 担心妻子将来再婚后无人照顾女儿。于是，A 指定自己的母亲为女儿的意定监护人。这么做是因为在将来孩子的教育方针、上学、财产管理、照顾、改姓等问题上，可以保障母亲和妻子有同等监护权。A 希望女儿在能自己做决定的年龄之前，由妻子和母亲尊重孩子意愿一起商量着抚养。A 没有与妻子商量就开始办手续，他的妻子虽然是在他离世以后才知道此事，但平静地接受了。

2. 事例 B：委托同住者为意定监护人

B 与一位 40 多岁的男性 b 一起生活。一天，B 需要做手术，医院要求家属签字。但因为 b 不是家属，没有权利签字。B 的家人也不能去医院。于是，B 和 b 到公证处签约，让对方当自己的意定监护人。这样不仅解决了 B 住院做手术签字的事，也保证了在一方生病后，另一方可以从对方的银行账户上取钱的权利。

3. 事例 C：委托邻居为意定监护人

C 独居，早年离婚，有一个儿子但是几乎不来往，还有一个姐姐但已经很久不联系了。C 的日常生活由居委会和在互助养老新模式“老伙伴”中找到的近邻 c 照顾。以前，c 的丈夫生病时 C 帮助过她，从那以后，C 和 c 开始来往。最近 C 做了手术，出院后，觉得自己一个人生活困难，于是决定去养老院。可是入住养老院需要监护人的同意。C 担心自己以后失去判断能力时，住院动手术的一些手续没人签字，于是，询问居委会有没有解决办法。他通过居委会的律师顾问了解到意定监护制度。C 本来想让居委会当意定监护人，可是居委会没有法人资格登记证，所以没有资格当监护人。最终，C 找 c 商量，决定让 c 当监护人，由居委会当监督人，并在公证处签署了意定监护合同。此后，C 卖了房产，住进养老院。房产的资金由公证处保管，退休金由 c 管理，用来支付 C 的日常开支和养老院费用。

4. 事例 D：委托社会组织 NPO 法人为意定监护人

D 因病没有充足的判断能力常年住院。他有一个哥哥和一个弟弟，每个月都会看望 D。几年前 D 突然生病做了手术。那时，两个兄弟感到自己已经年迈，不知道以后能不能照顾 D。他们委托医疗机构照顾 D，但是没有成功。他们与 D 以前工作单位的退休管理办公室负责人商量，但是没有解决，找居委会时也被拒绝了。找了两年，他们还是没有找到能够照顾 D 的人。于是，他们去公证处咨询，最终找到一个社会组织当监护人，由一个慈善基金会做监督人，一起照顾 D。这一结果能够实现主要是因为 D 有退休金，生活也很富足。D 有自己的房产，房子卖掉以后，钱由公证处保管，这样意定监护人也可以在生前使用这笔资金为 D 服务，

D死亡后剩余资金作为捐赠款捐赠给慈善基金会，用于帮助其他贫困老人，回报社会。

## 五　结论与思考

成年监护制度在中国刚开始实施，X市是中国最早开始利用意定监护制度的城市。截至目前，知道该制度的人很少，因此利用的人也很少。

从以上4个事例可以看出社会在不断变化。首先，当涉及人们的生活问题时，居委会和村委会的重要性大幅下降。以前，人们的生活问题大多由居委会和村委会协调。但随着经济制度转型和单位制废除，居委会和村委会的作用不断变化，对家庭内部纠纷的参与越来越少，取而代之的是人们开始向司法部门寻求帮助，人们与司法的距离越来越近。

意定监护制度就是在这样的背景下被慢慢利用起来的。与其他城市相比，X市的意定监护制度利用率相对较高，首先是因为居委会和村委会发挥的作用存在明显的地区差异。其次必须考虑税收制度的影响。例如，独生子女极少有继承房屋后符合“满五唯一”免税的情形，因此活着的时候出售房产可以享受一定的免税政策，这就提高了人们在去世之前出售房产而不是让子女继承的意识。因此，在房价尤其高的X市，人们在逐渐失去判断能力前就开始寻找监护人替自己卖掉房产，这种人群对该制度尤其敏感。

接下来通过4个事例探讨一下X市的家庭变化和社会变化。

事例A的当事人A担心自己去世后女儿的抚养问题，所以决定利用意定监护制度。这个事例很好地反映了中国的家庭关系。在日本，如果发生同样的事，一般情况下是由母亲抚养孩子，母子关系是被放在第一位的。相比之下，这个事例中奶奶作为孙女的意定监护人行使监护权。利用意定监护制度在一定程度上通过强调父亲家人和孙女的关系来对母女关系起到一定的制约作用。在日本，也有为了保护父母双亡的精神疾病患者而利用意定监护制度的例子。可是，对未成年人的意定监护制度的利用极少。事例A不仅反映出中日意定监护制度利用方式的差异，也反映出中日两国的血缘关系特征。

事例 B 的当事人 B 和同住者 b 虽然没有任何法律关系，但是通过意定监护制度 b 被赋予了手术签字权利。一般情况下做手术需要家属签字，可是像 B 和 b 这样长期生活在一起却没有任何法律保障的群体，其中一方一旦需要住院或做手术，谁来签字是问题。意定监护制度可以解决这个问题。意定监护制度不仅保障了当事人在危急时刻能接受及时的治疗，而且也保障了其财产管理的授权问题。今后，随着家庭结构的多元化，意定监护制度发挥的作用也越来越大。相反，日本的法定监护人和意定监护人都没有被授予手术签字权利。[①] 因此，可以说中国的意定监护制度在这一点上是领先日本的。

事例 C 的当事人虽然有儿子和姐姐，但还是让信得过的邻居当自己的意定监护人。一般情况下，在中国，由于儒教文化的影响，“家庭大于个人”[②] 这种思想根深蒂固，赡养父母是子女的义务。因此，“不会以当事人的意愿来指定监护人”，此外，大部分人更“希望被保护”[③]。有预测认为意定监护制度在中国不会太普及。但从事例 C 可以看出，像 X 市这样的大都市，不是每个人将来都想让家人替自己做主，一部分人想通过意定监护制度让自己放心的人管理自己的财产。人们的家庭意识形态已经开始发生转变。在 X 市，很多人的子女在国外工作。除了这些群体，还有一部分农民工从农村来到该城市工作，这部分人群无法照顾父母。今后，由谁做监护人、谁能做监护人的问题也可以从家庭意识形态变化这个角度探讨。

最后一个事例 D 是社会组织 NPO 法人担任意定监护人。法人监护人是在 2017 年的《中华人民共和国民法总则》中提出的。这个事例在 X 市这样的意定监护制度利用率高的城市里也是首例，从全国来看更是罕见。事例 D 的当事人 D 家人年迈，当事人 D 的生活原来一直由兄弟们照顾，可是因为兄弟相继死亡不能继续提供监护。于是家人去公证处咨询，最终由公证处找

① 税所真也・飯島勝矢「今日の話題——医師が知っておくべき成年後見制度」、『Medical Practice』第 8 号、2018 年。

② 大貫正男「中国と日本の成年後見法改正」、『成年後見』第 53 号、2014 年。

③ 大貫正男「中国と日本の成年後見法改正」、『成年後見』第 53 号、2014 年。

到能信任的两个社会组织分别担任意定监护人和监督人，同时由公证处进行司法监督，协助一起照顾当事人。意定监护制度在修改时留下一个课题，即不设置监督人。在中国，虽然意定监护制度越来越受到关注，可是没有书面公证、意定登记，未设置监督体系、未明确开始监护时间等相关规定。[①] 在这个事例中，由公证处长期支援作为监护人的社会组织，并由公证处代替执行监督职责。总而言之，灵活运用可信任的社会组织和公证处可以克服一些制度上的问题，最大限度地保障当事人的权益。今后，像这样的公证处是否增加将关系到意定监护制度在中国的发展。同时也需要专家学者对其实践提供理论上的支持。

意定监护制度在日本已经实施了 20 年，可是在中国才开始实施。本案例通过比较两国的实施现状，不仅明确了各自制度的特征，而且为今后中日家庭比较研究提供了一个新的契机。

作者　税所真也，东京大学特任助教、华东师范大学访问学者。

译者，郭丽娟

① 何心蕙「中国における成年後見制度の改正動向——任意後見制度を中心として」、『大学院研究年報』第 46 号、2017 年。

# 案例八
# 地域福祉改变的“死亡”
## ——以冲绳波照间岛的实践为例

1997年，作为社会福利基础构造改革的一环，日本政府开始宣传“地域福祉”概念。“地域福祉”的目的在于完善社会福利体制，让该地区居民能够过上符合自身需求的生活；基础理念是以居民为主体，让居民成为福利的传递者与实践者。20世纪70年代，这一社会福利概念由冈村重夫[①]与右田纪久惠[②]首创，2000年社会福利法修订时“推进地域福祉”写入法律条文。为控制社会保障补助金数额，实现“从医院到居家养老”这一方向转换，日本政府制定政策，大力推进社区建设，争取使地区居民能够代替国家肩负起提供居家养老福利的责任。

除了已实行“社会保障与税金整体改革”的日本，其他国家与地区也推行了地域社会福利。例如，文化人类学者田边繁治指出，泰国于2000年开始实施“国民保健系统改革”，在强大的官僚体制当中，通过与市民团体及NGO合作来推进社会福利。[③] 田边对此状况做了尖锐的批评：“社区概念并不只是一处由行政切割出来的空间场所，它是借由各个领域专家的知识与实践的参与而形成的一个合理的对象。社区是一个统治性概念，社区里的众

① 岡村重夫『地域福祉研究』、柴田書店、1970；岡村重夫『地域福祉論』、光生館、1974。

② 住田磐・右田紀久恵『現代の地域福祉』、法律文化社、1973。

③ 田辺繁治『ケアのコミュニティ——北タイのエイズ自助グループが切り開くもの』、岩波書店、2008。

人对‘生命’持有相同的价值观、目标与态度，其内部的差异与裂隙被掩盖。”[①] 田边呼吁人们在改变自己的同时，通过对话与活动重新创建富有活力的社区。

那么，在日本，管理机构通过“地域福利”政策会对地域社会产生怎样的作用？是否确如田边所说，人们改变自己的习惯并重新想象和创建社区与地域社会？本文正是着眼于此问题，关注日本冲绳县离岛社会开展的以居民为主体的高龄人士护理福利实践，以文化人类学与民俗学的视角对衰老与死亡的关系及其变动进行分析。另外，普遍认为，冲绳仍旧保留着互助的传统，具体表现为以“结”[②] 为代表的劳动习俗及类似“模合”[③] 的资金再分配习俗等。[④] 本案例将描述国家政策在这类具有特定文化土壤的周边地区所产生的作用。

## 一　波照间岛的小规模多功能型居家护理事业

### （一）波照间岛的概况

冲绳县由南至北主要由八重山诸岛、宫古诸岛和冲绳诸岛 3 个区域构成，共有 39 座有人岛。八重山诸岛则由 3 个自治体组成，分别为由单一岛屿形成的石垣市、下辖 9 个有人岛的竹富町以及最西端由单一岛屿形成的与那国町。机场、综合医院、高中学校、大型护理设施均集中建设于具备都市功能的石垣市（石垣岛）。随着市町村合并，宫古岛市的 4 座离岛之间已有桥梁互通；八重山诸岛的岛屿之间还没有桥梁相互连接，只能从石垣岛坐船前往竹富町下属的大小群岛。

---

① 田辺繁治『ケアのコミュニティ——北タイのエイズ自助グループが切り開くもの』、岩波書店、2008、184 頁。

② “结”，原本指称日本本土农民在插秧或割稻时的劳动交换行为或泛指这类互助形式。在冲绳称为“ユイマール”，强调守望相助的理念。在社会福利场景中更有自反式的用例。

③ “模合”，指具有同岁或同乡等共同特征的个人组成一组，定期支付一定数额的金钱，成员聚集时统一按顺序获得支付，是一种金钱再分配的形态。与本土的“赖母子讲”和“无尽讲”相似。

④ 恩田守雄『互助社会論——ユイ、モヤイ、テツダイの民俗社会学』、世界思想社、2006。

尽管2000年《护理保险法》已正式实施，但冲绳县管辖范围内的诸多离岛仍然存在“付了保险费却得不到服务”的情况，令人颇感忧虑。为此，冲绳县政府与冲绳县立护理大学的教师共同开展了“离岛及人口过疏地区支援事业”5年计划，其目标是在县内3个地区分别构建地区护理系统的样板。[①] 3个地区中包括波照间岛。

位于日本最南端的波照间岛是一处有人岛，地理位置上属于八重山诸岛，行政上属竹富町所辖。从石垣岛乘船至波照间岛需要1小时30分钟，但岛屿本身面积仅为12.73平方公里，驾车不到15分钟便可环岛一周。根据2015年的国势调查，波照间岛全岛共有493人，老龄化率为26.8%。岛上的就业总人数为217人，其中48人从事农业、33人从事住宿及餐饮业。这是一个农业从业者占就业人员总数1/4的农村社会。波照间岛的农业以甘蔗栽培和畜产养殖为主，至今甘蔗收割仍以共同劳动的方式进行。岛上的诊所开设于1960年，1985年更名为“县立八重山医院附属波照间诊所”，划归县立医院管辖，因此并未出现医师人手不足的情况。通常，在冲绳县中部医院结束研修期后，年轻医师会前往波照间岛诊所任职2年。诊所护士虽出生于日本本土（本土是相对于离岛而言），但与岛上男性结婚后留在岛上，从1998年至今一直在职，为岛民们的健康做出了很大的贡献。

2000年11月，诊所附近开办了共同养老机构“同心之家”[②]。推动“离岛及人口过疏地区支援事业”展开的大学教师从岛上狭隘、孤立、隔绝等不利的地理环境之中，发现了培养公助、共助与自助的可能性，致力于构建“同心之家”老年人照护系统。[③] 以岛民为主体形成的团体“同心会”通过竹富町政府的购买服务运营，每周5天开设沙龙，每周2天提供配餐。当时这一事业不属于护理保险范围，尽管没有得到政府的护理认定，但还是

① 大湾明美・宮城重二・佐久川政吉・大川嶺子「沖縄県有人離島の類型化と高齢者の地域ケアシステム構築の方向性」、『沖縄県立看護大学紀要』第6号、2005年。

② 原文为“すむづれ”，是岛上方言“同心协力”的意思。

③ 大湾明美・宮城重二・佐久川政吉・大川嶺子「沖縄県有人離島の類型化と高齢者の地域ケアシステム構築の方向性」、『沖縄県立看護大学紀要』第6号、2005年。

开办起来了，岛上居民都可以报名参加沙龙、订购午餐。岛上的本地居民担任负责人，岛上的中老年女性与嫁到岛上的外地女性受雇成为临时职员，提供服务。

### （二）小规模多功能型居家护理事业运营

直到“同心之家”建立约 10 年后的 2010 年，高龄人士难以在岛上尽其天年、只能被送入岛外护理机构的情况仍然未得到改善。[①] 当初，开展小规模多功能型居家护理事业的契机是因为有许多岛内老年人“希望死在岛上，害怕死后被火葬”[②]，但老人又不得不进入岛外的护理机构，在岛外迎接死亡。2009 年就任“同心之家”的一位负责人（A）认为，“如果不改变这一现状，我们的活动就失去了意义”。于是，决定遵循“同心之家”的理念[③]，照护老年人并为其“送终”，2013 年“同心之家”开始运营属于护理保险范围的小规模多功能型居家护理业务。

小规模多功能型居家护理事业是 2005 年《护理保险法》修订时增设的社区紧密型服务的一项，截至 2018 年 12 月，日本这样的小规模多功能型居家护理机构超过了 5400 家。主要有以下 5 个特征：不超过 29 人，员工准入门槛较低，普通职员无须持有相关证书，费用为定额制，护理服务以居家生活为主并结合综合上门服务、日托与过夜护理 3 种形式的业务。这一护理事业对于北海道的边远地区、东京郊区以及冲绳离岛等护理人才不足的地方而言尤其有利。除小规模多功能型居家护理业务之外，2013 年“同心之家”开始经营位于港口的零售店铺，再加上一直以来的日托与配餐服务，共运营 4 类业务。

“同心之家”这类小规模护理机构的特点之一是，职员与老年人利用者

---

① 根据竹富町（居民基本登记册）记录，当地居民老龄化率为 30.4%，较 1999 年 12 月也即活动开始前的 38.5%（据居民基本登记册）有所下降。

② 波照间岛的传统是土葬加上 7 年后的洗骨改葬。1968 年石垣岛上修建了火葬场，自此之后，在石垣岛的医院与护理机构去世的人便会被火葬，只将骨灰送回波照间岛。据说许多老年人对火葬十分恐惧。然而，近年来，由于洗骨改葬在实行上渐渐变得困难，即使在波照间岛上去世，遗体也经常会被送往石垣岛上实行火葬。

③ “同心之家”的理念为“助您在岛上长乐久安”。

都是同乡人，有着“私底下认识的交情”。[①] 员工对用户知根知底，连家庭亲戚关系都了如指掌，因此，“同心之家”对用户而言可以说是“自己人”。尽管机构的职员在与老年人利用者的关系中应处于家人与地区社会的中间位置上，然而他们如同家人。一些员工因家人需要护理而重新回到岛上，进入“同心之家”照顾自己的父母，这一类事例很好地说明了上述情况（见表1）。同时，在护理保险制度的框架内，可以将从逝世当天倒推回去的30天设定为“临终期”，而C女士对此并不赞同，从中亦可看出“同心之家”将自己定位为受护理者的“自己人”。身为护理支援专员的C女士表示：“我们不打算配合计算临终期的保险制度来调整现有的护理体制[②]。如果那么计算的话，利用者也得负担一成费用。承担起为客户送终的责任本来就是我们的理念，所以不想反过来加重利用者的负担。”她是站在利用者与其家属的立场上考虑问题的。利用者与员工之间几乎没有隔阂，这也是“同心之家”的一个显著特征。

**表1　小规模多功能型居家护理业务员工的个人情况（2019年3月数据）**

| 员工 | 工作内容 | 年龄、性别 | 出生地 | 备注 |
|---|---|---|---|---|
| A | 全职、负责人 | 40余岁、男性 | 波照间岛 | 因父亲患病，从外地搬回岛上，父母也是“同心之家”的用户 |
| B | 兼职、全项护理 | 40余岁、女性 | 兵库县 | 嫁到岛上的外地媳妇。曾在神户的特别养老院工作，在神户获得了社会福利士资格证书 |
| C | 全职、护理支援专员 | 40余岁、女性 | 爱知县 | 嫁到岛上的外地媳妇。曾在爱知的护理机构担任护理支援专员 |

① 小田亮「共同体と代替不可能性について——社会の二層性についての試論」、『日本常民文化紀要』第27号、2009年。

② 临终护理时期计算制度，指的是以死亡当日之前30天为上限，每天加算80个单位（2015年改为每天64个单位）的医护费用，计入死亡当月的总费用当中。作为追溯计算额外护理费用的条件，护理人员必须保持24小时待命。护理支援专员C女士不想改变现有的护理体制，增加利用者的负担。

续表

| 员工 | 工作内容 | 年龄、性别 | 出生地 | 备注 |
|---|---|---|---|---|
| D | 全职、全项护理 | 20余岁、女性 | 石垣岛 | 祖父母住在岛上。高中毕业后进入“同心之家”工作 |
| E | 兼职、接送 | 60余岁、女性 | 波照间岛 | 祖母是“同心之家”的用户，在岛上由E女士照料送终。在“同心之家”负责提供接送与上门服务 |
| F | 兼职、全项护理 | 30余岁、男性 | 波照间岛 | 因父亲突然去世，从外地搬回岛上。希望转为全职 |
| G | 兼职、全项护理 | 40余岁、男性 | 波照间岛 | 因母亲成为“同心之家”用户，从外地搬回岛上 |
| H | 兼职、护士 | 60余岁、女性 | 宫古岛 | 嫁到岛上的外地媳妇，是登记护士，负责给药管理 |
| I | 兼职、烹饪 | 60余岁、女性 | 石垣岛 | 母亲为“同心之家”用户 |
| J | 兼职、清扫 | 50余岁、男性 | 波照间岛 | 双亲均是“同心之家”用户 |
| K | 兼职、全项护理 | 30余岁、男性 | 冲绳本岛 | 与伴侣一起搬来岛上 |

### （三）强化与当地社会的联系

自参与护理保险事业，以定额收费制度开展365天24小时护理业务之后，“同心之家”的用户始终维持在满员（12人）水平。同时，许多其他小规模多功能型护理机构也面临着一个问题，即用户接受护理的必要性并不高，这导致机构常常陷入赤字经营的窘境。而“同心之家”秉持“在岛上为老人送终”的理念，接收的利用者大多需要护理程度很高，因此其收支状况良好。另外，有数名利用者每天上午8时许到“同心之家”吃早餐，而后在此逗留到下午6时许吃完晚餐后回家就寝。由此可见，以帮助老人们居家生活为主要目的的“同心之家”也在一定程度上存在“机构化”情况。

也许是基于以上原因，“同心会”着意回馈当地社会，并调整自身与当地社会之间的关系。下文所列的各项活动可看作它将所得利益再分配给当地社会的尝试。究其原因，NPO法人不宜营利固然是一方面，另一方面则是因为“同心之家”竭力避免被视作一所孤立于当地社会之外的封闭“福利机构”。

1. 食材进货渠道平均化[①]

岛上共有5个人口聚居地，各自开设了共同商店[②]。“同心之家”的室内公告板上贴着从每家共同商店进货的数额表，并记有附言，希望在5家共同商店购买食材时能做到不偏不倚。由此，可以看出“同心会”认为从各商店进货的数额平均能够保证地区的平等性。

2. 商店

在港口的候船室里设有商店，此处销售的商品是从以高龄人士为首的岛民（包括同心之家利用者的家人）处收购的民间工艺品和农产品等。每周3次会有两名接受日托服务的设施利用者担任商店的店员，他们的时薪为750日元。这项事业主要是为高龄人士提供生活的希望和动力，同时收购居民生产的物品再行销售，这一点加强了与当地社会之间的联系。

3. 导入地区代金券

一方面，因扩大了收入来源，“同心之家”的利润有所提高；另一方面，从2014年起“同心会”开始向学校、幼儿园、青年会与妇女会进行捐赠。另外，他们还导入了地区代金券，无论是不是“同心之家”的利用者，只要是65岁及以上的高龄人士（即被征收护理保险费的人群），每人均能获得价值1万日元以上的代金券。这种代金券可以在岛上的共同商店、土特产店和食堂等处使用。这项活动主要是为了鼓励经常闭门不出的高龄人士外出活动，但从结果来看，它实际上也增强了“同心之家”对当地社会的参与度。

从以上这些变化中，可以看出“同心之家”立于受护理者的“小家”与地区社会的“大家”之间，成为两者之间的桥梁。如此一来，“同心之家”便不只是一所孤立于当地社会环境之外的福利机构，通过财富再分配，它与当地社会之间形成了新的纽带，使自己能够扎根并融入当地社会。

---

① 加賀谷真梨「家族と地域が重なり合う場——沖縄の離島における小規模多機能型居宅介護」、森明子編『ケアが生まれる場』、ナカニシヤ書店、2019。

② 共同商店是当地居民出资设立的劳动组合直营商店。1951～1967年，每个集落各自陆续开设了一间店铺（可参照竹富町史編集委員会編『竹富町史　第7巻　波照間島』、竹富町、2018）。每户出资1份，如果除设立店铺外还有余钱，则平均分配给参与出资的人家。在冲绳县内，以二战前就设立的冲绳本岛最北部国头村的共同商店为嚆矢。

## 二　社会介入家庭

### （一）临终护理与家庭生活的“再组织化”

通过运营小规模护理事业，“同心之家”实现了“在岛上（为老人们）送终”这一首要目标。员工指出，随着这类经验逐渐积累，他们慢慢地能够根据呼吸、体温、排泄物的颜色与气味、浮肿和食欲等指标察觉到老人临终的征兆。

如果纵览这些临终护理的事例[①]，即可看到类似法国历史社会学者雅克·东泽洛（Jacques Donzelot）所说的“社会介入家庭”的表现。

“社会介入家庭”这一概念揭示了近代家庭研究中“家庭”与“社会事物”之间具有不可分割的关系。[②] 东泽洛指出：“家庭不再是一张由依赖与归属关系织成的复杂网络，而是外在装置（社会事物）所构建的联结……这些装置直接介入家庭，基于外部规范，在卫生或教育等方面以保护家庭成员的名义，组织起道德和经济上保护家庭的机能。它始终以扶植家庭的自立为纲领，在此基础上推行家庭生活的再组织化，而其方法就是令合适的规范介入其中。”[③] 也就是说，“社会事物”这一公共领域与私人领域相混合的范围正在扩大，在这种混合领域中国家层面的直接干预或进或退，而这种混合领域本身也作为一种全新的国家统治形态发挥作用。可以说横跨公共福利事业与私人家庭界限的“同心之家”正是东泽洛这一见解的写照。

事实上，只要利用者自身及其家属不拒绝，员工通常会鼓励利用者选择日托服务，将生活空间转移至“同心之家”，而员工则负责照料利用者，同时担负起与此相关联的“送终”职责，即对利用者进行“道德上的保护”。在生命的最后一刻到来之前，员工会持续为利用者提供护理服务。正因为机构能够

---

① 事例是根据参与观察和对员工的访谈调查所得材料整理而得。访谈调查于 2019 年 3 月 12 日开始，共 15 天，对设施利用者本人及其家属的调查材料未包括在内。

② ジャック・ドンズロ『家族に介入する社会——近代家族と国家の管理装置』、新曜社、1991。

③ ジャック・ドンズロ『家族に介入する社会——近代家族と国家の管理装置』、新曜社、1991、10 頁。

提供上门服务、日托和过夜护理3种形式的服务，即使利用者不再利用日托服务，员工也会继续提供上门服务。有趣的是，员工会干预家庭成员，促使他们“正确地”为老人送终。例如，事例2与事例4中，员工会斥责母亲临终时仍然在室外干活的儿子；为了让老夫妻手牵着手走完生命历程，员工将他们的床搬到一起。另外，在事例5中，员工着重描述了违背“正确地”送终基准的一幕，从中也可以看出规范为确保家庭能起到“社会性的作用”而介入家庭的影响。

事例1　2008年4月开始K夫人（与长子共同生活，2013年登记成为设施利用者，每周7天利用日托服务，7天接受夜间上门服务）逐渐变得茶饭不进、不能言语。她经常发烧，体温总是在37度以上。员工察觉出征兆，做了心理准备，与诊所的医生谈过“最后一程就在家里度过”，暂时让她不再前往机构接受日托服务，而是在自家起居。虽然员工上门时会给她用上栓剂，但护理工作还是太重，不得已白天还是让她在“同心之家”接受护理（她儿子上一年也发作过脑梗死）。但是她的儿子晚上会给她换尿布，用心照料她。5月某一天，K夫人身体严重浮肿，上午还到“同心之家”，但是下午就带回家了，当天晚上她就过世了。她原本是神司①，但家里没有神龛，灵位牌供在石垣岛的寺里。（讲述者员工B）

事例2　T夫人（与长子共同生活，2015年登记成为设施利用者，每周7天接受日托服务，7天接受夜间上门服务）直到2018年6月去世前一天都在“同心之家”接受日托护理。她的食量很小，后来更加吃不下东西了。不过，有几天总是念叨着“想喝芋头粥，想喝可乐”，在“同心之家”我们就做给她吃了。早晨去她家上门服务的员工发现她呼吸困难（呼吸时上颚哒哒作响，状态有异），因此叫了医生来。给她在美国的女儿也打了电话，把临终的情况告诉她的女儿。T夫人的儿子在母亲过世时还在外面工作，我们职员（医生、护士、护理员工）都很生气。发现T夫人情况有异到离她

① “司”，宫古诸岛、八重山诸岛对掌管村落祭祀的女性祭司的称呼，在冲绳本岛则称作“ノロ”（noro）或“ヌル”（nuru）。在琉球王国时代，这是一项列岛各地均设置的官职，存在以“闻得大君”为首脑人物的阶层型神女组织。

过世只有几个小时。(讲述者员工B)

事例3　H先生（独居，2017年登记成为设施利用者，不定期接受日托服务，不定期接受上门服务）没有亲生子女，独自居住。他会定期参加我们举办的沙龙，他的邻居是搬到岛上的外地人，每天傍晚会去看看他的情况，带他去商店，还会帮他给神龛上供。但是H先生家里脏乱，所以为了每天都有人上门服务，他在小规模机构登记了（2017年11月1日）。我们每天给他送盒饭，然后帮他打扫一下房屋，跟他说“每天都到‘同心之家’来呀”，他却说头疼不肯来。开始给他提供上门服务的时候，他的血压太低，脉搏每分钟只有40次左右，直喘气。H先生特别自立要强，都无法起身上厕所了，裤子还是坚持自己脱。后来发现他呼吸变得特别困难，就联系了他住在石垣岛的养女。养女12月10日回到这里带他去石垣岛的医院看病，但翌日老人就过世了。葬礼是在石垣岛的寺里办的，灵位牌也供在那边，但遗骨带回到岛上了。(讲述者员工B)

事例4　2018年夏天，M女士（与丈夫同住，2018年10月登记成为利用者，不定期前往机构，不定期接受上门服务）与丈夫一起摔倒，腰部骨折住院，并且发现已经罹患肺癌。当年10月她回到岛上，开始到“同心之家”来，并且开始吸氧。回到岛上之后，长子、三儿子和侄子每天会到她家住（她不在家的时候丈夫作息和吃得都不好，得了十二指肠溃疡，住进了岛外医院）。医生当时说“到新年应该没问题”，但她自己觉得“大概也就一个月了，去上厕所都很难呀”，好像知道死亡已经很近了。她给家人、亲戚等想见的人都打了电话。10月底她还能走路，但是11月2日开始就走不动路，只能卧床了。以前她还能看看杂志，但那时候开始说“看不清楚”，眼睛渐渐就看不见了。(讲述者员工B与员工D)

她的四女儿从内地回到岛上和母亲一起住，特别尽心尽力地护理她。因为她呼吸比较困难，试着换了各种姿势。11月5日前后，她的丈夫也回到岛上，那时候开始改成上门服务了。我们会送盒饭，但是她吃不下饭，只能摄取水分和胶冻质食物。但是她说“想吃刺身”的时候，我们还是给她准备了。最后我把他们夫妻两个人的床靠到一起，让他们可以手牵着手。M

女士11月13日去世的。葬礼之前我去看望她，她穿着节日的衣服，也化了妆。（讲述者员工C）

事例5　2018年T先生（三代同堂，2019年2月登记成为利用者，不定期前往机构，不定期接受上门服务）在田地里感觉晕眩，去验血发现罹患白血病。那之后几次住院，2019年2月回到岛上，登记成为小规模护理机构的利用者。因为他说不想参加白天的沙龙，所以我想着他“不要有什么差池”，1天会上门看望他4次。不过因为老人的精神比预想的要好，所以减到了1天上门2次（医生与护理人员各1次）。本来派去上门的护理人员是员工D，但是老人说“别让年轻女孩子晚上出来，叫A来”，所以改成我负责。3月3日白天，老人吃了饭之后说“特别难受”，看起来很痛苦。那之后，他的妹妹和妻子接手照顾他。在这个状况下，T先生有两回看到儿子躺着玩手机，斥责他“你这个懒虫”。3月8日，老人在家人的陪伴下离世了。（讲述者负责人A）

### （二）如何面对死亡

“同心之家”对临终场所的选择也颇具特征。尽管“同心之家”已经属于十分接近私宅的空间，“同心之家”并不主张在此处为设施利用者送终，而是让利用者回自己家。在日本，普遍认为“在家人的陪伴下逝于自家床上”才是“善终”，但能否将“同心之家”的这种理念与日本人的普遍想法简单地归为一类呢？

“同心之家”鼓励利用者回到自己家，其背景之一是八重山诸岛所特有的生死观。民俗学者古谷野洋子指出，与那国岛上的民众普遍认为，死在岛外、死于事故或英年早逝都会导致死者不能瞑目，从而无法归向地府，会成为恶灵在人间作祟。[①] 另外，1925年，佐喜真兴英对冲绳本岛的死者礼仪有

① 明治时代之前，在八重山诸岛，出于避忌死灵的目的，外人从不参与葬礼，但以1900年为界线，开始有集会参加葬礼的现象。古谷野洋子指出这是“需要避忌的葬礼”转变为“给人观看的葬礼”。参见古谷野洋子「葬儀の作り物とその考察：沖縄県八重山地方与那国島の葬儀の事例から」、『沖縄文化研究』第43号、2016年。

如下记载：“亡故翌日，下葬之时，亲戚故旧群集以守护遗体［若不守护，恶物（饿鬼）将挖取亡者双目］。”① “落棺时，男子持芒草束向棺中拂动，口中念诵‘生物死物，一别永诀’，同时走出墓穴，堵住入口”②，“葬礼结束当天夜里，亲戚行驱除仪式。敲打木片，口诵‘アネアネクネタマタマ’（aneanekuretamatama）咒语，在室内绕行7圈之后，迅速沿葬礼行进之路行驱除之仪，村庄周边僻所都无疏漏”。③ 由此可见，为确保死者已赴地府，家属、亲戚必须举行这类仪式，杜绝灵魂在阳间游荡的可能性。④

回顾这些习俗，可知它们背后的世界观：家属履行祖先祭祀的职责，这种职责具有专权与排他性；家属为高龄人士送终，才能确保亡者的灵魂到达冥土。⑤ 但是，笔者认为“同心之家”的员工并非都秉持这样的生死观。员工们在上门服务时从高龄人士日常行为中感知其生死观。例如，在事例3中，员工与近邻注意到H先生对佛龛格外重视。员工并非全盘接受“在自己家由家属送终”这一观念，而是根据高龄人士的世界观判断出何谓“善终”，并帮助高龄人士实现其“善终”。“同心之家”的员工知道每位由自己照顾送终的利用者埋骨与灵位牌的位置。记叙了冲绳离岛上老年人日常实践的后藤晴子曾指出，在冲绳的久米岛上，坟墓、死者仪礼与祖先祭祀都作为“创造‘死亡的价值’系统”的一部分发挥作用。⑥ 对于生活在“看得到死

① 佐喜眞興英「シマの話」、池田弥三郎等編『日本民俗誌大系』第一巻、角川書店、1974、168頁。

② 佐喜眞興英「シマの話」、池田弥三郎等編『日本民俗誌大系』第一巻、角川書店、1974、170頁。

③ 佐喜眞興英「シマの話」、池田弥三郎等編『日本民俗誌大系』第一巻、角川書店、1974、171頁。

④ 古谷野洋子「争議の外部化における『自葬』の伝統——沖縄県八重山諸島波照間島の事例から」、『日本民俗学』第291号、2017年。

⑤ 1965年在波照间岛进行调查的乌韦汉德（Cornelis Ouwehand）提到，死者临终时，亲戚邻里与同龄人会聚集到其家中，参见コルネリウス・アウエハント『Hateruma——波照間：南琉球の島嶼文化における社会＝宗教的諸相』、榕樹書林、2008、320頁。由此可见，明治时代之后，由多人陪伴送终才称作“善终”的观念已深入人心。

⑥ 後藤晴子『老いる経験の民族誌——南島で生きる「トシヨリ」の日常実践と物語』、九州大学出版会、2017、190頁。

亡的社会”的高龄人士来说，让他们在自己家里迎来死亡的做法与追求“善终”的目标相符。在冲绳的岛屿社会，可以说在家中迎来死亡是在与国家要求不同的层面上展开的。

但是，基于道德基准与保护行为的混合，存在员工将其他地区的“善终”形式照搬过来的现象。例如，来自日本本土的护理支援专员 C 女士将一对临终老夫妇的床移近到彼此可以伸手相握的距离。笔者从未在岛上见到哪一对高龄夫妇曾手牵着手。然而，从这一事例可知，在岛上的临终场面，所谓的爱的典型形态有时也会被沿用照搬。

就像这样，为高龄人士送终的实践之中展现着各种形式的“善终”，有时扎根于岛上文化语境之中，有时照搬别处的习惯。与其说这些是有意识地选择取舍的结果，倒不如说更接近临场发挥，是在行动、尝试、改正的过程中被逐步发现的“善终”。[①] 在这个过程中，家庭逐渐成为调节和传达社会性命令的一种媒介。

## 三　介入社会的家庭

法国学者雅克·东泽洛将家庭描述为受强势的“社会事物”影响的统治机构末端组织（客体），它的目标是实现对自我的管理。但家庭真的只是传达国家规范的一种媒介吗？

与送终紧密相关的是“死之污秽”问题。波照间岛上诊所的护士自 1998 年任职起一直坚守岗位，还负责入殓工作，即处理遗体的工作[②]。这位护士也是“同心之家”的理事，可以说她一手架起了岛上医疗与护理领域之间的桥梁。这位护士有时会因出差等事务而离开波照间岛，她开始培训以 A 为首的数名员工处理遗体。

---

① アネマリー・モル『多としての身体』、水声社、2016、245 頁。

② 主要指从耳、口及肛门处灌入凝冻状物质以防止液体漏出的手法。在波照间岛，死后为遗体沐浴修饰的工作通常由子女与儿媳进行。可参见古谷野洋子「葬制と墓、特殊な葬法」竹富町史編集委員会編『竹富町史　第 7 巻　波照間島』、竹富町、2018。

值得注意的是，岛上将触碰过遗体的人称为“イミハカル”（imihagaru）①，这些人被认为沾染了“污秽”。处理遗体的员工也是“イミハカル”。例如，“同心之家”的负责人A讲到，自己因处理遗体，无法参加“七七”结束前举办的神事，原因正在于此。在岛上，出“七七”之前都算作在丧事之中，触碰过遗体的人不但不能参加神事与祭典，连沙龙都绝足不去。另外，部落的负责人也有同样的担忧，认为自己如果担任葬礼接待，就会变成“イミハカル”，无法参加神事②，从而无法完成部落负责人最重要的使命，即引导神事等部落仪式顺利进行。因此，这位负责人会委托已经沾染“污秽”的A负责葬礼接待的工作。

上文已经分析了“同心之家”的员工是如何通过“家人送终方是善终”这一道德规范而介入设施利用者的家庭；而负责处理遗体的员工又被卷入家庭界域。“同心之家”的员工一向严守立场，认为自己无法替代利用者的家属，但自古以来的祭祀习俗缩短了沾染上死者“污秽”的员工与家属之间的距离。在冲绳，当地特有的文化因素也协助家庭维持了一定程度的自律性。

## 结　语

在国家大力动员居民参与社会福祉和护理的过程中，日本岛屿上难以为老年人“送终”、老年人难以在自家走完人生最后一程等问题浮现出来，由此岛屿开展了护理保险事业。出身与立场各不相同的员工们承担日常的护理工作，使那些一度被送到岛外的“死亡”与“送终”的老人又重新回到岛

① 民俗学者长泽利明认为，本土对“穿灵衣”“披寿衣”等行为怀有不洁感，认为居丧时有义务低调生活，这些外来思想传播到冲绳地区时改变了原有的对死灵的恐怖心。他指出，在冲绳，原本几乎并不将死后的肉体看作不洁之物，反而对死灵十分惧怕，如何防御死灵袭击才是问题所在，可参见長沢利明「葬送と肉体をめぐる諸問題」、『国立歴史民俗博物館研究報告』第169号、2011年。冲绳地区对死者怀有的不洁感的确可能是由本土输入的概念，使用“イミ”（imi，即日语表示避忌、居丧的“忌み”）一词即可作为佐证。同时，以死者亲戚为首的人群也十分注意不在“七七”期间参加神事，经常有老年人因亲戚去世而暂避不参加设施举办的沙龙活动。

② 男性信徒全体清扫“御岳”周边区域的仪式，每年举行2次。

上。但是，员工们重视死者临终时家人的陪伴，尽量避免在机构内为老人送终。这与田边繁治在泰国护理社区发现的新形式不同，属于“社会介入家庭”。当然，“同心之家”不过是一处对守望相助等风俗习惯加以改变、重新回归的社会空间。同时，这也是一处对他人走向衰老的体验产生共鸣并以这种共享的亲密感为媒介的空间。然而，与其说“同心之家”具备一种向公共空间转化的开拓性，不如说“同心之家”是让家庭成员、亲属这些传统的亲密性关系重新回归并在管理家庭中产生作用的空间。传统祭祀与葬礼呈现出的传统文化特征削弱了介入家庭的力量，使它脱离原有语境。被介入的家庭一方，在沿袭岛上固有传统祭祀风俗的过程中，无意中打乱了“社会（机构员工）”与“家庭成员”这一原本处于不同位置的两个体系。波照间岛上的生与死、组织与家庭、福利与护理值得我们认真研究和思考。

作者　加贺谷真梨，新泻大学副教授

译者　雷婷

图书在版编目（CIP）数据

少子老龄化社会与家庭：中日政策与实践比较 / 张季风主编. --北京：社会科学文献出版社，2021.1（2024.8 重印）
ISBN 978-7-5201-7415-2

Ⅰ.①少… Ⅱ.①张… Ⅲ.①人口老龄化-对比研究-中国、日本 Ⅳ.①C924.24②C924.313.4

中国版本图书馆 CIP 数据核字（2020）第 190525 号

少子老龄化社会与家庭
——中日政策与实践比较

主　　编 / 张季风
副 主 编 / 胡　澎　吴小英

出 版 人 / 冀祥德
责任编辑 / 郭红婷
责任印制 / 王京美

出　　版 / 社会科学文献出版社 · 文化传媒分社（010）59367004
　　　　　地址：北京市北三环中路甲 29 号院华龙大厦　邮编：100029
　　　　　网址：www.ssap.com.cn
发　　行 / 社会科学文献出版社（010）59367028
印　　装 / 河北虎彩印刷有限公司

规　　格 / 开 本：787mm × 1092mm　1/16
　　　　　印 张：21.75　字 数：327 千字
版　　次 / 2021 年 1 月第 1 版　2024 年 8 月第 2 次印刷
书　　号 / ISBN 978-7-5201-7415-2
定　　价 / 98.00 元

读者服务电话：4008918866